JN093323

Gothic Metal
Guidebook

まえがき

　ヘヴィメタルとゴシックロック。1980 年代までの両者は歴史的背景、音楽的特徴、シーンの性質に至るまで、それぞれ別々の異なるカルチャーの中で育まれながら発展・支持され、栄華を極めてきた音楽ジャンルだった。前者は 1960 年代後半〜 1970 年代前半にかけてイギリスやアメリカを中心にブルースロックやサイケデリックロックを発端の一つとして勃興し、Led Zeppelin やBlack Sabbath、Deep Purple 等が代表的なパイオニアとして数えられる。対して後者は 1970 年代後半にイギリスを震源地として出現したポストパンクムーヴメントから派生したサブカルチャー / 音楽ジャンルとされ、Joy Division、Siouxsie and the Banshees、Bauhaus、The Cure 等が先駆的なアイコンとして挙げられる。時代を推し進めて 1980 年代に入ると、ヘヴィメタルはより大衆性を獲得したグラムメタル勢のメインストリームにおける成功、アンダーグラウンドではスラッシュメタル、デスメタル、ブラックメタル等のより過激でエクストリームなサブジャンルが登場していく。そして一方のゴシックシーンも 1980 年代にかけては、アメリカの西海岸パンクシーンから分流したChristian Death 等を頭目とするデスロックの出現や、ハードロック的なアプローチを楽曲に取り入れた The Sisters of Mercy や The Mission の台頭、より幻想的なスタイルを推進した Cocteau Twins や Dead Can Dance、Xmal Deutschland 等の 4AD レーベル勢の躍進等々、商業面の成功も含めてシーンの多様化・拡張が成されてきた。このように双方は異なる歴史やシーンの中で隆盛してきた流れがあり、それぞれが完結したムーヴメントの中で交わらずに成長してきた側面がある。寧ろ従来的なヘヴィメタルにおいては通常、サウンドのアグレッションや男性的なマッチョイズムが前面に押し出される場合が多いのに対して、ゴシックロックにはフェミニンな柔和性や耽美で悲劇的なロマンティシズムが多分に導入されており、両者にはファン層まで含めて相反する要素すらあった。

　しかしそれが 1990 年代に入ると一変することとなる。イギリスの Paradise Lost、Anathema、My Dying Bride の Peaceville 御三家と呼ばれるバンドを中心として、ゴシックロックとヘヴィメタルを融和した「ゴシックメタル」がムーヴメントとして巻き起こったからである。1990 年代はメタルシーンにおいてメロディックデスメタルやニューメタル、ブラックメタルの細分化などメインストリーム / アンダーグラウンド双方で様々なクロスオーバーやジャンルの拡張が成されてきた時期であるが、ゴシックメタルはその流れの中で発生したヘヴィメタルのサブジャンルの一つだった。そしてゴシックメタルはそれまで個々のシーンで支持されてきたヘヴィメタルとゴシックロックをジャンル単位で邂逅・統合させたという点で革新性を持つジャンルである。ゴシックメタルの語源はParadise Lost が 1991 年に発表した 2nd アルバム『Gothic』が由来とされており、そこで実践された Celtic Frost や Candlemass 由来のデス / ドゥームメタルに、ゴシックロックから着想を得た女声コーラスや荘厳なシンセサイザーを導入したスタイルが初期におけるゴシックメタルの雛型的手法とされた。この他のメタルのサブジャンルでは類を見ないアプローチが当時のアンダーグラウンドメタルファンの間で支持され、様々な音楽的要素や解釈が付与されながらその後メインストリームまで拡大していくこととなる。本書はそういった背景や流れを持つゴシックメタルに改めて着目し、代表的なバンド群の作品は勿論、ゴシックメタルという文脈でしか語られないシーンで埋もれがちな作品に再びスポットを当て、アーカイヴしていくことでガイドライン的な役割を試みるのが目的である。

また、前述した通り最初期のゴシックメタルは My Dying Bride や Anathema の初期作品が示している様な「デス / ドゥームメタル + ゴシックロック」のスタイルが一般的であった。デスメタルにメロディを導入するという意味ではメロディックデスメタルと通じる面もあるのだが、そのメロディの根源にはあくまでニューウェーヴやゴシック音楽からの影響があるという点で似て非なるものと言えるだろう。Paradise Lost のメンバーを始め、1980 年代にヘヴィメタルやゴシックロックをシーンの別個性など関係なく同時に愛聴し、分け隔てなくインスピレーションを受けた世代が台頭してきた故に辿り着いた越境的なサブジャンルだとも言える。その後も Type O Negative、Tiamat、Katatonia、Moonspell 等のパイオニアを1990 年代に輩出しながら、女声ゴシックメタルの祖と言える The 3rd and the Mortal や The Gathering、ゴシックメタルにおける美女と野獣スタイルの男女ツインヴォーカル様式を確立した Theatre of Tragedy などの活躍を経てゴシックメタルの定義はますます大きく拡張し、同時に曖昧にもなっていく。

　1990 年代後半〜 2000 年代にかけては Within Temptation や After Forever、Epica 等を筆頭とするシンフォニック・ゴシックメタル勢の存在感が増していき、Evanescence のアメリカでの爆発的成功やフィンランドの HIM の国際的な活躍も相まって、ゴシックメタルはオルタナティヴロックすらも飲み込みながらメインストリームにおける認知度を高めていったのである。

本書の収録バンドの指針について

　デス / ドゥーム由来のゴシックメタルから始まり、シンフォニックゴシックやオルタナティヴゴシックを経て、現在ではフォーク、アンビエント、インダストリアル / エレクトロ、シューゲイザー等に至るまで多様な隣接ジャンルや音楽スタイルを内包することと

なったゴシックメタル。そのシーンの膨大さや定義の不明確さ故に、ページ制約がある中で全てのバンドを本書でキャッチアップすることは不可能である。それ故に Paradise Lost や My Dying Bride、The Gathering 等の正統的なゴシックメタル準拠もしくはそれに連なる要素を持つバンド、あくまでベースにゴシックロックやニューウェーヴ + ヘヴィメタルの背景を色濃く持つバンド、各スタイルのパイオニア的なバンド等にある程度焦点を絞りながら、地域別に体系化を試みた。逆に、本書では「ゴシックメタルの範疇で語られる場合もあるが、ゴシックメタル以外の文脈の要素が色濃い」「ゴシックメタルやそのルーツのバンドとの結びつきが歴史的にも音楽的にも希薄」な作品やバンドは今回選出を見送った。例を挙げていくと Kamelot、Visions of Atlantis、Amberian Dawn、Edenbridge、Dark Sarah 等のゴシック要素もあるがメロディック / パワーメタル文脈で語った方が適切だと思われるバンド群、Motionless in White や Bleeding Through 等のメタルコア方面で括った方が適切だと思われるバンド群、Subway to Sally や In Extremo 等のゴシックメタルとも隣接するがメディーバル・フォークという広大なシーンに属するバンド群、Worship や Evoken 等のゴシックドゥームと類似する点もあるがフューネラルドゥームとして扱った方が適切だと思われるバンド群、などが挙げられる。これらのバンドはゴシックメタルとは別の大きなシーンにも属している背景があるが故に、扱わなければならないバンドが膨大に跳ね上がってしまう為に収録を断念している（ただし Nightwish など例外的に選出した作品も複数あり）。

　こういったジャンル定義については様々な見解や解釈があるだろうがあらかじめご了承願いたい。そういった経緯を踏まえた上で、本書がゴシックメタルを紐解く上でのある種の道標として一助出来れば幸いである。

137 Chapter3 Central & Eastern Europe

185 *Chapter4 Southern Europe*

221 Chapter5 Americas, Oceania, Asia, International

ゴシックメタルの音楽的背景と血脈の探求
～ルーツと周辺ジャンル～

イギリスの The Sisters of Mercy

　ゴシックメタルという音楽様式は Paradise Lost が『Gothic』で示したデス/ドゥームメタル＋ニューウェーブ/ポストパンクという方法論に端を発した後に、多種多様な音楽的要素を飲み込みながら様々なバリエーションを生み出していき、その在り方を目まぐるしく拡大していった。

　「ゴシックメタルはデス/ドゥームメタルの派生ジャンル」という旨はその始まりを語る上で揺るぎない事実ではある。しかし、その初期の印象が霧散してしまう程に現在では「ゴシックメタル」とメディアやファンコミュニティから括られるバンドは、複雑な枝分かれを成して様々なシーン・地域・文脈の上で散在しているという状況だ。

　それ故に隣接する音楽ジャンルもシンフォニック、インダストリアル、エレクトロ、オルタナティヴ・ロック、トリップホップ、アンビエント、プログレッシヴ、フォーク etc

と多岐に渡る。同じ「ゴシックメタル」とタグ付けされながら、その音楽的様相は全く異なる上に、抱えているファン層も違うという例は少なくない。

　ただし一点「暗黒耽美」という精神性の部分では共通している部分があり、そういったダークな側面を共有しながら「ゴシック」というキーワードの名の下にゴシックメタルは統合されていると言っても良いだろう。そしてその一筋縄のいかなさに面白さを感じる部分すらある。

　本項目ではそんなゴシックメタルという音楽を形成する多様な音楽的バックグラウンドを紐解き、これまで接続・参照されてきたバンド群や隣接ジャンルの一端を紐解いていきたい。

ニューウェーブ / ポストパンク / ゴシックロック編

Joy Division

1976 年にイギリスのサルフォードで結成されたポストパンクバンド。1970 年代末期にポストパンクから派生したゴシックロックのルーツとなった存在。ゴシックメタルにとってはルーツオブルーツに当たる先人だ。Joy Divison 自身がゴシックバンドであるかどうかは議論があるところだが、鬱病やてんかんの症状に苛まされていたフロントマンの Ian Curtis が綴る内省的な詩世界を含有する音像は多くのゴシックファンを有し、シーンのアイコンとして現在まで熱烈な支持を受けているのは確かだ。Katatonia を始めとするデプレッシヴロックの源流とも言える精神的ヘヴィネスは今聴いても色褪せない。
参照推奨アルバム：Unknown Pleasures（1979）、Closer（1980）

Siouxsie and the Banshees

1976 年のロンドンにてヴォーカリストの Siouxsie Sioux とギタリストの Steven Severin を中心に結成。当初は Sex Pistols の親衛隊として知られていた彼女達だが、バンドの顔である Siouxsie Sioux は後にニューウェーブ / ポストパンクシーンにおける象徴的存在としてカリスマティックな成長を遂げる。黒髪長髪で目の周りを黒々と限取った彼女のヴィジュアルイメージは、現在まで続くゴシックファッションの模範的スタイルとして受け継がれており、狂気と繊細さを孕んだサイケデリックかつ独創的な音楽性も相まってシーンに君臨した。ゴシックロックのみならず現行の様々なオルタナティヴミュージックにいまなお影響を与え続けている。
参照推奨アルバム：Kaleidoscope（1980）、Juju（1981）、Tinderbox（1986）

Bauhaus

イギリスのノーサンプトンにて 1978 年に結成。ドイツに存在する美術学校バウハウスをバンド名の由来としており、メンバーは Daniel Ash（ギター）、Peter Murphy（ヴォーカル）、Kevin Haskins（ドラム）、そして David J（ベース）の 4 名にて構成。彼等が 1979 年に発表したデビューシングル「Bela Lugosi's Dead」は史上初のゴシックロック・ナンバーとして評され、後年のシーンに多大な影響をもたらした。Peter Murphy の躁的衝動性を含んだ歌唱、Daniel Ash のフラッシーに切り裂かれるギターが終始繰り出される 1st アルバム『In the Flat Field』も、彼等の狂気と個性が集約したゴスの暗黒教典として語り継がれる金字塔だ。
参照推奨アルバム：In the Flat Field（1980）、Mask（1981）

The Cure

1978 年にイギリスはウェストサセックス州クローリーにて結成。イギリスで起こったニューウェーブ / ポストパンクムーヴメントにおける絶対的象徴であると同時に、後年に新興したゴシックロックやシューゲイズへの波及、音楽以外の様々なサブカルチャーに至るまで絶大な影響を与えたシーン屈指の寵児。オルタナティヴ・ロックという言葉が登場する以前に商業的成功を収めた、最初のオルタナティヴバンドの一角としても評されている。中心人物である Robert Smith が紡ぐ内省的な翳りと独特なポップネスを折衷したサウンドは全世界で広く親しまれ、2019 年にはロックの殿堂入りも果たしている。
参照推奨アルバム：Pornography（1982）、Kiss Me, Kiss Me, Kiss Me（1987）、Disintegration（1989）、Wish（1992）

The Sisters of Mercy

フロントマンの Andrew Eldritch とギタリストの Gary Marx を創設メンバーとしてイギリスのリーズにて 1980 年結成。ニューウェーブ / ポストパンクのムーヴメントから派生したゴシックロックをジャンルとして定義付ける事に貢献したゴス界のゴッドファーザー。1983 年にリリースされたシングル「Temple of Love」は古典的ゴス・アンセムとして名高く、Andrew Eldritch による妖艶で鬱々とした暗黒バリトン・ヴォイスはゴシックロックにおけるヴォーカルスタイルの基本的意匠として大いに後続へと浸透した。作を重ねる毎にギター志向のハードロック的音像へと接近していった側面もあり、Paradise Lost を含めて多数のゴシックメタルバンド達が彼等からの影響を公言している。
参照推奨アルバム：First and Last and Always（1985）、Floodland（1987）、Vision Thing（1990）

The Mission

The Sisters of Mercy の元メンバーである Wayne Hussey と Craig Adams を中心にイギリスのリーズを拠点として 1986 年に結成。The Sisters of Mercy と双璧をなすゴシックロック界のレジェンド的存在。ゴシック的耽美感とハードロックの融和を手引きした立役者でもあり、Wayne Hussey の熱情的でコブシの利いた歌唱スタイルも Andrew Eldritch の冷めたバリトンヴォイスと対比的で面白い。陰鬱さよりも叙情的なドラマ性が際立った楽曲も、それまでのポストパンク由来の虚無感をまとう同系バンドとは別種の魅力を放つ。寡作だった The Sisters of Mercy と比べて、こちらは 10 枚以上のアルバムをリリースしており多作な点も特徴的。
参照推奨アルバム：God's Own Medicine（1986）、Children（1988）、Carved in Sand（1990）

Killing Joke

Jaz Coleman（ヴォーカル / キーボード）、Paul Ferguson（ドラム）、Geordie Walker（ギター）、Youth（ベース）をメンバーとしてイギリスはノッティングヒルにて 1979 年結成。「テンションミュージック」と称される彼等の音楽性はポストパンクに端を発していながら、ヘヴィメタル、ゴシックロック、シンセポップ、インダストリアルと様々な音楽的要素を飲み込んだジャンル横断的な側面もある。同時に政治色も帯びるその特異で挑発的な音像はゴシック界隈に留まらない広い支持を受け、Metallica や Nirvana、Nine Inch Nails といったシーンのアイコン的面々も彼等からの影響を謳っている。1985 年のシングル「Love like Blood」はニューウェーブとポップを融和した歴史的名ナンバー。
参照推奨アルバム：Killing Joke（1980）、Revelations（1982）、Night Time（1985）

スコットランドの Cocteau Twins

Cocteau Twins

「神の声」と評される稀代の歌姫 Elizabeth Fraser を擁するゴシックロック / ドリームポップ / のパイオニア。スコットランドのグランジマウスにて 1979 年に結成。80 年代の

4AD レーベルにおける看板アクト。最初期の作品は Siouxsie and the Banshees や Joy Division からの影響が強かったが、徐々に独創性極まる幻想的なサウンドスケープを開花。エフェクティヴなギターレイヤーが幾重にも重なる幽玄な音響感覚はシューゲイザーの始祖とも言われ、ジャンルを超越した彼等の軌跡と威光はいまなお衰えない。2005 年に Universe Publishing から発行された「1001 Albums You Must Hear Before You Die（死ぬまでに聴きたい 1001 枚のアルバム）」に『Heaven or Las Vegas』が収録されている。
参照推奨アルバム：Head over Heels（1983）、Treasure（1984）、Heaven or Las Vegas（1990）

Dead Can Dance
1981 年にオーストラリアのメルボルンにて結成された、Lisa Gerrard と Brendan Perry による音楽デュオ。4AD レーベルのシンボルを司った存在であり、ネオクラシカル・ダークウェーブ / ゴシックアンビエント / ワールドミュージック界屈指の暗黒巨星。ケルト音楽、アフリカン・ポリリズム、グレゴリオ聖歌、中東フォーク、マントラ等を始めとした世界各種の民族音楽の要素やそれに連なる民族楽器を駆使したアプローチで、唯一無二のアート音楽を築き上げ続けている。神話的で霊的な深遠世界を紡ぐ彼等の音楽性は、ゴシックメタルにおける重要因子の一つと言えるだろう。2013 年には奇跡の来日公演を果たしており、2010 年には NHK 大河ドラマ「龍馬伝」のオープニングテーマを Lisa が担当し、話題になった。
参照推奨アルバム：Dead Can Dance（1984）、Within the Realm of a Dying Sun（1987）、The Serpent's Egg（1988）

All About Eve
1984 年にロンドンを拠点に結成。元ジャーナリストで、Gene Loves Jezebel の元ベーシストとしても知られる歌姫 Julianne Regan を擁するゴシック / フォークロック / オルタナティヴ・ロックバンド。フォーキーな響きを取り入れたドリーミングなサウンドで人気を博し、初期作で展開していた幻想的な世界観も相まってプログレッシヴロック方面のファンからも強い支持を獲得。Julianne は「80 年代後半のブリティッシュシーンで最も才能のある歌手の一人」と評されており、その美しい歌声に感銘を受けた The Mission のフロントマン Wayne Hussey は自身のバンドの楽曲「Severina」にて彼女にバックヴォーカル参加を依頼している。
フィーメール・ゴシックメタルの源流としても重要な存在だ。
参照推奨アルバム：All About Eve（1988）、Scarlet and Other Stories（1989）

Depeche Mode
1980 年にイギリスのエセックス州バジルドンで結成されたエレクトロミュージック / シンセポップの開拓者。同時に世界でも指折りの商業的成功（レコード総売り上げ枚数は 1 億枚以上）を収めたオルタナティヴ・アクト。ゴシックメタル界隈でもルーツとして圧倒的な支持を受けている存在であり、特に彼等の代表曲の一つ「Enjoy the Silence」は Lacuna Coil や Entwine 等を始め数多のバンドにカヴァーされている。My Dying Bride のフロントマン Aaron はファンクラブにも入会していた程の熱狂的信者であり、Paradise Lost のアルバム『Host』では Depeche Mode の 1993 年 作『Songs of Faith and Devotion』のエンジニアを担当していた Steve Lyon を採用する等、やはり各所で広い影響が伺える。
参照推奨アルバム：Black Celebration（1986）、Music for the Masses（1987）、Violator（1990）、Songs of Faith and Devotion（1993）、Ultra（1997）

The Cult

フロントマンの Ian Astbury が 1981 年に
ヨークシャーのブラッドフォードにて結成
した Southern Death Cult を起源とするポス
トパンク / ゴシックロック / ハードロックバ
ンド。初期のアルバム作品『Dreamtime』
『Love』の 2 枚では前身バンド時代の音楽
性を幾ばくか引き継いだゴシックロックサウ
ンドで成功を収めたが、続く 1987 年リリー
スの『Electric』では伝統的なハードロック
へと一気にスタイルを一新。イギリスのアル
バムチャートで 4 位をマークし、バンドを
高みへと押し上げた。ゴシックロックとハー
ドロックの両側面の要素を巧みに使い分け、
自身のスタイルへと昇華した稀有な功労者と
言えるだろう。バンドは 2006 年から活動を
再開し、いまなお現役でファンを魅了し続け
ている。
参照推奨アルバム：Love（1985）、Electric
　（1987）、Sonic Temple（1989）

Christian Death

1979 年に結成されたロサンゼルス出身のゴ
シックロック / アートパンクバンド。カリス
マティックなフロントマン Rozz Williams を
中心として「組織化された宗教と従来の道徳
的価値感への容赦なき対立」を目的に掲げ、
活動。シアトリカルなホラー要素とパンキッ
シュな攻撃性をブレンドした退廃的な音楽性
からデスロックの筆頭格としても評される、
アメリカン・ゴシックロックシーンの始祖的
存在。性的倒錯や薬物使用、ネクロフィリア
等を歌詞の主なトピックに採用したオカル
ティック極まる世界観は、今顧みても刺激
的だ。1998 年には Rozz が自宅で首吊り自
殺しているのが発見された（享年 34 歳）。
Paradise Lost の Gregor Mackintosh や KoЯn
の Jonathan Davis は彼等からの影響を公言
している。
参照推奨アルバム：Only Theatre of Pain
　（1982）、Catastrophe Ballet（1984）

Fields of the Nephilim

イギリスのハートフォードシャー州スティー
ブニッジにて 1984 年に結成。80 年代の欧
州ゴシックロックシーンを代表する起源的ア
クトの一角。フロントマンの Carl McCoy に
よる言霊の様に響く低音ヴォイスとスピリ
チュアルな神秘性を伴うサウンド、シュメー
ル宗教やクトゥルフ神話等のテーマ性を取り
入れた世界観で人気を博した。同時に 60 年
代の欧州で隆盛した西部劇映画のサブジャン
ル「スパゲッティ・ウェスタン」に根差した
カウボーイ調の特徴的なビジュアルも相まっ
て、ゴシック・ウェスタンの代表格としても
数えられている。因みに Carl McCoy はバン
ド脱退後に The Nefilim というプロジェクト
を立ち上げ、インダストリアルやゴシックメ
タルに接近した音楽性で話題を呼んだ。
参照推奨アルバム：Dawnrazor（1987）、The
Nephilim（1988）、Elizium（1990）

ヘヴィメタル編

Candlemass

1984 年結成、スウェーデンはストックホル
ム出身のドゥームメタルバンド。北欧のエ
ピック・ドゥームメタルシーンの第一人者で
あり、エピック・ドゥームというサブジャン
ル名は彼等のデビュー作『Epicus Doomicus
Metallicus』が由来とされている。また、
Pentagram、Saint Vitus、Trouble と 共 に
「ドゥームメタル界のビッグ 4」としても評
される大御所だ。ドゥームメタル以外のサ
ブジャンルへの影響力も甚大で、特にデス /
ドゥームメタルをルーツに持つ 90 年代初期
のゴシックメタルバンド群にとっては重要な
インスパイア源となったのは明白だろう。
Paradise Lost が Spotify にて公開している
Influences リストにも彼等の楽曲がしっかり
組み込まれている。
参照推奨アルバム：Epicus Doomicus

Metallicus（1986）、Nightfall（1987）、
Ancient Dreams（1988）

Celtic Frost

Hellhammer の元メンバーであるフロントマンの Thomas Gabriel Fischer とベーシストの Martin Eric Ain を中心として、スイスのチューリッヒにて 1984 年に結成。多くのスラッシュメタルやデスメタル、ブラックメタルバンドにとってのルーツとして数えられる偉大なアイコンであるが、ゴシックメタルにとっても重要なインスピレーション源として知られる彼等。元々実験的な傾向を含むバンドであったが、特にその側面が強く顕現した 1987 年の 2nd『Into the Pandemonium』は女性ヴォーカルやクラシカルなオーケストレーション、インダストリアルに影響を受けた様なリズムアプローチすら取り入れた前衛的な内容となっており、ゴシックメタルの影響源として参照したい一枚だ。
参照推奨アルバム：To Mega Therion
　（1985）、Into the Pandemonium（1987）、
Monotheist（2006）

Black Sabbath

イギリスのバーミンガムにて 1968 年結成。いわずと知れた全てのヘヴィメタルの父と言っても過言ではない存在。現在ヘヴィメタルのサブジャンルは多岐に渡って存在しているが、その多くが骨格・遺伝子レベルで Black Sabbath の血脈を受け継いでおり、まさに「全てのメタルの道はサバスに通じる」といった様相だ。ゴシックメタルのルーツにはドゥームメタルが含まれている為、メタルのサブジャンルの中でも特に色濃く Black Sabbath を継承しているとも言えるだろう。デビュー作『Black Sabbath』はその陰気でヘヴィな音楽性と、「黒いマントを羽織った幽霊の少女が墓地に佇んでいる」様に見えるアートワークのゴシック的イメージも相まって「史上初のゴスロック・アルバム」とも一

部メディアで評されている。
参照推奨アルバム：Black Sabbath（1970）、
Paranoid（1970）、Master of Reality（1971）、
Vol. 4（1972）、Sabbath Bloody Sabbath
　（1973）

Danzig

元 Samhain 及び Misfits のヴォーカリスト Glenn Danzig によって 1987 年に結成されたヘヴィメタルバンド。ニュージャージー州ローディ出身。ゴシックロックのイメージというと Peter Murphy や Rozz Williams の様な痩身なイメージがあるが、それらのイメージの対極とも言えるゴシック＋マッチョイズムな「筋骨隆々ゴス」的ビジュアルイメージを Type O Negative に先んじて体現した先人。音楽的にもゴシックロック系譜の陰鬱で退廃的なエッジと、ヘヴィメタル由来の硬質なリフワークを接続した先駆者だ。ホラーロック的なテイストは The 69 Eyes 辺りにも強い影響を及ぼしたと思われる。不朽の名曲「Mother」を含む 1st アルバム『Danzig』はアメリカン・ゴシックの古典的名盤だ。
参照推奨アルバム：Danzig（1988）、Danzig
II: Lucifuge（1990）、Danzig III: How the
Gods Kill

Mercyful Fate

デンマークの首都コペンハーゲン出身。フロントマンの King Diamond とギタリストの Hank Shermann を中心として 1981 年に結成。King Diamond のコープスペイントを施した出で立ちやサタニズム等のオカルティックなテーマを主軸にした世界観を含めて、いわゆる Venom や Bathory、Hellhammer 等と同様にブラックメタルの 1st ウェーブバンドの一部としても括られるパイオニア。そのシアトリカルなアプローチを用いた楽曲スタイルはゴシックメタルにも多大な影響を与えており、King Diamond の強力なカウンターテナーやファルセットを駆使した歌唱法も

Cradle of Filth の Dani Filth を始めとした後続勢にとっての重要な震源地と言える。
参照推奨アルバム：Melissa（1983）、Don't Break the Oath（1984）

オルタナティヴミュージック編

Portishead
イギリスのブリストルにて 1991 年に結成。ヴォーカリストの Beth Gibbons、コンポーザーの Geoff Barrow、ギタリストの Adrian Utley の 3 名で構成される。ブリストルを発祥地とする、ムーディーでダウンテンポな電子音楽とラップミュージックの折衷様式であるトリップホップのジャンル定義に貢献した偉大なる開闢者。現行のオルタナティヴシーンへの影響の大きさはもちろん、ジャンル乖離的・越境的な現代メタルミュージックにとっても最重要レベルの源流因子的存在である。特にデビュー作『Dummy』は中期以降の The Gathering や The 3rd and the Mortal の音楽的変遷を導くインスピレーション源にもなった唯一無二のマスターピースだ。
参照推奨アルバム：Dummy（1994）、Portishead（1997）

Massive Attack
イギリスのブリストルにて 1988 年に結成されたエレクトロ / トリップホップアクト。Portishead と並んでトリップホップミュージック勃興の歴史を語る上では絶対に外せない先駆的レジェンドだ。90 年代後半以降において当時伝統的なメタルからの脱却を試みたゴシックメタルバンド達への影響も大きく、The Gathering が『How to Measure a Planet?』で実践したオルタナティヴ / エクスペリメンタルな急進的転換は、彼等の存在が無ければ成し得なかったであろう。Cocteau Twins の歌姫 Elizabeth Fraser が客演した偉業的名曲「Teardrop」が収録される

3rd『Mezzanine』はエレクトロ・ゴス方面からも支持される暗黒電子実験音楽の金字塔的作品である。
参照推奨アルバム：Blue Lines（1991）、Protection（1994）、Mezzanine（1998）

Alice in Chains
ワシントン州シアトル出身のオルタナティヴメタルバンド。ギタリスト兼ヴォーカリストの Jerry Cantrell とドラマーの Sean Kinney を中心として 1987 年結成。90 年代初頭に席捲したグランジムーヴメントの一部としても括られていた。しかし本質的には純粋なヘヴィメタルバンドであり、影響源は Black Sabbath や Deep Purple を始めとするブリティッシュメタルであることを Jerry Cantrell 自身が語っている。強靭に轟くグルーヴとヘヴィネス、陰鬱なドラマ性を携えた彼等のサウンドはドゥームメタルやスラッジメタルとの親和性も高く、現代メタルシーンからいまなお幅広い支持を受ける。オルタナティヴメタル + ゴシックのパイオニアである Lacuna Coil は、特に彼等からの強い影響を認めている。
参照推奨アルバム：Facelift（1990）、Dirt（1992）、Jar of Flies/Sap（Compilation/1994）

Nine Inch Nails
オハイオ州クリーブランドにて 1988 年に結成。リードヴォーカル / マルチインストゥルメンタリストの Trent Reznor が主催するインダストリアルロックバンド。90 年代以降のアメリカのオルタナティヴシーンの中核的存在として知られる。ゴシックロックやゴシックメタルとは文脈を異にする立ち位置の存在ながら、陰鬱な電子ノイズと病的な初期衝動を含有したインダストリアル／オルタナティヴ・ロックサウンドで、新時代のゴシックミュージックを提示した刷新的功労者とも言えるだろう。Trent Reznor の異端的な音楽センスが凝縮された 80 年代後半～ 90 年

代のカタログはいずれも旧来の欧州ニューウェーブロマンとは一線を画すアメリカン・ゴシックの血脈を感じさせる聖典だ。
参照推奨アルバム：Pretty Hate Machine（1989）、The Downward Spiral（1994）、The Fragile（1999）

Ministry

イリノイ州シカゴ出身にて 1981 年に結成。Nine Inch Nails を始めとする後続に影響を与えた偉大なるインダストリアルメタルのオリジネイターの一角。キューバ系アメリカ人シンガーの Al Jourgensen はバンドの中心人物であると同時に、世界で最も著名なインダストリアル・ミュージシャンとしても知られる。最初期はシンセポップバンドとして活動していたが 80 年代後半頃より音楽性を変遷。ダークウェーブ由来の退廃性とヘヴィメタルのアグレッションを折衷した、いわゆるゴシック＋メタル的な方法論を早々に実践していた開拓者だ。政治批判的な要素を取り入れた姿勢は往年のポストパンク的でもある。スラッシュメタルギターとインダストリアルの共演『Psalm 69』はバンド屈指の恒久的金字塔として名高い。
参照推奨アルバム：The Land of Rape and Honey（1988）、The Mind Is a Terrible Thing to Taste（1989）、Psalm 69: The Way to Succeed and the Way to Suck Eggs（1992）

Marilyn Manson

フロリダ州フォート・ローダーデールにて 1989 年に結成。バンド名を冠するリードシンガー Marilyn Manson はそのスキャンダラスな話題性含めて、良くも悪くも 90 年代以降のアメリカのロックシーンを象徴する悪名高き存在の一人。バンドは Trent Reznor が設立したインダストリアル系レコードレーベル Nothing Records の最初の契約者としても知られる。David Bowie や Ozzy Osbourne 等のヘヴィメタル／オルタナティヴ・ロック、Bauhaus や The Cure 等ニューウェーブ／ゴシックロックの方法論を参照・昇華した楽曲とグロテスクで猟奇的な視覚効果で唯一無二の個性を確立した。全盛期の作品よりもむしろメロディックな趣を増した 10 年代以降の作品群の方が、ゴシックメタルとの近似性は高いかもしれない。
参照推奨アルバム：Antichrist Superstar（1996）、Mechanical Animals（1998）、Born Villain（2012）

Rammstein

ベルリンにて 1994 年に結成。ギタリストの Richard Kruspe による「アメリカ文化に触発された音楽でなく、ドイツ独自の音楽を構築したい」というインスピレーションの下で発足。Neue Deutsche Härte（ノイエ・ドイチェ・ヘァテ：以下 NDH）というドイツ独自のニューウェーブとグルーヴメタルのクロスオーバージャンルに則ったサウンドで、インダストリアル／オルタナティヴメタル方面のファンからも高い支持を獲得。『Sehnsucht』での商業的成功を経て NDH を世界的な人気ジャンルへと押し上げた。ゴシックメタル方面への影響も非常に大きく、Crematory や Lord of the Lost といった同郷のバンド群はもちろん、Gothminister 等の北欧のバンドにも彼等の威光は広がっている。
参照推奨アルバム：Herzeleid（1995）、Sehnsucht（1997）、Mutter（2001）

KoЯn

カリフォルニア州ベーカーズフィールドにて 1993 年に結成。いわゆるニューメタルの代表格としても知られる彼等だが、そのパーソナルな孤独感や疎外感、トラウマティックな痛み等に焦点を当てた歌詞や内省的世界観は、非常にゴシック的でもある存在だ。特にヴォーカリストの Jonathan Davis は Bauhaus や Depeche Mode、Ministry、Skinny Puppy といったニューウェーブ／イ

ンダストリアル系バンドを自身のルーツに挙げており、それらが反映された音像は時にゴシックメタル的方法論とも強く重なる。Evanescence の Amy Lee 等が彼等を影響源として挙げている点からもその事実は明らかだ。陰鬱なゴスフレーバーを導入した『Issues』はアメリカン・ゴシック的観点からも秀逸な一枚。

参照推奨アルバム：KoЯn（1994）、Life Is Peachy（1996）、Issues（1999）、Untouchables（2002）

Deftones

カリフォルニア州サクラメントにて 1988 年に結成。ニューウェーブやシューゲイザー、アートロック、ドリームポップ等多種多様な音楽的要素を折衷した、独自性の高いオルタナティヴメタルを展開し続けるベテランアクト。当初はメディアによってニューメタルに紐づけられることもあったが、その豊かなバックグラウンドとエクスペリメンタルな精神性に基づく彼等の音楽性は、一つのジャンルに留まらない。ヴォーカリストの Chino Moreno が発する独特の浮遊感を伴うテノールヴォイスと、多幸的カタルシスをもたらすバンドの轟音グルーヴはゴシックメタルとも共振する耽美的な味わい生み出す。Lacuna Coil を始めとするオルタナティヴ系ゴシックと隣接する存在と言っても過言ではないだろう。

参照推奨アルバム：Around the Fur（1997）、White Pony（2000）、Diamond Eyes（2010）

Kate Bush

1975 年から活動するロンドン出身の世界的歌姫。Pink Floyd のギタリスト David Gilmour に見出され、デビューへと至った逸話は有名。自身で作曲した楽曲で全英 1 位を獲得した初の女性アーティストであり、その孤高な世界観と歌声も相まって後続の音楽カルチャー全般に現在も多大な影響を与え続け

ている。1985 年のヒットナンバー「Hounds of Love」では 70 年代のホラー映画『悪魔の呪い（原題：Night of the Demon）』の音声サンプリングを使用するなど、元々ゴシック的な性質を持ち合わせていた存在でもある。Within Temptation の Sharon や Oceans of Slumber の Cammie を始め、彼女からの影響を公言しているアーティストは数多く、元 The Gathering の Anneke に至っては Kate Bush の楽曲カヴァーで構成されたソロツアーを開催し、リスペクトの意を示している。ゴシックメタルにとって間違いなく巨大な音楽源泉の一つと言えるだろう。

参照推奨アルバム：The Kick Inside（1978）、Lionheart（1978）、Never for Ever（1980）、The Dreaming（1982）、Hounds of Love（1985）

　本稿でバンドの紹介と共に挙げた参照推奨アルバムは、ゴシックメタルを嗜む上で決して必要なものではない。しかし、聴いてみればゴシックメタルというジャンルの音楽的背景や解像度の向上の助けとなる作品達なので、興味や機会があれば是非手に取ってみて欲しい。何らかの発見があるかもしれないし、元々好きだったバンドのアルバムの聴こえ方が思わぬ形で変わるかもしれない。ルーツの探求の楽しさという意味もあるが、それ以上にゴシックメタルを介して様々な音楽に触れることで自己世界の拡張に繋がれば、今以上に楽しい音楽ライフを送れるはずだ。

Western Europe

　イギリスはゴシックメタルのパイオニアである Paradise Lost、Anathema、My Dying Bride の Peaceville 御三家を輩出しただけに留まらず、ゴシックメタルのルーツであるゴシックロックのムーヴメント発祥地としても数えられ、歴史的にも文脈的にも重要な地域である。1980 年代のイギリスにおいてヘヴィメタルとゴシックロックの双方のシーンが隆盛していたという背景が、現地において「メタルファンでもあり、同時にゴシックシーンのファンでもある」というリスナーやプレイヤーを育み、後年のクロスオーバーへと繋がる引き金を形成したとも言える。

　また、1990 年代のオランダでは女性ヴォーカルを先駆的に据え、後にプログレッシヴロックやトリップホップとの越境的な接続を成した The Gathering も登場。シンフォニック・ゴシックメタル確立の立役者となった Within Temptation も生み出している。

　フランスには Misanthrope のフロントマン Phillipe De L'Argilière が創設し、初期の SepticFlesh(Septic Flesh 表記時代) や Nightfall も在籍していた名レーベル Holy Records も存在する。いずれにせよ、ゴシックメタルを語る上で避けては通れない中心的地域たちと言えるだろう。

ゴシックメタルの創始者としてその概念を拡張し続けるパイオニア

Paradise Lost

- Strigoi、Bloodbath、Host
- 1988~ 現在　　　　　　　　　　　　　　　　イギリス、ハリファックス
- Nick Holmes（ヴォーカル）、Greg Mackintosh（ギター）、Aaron Aedy（ギター）、Steve Edmondson（ベース）、Guido Zima Montanarini (ドラム)

イギリスのハリファックスにて 1988 年結成。フロントマンの Nick Holmes、リードギタリストの Greg Mackintosh、リズムギタリストの Aaron Aedy、ベーシストの Steve Edmondson の 4 名をオリジナルメンバーとし、ドラマー以外は現在までラインナップの変更なく活動を継続。イギリスにおけるデス / ドゥームメタルの先駆者の一角としてキャリアをスタートし、後にゴシックメタルと呼ばれる事となるジャンルの確立を担った、同シーンで最も重要な存在と言える草分け的レジェンド。バンドは 1988 年～ 1989 年にかけて 3 本のデモテープを制作した後に Peaceville Records と契約を結び『Lost Paradise』で 1990 年にデビュー。1991 年にゴシックメタルの語源としても知られる金字塔的作品『Gothic』を 2nd フルレングスとして発表した。1992 年に Peaceville Records から Music for Nations へと移籍し『Shades of God』をリリース、1993 年にはデス / ドゥームから、より普遍的なヘヴィメタルへと接近した『Icon』を発表。デビュー時から在籍していたドラマー Matthew Archer が脱退し、元 Marshall Law としても知られる Lee Morris が後任として加入。キャリア史上最大の成功を収めた『Draconian Times』を 1995 年にリリースした。90 年代後半にはエレクトロ / シンセポップの要素を実験的に取り入れた『One Second』や『Host』を経て、様々な音楽的変遷を遂げたが後に再びデス / ドゥーム路線へと回帰した作品を発表している。また、2023 年に Greg のサイドプロジェクト Strigoi でも活躍しているドラマー Guido Zima Montanarini の正式加入がアナウンスされた。

Paradise Lost
Lost Paradise　　　●イギリス　　🅐 Peaceville Records ◯ 1990

記念すべき 1st アルバム。今顧みるとデスメタルバンドとしての Paradise Lost の魅力を十全に味わえる稀有な一枚とも言える。Obituary や Autopsy の様なスロウかつイーヴルな初期デスメタルを下地に、Celtic Frost 辺りに通じる妖しい荘厳味も感じられる構造は後のスタイルへの布石とも取れるだろう。後年、ストックホルムのデスメタルバンド Bloodbath への参加でも見受けられる Nick のデスメタル・シンガーとしての邪悪なパフォーマンスにも息を飲む。また、女声コーラスを導入した「Bleeding Fear」は次作『Gothic』への連なりを特に予感させる一曲。その無慈悲かつ凄惨な音像は現行の価値観で照らし合わせても十二分の迫力を誇るエクストリームメタルであるのは間違いない。この時点で類型的なデス / ドゥームメタルに留まらない、特異的な個性を放つデビュー作だ。

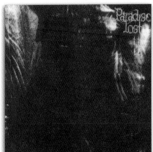

Paradise Lost
Gothic　　　●イギリス　　🅐 Peaceville Records ◯ 1991

ゴシックメタルを語る上で必要不可欠な作品である、Paradise Lost の 2nd アルバム。初期デス / ドゥームメタルを基盤に、The Sisters of Mercy や Dead Can Dance 由来の暗黒クラシカル / ゴシックロック的ヴァイブを大々的に折衷した革命的一枚。事実このアルバムタイトルの『Gothic』こそがゴシックメタルの語源とされている。ゲストヴォーカルの Sarah Marrion による優美なコーラスや荘厳なシンセワークが導入されたオープナー「Gothic」、Nick の多彩な歌唱表現の開花が早くも感じ取れる「Shattered」、デスメタリックな音像の中に Joy Division 的なポストパンク的疾走感を滲ませる「Rapture」等、特筆すべき楽曲は多い。Greg によるリードギターの情動力も前作の比ではなし。90 年代ゴシックメタルの雛型的フォーマットを提示した文化遺産的名作だ。

Paradise Lost
Shades of God　　　●イギリス　　🅐 Music for Nations ◯ 1992

更なる深淵を見せる 3rd アルバム。『Gothic』とは似て非なる、陰鬱で内省的な感触のドゥームメタル要素を強調した作風。前作で特徴的だった女声コーラスやシンセ等の装飾は諸々オミットされ、代わりにブリティッシュドゥーム的な仄暗い翳りやダイナミズムをバンドサウンド主体の手法で体現。Nick のヴォーカルは未だグロウルの比重が大きいものの、攻撃性と同時に人間味を帯びた独特な歌唱によって、痛みや苦悶を生々しく宿らせている。スラッシーなリフの渦中に不穏なドラマ性を滲ませたオープナー「Mortals Watch The Day」、ダウナーな絶望感を発露させる「Daylight Torn」、痛切な叫びが嘆き轟くバンド初期の代表曲「As I Die」に至るまで隙の無い充実作。Paradise Lost の初期ディスコグラフィーの中でも剛直かつ粗野な悲哀性が際立つ、バンドの進化を示した意欲作である。

Paradise Lost
Icon　　　●イギリス　　🅐 Music for Nations ◯ 1993

Paradise Lost というバンドは変化を止めない存在である。そんな彼等の創作面への貪欲な姿勢を示すように、前作までのデス / ドゥームメタル的手法から大きく脱却した 4th アルバム。自身が培ってきたゴシックメタルの方法論をより普遍的なヘヴィメタル様式へ落とし込んだ大胆な作風は、Paradise Lost のキャリアにおいて 2 度目の大きな転換点として位置付けられる。Nick はデスメタル準拠のグロウルを放棄し、熱情的に歌唱するヴォーカルへと移行。楽器隊の貢献も完璧で、Greg のトレードマークである哀愁を帯びたメロディセンスは官能的とすら言える境地に。新たなスタイルへとシフトした Nick の歌唱とも巧みに噛み合っている。代表的なアンセム「True Belief」を始め、今まで以上にキャッチーなドラマ性を携えた楽曲群の素晴らしさは筆舌に尽くし難い。90 年代暗黒メタル史における驚嘆的傑作。

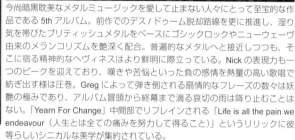

Paradise Lost

Draconian Times 🅐 Music for Nations 🅒 1995

今尚暗黒耽美なメタルミュージックを愛して止まない人々にとって至宝的な作品である 5th アルバム。前作でのデス / ドゥーム脱却路線を更に推進し、湿り気を帯びたブリティッシュメタルをベースにゴシックロックやニューウェーヴ由来のメランコリズムを艶深く配合。普遍的なメタルへと接近しつつも、そこに宿る精神的なヘヴィネスはより鮮明に際立っている。Nick の表現力も一つのピークを迎えており、嘆きや苦悩といった負の感情を熱量の高い歌唱で紡ぎ出す様は圧巻。Greg によって弾き倒される扇情的なフレーズの数々は妖艶の極みであり、アルバム冒頭から終幕まで滴る哀切の雨は降り止むことはない。「Yearn For Change」中間部でリフレインされる「Life is all the pain we endeavour（人生とは全ての痛みを努力して得ること）」というリリックに彼等らしいシニカルな美学が集約されている。

Paradise Lost

One Second 🅐 Music for Nations 🅒 1997

新たな変遷を予兆させる 6th アルバム。Depeche Mode を思わせる冷めた哀感を帯びたシンセアレンジが顕著となり、ヴォーカル面もメタルシンガー然とした力強さより、マイルドでクリーンなニューウェーヴ / エレクトロ方面に寄せたスタイルへとシフト。オールドスクールなヘヴィメタルを軸にした音像から離別し、よりオルタナティヴな方向へと刷新された印象だ。この変化は Paradise Lost が元々内包していた Depeche Mode や The Cure 等のゴシックロックやニューウェーブからの影響をより強く顕現させたある種ルーツへの回帰とも言える。「Say Just Words」や「One Second」などのハイライトを始め、コマーシャリズムとダークネスを巧みにブレンドさせるソングライティングの妙味は更なる高みへと到達。彼等らしい闇とメランコリズムを新しいアプローチと共に提示する事に成功した革新作。

Paradise Lost

Host 🅐 EMI 🅒 1999

Paradise Lost の音楽変遷史において最大の異色作であり、彼らが採用したスタイルの中でおそらく最も論争を呼んだであろう 7th アルバム。前作『One Second』から引き継がれるオルタナティヴ + ゴシック指向は更なる飛躍を見せ、もはや典型的なヘヴィメタルの枠からも脱却し、シンセポップ /UK ロック的アプローチを全面に押し出した衝撃的な作風だ。しかしながら音楽性のフォーマットが変化しても、バンドの根幹にあるメロディセンスや代替不能な味わいは不変であり、Paradise Lost ならではの冷気とカタルシスは依然際立っている。メタリックな方法論からはかけ離れている為に純粋なメタルヘッドは敬遠しがちな本作だが、暗い音楽が好きならばきっと惹かれるものがある筈。自身の音楽性の拡張のみならず、ゴシックメタルシーン全体の多様的変化にも繋がった本作もまた偉大なる名盤に違いない。

Paradise Lost

Believe in Nothing 🅐 EMI 🅒 2001

前作でエレクトロ / シンセポップに接近した手法を継承しつつも、ヘヴィなギターサウンドを再び主軸に据えた形となった 8th アルバム。ギターの比重が多くなったとはいえ、『Draconian Times』以前とはまた別の趣を感じられる音使いとなっており、90'sUK オルタナ / グランジとの親和性が高いモダンかつダウナーなアプローチが特徴的。Nick のヴォーカルは『Host』時のスタイリッシュさは希薄で、どこか虚ろながらも抑揚を抑えた歌唱となっている。コンパクトにまとまった楽曲群はキャッチーな仕上がりだが、Nick の鬱々とした歌唱がメロディをなぞるとたちまち無気力かつネガティヴなムード感が加速。陰気の中にも仄かな明るさを感じる浮遊感は The Cure 辺りにも通じる味わいだ。オリジナルとはガラッと印象の異なる、2018 年発表の Jaime Gomez Arellano によるリミックス & リマスター盤もお勧め。

Paradise Lost
Symbol of Life

● イギリス
🔵 Supersonic Records ○ 2002

欧州ダークウェーヴ的ロマンティシズムを増大させ、ソリッドなメタルギター
も大いに復帰させた 9th アルバム。前作での UK オルタナ / グランジ的テイス
トは掻き消え、インダストリアル / エレクトロ・ゴス要素を取り入れた重厚な
ビート、ダークな激情が迸るドラマ性が際立つ内容だ。Nick のヴォーカルも
息を吹き返した様に情感豊かに響く。Cathedral の Lee Dorian がゲスト参加し
Joanna Stevens が女声コーラスとして彩る美麗ダークメタル「Erased」、ヘヴィ
& ダンサブルなビートで耽美な高揚感を煽る「Isolate」を始め秀逸なトラック
も数多い。限定版収録の Bronski Beat のカヴァー「Smalltown Boy」も人気の
高い出色ナンバー。『Host』以降のニューウェーブ路線を通過したからこそ辿
り着いた逸品だ。また、ドラマーの Lee Morris 在籍期最後のアルバムでもあり。

Paradise Lost
Paradise Lost

● イギリス
🔵GUN Records ○ 2005

『Host』〜『Symbol of Life』までのエレクトロ要素を払拭し、メタルバンド
として回帰を示した様にセルフタイトルを掲げた 10th アルバム。『Draconian
Times』以前を想起させるギター主導の路線へと立ち返っているが、回帰一辺
倒ではなくオルタナティヴ・メタル的な現代味も付与された印象。新ドラマー
Jeff Singer のシンプルで澱みの無いドラミングも手伝って、Greg のメランコ
リックなリードギターはかつてない程タイトかつエキサイティングに掻き鳴ら
されている。Nick の歌唱も中期を彷彿させるセミ・ハーシュな濁声とクリー
ン声を織り交ぜたりと表現力のレンジが大幅に向上。悲壮感と勇壮さを同時に
帯びた「Paradise Lost 節」とも言えるメロディセンスが、剛健的なメタルサ
ウンド共に響き渡る様相に感涙必至だ。セルフタイトルを冠するに相応しい説
得力に満ちた強力作。

Paradise Lost
In Requiem

● イギリス
🔵 Century Media Records ○ 2007

前作『Paradise Lost』で原点に立ちかえり、再度ヘヴィメタルとして第二の
黄金期へと歩を進み始めた 11th アルバム。エスニックな神秘性を携えたオー
プナー「Never for the Damned」、ファーストシングルにもなった暗黒アンセ
ミックな「The Enemy」、苦悶からの解放と鎮魂をヘヴィに紡ぐ「Requiem」
と一聴して圧倒的なナンバーが並ぶ。中でも「Beneath Black Skies」はこの
アルバムを象徴する楽曲とも言え、冒頭の印象的なピアノのメロディから始
まり、ダークなフックに満ちたリフとリードメロディを堪能できる。Paradise
Lost がゴシックメタル、ひいてはヘヴィメタル・バンドとして揺るぎない威
厳と風格と共に帰還を果たしたという事実を改めて実感できる、珠玉的な内容
だ。ここ数年の音楽変遷の果てにバンドが辿り着いた新たなるマイルストーン
的一枚。

Paradise Lost
Faith Divides Us – Death Unites Us

● イギリス
🔵 Century Media Records ○ 2009

ゴシックメタルの覇者として威風堂々の帰還を果たした Paradise Lost が、攻
撃性を増したドゥームネスと共に解き放つ 12th アルバム。クリーン & キャッ
チーな要素が削ぎ落とされ、陰湿かつ荒涼としたエクストリームメタル的アグ
レッションが大幅に増大。Nick は『Shades of God』以来とも言えるグロウル・
スタイルに近い獰猛なシャウトを披露しており、その豪気には終始圧倒される。
コーラスの役割が減った分ギターメロディの充実度はここ数作でも屈指のもの
であり、Paradise Lost らしい黄昏的ドラマティシズムを含んだメランコリッ
クな節回しが十二分に封入されている。分厚いドゥームリフにウェイトを置い
たタイトルトラック「Faith Divides Us - Death Unites Us」や、希望に縋る事
さえ叶わない絶望感を晒す「Last Regret」辺りは特に指折りのナンバーだ。

Paradise Lost
◎イギリス

Tragic Idol
🅐 Century Media Records ◎ 2012

『Faith Divides Us - Death Unites Us』でのドゥーム回帰路線を踏襲しつつ、より トラディショナルなメタル的要素も感じさせる 13th アルバム。プロデューサーには Jens Bogren が引き続き着手。本作から At the Gates や Cradle of Filth 等のバンドを渡り歩いてきたドラマー Adrian Erlandsson が加入しており、リズム面において堅実に貢献されている。アルバムの冒頭を飾る「Solitary One」は熟達したバンドのソングライティング力を如実に表すオープナー。切なくも優美なアルペジオで幕を開けるタイトルトラック「Tragic Idol」も、ブリティッシュメタル由来の哀愁を帯びた中期 Paradise Lost を思い起こさせる良ナンバーである。苛烈で劇的な前作と比較すると幾分マイルドな作風だが、近作の路線の集大成とも言える粒揃いな一枚。

Paradise Lost
◎イギリス

The Plague Within
🅐 Century Media Records ◎ 2015

最初期の作品群ともリンクする先祖帰りを体現した 14th アルバム。乾いた絶望感を吐露する様に紡がれる Nick のグロウルは、年輪を刻んだ渋味と同時にエモーショナルな感情表現を伴う。キャリア初期の作風と重なるからこそ、陰惨なメランコリーを更に強固なものへと昇華する各メンバーの熟練味を体感出来る内容だ。往年のデス / ドゥームメタルバンド群を彷彿させるズブズブと沈み込んでいく暗黒リフの反復は、禍々しくも悲劇的なドラマ性を放っていて「スローな音楽だからこそ到達し得るカタルシス」を十二分に味わえる。アルバム一曲目の「No Hope in Sight」での厳粛な轟音のリフレインはまさにその好例で、ストーナーロック的グルーヴで聴かせる「Punishment Through Time」や、破滅的な葬式ドゥーム「Beneath Broken Earth」辺りもハイライトと言える秀逸曲。

Paradise Lost
◎イギリス

Medusa
🅐 Nuclear Blast Records ◎ 2017

前作以上にトラディショナル・ドゥームやオールドスクール・デスメタルに焦点を定めた 15th アルバム。Greg は本作を前アルバムの収録曲「Beneath Broken Earth」の延長上にある楽曲で埋め尽くしたと説明しているが、それに違わぬイーヴル & オカルティックな作風だ。伝家の宝刀である Paradise Lost らしいギター・メロディも健在で、厭世的で死臭漂う世界観に一筋の光をもたらしている。ヴィンテージな瘴気と共に深い闇を予見させる開幕曲「Fearless Sky」、ねっとりとしたドゥームリフにサイケな冷気が絡む「The Longest Winter」に加え、クラシックなハードロック的躍動感を配した「Blood & Chaos」等も実に魅力的だ。ドゥームメタルの重圧とゴシックメタルの哀感とが絶妙なバランス感覚で体現された、唯の原点リバイバルで終わらない攻めの姿勢に満ちた快心作。

Paradise Lost
◎イギリス

Obsidian
🅐 Nuclear Blast Records ◎ 2020

第二の全盛期を謳歌する Paradise Lost が、神髄であるゴシック的耽美性を大々的にカムバックさせた 16th アルバム。『The Plague Within』〜『Medusa』の間で培われたデス / ドゥーム由来の重量感に加えて、バンドのもう一つのルーツである Sisters of Mercy や Dead Can Dance と言った 80's ゴシックロック的ヴァイブを再び強く顕現。かつて 2nd アルバム『Gothic』において、デス / ドゥーム文脈のメタルサウンドにゴシックの要素を取り入れる革新的手法を確立した彼等だが、本作では当時の方法論に沿いつつ、現在のバンドの練度とグレードをもって再体現した内容となっている。唯の先祖帰りに終わらぬバンドの深化を示した楽曲群は、まさしくトゥルー・ゴシックメタルとでも呼称したくなる境地だ。ヘヴィメタルとゴシック、熟成された双方への深い愛が投影されたキャリア総括的一枚。

デス / ドゥームメタルに破滅的耽美性を付与した暗黒開祖

My Dying Bride

◉ Paradise Lost、Anathema、Katatonia、Novembers Doom、Daylight Dies
🕪 1990～　　　　　　　　　　　　　🌐 イギリス、ブラッドフォード
👥 Andrew Craighan（ギター）、Aaron Stainthorpe（ヴォーカル）、Lena Abé（ベース）、Shaun Macgowan（キーボード、ヴァイオリン）、Neil Blanchett（ギター）

イギリスのブラッドフォード出身。同郷のデスメタルバンド Abiosis を脱退したギタリスト Andrew Craighan とドラマーの Rick Miah を中心として 1990 年に結成。間もなくしてヴォーカリストの Aaron Stainthorpe、ギタリストの Calvin Robertshaw が加わり、バンドの基礎的なラインナップが完成した。1991 年に 1st デモテープ『Towards the Sinister』を自主制作にて発表し、同年に Listenable Records より 1st シングル『God Is Alone』をリリースした。このシングルは 1000 部限定での発売だったが瞬時に完売し、この躍進を発端として Peaceville Records との契約へと至る。1992 年『As the Flower Withers』、1993 年『Turn Loose the Swans』、1995 年『The Angel and the Dark River』、1996 年『Like Gods of the Sun』と現在でいうゴシックドゥームの礎とも言える傑出的アルバム群を 90 年代初頭～中盤にかけて連続的にシーンへと解き放つ。オリジナルドラマー Rick Miah 脱退を受け、制作された 1998 年の『34.788%...Complete』、そして 1999 年の『The Light at the End of the World』リリース後には Calvin Robertshaw もバンドから離れ、ツアーマネージャーへと転向。その後も数々の人事異動を経て、2007 年には現在までバンドに貢献している日系女性ベーシスト Lena Abé が加入。2017 年になると古巣の Peaceville から Nuclear Blast Records へと移籍した。ゴシックメタル創成期から一貫した姿勢を保ちつづける不朽の先駆者である。

My Dying Bride
As the Flower Withers 🅐 Peaceville Records 🅒 1992 　Ⓠ イギリス

Paradise Lost、Anathema と共に Peaceville 御三家と評され、ゴシックメタルの礎を築いた最重要バンドの一角、My Dying Bride の 1992 年発表のデビューフルレングス。耽美で退廃的なヴァイオリンやギターメロディが導入されるなど後のサウンドに繋がる個性が散見されるものの、この時点ではまだオールドスクールなデスメタルバンドとしての側面が大きい。不穏で暗鬱なドゥーム・リフが多くを占めるが、残忍なスラッシュリフやリズム・セクションなども多分に含まれ、攻撃的。本格的な個性が開花するのは次作以降だが、暗黒メタル原初期の空気を掴む上で資料的価値の高い一品。

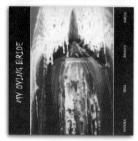

My Dying Bride
Turn Loose the Swans 🅐 Peaceville Records 🅒 1993 　Ⓠ イギリス

研ぎ澄まされた暗黒性と共にバンドの個性を確立した 1993 年の 2nd。今作でヴォーカルの Aaron はデス・ヴォイスだけでなくクリーン・ヴォイスでの歌唱を導入し、表現の幅が広がった。苦悶渦巻くドゥームリフ、嘆きと絶望を代弁するかの様に紡がれるヴァイオリンとギターメロディ、それと同時に荘厳な美意識を感じさせる世界観は非常に魅力的。ドゥーミーかつダウナーな楽曲の大半だが、楽曲の構成は起伏に富んでおり、聴き込むほどに重厚な暗黒ドラマティシズムを体感出来る。特に「Your River」の展開美や「Black God」の寒々しい退廃美は圧巻。ゴシックメタルの先駆者に相応しいポテンシャルを発揮した初期の代表作。

My Dying Bride
The Angel and the Dark River 🅐 Peaceville Records 🅒 1995 　Ⓠ イギリス

1995 年発表の 3rd。Paradise Lost の『Draconian Times』、Anathema の『Silent Enigma』と Peaceville 御三家の名作と同じ年にリリースされた本作もまた、初期ゴシックメタルを代表する傑作。前作でのデスメタル的なアグレッションは消え、Aaron のヴォーカルも嘆き悲しむように歌うクリーン・ヴォイスが主体となる。Key とヴァイオリンに装飾されたメランコリックなメロディは更に煽情性を増し、絶望的ながらもどこか宗教画の様なエレガントな雰囲気すら漂わせる。名曲「The Cry of Mankind」をはじめ、全編で悲愴美の極致を堪能出来る一枚。

My Dying Bride
Like Gods of the Sun 🅐 Peaceville Records 🅒 1996 　Ⓠ イギリス

1996 年リリースの 4 枚目のフルレングス。これまでの作品以上にヴァイオリンが前面にフィーチャーされ、陰気なヘヴィネスを保持しつつもよりゴシック的でムーディーな耽美性が体現されている。大作主義だった楽曲も全体的にコンパクトになり、ある意味でキャッチーとも言える作風。妖艶さをまとった Aaron のクリーン・ヴォイスも一層磨きがかかり、楽曲のドラマ性に大いに貢献している。雰囲気重視だった前作に比べるとリフ・オリエンテッドなテイストが戻ってきており、ドゥームというより普遍的なヘヴィメタルに接近している印象もある。美と哀愁を体現した「For You」はアルバム屈指の名曲。

My Dying Bride
34.788%...Complete 🅐 Peaceville Records 🅒 1998 　Ⓠ イギリス

1998 年の 5th アルバム。前作『Like Gods of the Sun』まで My Dying Bride の楽曲を彩っていたヴァイオリン兼 Key 奏者の Martin Powell が脱退。また、ドラマーも交代している。ヴァイオリニストが抜けた影響なのか、作風にも変化が見られており同時代の Paradise Lost や The Gathering の作品と同様にインダストリアル / エレクトロ的アプローチが随所に導入されている。バンド屈指の異色作とも言えるモダンな作風だが、根幹となるドゥーミーで陰鬱なヘヴィネスは健在。欧州的な耽美性は減衰したが、冷たくメランコリックなムード感はこれはこれで魅力的。

My Dying Bride
The Light at the End of the World
⚑イギリス ● Peaceville Records ● 1999

1999 年の 6th。前作でエレクトロ / インダストリアル要素を導入するなど実験的な
作風を実践したが、本作で再び彼等本来の陰鬱な暗黒ドゥームメタルへと軌道修正。
むしろ 4th『Like Gods of the Sun』や 3rd『The Angel and the Dark River』以前の
デスメタル的なアグレッションも一部戻ってきており、楽曲も再び大作指向へと回
帰している。中近東風なダークなメロディが導入されていたりと新機軸も感じられ
つつ、徹底して日の光が当たらない絶望的な幽玄ドゥームが貫かれた作風は、初期
のアルバムのファンにもお勧めしたい内容だ。

My Dying Bride
The Dreadful Hours
⚑イギリス ● Peaceville Records ● 2001

暗黒の深淵へと原点回帰を果たした 2001 年リリースの 7th フルレングス。1st アル
バムの楽曲「Return to the Beautiful」がリメイク収録され、違和感なく馴染んで
いる事からも察する様に、初期のデスメタル時代を彷彿させる不穏な攻撃性が大々
的に復活している。翳りを伴う Key と共にブラストビートで疾走したりといつに
なくエクストリームメタル寄りのテイストだが、デプレッシヴな凄惨さすら感じる
陰鬱なメロディセンスと上手く融和されており、非常にエキサイティング。禍々し
さと悲嘆性とのコントラストが映えるバンド中期の良作。前作が気に入ったならば
今作もマスト。

My Dying Bride
Songs of Darkness, Words of Light
⚑イギリス ● Peaceville Records ● 2004

前作から 3 年の沈黙を破ってリリースされた 2004 年の 8th。初期の名作群に含ま
れていたゴシック的な耽美性は薄まり、純正な暗黒デプレッシヴ・ドゥーム路線へ
とシフト。ドゥームメタルとしての精神性を大いに打ち出した作風ではあるが、彼
等らしい耽美性が完全に失われた訳ではなく、要所でここぞとばかりに発露される
破滅的な陰鬱美には幾度となく悶絶させられる。グロウルとクリーン・ヴォイスを
巧みに使い分ける Aaron の表現者としての成長も著しく、楽曲にスリリングな緩
急を与えている。また、キーボーディストの Sarah Stanton が本作から初加入した。

My Dying Bride
A Line of Deathless Kings
⚑イギリス ● Peaceville Records ● 2006

2006 年リリースの 9th。ここ数作で顕著だったデスメタル回帰路線から再度路線
変換、メランコリックなムードが支配的な陰鬱ゴシックメタルが展開されている。
ヴォーカルの Aaron の歌唱もグロウルは極力封印し、鬱々としたクリーン・ヴォ
イス主体のスタイルへと戻っている。ドゥームメタル的なヘヴィネスも前作に比べ
て控え目になっており、代わりにゴシック色の強い名作 3rd『Angel and the Dark
River』期に通じるダウナーな哀愁美を含んだメロディが前面へと出た作品に。My
Dying Bride というバンドのダークでメロディアスな側面を十二分に堪能出来る一
枚。

My Dying Bride
For Lies I Sire
⚑イギリス ● Peaceville Records ● 2009

2009 年リリースの 10 枚目となるフルレングスアルバム。今作よりバンド体制に
も変化があり、ヴァイオリニストの Katie Stone と日系女性ベーシストの Lena
Abé が新たなメンバーとしてクレジットされている。これにより約 13 年振りに
My Dying Bride のサウンドに哀傷なヴァイオリンの響きが帰還した。アルバムの作
風も名作 3rd ～ 4th 期を彷彿させる耽美でメランコリックなゴシックメタル路線へ
と立ち戻りつつ、現在のバンドの練度が反映された洗練されたソングライティング
が楽しめる。楽曲も 5 分以下の曲が大半で、キャッチーかつコンパクトな構成。

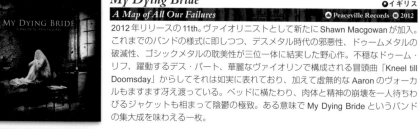

My Dying Bride
♀イギリス

A Map of All Our Failures — 🎵 Peaceville Records ⏱ 2012

2012年リリースの11th。ヴァイオリニストとして新たに Shawn Macgowan が加入。これまでのバンドの様式に即しつつ、デスメタル時代の邪悪性、ドゥームメタルの破滅性、ゴシックメタルの耽美性が三位一体に結実した野心作。不穏なドゥーム・リフ、躍動するデス・パート、華麗なヴァイオリンで構成される冒頭曲「Kneel till Doomsday」からしてそれは如実に表れており、加えて虚無的な Aaron のヴォーカルもますます冴え渡っている。ベッドに横たわり、肉体と精神の崩壊を一人待ちわびるジャケットも相まって陰鬱の極致。ある意味で My Dying Bride というバンドの集大成を味わえる一枚。

My Dying Bride
♀イギリス

Feel the Misery — 🎵 Peaceville Records ⏱ 2015

オリジナル・ギタリストだった Calvin Robertshaw が 5th『34.788%...Complete』以来久方ぶりにバンドに復帰した 2015 年の 12th アルバム。前作の延長上といえる典型的な My Dying Bride らしい作風の作品となっており、グロウルとクリーンを交互に使い分け、絶望と悲しみを丹念に編み込む Aaron のヴォーカルは卓越した老練家そのもの。ダークかつスロウな情景の中で挿入される Key とヴァイオリンの旋律は、凄惨さの渦中で差し出される一抹の救いの手の様に神々しくも美しい。消失した愛を歌うデプレッシヴ・バラード「I Almost Loved You」は名曲。

My Dying Bride
♀イギリス

The Ghost of Orion — 🎵 Nuclear Blast Records ⏱ 2020

古巣レーベルの Peaceville を離れ、新たに Nuclear Blast と契約、キャリア 30 周年の総決算を果たした 2020 年リリースの 13th フルレングス。僅かな希望さえ指の隙間からボロボロと零れ落ちる様な、哀切ゴシックドゥームの極致とも言える充実の内容。バンド史上屈指にキャッチーかつ厳かな歌メロが際立つ「Your Broken Shore」を始め、ある意味でコマーシャルでありながらもアイデンティティである悲劇的なドラマティシズムは健在。自身の愛娘の癌闘病を経て、一層表現力をまとった Aaron の歌唱も泣ける。新たなマスターピースとも言える傑作。

My Dying Bride Interview

Q：今回のインタビューを受諾して下さり、お礼を申し上げます。それでは最初の質問になりますが、先日リイシューされた『For Darkest Eyes（Live in Krakow）』について伺います。この作品は My Dying Bride にとって初の映像作品でもあるメモリアルな一枚ですね。バンド初期の貴重なショウの空気感を堪能出来るファンにとって垂涎のアイテムだと思います。このタイミングで本作の再発に至った経緯など教えて頂けますか？

Aaron：俺達にとってあの時代は本当に特別な時間だったし、ショウをプロフェッショナルな品質で撮影してもらったのは特別な事だったからね！　もちろん、元々は VHS テープでリリースされた物だけど、時代が進み、テクノロジーも進歩している為、新しいフォーマットで再リリースするのは理に適っていると思う。それに、このリリースには様々なライブハウスや様々な年の初期のライブ映像が沢山含まれている為、ファンは 1990 年代初頭の当時の様子をじっくりと観る事が出来るはずだよ。

Q：『For Darkest Eyes（Live in Krakow）』には 1996 年でのエキサイティングなポーラン

ド公演の様子が封入されています。印象に残っている当時のエピソードや制作時の思い出などがあれば聞かせて頂けますか？

Aaron：俺達は真冬のポーランドでAnathemaとのツアーに参加していて、凍えるような寒さだった。ショウの一つはテレビスタジオでも行われていて、そこで俺達全員が撮影されることが事前に分かっていたので（両バンドとも）自然な形でライブを実践するよう努めたよ。あれはツアー全体の中で最高のパフォーマンスだったと思う。かなりの規模の観客がいて、沢山のカメラと照明があり、非常にプロフェッショナルな采配だったね。でも、俺達は既に何回もショウを経験済みだったし、緊張は全くしなかった。それでカメラを無視して全力でパフォーマンスを行ったけど、ファンはそれをとても気に入ってくれたよ。

Q：直近のフルレングスアルバムである2020年リリースの『The Ghost of Orion』について伺います。このアルバムは長年拠点にしていたPeacevilleを離れ、ラインナップを一新した新鮮な環境の下で制作されました。その結果、My Dying Brideらしい荘厳美を維持しつつも、良い意味でメロディやヴォーカルワークが際立った新鮮味溢れる傑作だったという印象です。リリース時の反応はいかがでしたか？

Aaron：反応は凄まじかったよ！　俺達は長年Peacevilleに在籍していたが、変化の時が来たと判断し、幸運な事にNuclear Blastが多くの関心を示してくれた。だから彼らと契約を結んだ。しかし、俺の5歳の娘が癌と診断されたため、LPのリリースは遅れ、彼女の世話をする為にバンドを一時離れたんだ。俺達は多大なストレスを抱えながらようやくレコーディングを終えることが出来たけど、この期間中は全く幸せではなかった。有難いことに俺の小さな娘は生き残ったものの、酷い代償を残していた。アルバムの制作はとても苦痛だったけど、結果的にこの作品が成功したのはとても良かったよ。レコーディングの直前にドラマーとギタリストが脱退してしまったこともあり、事態はかなり悪化していたからね。とはいえ、努力と決意で最後には勝ち残ったよ。

Q：『The Ghost of Orion』では1998年の『34.788%...Complete』以来となる女性ヴォーカルの導入やチェロ奏者のゲスト参加など、野心的な実験性と質の高いコマーシャル性の両側面を追求したアプローチが取られていましたが、こういった作風に至った背景について改めて教えて頂けますか？　また、この方向性は今後の作品にも引き継がれていくと思いますか？

Aaron：俺達は日頃からレコーディングにチェロを入れたいと思っていて、新しいスタジオエンジニア兼プロデューサーのMark MynettがJo Quailという素晴らしいチェロ奏者を知っていると言った時、彼女を参加させるチャンスに飛びついたんだ。Markが彼女に電話すると、彼女は快くスタジオに来て、俺達の為に沢山の素材を一日中録音してくれたよ。そして俺達はそのほとんどを素晴らしい効果的素材として活用した。彼女は「Your Broken Shore」のMVにも出演している。Joは素晴らしい才能を持ったプロのアーティストなので、彼女自身のアルバムをチェックする必要もあるよ。また、「The Solace」というタイトルの楽曲に、WardrunaのシンガーLindy-Fay Hellaを参

ドゥームメタルとデス、スラッシュメタルを組み合わせ、そこにゴシックのヴァイブを追加したのさ。当時、ほとんどの人が一つのジャンルに固執していた為、複数の要素が混ざり合うサウンドは非常に珍しいものだった。でも俺達にとってそれは全く自然なことで、奇妙な事ではなかったのだけど、今となってはそれが非常に革新的であったことが分かり、そのムーヴメントに貢献できたことを非常に誇りに思っているよ。

Q：90 年代のメタルシーンは多様な実験性に溢れていました。当時ゴシックメタルのパイオニアとして数えられた Paradise Lost や Anathema、The Gathering などの主要バンドもアルバムリリースを重ねていく上で自ら築き上げてきたスタイルから決別し、音楽的変遷を重ねています。しかしながら My Dying Bride のキャリアにおいては時代によって細かな差異はあれど、伝統的なデス / ドゥームメタルに根差した不変不朽のスタイルを一貫して持ち続けている印象があります。この強固なアイデンティティと音楽的背景はどこから生まれたのでしょうか？ 主なインスピレーションなどについて教えてください。

Aaron：My Dying Bride を結成した当時、俺達は確固たる信念と愛するサウンドを内に抱えていたので、その基盤から大きく外れないようにするのは自然な事だった。もちろん、あちこちで少し実験的なことは行ってきたけど、根底にあるサウンドは常にドゥームメタル、デスメタル、そしてゴシックのヴァイブだった。なぜなら、それが俺達全員が愛するタイプのサウンドだからね。もし俺達が選んだ道から大きく逸れてしまったら、ファンはあまり嬉しくないだろうし、それ以上に俺達自身も幸せではなくなってしまう。同じ事を繰り返しているだけだと俺達を非難する人も中にはいるが、彼らは要点を見逃しているね。俺達は自分達の作るサウンドが大好きで、まさにそれが音楽を続けている理由なん

加させることが出来たのは非常に幸運だったね。彼女のヴォーカルはとても雄大で美しく、アルバム全体に本当に良いドラマ性を加えてくれているよ。

Q：90 年代において Paradise Lost、Anathema と共に Peaceville 御三家と称されその一翼を担ってきた My Dying Bride は、ゴシック / ドゥームメタルの歴史において最重要ともいえるパイオニアです。ゴシックメタルというシーンが確立した当時、ゴシック / ニューウェーブミュージックとエクストリームなメタルサウンドの融和を体現した先鋭的なクロスオーバーが実践されていました。シーンの内側にいた立場から見て、このムーヴメントを現在振り返ってみるとどのように感じますか？

Aaron： 当 時 は Candlemass、Slayer、Metallica、Celtic Frost といったお気に入りのバンド達に少し似せたサウンドを志していただけで、あまり新しいものを作っているとは思っていなかったんだ。俺達の好きな

だ。そして俺達はそれが得意でもあるのに、なぜ変える必要があるのかと思うね。

Q：バンドの歴史を掘り下げる質問をもう少し続けます。My Dying Bride は 1990 年に英国のハリファックスで結成されました。オリジナルメンバーである Calvin Robertshaw 等とは現地のナイトパブ「Frog & Toad」で出会ったのですよね？　バンド結成時の経緯や 1st デモ『Towards the Sinister』制作当時のエピソードで印象に残っていることがあれば教えて下さい。

Aaron：確かに、俺達が出会ったのは伝説のロッククラブ「Frog & Toad」だった。素晴らしい音楽に満ちた大きなクラブだったので、Paradise Lost を含む多くのバンドがそこでメンバーと出会い、結成されていったね。俺が最初に Calvin と知り合ったのは、音楽の趣味が同じだったから。すぐに仲良くなったよ。その後、俺達は Abiosis というバンドのメンバーで、地元の会場で演奏していた Rick Miah と Andrew Craighan を紹介された。彼らはとても上手だったので、俺達はバンドを結成するから、時間があれば参加しないか？と持ち掛けた。Abiosis は解散しかけていたし、二人とも今が次に進むのに適切な時期だと判断した様子だった。ある日曜日の午後、ブラッドフォードにあるリハーサルスタジオで Calvin や俺と一緒に音合わせを行ったんだが、それが素晴らしかった。俺達は皆とても仲良くて、異なるスタイルを混ぜ合わせて新しい種類のサウンドを形成するというアイディアを気に入っていたんだ。そして突然、My Dying Bride というバンドが誕生した。一回のリハーサルを行った後、俺は四曲をすぐに書き上げたので、リハーサル室の一部であるスタジオに向かい、唯一のデモテープ『Towards the Sinister』を録音したんだ。それを多くのレコードレーベルや雑誌に投稿したところ、Peaceville Records が多くの関心を示してくれた。そして当然、最終的には彼らと契約したのさ。

Q：現在もメタルシーンは細分化を続けており、ジャンルを越境した新しいスタイルのバンドが続々生まれています。My Dying Bride を重要なルーツとしてリスペクトしている新しいバンドも数多く存在しますが、バンドのデビュー当時に比べて多様化している現在のメタルシーンについて何か思うことはありますか？

Aaron：メタルのサブジャンルがこれ程沢山生まれたのは素晴らしいことだと思う。各々のサウンドが素晴らしいのはもちろんのこと、よりライトなロックやメタルを通じて、メタル以外のファンにも自分達の音楽を紹介できるようになったからね。世界中の多くのフェスティバルでは、非常に多様なメタルミュージックがステージで披露されており、ドゥームメタルからストーナー、スラッシュからグラムメタル、ブラックメタルからロック、クラシックなロックからブルースまで、これまでに生み出されたギターベースの音楽のあらゆる表現を見ることが出来る。それは本当に素晴らしいことだね。メタルのコミュニティは巨大で、自分がその一員であることを誇りに思っているよ。

Q：最近の新しいバンドの中で、特にフェイバリットなバンドや注目している存在などがいれば教えて下さい。

Aaron：正直に言うとそれほど多くはいないんだけど、現在自分が本当にフォローしているのは、ここイギリスの Damnations Hammer だね。彼等は自分に往年の Celtic Frost を思い出させてくれる。俺は彼等の大ファンなので、当然の事ながら、彼らが考え出したサウンドやコンセプトがとても好きだ。あとはウェールズ出身の Woven Man も本当にクールなサウンドなので注目しているよ。

Q：My Dying Bride のディスコグラフィーを振り返った時に、特に重要なレコードやターニングポイントとなった作品を挙げるとしたらどのアルバムになりますか？　また、その

理由も併せて教えて下さい。

Aaron：多くの人々にとって『Turn Loose the Swans』がターニングポイントだった事は知っているし、あのアルバムが素晴らしいアルバムだったことは認めるけど、自分にとってのそれは『The Ghost of Orion』でなければならないね。なぜなら、制作に関わった時に得たあらゆるトラウマがそうさせるから。加えて、より大きなレコードレーベルへ移籍した事と、二人の新しいメンバーがバンドに加わった事、新しいスタジオとプロデューサーを獲得した事も理由だね。その時点で My Dying Bride には非常に多くの変化が起こったし、俺達のキャリア全体の中で最も重要なターニングポイントとして際立っていると言えるよ。

Q：あなたのバックグラウンドについて教えてください。幼少期はどんな音楽を聴いて育ちましたか？　メタルミュージックとの出会いの切っ掛けも併せて教えてください。また、メタル以外で好んでいる音楽もあれば教えてください。

Aaron：父が軍隊にいた関係で、俺はドイツで育ったんだよ。地元のユースクラブを訪れている時に、ラジオで Tommy Vance の「The Friday Rock Show」を聴いていた。今ではどのメタルソングだったのかも思い出せないけど、その時聴いていた曲が大好きで、メタルシーンの魅力に気付いた。しかし、俺が本格的にメタルに興味を持つようになったのは、イギリスに引っ越してからなんだ。なぜなら、その時に初めて Iron Maiden の「Rime of the Ancient Mariner」を聴いて、その素晴らしさにブッ飛んだからね。とても素晴らしいストーリーテリングに素晴らしいサウンド……俺は魅了されて、似たような音楽を探し始めたのさ。従って、それが俺にとってのメタルの世界への適切な入門への経緯だったと言える。同時に俺は Depeche Mode、Lana Del Rey、Bohren and der Club of Gore、Queen、Adele 等、別の世代の様々なバンドも大好きだ。いつだって多彩な音楽が揃っているのはワクワクするね。

Q：あなたの人生においてオールタイムベスト・レコードを 5 枚挙げるとしたらどうなりますか？
是非教えてください。

Aaron：沢山あるのでそれはかなり難しい質問だけど、やってみよう。

Metallica『Master of Puppets』

Bathory『Under the Sign of the Black Mark』

Bohren & der Club of Gore『Piano Nights』

Candlemass『Nightfall』

Crimson Glory『Transcendence』

Damnations Hammer『Unseen Planets, Deadly Spheres』

Helloween『Walls of Jericho』

Lana del Rey『Born to Die』

Nick Cave & the Bad Seeds『Murder Ballads』

Swans『White Light from the Mouth of Infinity』

一日中かけてもこれ等については語り尽くせないけど、この作品群は俺が本当に好きなものをとてもよく表していると思うよ。

Q：ヴォーカリストの Aaron Stainthorpe は古典文学や映画も深く嗜んでいますよね。2020 年のベストフィルムにロバート・エガース監督の『ライトハウス』を挙げていたのが印象的でした。他に影響を受けたりフェイバリットな映画作品や書籍などあれば教えてください。

Aaron：俺は沢山のお気に入りの映画作品があるけど、それは必ずしもストーリーが要因ではないんだ。もしそれが何か新しくて興味深いことを試みているなら、俺はその作品を見ることに非常に興味を持つ。俺は『シン・シティ』のノワールなテーマ性と見事なルックスの組み合わせが大好きだった。『遊星からの物体 X』は緊張感があり、恐ろしく残酷で、『ブレードランナー』は美しいが陰惨で、ウェス・アンダーソン監督の『グランド・ブダペスト・ホテル』はカラフルで奇妙で非常に芸術的だ。俺は基本的に彼の映画作品のほとんどが大好きなんだ。本については……そうだね、俺は何百万冊も読んだ、面白く風刺的な Jasper Fforde の『The Constant Rabbit』を読み終えたところだよ。Neal Stephenson の『Cryptonomicon』は暗号解読者の夢であり、Mervyn Peake の『The Gormenghast』三部作は魅力的で奇抜なだけでなく、非常に精巧に書かれているので、まるで叙事詩を読んでいるかのようで大好きだね。

Q：いつの日か My Dying Bride の来日公演が実現することを祈っています。最後に日本のファンに対して何かメッセージなどがあればお願い致します。

Aaron：より大きなレーベルに移籍したので、彼等との繋がりを通して日本に行けることを願っている。それは俺達全員にとって、特にベーシストの Lena Abé にとっては夢が叶う瞬間となるだろう。彼女の父親は日本人で、時々家族に会いに帰るのをいつも楽しみにしているんだ。過去に日本への渡航が実現しなかった事を申し訳なく思っているが、早急に行ける事を願っているよ。ファンの皆の継続的なサポートと敬意に心から感謝を示したい。いつか俺達は皆のために必ずプレイしに行くよ。乾杯！

Peaceville 御三家出自のプログレッシヴ / アートロック求道者

Anathema

- ◎ Weather Systems、Antimatter、Pagan Angel
- ◐ 1990 年〜 2020 年
- ⊕ イギリス、リヴァプール
- ◑ John Douglas（ドラム、パーカッション、キーボード、プログラミング）、Daniel Cavanagh（ギター、キーボード、ピアノ、ヴォーカル、ベース）、Vincent Cavanagh（ギター、ヴォーカル、キーボード、プログラミング、ベース）、Lee Douglas（ヴォーカル）、Daniel Cardoso（キーボード、ドラム、ベース）

イギリスのリヴァプール出身。当初 Pagan Angel という名義で活動していたギタリストの Daniel と Vincent、ベーシストの Jamie の Cavanagh 三兄弟を主軸に、ヴォーカリストの Darren White、ドラマー及び鍵盤奏者の John Douglas を創設メンバーとして 1990 年に結成。1991 年に制作された 2nd デモテープ『All Faith Is Lost』が功を奏し、Peaceville Records と 4 枚のアルバム契約を果たす。1992 年に EP 作品『The Crestfallen EP』を発表、1993 年にデビューアルバムである『Serenades』をリリースした。1995 年 5 月にオリジナルメンバーの一人であった Darren White がバンドを離れると、ギタリストの Vincent Cavanagh がヴォーカルを兼任。同年 8 月に初期ゴシックメタルの傑出盤として名高い 2nd アルバム『The Silent Enigma』をリリースした。クリーン歌唱を取り入れアトモスフェリックなムードを強めた『Eternity』と『Alternative 4』を発表後、1991 年から在籍していたベーシスト Duncan Patterson が脱退。後任に Dave Pybus を迎え入れ Music for Nations からリリースされた『Judgement』では Pink Floyd 由来のプログレッシヴな叙情美を強めた路線へと転換。現在に続くオルタナティヴ・ロックとしての Anathema が花開いた瞬間だった。近年はプログレッシヴ音楽系の名門レーベル Kscope へと移籍し多数の名作を輩出していくが、2020 年にコロナ禍を主な理由として無期限活動停止。Daniel Cavanagh は現在 Weather Systems という名義で新たなプロジェクトを準備中だ。

Anathema
The Crestfallen EP
◉イギリス   **⦿ Peaceville Records ⦿ 1992**

1992 年リリースのデビュー EP。不穏でダーティーなトーンを携えた生々しいデス/ドゥームメタルを基調としつつ、Darren White による虚無的なヴォーカリゼーションや、随所で切り込まれる鬱屈としたギターメロディからは後年ゴシックメタルへと変遷しゆく片鱗が漂う。トラック 3 の「Everwake」では後に The Blood Divine にも参加する女性シンガー Ruth Wilson をゲスト招致したアコースティックギター主体の優美なナンバーが展開しており、一筋縄ではいかない起伏と構成を生み出している。凄惨なムードの渦中で蠢くメランコリックなヴァイブに今後の道筋が垣間見える最初期作だ。

Anathema
Serenades
◉イギリス   **⦿ Peaceville Records ⦿ 1993**

偉大なる Peaceville 御三家としてその一翼を担う Anathema が 1993 年に発表した 1st フルレングス。Paradise Lost が『Gothic』にて提示した耽美なメロディや女性ヴォーカルを大々的に導入したゴシックドゥーム・スタイルを踏襲しつつ、よりオーガニックかつメランコリックな印象を与える作風。Key によるオーケストラルなアプローチではなく、あくまでヘヴィリフとギターメロディで内省的な世界観を構築している。フランス語で歌う女性ヴォーカルをゲストに迎えた「J'Ai Fait Une Romesse」は美しいアコースティック・ソングの名曲。

Anathema
The Silent Enigma
◉イギリス   **⦿ Peaceville Records ⦿ 1995**

1995 年リリースの 2nd フルレングス。前作でメインヴォーカルを担当していた Darren White が脱退、Vincent Cavanagh がギターとヴォーカル兼任へ。重苦しくドロドロとした暗黒ヘヴィリフ主体のゴシックドゥーム路線を継承してはいるが本作の焦点はそこにあらず。このバンドの肝となる繊細で荒涼とした情景美が花開いた音像は劇的とも言える深化を遂げており、後年の路線を思わせる内省プログレッシヴな香りが既にこの時点で感じられる特筆点。「A Dying Wish」の切なさは涙無しには聴けない。初期ゴシックメタルの優れたクラシックとして鎮座する名作。

Anathema
Eternity
◉イギリス   **⦿ Peaceville Records ⦿ 1996**

より耽美で繊細なゴシックメタルへと変貌を遂げた 1996 年の 3rd。音楽性の変化と共に前作までデス・ヴォイス主体だった Vincent のヴォーカルもクリーン声主体へとシフト。ドゥーム的な要素は大幅に払拭され、普遍的なヘヴィメタルに接近した音像は一層分かり易く情感に訴えかけてくる。優しくも静謐なメロディの流れは同郷の Pink Floyd や Marillion 等の UK プログレッシヴ勢にも通じる思慮深い抒情性を放っており、この内省美こそが他の御三家である Paradise Lost や My Dying Bride 等とは異とする Anathema ならではの魅力と言えるだろう。

Anathema
Alternative 4
◉イギリス   **⦿ Peaceville Records ⦿ 1998**

1998 年リリースの 4th アルバム。Anathema がこれまで形成してきた耽美派メタルアートは前作から更に洗練された形で提示され、以前から感じ取れた UK ロック/欧州プログレッシヴロック的ヴァイブもここに来てより強くハッキリとした輪郭で顕現している。伸びやかな歌声と共に深い情感を込める Vincent Cavanagh のヴォーカリストとしての成長も著しい。要所で挿入されるヴァイオリン、ピアノ、アコースティック・ギターの旋律に彩られた楽曲は素晴らしく、特に「Fragile Dreams」は後年のライブでもハイライトとして機能する美と静寂のアンセム。

Anathema
Judgement
📍イギリス　🅐 Music for Nations　🕔 1999

所属レーベルを Music for Nations へと鞍替えした 1999 年発表の 5 枚目のフルレングス。Pink Floyd を始めとした UK プログレッシヴ / オルタナティヴ・ロックへの憧憬が一層如実に表れた作風ながらも Anathema らしい優美で繊細なメロディが全編に渡って堪能出来る一品。メタリックな要素を残しつつ、前作『Alternative 4』よりも更に耳馴染みの良いクリーンなアレンジで占められた楽曲はもはやゴシックメタルの範疇には留まらない普遍性を秘めている。オープナーの「Deep」や「One Last Goodbye」等、「美しい」というよりも「鬱くしい」と表現したくなる名曲が多い。

Anathema
A Fine Day to Exit
📍イギリス　🅐 Music for Nations　🕔 2001

2001 年発表の 6th フルレングス。絶望と暗闇とを紡ぐ灰暗いゴシックメタル路線から脱却し、憂いと光明を奏でる UK オルタナ / プログ方面へと本格的に歩みを始めた Anathema の歴史におけるターニングポイント的一枚。とはいえここ数作の音楽的変遷を顧みるとこの変化はごく自然的であると捉えられる向きもあり、メランコリックなメロディセンスは、ゴシックメタルを始めとした悲しく暗い音楽を好む層に十二分に響くはず。本作での情感豊かな Vincent の歌声、透明感と奥行きを携えた心揺さぶるサウンドの前では細かな括りは意味を成さず。Travis Smith による空虚感を表した心象風景的なアートワークも秀逸である。

Anathema
A Natural Disaster
📍イギリス　🅐 Music for Nations　🕔 2003

前作のプログレッシヴ / オルタナ路線から更に未踏の領域へと踏み込んだ 2003 年リリースの 7th フルレングス。ポストロック / エレクトロニカ方面の音像を彷彿させる実験的な色合いを多分に含んだ作風となっており、ギターを主体としたバンドサウンドにはもはや重きを置いていない。これは本作の楽曲の大半がギタリストの Daniel Cavanagh 一人で制作されたという点も大きく（バンドで共作したのは 2 曲目の「Balance」のみ）、Daniel による一種のシンガーソングライター・アルバムの様にも感じられる。今までのバンドの様式から逸脱した、ある意味で真のプログレッシヴ路線とも言える刷新性を含んだ一枚。

Anathema
We're Here Because We're Here
📍イギリス　🅐 Kscope Music　🕔 2010

Porcupine Tree の Steven Wilson 主催の気鋭レーベル Kscope へと移籍し、Anathema の新たな黄金期の幕開けとなる 2010 年リリースの 8th アルバム。兼ねてよりゲスト女性ヴォーカルとしてバンドのアルバムに参加していた Lee Douglas が本作より正式メンバーとしてクレジット。Vincent Cavanagh と Lee Douglas のツインヴォーカルを軸に据えた楽曲群は、スケールとクオリティが大幅に向上し、純正ブリティッシュ・ロックバンドとしての威厳と風格すら漂う。その繊細な高揚感と胸を打つメロディの数々に落涙必至。これまでの Anathema の集大成とも言える輝かしい傑作。

Anathema
Weather Systems
📍イギリス　🅐 Kscope Music　🕔 2012

欧州のプログレッシヴロックシーンにおいて、Anathema の地位を揺るぎないものにした金字塔的名盤、2012 年リリースの 9th アルバム。前作の衝撃は序章に過ぎなかったと言わんばかりの雄大なスケールと情景美で描かれる珠玉の楽曲群は、聴き手が天を仰いで号泣する程の深い感動に満ちている。ゴシックメタルから始まり、プログ、オルタナ、ポストロックと紆余曲折の旅路の末にバンドが辿り着いた黄金のドラマティシズムに涙を禁じ得ない。因みに『Judgement』以来久々に専任の鍵盤奏者不在の状況でレコーディングされた為、本作では Vincent と Daniel、John が分担してキーボードを担当している。

Anathema
◎イギリス
Distant Satellites
🅐 Kscope Music ◎ 2014

2014 年の 10th フル。名実ともに現行 Anathema の音楽的ポテンシャルを世に確立
した傑作『Weather Systems』の路線を踏襲しつつ、より一層クラシカル / エレク
トロなアプローチの割合が増したモダンプログの新世代旗手として相応しい革新
性を携えている。前作同様 2 部構成で紡がれる冒頭曲「The Lost Song」からして
Vincent Cavanagh と Lee Douglas のヴォーカルによる陰影に富んだコントラスト
が胸を打つ。ロック志向の「Dusk（Dusk Is Descending）」や Lee のヴォーカルを
主軸に据えたロマンティック・バラード「Ariel」等も、浮遊感と繊細さに寄せた渾
身曲だ。

Anathema
◎イギリス
The Optimist
🅐 Kscope Music ◎ 2017

2017 年リリースの 11th フル。6th『A Fine Day to Exit』のコンセプトを再訪し、
新たなインスピレーションと続編的なアルバムアートワーク共に綴られるコンセ
プチュアルな一枚。悩ましい内面闘争を反映したリリックも相まって前作より幾
分ダークで陰鬱なムードが感じられるが、楽曲面においては『Distant Satellites』
におけるエレクトロ / オルタナティヴ主体の音響的なアプローチを維持。Lee
Douglas の透明感溢れるヴォーカルを中心に添えた「Endless Ways」や「Ghosts」
を始め、現行 Anathema らしいメランコリックなサウンドを極上のソングライティ
ングと共に味わえる。

ゴシックメタルの多岐性を象る Anathema という存在

　ゴシックメタルというジャンルの成立を担った
立役者として認識される Anathema だが、その
音楽変遷は多岐に渡る。前身の Pagan Angel か
ら Anathema 活動初期においてはデス / ドゥー
ムメタルバンドとして経歴をスタートしている
が、その後はゴシックメタル時代を経て、単なる
ヘヴィメタルバンドに留まらないオルタナティ
ヴなアプローチを持って音楽性を拡張させてい
く。Paradise Lost や The Gathering 等にも言え
るが、ゴシックメタルにおけるパイオニア達は一
定の音楽スタイルに留まらない手法を取るバンド
が非常に多い。ジャンルの第一人者でありなが
ら、自身が構築した音楽様式から一早く逸脱し、
求道的に様々なスタイルを模索していくのであ
る。Anathema はそういった創始者達の中でも特に大きな変化と共にキャリアを積み重ねてきた
アクトだ。中期以降のプログレッシヴロックや UK ロック方面への大胆なシフトは当時において
もファンの間で賛否があったが、そういった試行錯誤やエクスペリメンタルな思考があったから
こそ現在の評価と成功に繋がったと言える。引いては、その実験的なマインドがあったからこそ
ゴシックメタルの誕生に繋がったとも言えるし、ゴシックメタルの発明は彼等の音楽探求の一
過程に過ぎなかったとも言えるだろう。物憂げな音世界をジャンルを横断しながら奏で続けた
Anathema は、ゴシックメタルの多様的側面を象徴する筆頭的存在であったのは間違いない。

歴史と歌詞から紐解くゴシックメタルの世界観
～文化領域としてのゴシックとゴシックメタル～

ゴシックの歴史的背景

まずそもそも「ゴシック」とは何なのか。「ゴシック」というワードの原初的な出自については数々の文化書籍や専門書等でも言及されているが、そのルーツは12世紀のフランス北部で表出した一連の建築様式を当時のルネサンス主義の文化人達が、侮蔑を込めて揶揄した言葉が始まりとされている。

『ゴシック』、つまりは直訳すると「ゴート人の」「ゴート風の」という意味合いの言葉であるが、ゲルマン人の一部族であるゴート族は四世紀頃に当時隆盛を極めていたローマ帝国を侵略したという歴史的背景から「野蛮」という意味合いも持つ、例え言葉として使われていた。

その「野蛮」と揶揄されたゴシック様式を用いる大聖堂などの宗教建築が18世紀頃になるとイギリスを中心として再評価され始め、リバイバル的にゴシック・ムーヴメントが起こる。こういった経緯から「ゴシック」は揶揄言葉ではなく、いつしか肯定的な意味合いを含有した美術・文化領域を指す言葉として機能するようになっていったのである。

その後「ゴシック」は建築様式を表現する概念を飛び超えて、文学、音楽、ファッション他様々なカルチャーへと変容を繰り返しながら広く浸透していく事になる訳だが、その影響力は現代においても留まることを知らない。

「恐怖・不安」「耽美・悦楽」等の暗黒的な精神性を体現する「ゴシック」という言葉が、現代的な解釈と共に1970年代後半のイギリスを発端とするパンク・ロックやニューウェイブと紐付けられて「ゴシックロック」等といった特定の音楽様式を形容するワードとして流通していったのである。

イギリスを始発点としてロックミュージックと結合するゴシック

やがてそれらは別の文脈の中で発展していったロックミュージックの一ジャンルである「ヘヴィメタル」とも結合し「ゴシックメタル」が誕生する。

面白いのはゴシックロックもゴシックメタルもその中心的震源はイギリスにあるという点だ。現にゴシックロックのルーツ的な存在である Joy Division や Siouxsie and the Banshees、ゴシックメタルのパイオニアである Paradise Lost や Anathema、My Dying Bride はいずれもイギリス出身だ。

これはゴシック建築を最初に再評価し、中世ホラー的なゴシックロマン小説のブームと共にゴシック・リバイバルを起こした18世紀頃のイギリス人達のムーヴと歴史的にも重なり、まさしく歴史は繰り返されるというか、イギリス人には大衆レベルでゴシック文化を愛でる素養が備わっているのではないかと思わず勘繰ってしまう偶然的な一致だ。

ゴシックメタルの歌詞に見るゴシック観

そんな前置きはさておきここからは主題をゴシックメタルの世界観へと切り替えて綴っていきたい。

Paradise Lost や My Dying Bride、Katatonia や Lacuna Coil といったゴシックメタルの代表格的なバンドの歌詞を参照していくと見えてくる事だが、ゴシックメタルの世界観は一般的な「ゴシック」のパブリックイメージとはやや趣を異とする部分を内包している。

まず先述したように一般的に「ゴシック」というと12～15世紀頃のゴシック建築やブラム・ストーカー『ドラキュラ』、メアリー・シェリー『フランケンシュタイン』等の古典

的なゴシックロマン文学に端を発する奇怪な
退廃性や幻想性が特徴として挙げられる。し
かしゴシックメタルは原初的ルーツとして
ドゥームメタルが含まれている事もあり、歌
詞として採用されるテーマには「人生の無意
味さ」や「現実に起こる裏切りや痛み」等、
ファンタジックなものよりも、現実に即した
暗く憂鬱な題目が用いられる事が多い。

　一方で、Theatre of Tragedy や Tristania 等
のフィーメール・ゴシックメタルのパイオニ
ア勢は「悲恋と別離」「愛の喪失」等といっ
た人間関係の上で起こる悲劇性にウェイトを
置いた世界観を特徴としている。その歌詞世
界の多くは文学的かつメロドラマ的な装飾が
施されていることが多いので、そういった要
素もゴシックメタルの構成材料の一つと言え
るだろう。

　もちろん、従来の「ゴシック」のイメー
ジに則ったゴシックメタルバンドも数多く
存在している。特に Theatres des Vampires
や Cradle of Filth、Cadaveria 辺りのブラッ
クメタルとクロスオーバーしているタイプの
ゴシックメタルはその傾向が顕著であり、中
世ヨーロッパ的ホラーや吸血鬼的なヴィジュ
アルイメージを採用したり、怪奇幻想指向な
テーマを汲んだりと一般的な「ゴシック」と
符合する部分が多い。ただし、こういったバ
ンド群は現実に根差したテーマを用いること
が多いゴシックメタル界隈にとっては本流で
はなく、傍流であるというのが個人的見解だ。

　こういったパーソナルな苦悩や閉塞的な
現実性に即した歌詞世界は Joy Division 等の
ニューウェーブ / ポストパンク系のルーツバン
ド、もしくは KoЯn や Alice in Chains といっ
たオルタナティヴ系のジャンル隣接バンドと
も共通している部分もあるかと思われる。

自由な文化領域としての「ゴシック」と結び付いたゴシックメタル

　しかしながら、ゴシックメタルが様々な音
楽性のバンドを抱えたシーンであるのと同じ
く、「ゴシック」というワード自体も広大な
多様性を内包する言葉である。変質と拡散を
繰り返しながら生き永らえてきた文化領域で
あるが故に、何が「ゴシック」の本質である
かを定義するのは困難であるし、むしろ特定
の表現様式を本質だと指すことで「ゴシッ
ク」の文化的価値を先細りさせる様なマネは
ナンセンスであろう。

　「ゴシック」は自由な文化領域だ。そして
時代と共に変容する精神性だ。そんな「ゴ
シック」と結び付いたからこそゴシックメタ
ルは面白い。各々自分に合った楽しみ方で付
き合っていって欲しい。

　最後に筆者が特に気に入っている歌詞を一
つ。Paradise Lost の「Yearn for Change」
の中間部でリフレインされるフレーズから。
ネガティヴの極致とも言える生の表現、けど
それ故に美しさが際立つこともあるのだ。

　「Life is all the pain we endeavour……（人
生とは全ての痛みを努力して得ること）」

音楽変遷の旅路をゆくフィーメール・ゴシックメタルの開拓者

The Gathering

- Theatre of Tragedy、Tristania、Lacuna Coil、The 3rd and the Mortal、Anathema
- 1989~（2014 年に一時活動休止）2017 年から活動再開　● オランダ、ノールトブラーバント州オス
- Hugo Prinsen Geerligs（ベース）、Hans Rutten（ドラム）、René Rutten（ギター）、Frank Boeijen（キーボード）、Silje Wergeland（ヴォーカル）

オランダの北ブラバント州オスにて、ドラマーの Hans とギタリストの René の Rutten 兄弟とヴォーカリストの Bart Smits を中心として 1989 年に結成。ほどなくしてベーシストの Hugo Prinsen Geerligs、キーボーディストの Frank Boeijen が合流し、1990 年に最初のデモ『An Imaginary Symphony』を自主制作にてリリース。当初は Celtic Frost 等に触発されたアトモスフェリックなデス / ドゥームメタルバンドとしてシーンに登場した。その後、幾つかのラインナップ変更を経て 1994 年に女性シンガーの Anneke van Giersbergen が加入。1995 年に Century Media Records より 3rd アルバム『Mandylion』をリリースすると欧州を中心に 13 万枚以上の売り上げを記録し、バンドは女性をフロントに据えたゴシックメタルのパイオニアとして一躍脚光を浴びる。1997 年に発表した『Nighttime Birds』もより洗練された音楽スタイルが評価され、9 万枚以上を売り上げた。シーンでの影響力を高めたバンドは 1998 年の『How to Measure a Planet?』にてシューゲイザーやトリップホップ等の要素を取り入れた実験的な音楽性へとシフト。以降、エクスペリメンタルな精神性の下に音楽性を変遷・深化させていく。2007 年に Anneke が脱退すると、バンドは新たな歌姫として元 Octavia Sperati のシンガー Silje Wergeland を迎え入れ、2009 年に『The West Pole』を発表。ヴォーカリスト変更後も特定のジャンル音楽に囚われないハイブリッドなクリエイティヴィティによってファンから高い支持を獲得し続けている。2014 年以降活動休止に陥っていたが、2017 年より再び活動を再開した。

The Gathering
○オランダ

Always...
△ Foundation 2000 ○ 1992

後年、フィーメール・ゴシックメタル界隈のパイオニアとなる The Gathering による 1992 年発表のデビュー作。この作品では未だ Anneke 加入前という事で一般的なメタル・ファン層にはスルーされがちだが、抒情的なメロディを内包するゴシックドゥームの名作として初期ゴシックメタルファンの間では根強い人気を誇っている一品。特に一曲目に収録されている「The Mirror Waters」はバンド結成 25 周年記念ライブにてオリジナル・ヴォーカリストの Bart Smits を招いて披露されるなど、初期を代表する名曲。バンドの歴史を顧みる上でも欠かせないゴシックドゥーム・クラシックの名作。

The Gathering
○オランダ

Almost a Dance
△ Foundation 2001 ○ 1993

1st に続き自主レーベルで発表された 1993 年の 2nd。前作でデスヴォーカルを担当していた Bart Smits が脱退。新たに男性ヴォーカルとして Niels Duffhuës、女性ヴォーカルに Martine van Loon が加入。荘重なゴシックドゥームをプレイしていた前作から一転、プログロック的な柔らかな Key が装飾されたポップでキャッチーな路線へと転身。ゴシック、ニューウェーブ、ドゥームの要素をブレンドした楽曲は、次作へのブレイクを予感させるポテンシャルを俄かに感じつつも、この時点ではアレンジやメロディに平坦な印象は拭えない。Niels の線の細いヴォーカルも好き嫌いが分かれそうなところ。

The Gathering
○オランダ

Mandylion
△ Century Media Records ○ 1995

バンドの人気を飛躍的に押し上げた 1995 年の 3rd。今や界隈を代表するレジェンドとなったヴォーカリスト、Anneke van Giersbergen をフィーチャーした最初の作品。力強いギターリフに導かれるオープナーの「Strange Machine」からして息を呑む美しいメロディに満ちており、続く「Eleanor」や「In Emotion #1」も遜色の無い強力曲。Anneke の歌唱はこれがデビュー作とは信じ難い程に堂に入った力強い艶やかさを披露しており、その存在感は圧倒的。ゴシックドゥーム由来のヘヴィネスを自然に融和させたバランス感覚も素晴らしい。後年のシーンに多大な影響を与えた革新的名盤。

The Gathering
○オランダ

Nighttime Birds
△ Century Media Records ○ 1997

前作『Mandylion』と比肩するゴシックメタル史の傑作として名高い 1997 年リリースの 4th アルバム。全体的に楽曲のスケールと深みが増しており、メタリックな重厚感を踏襲しつつも Renaissance や All About Eve 等のユーロ・プログ勢に通じる豊かな詩情性も感じられる様になった。Anneke の歌唱はこの時点で既に女帝としての貫禄を感じさせる程の伸びやかな表現力をまとっており、シャーマニックな雄大さを楽曲に彩りを与えている。大地の母性と共にアルバム屈指の耽美メロディを紡ぐタイトル・トラック「Nighttime Birds」は涙無しには聴けない名曲。幻想的な音楽が好きならば必需必携。

The Gathering
○オランダ

How to Measure a Planet?
△ Century Media Records ○ 1998

ギタリストの脱退を契機にトリップホップ / シューゲイザー路線へと大胆に舵を切った 1998 年発表の 5th アルバム。当時のシーンで影響力の強い存在だった Radiohead や Massive Attack 等の存在にインスピレーションを得た本作は、実験性に溢れつつも The Gathering らしい優美なメロディセンスも十二分に感じられる刷新作。スペーシーで無機質なバッキングと人間的な暖かみが際立つ Anneke の歌との対比も趣深い。「Travel」はプログ方面のファンからの支持が根強い人気曲。2 枚組構成の長尺作だが、日本でのみ 30 分近いタイトルトラックを省略して 1 枚組アルバムとしてリリースされた。

The Gathering
🔴オランダ

If Then Else
🔵Century Media Records 🟢2000

2000 年リリースの 6th フル。実験的なアプローチを取り入れた前作の路線を更に推進しつつも、冒頭曲「Rollercoaster」を始めとしたハードなテイストも幾分復活。トリップホップ / アートロックに端を発した手法はこのアルバムで一つの完成形を見せており、バンドが内包する寂寥感や暗鬱感をヘヴィメタルとは異なるフォーマットでアウトプットしていく新たな方法論として見事に機能させている。クール＆ミステリアスな Anneke の歌唱が映える「Amity」や、無機質なドラムループにチェロやヴァイオリンの優雅な旋律が絡む「Saturnine」等名曲が多い。ゴシックメタルとは別ベクトルの頂点に辿り着いた革新作。

The Gathering
🔴オランダ

Souvenirs
🔵Psychonaut Record 🟢2003

Century Media Records を離れ、自主レーベルからリリースされた 2003 年の 7th フル。バンドサウンドからの更なる脱却が図られ、エレクトロ / アンビエント的な浮遊感が一層濃厚になった作風に。ゴシックメタル時代から培ってきた幻想派ポップネスと、Portishead や Massive Attack 由来の深遠トリップホップとが織り成す極上のクロスオーヴァーとも言える内容は、まさに美と陰鬱の極致。時に優しく柔らかに、時にダークかつ神妙に揺蕩う Anneke の表現力も一段と極まっている。「A Life All Mine」では Ulver の Trickster.G がゲスト参加し、デュエットを披露している。

The Gathering
🔴オランダ

Home
🔵The End Records 🟢2006

2006 年リリースの 8th アルバム。近作の路線を貫いた様相だが、全体的にギターの登場頻度が上がっており、オーガニックかつシンプルな印象を抱く内容。リズム面も大分簡素化されており、アレンジの振り幅の広さを体感出来た前二作とは違って原始的な静寂を追求した一枚となっている。バラエティ性の欠如は感じるものの、「In Between」等クールな陰影を携えた佳曲もある。格調高くも美しい Anneke の歌唱はますます冴え渡るばかりで、シンプルな構成の楽曲に奥行きを付加している。しかし、このアルバムを最後に Anneke は脱退。長年バンドに貢献してきた彼女はソロに転向し、バンドは新たなメンバーを迎える事となる。

The Gathering
🔴オランダ

The West Pole
🔵Psychonaut Records 🟢2009

新ボーカリストとして、Octavia Sperati の Silje Wergeland を迎え、制作された 2009 年の 9th。Anneke 脱退によりバンドの将来を不安視するファンからの声も上がっていたが、それらを払拭する充実作。新加入の Silje の歌唱は前任者に比べ、声質は近いながらもどこか爽やかな明るさを帯びたトーンが特徴的で、バンドに新たな息吹を与えている。作風としては前作の雰囲気を踏襲しつつ、より普遍的なロックに接近していて、薄暗さを帯びたプログレッシヴ / エクスペリメンタル・ロックとして大いに楽しめる。Stream of Passion のシンガー、Marcela Bovio が 8 曲目にゲスト参加。

The Gathering
🔴オランダ

Disclosure
🔵Psychonaut Records 🟢2012

2012 年リリースの 10th アルバム。メンバーチェンジを経た後も衰えないバンドの求心力が反映された気概溢れる一枚。一時期停滞していた感が否めなかったミュージシャンシップは嘘だったかの様に息を吹き返し、エキサイティングな実験性を基に目新しい魅力が渦巻いている。The Cure や New Order 的なニューウェーブのエッセンスを感じる「Paper Waves」、トランペットを大々的にフィーチャーした幽玄叙情詩ブログ「Heroes for Ghosts」辺りの楽曲は特にそれらを如実に体現した名曲。多様なジャンルを飲み込み、芸術的な高みに達したバンドの新たな傑作。ポストブログ界隈のファンも是非。

The Gathering ●オランダ
Afterwords　●Psychonaut Records ●2013

2013 年発表の 11th フル。11 枚目のアルバムと銘打たれてはいるが、前作『Disclosure』収録曲のリメイクやカヴァー曲で構成されており、純粋な新曲は 3 曲のみ（そのうち 2 曲はインスト）。企画盤としての色合いが強いながらも既存曲を大胆に分解・再構築した内容はなかなかに濃厚で、「I Can See Four Miles」のリメイクである「Echoes Keep Growing」等はアンビエント / シューゲイズ的アレンジを基調に深化していて聴き応えがある。また、初代ヴォーカリストの Bart Smits を招いたタイトルトラックはダークウェーブ的な情念渦巻く良曲。Silje 加入以降の路線を再解釈する一枚。

The Gathering ●オランダ
Beautiful Distortion　●Psychonaut Records ●2022

長きに渡る休息期間を経て約 9 年振りにドロップされた 2022 年リリースの 12 枚目のフルレングス。5th『How to Measure a Planet?』や 6th『If Then Else』等の中期の作品にも携わった旧来のパートナー Attie Bauw が再びプロデュースを担当。様々な音楽的要素を取り込みながら、特定のジャンルに寄らない独自かつスペーシーなアートロックを紡ぐ、非常に The Gathering らしい作風となっている。60 年代モータウン風のダンサブルなビートやシューゲイズ / ポストロック的な音響美を含めた様々な意匠を用いつつ、核となる個性は少しも揺らがない美しくも強固なカムバック作だ。

The Gathering Interview

Q：まずは、ニューアルバムリリース直前の時期にインタビューを受諾して下さった事に感謝申し上げます。先行でドロップされたシングル曲はいずれも素晴らしい出来ですね。新譜の制作進行は順調に行えましたか？

Hans Rutten：こちらこそありがとう！ パンデミックの影響もあり、かなり大変な制作ではあったね。作曲からレコーディング、ミキシングに至るまで、全てが予想よりも遥かにスローペースだった。決して簡単な仕事ではなかったよ。しかし、現代のテクノロジーのおかげで、結果的には自分達が最初の構想通りに作りたかったアルバムを形にすることが出来た。

Q：先行シングルの「We Rise」は前作の『Afterwords』のオルタナティヴ / アンビエント的な浮遊感を継承しつつ、よりストレートにシューゲイズ風の轟音美に寄り添った作風だと感じました。こういったアプローチを取った理由などはありますか？

Hans Rutten：曲を書く時はただ自分達の心に従うだけさ。曲やアルバムを書くことに関して、俺達にはマスタープランというものは無いんだ。沢山の曲を大まかに書いて、後から曲間のつながりを確認するだけ。俺達は話し合い、評価し、ある時点でアルバムに最適だと思われる曲を録音する。全ては非常に直感的に進むんだ。俺達はアイディアに語らせ、核となる構想に注意深く耳を傾けようとする。新しい曲を書くとき、商業的な側面や過去に行ったことは特に重要ではないんだ。

Q：前作から約 9 年振りのフルレングスアルバムとなりますが、『Disclosure』や『Afterwords』等の近作と新作を比較して、内容的に何か明確な違いなどはありますか？もしあるとしたらそこに至った経緯などを具体的に説明して頂けると幸いです。

Hans Rutten：新しいアルバム『Beautiful Distortion』ではプロデューサーの Attie Bauw と再び協力したけど、『Disclosure』と『Afterwords』ではギタリストの René がプロデュースしていたんだ。Attie はレコー

ディング中に何かを指摘し、アイディアを出し、プロセス全体に深く関わってくるので、やはりそこが違いだし、古い作品とは聞こえ方が異なると思う。しかし、それでも同じバンドであるという事は分かるはずだよ。それがこのバンドの強みだと思う。俺達は変化するけど、核はそのままさ。Attie は、全ての魚が細部までハッキリと見える水族館の様に、より透明感のあるサウンドを実現するんだ。一方、古い作品はより厚く、暗く、重いサウンドだと言える。俺達は同時に、60 年代の古いモータウン時代のようなグルーヴを見つけようとして、アップテンポのドラムビートの実験を重ねていたよ。

Q：2014 年〜 2017 年の間、バンドは活動休止状態だったとの事ですが無事にシーンに復帰してくれた事を一ファンとして嬉しく思います。当時バンドが活動を休止し、そして活動再開に至った経緯などあればご説明願えますか？

Hans Rutten：明らかに休憩が必要な期間だったんだ。他のこと、別のプロジェクト、音楽に関係ない事なんかをする為にね。でもある時点で、バンドが恋しくて、ライブで演奏したり、新しい冒険に取り組んだりすることに再び情熱が戻り、四年間の休止期間を経て、再び活動を始めたんだ。人生の他の事を評価したり、実行したりする時間が必要だっただけさ。

Q：今回の新作を制作する上でインスピレーションの基になった物事や、影響を受けたエピソードなどあれば教えて下さい。

Hans Rutten：さっきも言ったけど、俺達はモータウンのビートを自分たちの音楽に挿入する事に取り組みたかったんだよね。今回は他の音楽からはあまり影響を受けなかったけど、音楽を書いたり録音したりする際には、これまでとは違うやり方で作業する事をかなり意識した。今回、Attie はアルバムをドルビーアトモスで録音するというアイディアを思いついたけど、これは確かに新しい冒険だったよ。より多くのスピーカーを使用できる為、より多くの音を録音する必要があった。広々とした空気感でアルバムを聴くのは素晴らしいことだし、自分の曲に溺れ、囲まれるのはとても素晴らしいことだね。それは確かに特別なものだ。

俺達の音楽には常にある種の現実逃避がある。そして俺達はクエスチョンに取り組むのも大好きだ。「別の惑星での音楽はどのように聞こえるだろうか」とかね。「あのバンドならこのアイディアをどう扱うだろう」なども。こういったクエスチョンや好奇心は俺達に新しい冒険を始める自由を与えてくれるんだ。

Q：The Gathering はデビュー以来、幾度の音楽性の変遷を経てきましたが、バンドの歴史的に重要な作品をピックアップするとしたらどの作品になりますか？　複数挙げて頂いても構いません。また、その理由も併せてお願いします。

Hans Rutten：それはやっぱり『How to Measure a Planet?』だろうね。ソングライティング、レコーディング、アイディア等、あらゆるレベルにおいて。あのアルバムは非常に多くのレベルで、俺達にとってのターニングポイントだったよ。

Q：The Gathering は 90 年代のヘヴィメタルシーンにおいて、女性シンガーをフロントに据えたゴシック / ドゥームメタルの先駆者的存在でした。現在、メタルシーンでは多くの女性シンガーが活躍しています。当時と今のシーンを比較して何か違いを感じますか？

Hans Rutten：俺達は女性をヘヴィミュージックに取り込んだ先駆者の一人として、シーンを支援できたことを誇りに思っている。当時、それは新しい事であり、バンドは多くの偏見に対処しなければならなかった。現在では女性という側面全体が余りにも商業化され過ぎている様に感じる。結局のところ、誰が歌っているかは問題ではなく、重要なのはその人が上手いということであって、

その誰かが男性であるか女性であるかはそれほど重要ではないんだ。自分はちょっと歳を取り過ぎたかもしれないけど、当時はメタルシーンにおいても、服装やそこにまとわる存在感はそれほど重要ではなかったと思う。今ではそれがすべて商業化され、過剰に考えられているように感じるね。

Q：The Gathering が『How to Measure a Planet?』（1998）で提示したヘヴィメタルとトリップホップ／シューゲイザー要素の融和は今振り返っても革新的です。現行シーンにおいて Leprous や Deafheaven 等といったジャンルを越境したバンドが生まれていますが、The Gathering はエクスペリメンタルな精神性の下にメタルからオルタナティヴミュージック方面への接続を試みた先駆者でもあると思います。そういった実感はありますか？

Hans Rutten：俺達は常に無理強いすることなく、自然な形でジャンル間の架け橋を築こうと努めてきたんだ。最も美しい音楽というのは、ジャンル定義を超えたエッジで作られる。そういう部分にこそ美しさが見出されると思うんだ。

Q：90 年代のゴシック／ドゥームメタルシーンにおいて、従来的なヘヴィメタルスタイルから脱却しようとしたバンドは少なくありませんでした。Paradise Lost もそういった存在の一つで、彼等は Depeche Mode 等の 80 年代のルーツへの回帰に端を発した変化を当時見せました。一方で The Gathering は Massive Attack や Radiohead 等当時の新興音楽シーンへの迎合と実験という、Paradise Lost とはある意味で正反対の意向に基づいた興味深い変化を見せたという印象があります。現在ジャンルを超えた支持を獲得している The Gathering ですが、メンバーから見てそこに至った経緯などお聞かせ願えますか？

Hans Rutten：実は至ってシンプルな理由なんだ。要は俺達は皆、音楽愛好家であって、ジャンルには囚われない。俺達は常に、特定のカテゴリーに囚われることなく、より多くの音楽好み、愛してきた。そしてこういった背景は様々な形で俺達の作る音楽に影響を与えてくれる。冒険を求めて新しい物事を試し、違うスタイルを組み合わせながら旅をすることが俺達の DNA の中に組み込まれているんだよ。自分達の音楽を他の要素と組み合わせるのは素晴らしいことで、俺達にとっては自然なプロセスなのさ。俺達はそのようなことを深く考えず、ただやるだけ。デモと 1st アルバム『Always...』の時点で既にこういった事を始めていたと思う。ある意味、俺らはクロスオーバーバンドなんだ。

Q：メンバーの音楽的バックグラウンドについて改めて教えて下さい。元々はメタルバンドとして出発した The Gathering ですが、あなた方はメタルミュージックの他にどんな音楽を聴いていましたか？

Hans Rutten：本当にあらゆるジャンルを聴くよ。クラシック音楽から Kate Bush、Rush、そ

して幻想的な 4AD のアーティストに及ぶまでね。バンドが独自のアイデンティティを持ち、何かを模倣しようとしていないかどうかは、俺達全員にとって重要だ。独特なサウンドを持ったバンド、例えば Sigur Rós や Cocteau Twins など、聴けばすぐにどのバンドか分かる存在。それが良い音楽のキーだと思う。俺自身も古いバンドを沢山聴くし、ドリームポップでもブラックメタルでも、新しくて面白いバンドを常に見つけようとしているよ。

Q：The Gathering というバンドの音楽を形作る上で、もしくは音楽的な発展をしていく上で重要だったアルバム作品を 5 枚選ぶとしたら？

Hans Rutten：

Celtic Frost『Into the Pandemonium』

Paradise Lost『Gothic』

Dead Can Dance『Spleen and Ideal』

Radiohead『OK Computer』

Massive Attack『Mezzanine』

Q：音楽作品以外で影響を受けたアートや映画等の文化的作品はありますか？

Hans Rutten：大きく影響を受けたのはオランダにいた画家（ゴッホやボッシュなど）の絵画作品かもしれない。俺達は音楽を絵画のように書くのが大好きで、人々が俺達の音楽について絵画のように語ることが何よりの褒め言葉だと思っている。俺達は曲を書く時によく自分達の音楽を視覚化しようと試みるし、『How to Measure a Planet?』では、アルバムのミックス中に映画『2001年宇宙の旅』を観ていた。まさしく俺達はアートから大きな影響を受けていると言えるし、そういった部分を発展させ、継続していくことが人生だね。

Q：2014 年にはバンド結成 25 周年を祝して、過去のメンバーを招いてメモリアルなライブショーを開催しましたね。長年のファンとしては感動して涙を流してしまう程に豪華なパフォーマンスでした。初代ヴォーカリストの Bart Smits は前作『Afterwords』にもゲスト参加していましたね。今後も過去のメンバーをフィーチャーしたライブや楽曲を発表する可能性はありますか？

Hans Rutten：賛辞の言葉を頂きありがとう！　今後については決して無い……とは言わないけど、近い将来も長い将来も昔のバンドメンバーと仕事をするという考えは無いね。過去に俺達が行ってきた中では、特に 25 周年のアニバーサリーショウは素晴らしかった。でも、今は現在一緒にいるバンドメンバーと旅を続けることが最優先だね。過去に囚われるのは危険だし、ノスタルジーというものは 10 年に 1 回位しか使わないから良いのさ。

Q：Anneke van Giersbergen や Silje Wergeland を始め、バンドのフロントを彩った歴代のシンガー達はいずれも素晴らしい才能を持っています。The Gathering のヴォーカルを務める上で重要な要素を挙げるとしたら何でしょうか？

Hans Rutten：まず俺達の音楽に合うかどうか、それが大事だね。バンドの音楽とヴォーカルのマジックは Anneke でも機能したし、Silje でも機能している。ただ、Niels Duffhues が参加した 2nd アルバムではそれが上手くいかなかった。でも実際には重要な要素というものは無いのかもしれない。化学反応は起こるべくして起こるのものだから。これはどのシンガーでも、男性のシンガーでも起こり得ることだけど、過去 20 年間に渡って、結果的には俺達のバンドについては女性のヴォーカルだけを扱う形になったね。

Q：最後に日本のファンに対して何かメッセージなどあればお願い致します。

Hans Rutten：とても素晴らしいインタビューをありがとう！　残念ながら俺達は日本を訪れたことはまだ無いんだ。いつかコンサートの為にあなたの国を訪問出来ることを心から願っているよ。

シンフォニックメタルを再定義し風穴を開けた絢爛たるクイーン

Within Temptation

- 🌀 Lacuna Coil、Nightwish、Epica、Delain、Leaves' Eyes、After Forever、Xandria
- 🎵 1996（The Portal 名義）、1996 〜　　　　　　　⊕ オランダ、南ホラント州ワッディンクフェーン
- 👤 Jeroen van Veen（ベース）、Robert Westerholt（ギター）、Sharon den Adel（ヴォーカル）、Ruud Jolie（ギター）、 Martijn Spierenburg（キーボード）、Mike Coolen（ドラム）、Stefan Helleblad（ギター）

オランダは南ホラント州ワッディンクフェーン出身。ヴォーカリストの Sharon den Adel とギタリストの Robert Westerholt を中心として 1996 年に結成。Robert Westerholt が以前に在籍していたゴシックドゥー ムバンド The Circle の元メンバー等と共に The Portal というバンド名で活動開始。間もなくして Within Temptation へと名称を改めると、バンドはデモ音源『Enter』を自主制作にてリリースし話題を集める。 DSFA Records からレコード契約のオファーを受けたバンドは 1997 年に 1st アルバム『Enter』を発表。 伝統的な男女混声型のゴシックメタルを踏襲した作風で高い評価を得た。2000 年に発表された 2nd アルバ ム『Mother Earth』では典型的なゴシックメタルから離別し、ケルティックなムードを含有したシンフォ ニックメタルへと路線転換。アルバムは欧州を中心にロングランヒットを記録し、オランダでダブルプラ チナ、ドイツでプラチナ、ベルギーでゴールド認定を受けるなど飛躍的な成功を収める。最終的に 80 万 枚以上を売り上げた『Mother Earth』の後、幾つかのメンバーの変更を伴いながら 2004 年に 3rd アルバ ム『The Silent Force』をリリース。本国オランダで即座にチャート首位を獲得し、数多くの欧州諸国でも ゴールドやプラチナ記録に至り、シーンでの影響力を更に高めていく。2007 年の 4th アルバム『The Heart of Everything』以降も順調にキャリアアップを続け、北米シーンを含めて国際的な成功を手中に収めた。 Celtic Forst や Therion が開拓したオーケストレーション＋ヘヴィメタルの道筋に、女性特有の歌唱法や技 能、世界観を付与してシンフォニックメタルを再定義した革新者である。

Within Temptation
🔵オランダ
Enter
🔷 DSFA 🔵 1997

欧州シンフォニック・ゴシックメタル・シーンを牽引する立役者、Within Temptation による 1997 年リリースのデビュー作。この 1st アルバム時点では、美女と野獣スタイルの王道ゴシックメタルをプレイしている。Sharon den Adel による女神の如く包容力に満ちた美しい歌声を主体にしつつ、幾つかの楽曲ではギタリストの Robert Westerholt が澱んだデス・ヴォイスを披露。後年に比べるとドゥームメタル由来の陰気な要素が色濃く残されており、バンドの音楽的ルーツを確認出来る側面もある。突出した個性こそ未確立だが、新人としては破格の高クオリティで紡がれる驚異のデビューフルレングス。

Within Temptation
🔵オランダ
Mother Earth
🔷 DSFA 🔵 2000

バンドの飛躍的なキャリアアップの切っ掛けになる、2000 年リリースの 2nd アルバム。オーケストラの弦楽合奏を大々的にフィーチャーし、ケルティックで華やかなメロディラインを大胆に導入。更にデス・ヴォイスを撤廃し、典型的なゴシックメタル・スタイルから脱却。歌詞においても愛やファンタジーに言及したものが中心になり、前作までのダークなトーンを徹底して払拭した。結果的にこの路線転換が功を奏し、シングル「Ice Queen」はオランダのチャートで最高 2 位をマーク。欧州を中心に商業的成功を収めると同時に、シンフォニック・ゴシックメタルのパイオニアとして確固たる地位を築き上げる事に繋がった。

Within Temptation
🔵オランダ
The Silent Force
🔶 GUN Records 🔵 2004

シンフォニックな意匠を更に深化させた 2004 年の 3rd。本作制作前にメンバーの交代劇が起こり、リード・ギタリストとして Ruud Jolie、鍵盤奏者として Martijn Spierenburg が新たに加入。更なる情感深い表現力を身に着けた Sharon den Adel の歌唱は圧倒的で、天上から降り注ぐ様なエンジェリック・ヴォイスを惜しみなく披露。ストリングスとクワイアで装飾された楽曲は広大なドラマティシズムと共に紡がれ、アート映画のサウンドトラックの如くダイナミズムで聴き手を高揚させる。国内外での絶大な支持と共に、シンフォニック・ゴシックメタルの発展と拡大に貢献したマイルストーン的傑作。

Within Temptation
🔵オランダ
The Heart of Everything
🔴 Roadrunner Records 🔵 2007

これまでバンドが踏襲・洗練させてきたシンフォニック・サウンドの集大成となる 2007 年リリースの 4th。アルバムからは合計 5 枚のシングルがリリースされ、いずれも国内外のチャート上で好成績を獲得。アルバム自体も大きな成功を収め、Billboard Top 200 において 108 位にランクインするなどアメリカでも人気を博した。大衆的なロックサウンドとクラシカル・ミュージックのエレガントな調和、深遠かつ豊かなフックが設けられた楽曲群は、非の打ち所の無い完成度を見せる。広い音域をカヴァーする Sharon den Adel によるヴォーカルワーク面の技術的向上も著しい。伝統的なメタル・ミュージックの概念を押し広げた画期的な一枚。

Within Temptation
🔵オランダ
The Unforgiving
🔴 Roadrunner Records 🔵 2011

2011 年リリースの 5th アルバム。オリジナルのコミック・ストーリーに基づいたコンセプト・アルバムとなっており、アルバムアートワークにもそれが反映されている。音楽的にはトレードマークのシンフォニックサウンドを維持しつつ、より普遍的なハードロック / ヘヴィメタルに接近した作風へとシフト。80 年代のポップミュージックからの影響を用いたメロディラインは壮大でありつつも、これまでの作品と比較して大衆的な親しみやすさが際立っている。ストリングスも前面に出過ぎることなく、代わりにメタリックなギターサウンドが存在感を増し、ロック的な躍動感が顕著に。メロディの質も高い為、従来のファンも納得の新機軸作。

Within Temptation
🔵オランダ

Hydra
🔘 Nuclear Blast Records ⏺ 2014

2014 年発表の 6th。元 Killswitch Engage の Howard Jones や元 Nightwish の Tarja Turunen 等多数のヴォーカリストがゲスト参加。各楽曲で Sharon den Adel とのゴージャスなデュエットが実現している。音楽的には前作の路線を継承し、バンドのルーツであるオーセンティックなヘヴィメタルに焦点を当てたサウンド。オーケストレーションが主役ではなく、ギター志向なアプローチで直接的なエモーションを描く。また、アメリカのラッパー Xzibit をゲストに招いた「And We Run」はバンドのオープンマインドな姿勢が伺える良トラックとして印象深い。

Within Temptation
🔵オランダ

Resist
🔘 Vertigo ⏺ 2019

類型的なシンフォニック・メタルサウンドからの脱却を推し進めた 2019 年発表の 7th アルバム。前作に引き続き、Papa Roach の Jacoby Shaddix や In Flames の Anders Fridén 等のゲストシンガーを招き、制作。リリック面においては既存の作品で扱われた様なファンタジックな内容だけでなく、政治などのテーマに焦点を当てるなど現実社会に準じたシリアスなトーンが主体的となっている。オルタナティヴ・ロックやエレクトロミュージックからの影響を採用しつつ、自身の持ち味であるシンフォニックメタルサウンドへと巧みに落とし込んだ作風は刷新性に溢れており、バンドの飽くなき求心力を感じさせる。

フィーメール・ゴシックメタルが刻んだ功績

The Gathering や The 3rd and the Mortal が開拓した道筋を経て、90 年代後半から 00 年代にかけて Within Temptation や Nightwish 等を筆頭とした女性ヴォーカル主体のシンフォニック・メタルシーンが欧州を中心に勃興した。代表例を挙げていくと After Forever や Epica、Tristania、Elis 等々ゴシックメタルの範疇で語られるバンドも数多い。中でも Within Temptation はデビュー作の『Enter』において、Theatre of Tragedy タイプの伝統的な美女と野獣型サウンドを踏襲していた事もあり、ゴシックメタルの直系的遺伝子を受け継いだシンフォニックメタルの申し子と言えるだろう。Within Temptation や Nightwish はソプラノヴォイス等の女性特有の歌唱法や技能、フェ

Within Temptation のシンガー Sharon den Adel

ミニンな世界観を押し出したスタイルを提示し、「女性が主軸になる必然性を伴ったヘヴィメタル」をメタル史において初めて確立したという点で革新的であった。また、Wacken Open Air や Dynamo Open Air（現 Dynamo Metal Fest）等の主要な欧州メタルフェスにおいて、ドレス＋コルセットの出で立ちでステージに立ち、視覚面においても既存ヘヴィメタルのイメージを刷新。数多くのフォロワーを生み出した。男性主体のメタルカルチャーに風穴を開け、女性参入の土壌を大きく形成したという点でフィーメール・ゴシックメタルの躍進は大きな役割を果たしたと言える筈だ。

A.A. Williams
 O イギリス
As the Moon Rests　Ⓐ Bella Union Ⓞ 2022

ロンドンを拠点に活動するシンガーソングライターによるプロジェクト。2022年の 2nd。ティーンエイジャーの頃に出会った Deftones からの影響を公に謳っている彼女だが、その音楽を彩るファクターはポストロック、ヘヴィメタル、ゴシック、フォークと多岐に渡る。前作で見せたクラシカル & フォーキーな漆黒ポストロック路線を踏襲しながら、往年の Evanescence や Lacuna Coil の意匠に則ったオルタナティヴゴシック的アプローチも大胆に導入。ポストクラシカル由来の高尚味も帯びた内省的なドラマ性を滲ませる様相は、常闇の如く奥深い。同時に類型的なジャンル線引きを一新していく気概も垣間見える出色盤だ。

Alternative 4
O イギリス
The Obscurants　Ⓐ Prophecy Productions Ⓞ 2014

Anathema や Antimatter での活動で知られる Duncan Patterson 率いるエクスペリメンタルロック・プロジェクトの 2014 年発 2nd。実験色を伴うモノクロームな音像に焦点を当てた楽曲は、シンプルでありながらもメランコリックなフレージングが静謐に染み渡る。ドリーミングで鬱屈とした「Dina」、深い内省を促す「Lifeline」、Pinkfloyd にも通じる薄暗いドラマ性を感じさせる「Paracosm」等を始め、Patterson が描く寂寥的世界観を映し出す楽曲が並ぶ。Riverside や Nosound といった暗鬱系ポストプログを好むリスナーにもお勧め。

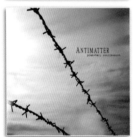

Antimatter
O イギリス
Planetary Confinement　Ⓐ Prophecy Productions Ⓞ 2005

リヴァプール出身のプログレッシヴ / ダークロックアクトによる 2005 年の 3rd。現在は創設メンバーである Mick Moss のソロ・プロジェクトとして知られているが、当初は元 Anathema のベーシスト Duncan Patterson とのデュオとして発足。本作はデュオ時代の最後の作品。音楽性は寂寥感が募るアコースティック・ギターとヴァイオリンを主軸にセミ・エレクトロニックなヴァイブを加えた暗鬱アートロックといった風体。数曲で Amélie Festa というフランス人女性シンガーがゲスト参加しており、可憐な歌声を響かせてくれる。「Mr.White」は US ドゥームメタルバンド Trouble のカヴァー。

Clouds
O イギリス
Dolin　Ⓐ Self-released Ⓞ 2014

イギリス〜ルーマニア出身のメンバーで構成されるアトモスフェリック・ドゥームメタルバンド。2014 年の 1st。作品毎にメンバーチェンジが行われているが、中心人物は Aphonic Threnody 他多数のバンドにも在籍する Daniel Neagoe。一度再生すれば、強烈な寂寥感を帯びた破滅的情景が広がる。Shape of Despair や Officium Triste 辺りにも通じる葬送ドゥーム系譜のスタイルではあるが、深淵から吐き出されるグロウルと幽玄なクリーンヴォイスから成る世界観の説得力は、界隈でも屈指。深い痛哭感を演出するギターメロディのセンスも随一だ。

Cradle of Filth
O イギリス
The Principle of Evil Made Flesh　Ⓐ Cacophonous Records Ⓞ 1994

イギリスはイプスウィッチにて産声を上げた欧州屈指のエクストリームメタルバンドによる 1994 年の 1st。ブラックメタル + ゴシックの融和を早期に実践した革新者としてゴシックメタル史を語る上でも必須の重鎮。本作は My Dying Bride や Paradise Lost の作品を手掛けた Mags をミキシング / プロデューサーとして迎え入れ、元 Anathema のシンガー Darren White をゲスト招致したりと布陣的にもゴシックメタル方面との親和性が色濃い。デス / スラッシュ的攻撃性を推進しながら、ゴシック文学由来のロマンティシズムやドラマ性を大胆に導入したアプローチは、当時としてはまさしく未曾有の境地だ。

Cradle of Filth
🌐 イギリス

Cruelty and the Beast
🅰 Music for Nations 🔵 1998

ブラックメタルやゴシックメタルを始め複数のジャンルの境界線上で邪悪に佇む、カリスマティックなエクストリーム・メタルバンドによる 1998 年発表の 3rd フルレングス。本作は「血の伯爵夫人」エリザベス・バソリーの伝説を基にしたコンセプト作で、Dani Filth による断末魔的スクリームと濃密なシンフォニック・ホラーサウンドで構築された唯一無二のゴシック・サウンドが展開。悪名高いバソリー夫人の逸話と、バンドの持つイーヴルなパブリックイメージとが高次元で調和した代表的一枚と言える。2019 年にはサウンド・プロダクションが劇的に改善されたリミックス & リマスター版がリリースされたのでそちらもお勧め。

Cradle of Filth
🌐 イギリス

Nymphetamine
🅰 Roadrunner Records 🔵 2004

2004 年リリースの 6th フルレングス。アルバムタイトルは Nymphet（若い娘）と Amphetamine（興奮剤）を掛け合わせた造語で、Dani は「吸血鬼の素養を持つ少女への麻薬の様な中毒性」と説明。本作では元 Theatre of Tragedy のヴォーカリスト Liv Kristine が大々的にフィーチャリングされており、タイトル・トラック「Nymphetamine」でその透明感を携えた歌声と共に、ゴシックロマン的なドラマ性を彩っている。スラッシュメタル由来のエクストリーム性と、Iron Maiden に端を発する叙情ツインリードを随所に配したブリティッシュメタル的情緒もたっぷり味わえる。

Darkher
🌐 イギリス

Realms
🅰 Prophecy Productions 🔵 2016

イギリスのウェスト・ヨークシャー発、類稀な才覚に溢れる暗黒淑女 Jayn Hanna Wissenberg を中心に 2014 年に結成されたダークメタルバンド。2016 年の 1st フル。ドラマーは元 My Dying Bride の Shaun Taylor-Steels。ゴシックドゥーム、ポストロック、ダークフォークを横断する仄暗くもスピリチュアルな音像は Chelsea Wolfe や Portishead、Esben and the Witch 辺りにも通じる様相。だがその強烈な寂寥感と神秘性を併せ持つアプローチは、比類ない程に魅力的だ。Prophecy Productions 屈指の気鋭アクトとして今後も要注目。

Decomposed
🌐 イギリス

Hope Finally Died...
🅰 Candlelight Records 🔵 1993

イギリスはロンドン出身、James Ogawa とクレジットされている日系イギリス人ギタリストを含む 4 人組ドゥーム / デスメタルバンド。1993 年発表の 1st にして Candlelight Records のカタログ番号 003 が刻まれた古典的一枚。冷厳なデスメタルを基調にしつつ、最初期の My Dying Bride や Paradise Lost 等の黎明期ゴシックメタルに通じるメロディや雰囲気を醸し出している。悲哀と死の香りが滲み出た音像は、ゴシックドゥームの祖として Peaceville3 の初期作品の隣に置いて棚に並べても遜色ない内容だ。ドゥームメタルのカルト的クラシックとして資料的価値も高い作品。

Die Laughing
🌐 イギリス

Glamour and Suicide
🅰 Grave News 🔵 1995

イギリスはノッティンガム出身のゴシックロックバンド。1995 年のデビュー作。バンド名は当時のメンバーの一人が「リハーサル中に笑い死にそうになりながらヒステリックになった」という逸話が由来。ギタリストの John Berry を中心として 1986 年に結成。女性リードシンガー Rachel Speight によるアンニュイ & エモーショナルなヴォーカルワークをフィーチャーした、ハードエッジなゴシックロックをプレイしている。幻想的かつ優美な音像は All About Eve を彷彿させるが、彼等の様なトラッド色は希薄で、よりバンドサウンド重視なスタイル。The Crest の 1st や Brave 辺りが刺さる方にもお勧め。

Ebonylake
🔵イギリス

On the Eve of the Grimly Inventive
🔴 Cacophonous Records ⚫ 1999

イギリスはウェストヨークシャー出身、1997 年結成。シンフォニックなアヴァンギャルド・ゴシック / ブラックメタルを聴かせる 9 人組。1999 年発表の 1st フルレングス。ポリリズムを駆使した変態技巧エクストリームメタルに、ゴシック演劇調の禍々しい雰囲気を掛け合わせたサウンドが終始展開。楽曲展開の不自然さや進行の複雑さで畳みかけながら聴き手を恐怖と不穏の渦中へと突き落としていく。メンバーの数人がポルターガイストが起こる幽霊屋敷に 10 年間住んでいた経験を反映したという逸話通り、心霊現象が目まぐるしく起こる部屋に閉じこめられた様な地獄的味わいだ。Ram-Zet や Atrox に並ぶ暗黒前衛メタルの名品。

Hanging Doll
🔵イギリス

Reason & Madness
🔴 Once Bitten Music Publishing ⚫ 2008

イギリスはバーミンガム出身のゴシックメタルバンド。2008 年の 1st。オーケストラ作曲の学位を所持するギタリスト Dan Leddy と、ドラマーの Alex Cooper を中心として 2002 年に結成。クラシカルなストリングスやピアノの旋律に、荘重なギターワークを絡ませつつ、女性声とデスヴォイスを軸に据えて進行する正統なゴシックメタルをプレイ。ゴシックメタルの祖国とも言えるイギリスだが、王道のフィーメール・ゴシック系のバンドは意外と数少ない為に、稀有な存在とも言えるだろう。オランダの同系統バンドと比較すると、よりメランコリックかつムード重視のスタイルで、派手さよりも堅実さが前面に出ているのも特徴だ。

Host
🔵イギリス

IX
🔴 Nuclear Blast Records ⚫ 2023

ハリファックスを拠点に置く Paradise Lost のヴォーカリスト Nick Holmes とギタリストの Greg Mackintosh による新プロジェクト。2023 年の 1st。Paradise Lost の 1999 年発表作『Host』との繋がりを思わせる装いだが、本作の音楽的ルーツは Nick と Greg がヘヴィメタルと同時にニューウェーブやゴスシーンの音楽に慣れ親しんでいた 80 年代への郷愁まで遡る。ダンサブルなシンセポップとメタリックなバンドサウンドの融和的アイディアは『Host』を幾らか彷彿させつつも、当時より進化したプログラミング技術を介して、より現代的かつ洗練された手法で体現されている。

Inkubus Sukkubus
🔵イギリス

Vampyre Erotica
🔴 Resurrection Records ⚫ 1997

イギリスのグロスターシャー出身、1989 年から活動しいまなお現役なレジェンド的アクトとして知られる 3 人組ペイガン / ゴシックロックバンド。当初 Incubus Succubus と名乗っていたが、数秘術の観点からバンド名をリネーム。変更理由が数秘術関連という点がいかにもオカルト・バンドらしくて厨二心を刺激。サウンド面は妖しくダークリチュアルなシンセワークを主体に、ドラムマシーン / シーケンサーを駆使したゴシックロック。楽曲は意外とアップテンポでノリが良く、艶めかしくも力強い Candia Ridley の歌唱と噛み合っている。ライブでのステージングも結構ロック然としてカッコ良いので是非一見して欲しい。

Lahannya
🔵イギリス

Dystopia
🔴 Kabuki Records ⚫ 2011

イギリス出身、女性シンガーソングライター Lahannya を中心としたオルタナティヴ / ゴシックメタルバンド。2011 年の 3rd フル。1998 年頃より活動開始し、2007 年には Umbra et Imago のコンポーザー及びベーシストとしても有名な Lutz Demmlerno プロデュースの下でデビューアルバムを発表した。ダークウェーブ / インダストリアル味を帯びたオルタナティヴメタルに、エッジの利かせたシンフォニック ＆ メタリックなヴァイブを融和させたスタイルが特徴。メジャーレーベルの支援なしに音楽プレスの表紙を飾るなど、高い影響力を誇る。ゴシック界隈きっての DIY 系フィーメールアクトの一人だ。

Light of the Morning Star
● イギリス

Charnel Noir
🅐 Debemur Morti Productions 🅞 2021

ロンドン出身のゴシックメタルバンドによる 2021 年リリースの 2nd フル。O-A と名乗る人物が全ての楽器演奏やコンポーザーを担う中心的存在としてクレジットされているが、詳細は恐らく意図的に隠蔽されている。トラディショナルなゴシックロックや、ポストパンクの要素をシューゲイズ的エッジを伴うメタルサウンドへと落とし込んでおり、ゴシック / ドゥーム / ブラックメタルを横断しながら闇深いドラマ性を形成。ノワール調の音響感や詩世界からは、Secrets of the Moon『Black House』辺りのテイストと共鳴する部分もある。オールドスクールなゴスを音楽的多様性と共に昇華した期待株だ。

The Nefilim
● イギリス

Zoon
🅐 Beggars Group 🅞 1996

イギリスのスティーブニッジ出身、UK ゴシックロック界のアイコンである Fields of the Nephilim のヴォーカリスト Carl McCoy によるソロプロジェクト。1996 年リリースの 1st フルレングス。インダストリアルメタルとデスメタルのヘヴィネスとアグレッションを大々的に取り入れた、暗黒堅牢なゴシック / デスメタルが展開されている。兼ねてよりエクストリームメタル方面の音楽も嗜んでいた Carl McCoy のメタリックな側面が発露した内容となっており、付け焼刃でない威厳と説得力に満ちた厳粛残忍サウンドは圧巻也。それでいてゴシック畑出自故の翳りと絶望感を内包した深遠味がマーベラス。

The Blood Divine
● イギリス

Awaken
🅐 Peaceville Records 🅞 1996

イギリスのコルチェスター出身、Anathema の初代シンガー Darren J.White と元 Cradle of Filth のメンバー等によって 1995 年に結成されたゴシック / ドゥームメタルバンド。1996 年の 1st。ドゥーミーでメランコリックなゴシックメタルをベースにしつつ、楽曲的には普遍的なメタルにも近いアプローチを取っている。Darren のヴォーカルは力強くメロディを追う半濁声とクリーン声を使い分けたスタイル。Anathema の初期作品でもクレジットされていた女性シンガー Ruth Wilson が数曲でゲスト参加しており、そういう意味でも往年の Anathema の空気感を彷彿させてくれる優良作だ。

Thine
● イギリス

In Therapy
🅐 Peaceville Records 🅞 2002

イギリスはヘックモンドワイク出身のゴシック / オルタナティヴメタルバンドによる 2002 年リリースの 2nd アルバム。初期はエピックなブラックメタル / フォーク色が強いサウンドを鳴らしていたが、徐々にプログレッシヴな色合いを帯びたオルタナティヴゴシック系の路線へと移行。本作は『Last Fair Deal Gone Down』期の Katatonia からメタル要素をやや希薄にして、UK ロック的とも言えるメランコリックなヴァイブを加えた作風。暗さと清涼感が同居するという意味ではイタリアの Klimt 1918 辺りにも近いと言える。メタルファンにみならず内省的なインディロック好きにもアピールし得る一枚。

Mourning Beloveth
● アイルランド

The Sullen Sulcus
🅐 Aftermath Music 🅞 2002

アイルランドはアシー出身のドゥーム / デスメタルバンド。2002 年発表の 2nd フル。結成は 1992 年だが、そこから 4 年の空白期間を要してリリースされた 1st デモの発表が 1996 年。このデモ音源がバンドの方向性を決定付けて以降、本格的な活動を開始。雄大かつ深遠的に反復されるギターメロディを主軸に据えた鈍重メタルが展開されており、その音像はモノクロームなトーンに終始しながらも繰り返し聴く程に味わいが増していく。苦悶的でありながらも心地好いという、ゴシック / ドゥームメタルの真髄を堪能できる内容だ。曲名からして自己陶酔的な耽美性に富んだ「Narcissistic Funeral」は本作の山場の一つ。

After Forever
オランダ
Prison of Desire ▲Transmission Records ●2000

オランダノールトブラーバント州出身のゴシックメタルバンドによる 1st。後に Nightwish への加入を果たすシンガー Floor Jansen は当時弱冠 18 歳ながら、類稀な表現力で堂に入ったヴォーカルワークを披露。欧州シンフォニックゴシックの旗手の一角として 00 年代に人気を博した存在として知られる彼等だが、このデビュー作の時点でも、先人の様式に則った高品質な王道サウンドを十二分に体感出来る。後年の作品に比べてダークな色合いを残した楽曲群は、本作ならではの魅力と言えるかも。ラストトラックの「Beyond Me」では Within Temptation の Sharon がゲスト参加。

After Forever
オランダ
Decipher ▲Transmission Records ●2001

ギタリスト兼バンド創設者である Mark Jansen 在籍時最後の作品であり、ファンの間でも最高傑作として名高い 2001 年リリースの 2nd アルバム。レコーディングには打ち込みではない生のクラシック楽器や合唱団の音源を採用し、Floor のエレガントビューティーな歌唱をバックアップしている。楽曲面においてもアレンジやメロディに洗練味が感じられ、スリリングな説得力が全体的に向上。「Intrinsic」等で聴かれる静と動の対比が素晴らしい。中東風のシタールや哀愁を帯びたヴァイオリン、チェロの響きも相まってシンフォニック・ゴシックメタルという手法の中で成し得る最高峰の幻想音楽を体現した理想郷的一枚。

After Forever
オランダ
After Forever ▲Nuclear Blast Records ●2007

自身のバンド名を冠した 2007 年発表の 5th にしてラストアルバム。古巣の Transmission Records を離れ、本作のみ Nuclear Blast からのリリース。正統派ゴシックメタルからの脱却が推進されており、シンフォニックパワーメタルに通じる攻撃的なアグレッションやモダンメタル的ヘヴィネス、エレクトロ風のシンセアレンジなどが取り入れられており楽曲面の幅広さが顕著に感じられる。その分、良い意味で大衆性も向上しており、一般のヘヴィメタルファンにもアピールし得る分かり易いドラマティシズムも増幅。オランダの国内チャートでは、バンドの最高記録である 6 位をマークするヒットとなった。

Ambeon
オランダ
Fate of a Dreamer ▲Transmission Records ●2001

オランダのプログレッシヴ・アクト Ayreon の首謀者 Arjen Anthony Lucassen による音楽プロジェクトとしてリリースされた 2001 年発表の作品。アートワークを飾っている少女は当時弱冠 14 歳ながら、リードシンガーとして抜擢された Astrid van der Veen。プロジェクト名の由来は「Ambient」と「Ayreon」を掛け合わせた造語で、その名の通りアンビエント・ミュージックの浮遊感と、ゴシックメタル風のダークな色合いを融和させた神秘的かつエレガントな音楽性が展開されている。Astrid の可憐でありつつ、堂に入った歌唱力とイーリアン・パイプスによるケルティックな哀愁も堪らない。

Anneke van Giersbergen
オランダ
Everything Is Changing ▲[PIAS] Recordings Holland ●2012

オランダのシント＝マイケルスゲステル出身、元 The Gathering のレジェンド的歌姫による 2011 年作。ソロ転向後しばらくは Agua de Annique として活動していたが、名義を Anneke van Giersbergen に戻して制作された最初の作品。基本的にはユーロポップ風の憂いを伴ったストレートなオルタナティヴ・ロックが奏でられているが、Agua de Annique 時代と比較してメロディの質やコマーシャル性が飛躍的に向上。部分的には後期 The Gathering 時代に通じるメランコリズムを滲ませたりと、静と動の緩急が絶妙な味わい深い大人のロック作に仕上がっている。

Anneke van Giersbergen
⚫オランダ

Drive
🅐 Inside Out Music ⚫ 2013

ソロの名義を Anneke van Giersbergen 表記へと変更してから 2 枚目となる、2013 年発表のスタジオアルバム。前作の路線に準じつつ、よりスケール感の増した快活で躍動的なメロディック・ロックが鳴らされている。Anneke のピュアでエモーショナルな美声はますます冴え渡っており、エッジの利いたオルタナティヴ性とラジオフレンドリーなポップネスを両立させた楽曲との噛み合わせは、過去最高峰。いずれのナンバーも良質な歌メロとフックに満ち溢れており、メインストリームで成功しているアーティストの作品群と比較してもクオリティに遜色無し。留まることを知らない彼女の豊かな才気を改めて痛感させられる出来だ。

Asrai
⚫オランダ

Touch in the Dark
🅣 Transmission Records ⚫ 2004

オランダのスキーダム出身。女性ヴォーカル、女性鍵盤奏者、女性ドラマーを擁する 5 人組ゴシックメタルバンドによる 2004 年リリースの 2nd アルバム。パンクやニューウェーブなど多様な経歴を持つメンバーによって 1988 年に結成。キャリアだけ見ればかなり古株なベテランバンドだ。ヨーロピアンなウェット感を含んだキャッチーなゴシックメタルを鳴らしており、普遍性のあるメロディラインはメランコリックでありつつも耳馴染みが良い。中音域を中心としたヴォーカルは意外とメタルシンガー的な力強さもあり、耽美要素は控え目。楽曲の作り自体は結構淡白だが、熱心なフィーメール系のゴシックメタルファンならば一聴の価値あり。

Autumn(The Netherlands)
⚫オランダ

My New Time
🅐 Metal Blade Records ⚫ 2007

オランダのフローニンゲン出身。結成は 90 年代まで遡り、フィーメール・ゴシックを標榜するダッチメタルとしては古株アクトとなるバンドの 2007 年リリースの 3rd フルレングス。同名のゴシックメタルバンドがロシアにも存在しているが、こちらはオランダ発なので混同注意。プログレッシヴロック風の色合いを感じるシンセワークを基軸にした、キャッチーかつメランコリックなゴシックメタルが終始展開。女性ヴォーカルの歌唱含めて特段突出した要素がある訳ではないのだが、それ故に滋味深い聴き心地の良さが何とも言えず魅力的。目新しさこそ無いものの、哀愁と爽快さを伴った堅実なゴシックメタルが堪能出来る優良作。

Blackbriar
⚫オランダ

The Cause of Shipwreck
🅐 Blackbriar Music ⚫ 2021

オランダはアッセン出身のシンフォニックゴシック / オルタナティヴメタルバンドによる 2021 年発表の 1st フル。結成は 2012 年。デビューアルバムである本作を発表するまでに複数のシングルや MV をリリースしており、一部の楽曲は YouTube 上で数百万〜一千万回以上再生される等、非常に高い人気を獲得している新世代アクト。哀愁に富んだピアノメロディとストリングス、ソリッドなギターワークが調和しながら絡み合う高品質なゴシックメタルが優雅に際立つ。スウィートな高音域を発するフロントウーマン Zora Cock の歌声も、バンドの世界観に独創的な響きを加えている。今後バンドの更なる飛躍を予感させる快作だ。

Celestial Season
⚫オランダ

Solar Lovers
🅐 Displeased Records ⚫ 1995

オランダのナイメーヘン出身、Celestial Season による 1995 年の 2nd。My Dying Bride に強く影響を受けたイギリス型ゴシックメタルを基軸に、ドゥーム / ストーナー由来のサイケデリックな要素を取り入れた音像が特徴。当時の同系統バンド群と比べても確固たる個性を放っている。ヴァイオリニスト 2 人による優雅なストリングスの旋律と、70 年代ロック風のヴィンテージな質感との組み合わせは今聴いても非常にユニーク。90 年代ゴシックメタルを語る上で外せない作品の一つだ。因みに後年加入するドラマーの Rob Snijders は元 The Gathering の歌姫 Anneke の夫として知られる。

Celestial Season
📍オランダ

Mysterium I 　　　　　🎵 Burning World Records 💿 2022

20 年振りの復活を果たした前作に続く 7th フルレングス。2022 年リリース作。
イギリス由来のゴシック / ドゥームメタルバンドとして出発したが、3rd 以降は
Kyuss 辺りに通じるストーナーロック的趣を強めていった彼等。本作では初期作品
を彷彿させるゴシック / ドゥームメタル的色合いが大幅に復活しており、暗黒的な
情熱と創造性が渦巻く意匠を十数年振りに堪能出来る。物悲しいヴァイオリンや
チェロの響きと蠢き唸るグロウルを組み合わせた様相はまさしく My Dying Bride
の往年作そのもので、本来であれば 1995 年の名作『Solar Lovers』に続くべきア
ルバムだったと涙を流さんばかりの出来だ。

Daeonia
📍オランダ

Crescendo 　　　　　🎵 Candlelight Records 💿 2001

オランダはハーグ出身のゴシックメタルバンドによる 2001 年リリースの 2nd フル
レングス。前作『Craven』で The Sisters of Mercy の大名曲「Alice」をカヴァー
していた事からも分かる通り、80's ゴシックロックやダークウェーブからの影響が
色濃いサウンドが特徴。メランコリックな憂いを携えた楽曲群は、HIM や To/Die/
For といったフィンランドのロマンティック・ゴシックメタル勢にシンクロする部分
もあるが、こちらの方がサウンドが軽く、欧州ゴシック由来の暗黒色も強い。流麗
かつ上品な歌メロやギターワークの煽情性も耳を引かれるポイントだ。

Delain
📍オランダ

April Rain 　　　　　🎵 Roadrunner Records 💿 2009

オランダのズヴォレ出身、元 Within Temptation のキーボーディスト Martijn
Westerholt を中心に結成された、シンフォニック・ゴシックメタルバンドによる
2009 年の 2nd。バンド名の由来はスティーブン・キングの小説作品に登場するディ
レイン王国から。前作は多数のゲストミュージシャンを招いたプロジェクト様式
だったが、本作からラインナップを固め、バンドとしての存在を確立。紅一点の歌
姫 Charlotte Wessels による優雅な透明感をまとったヴォーカルと、ダイナミック
なスケール感を含んだサウンドからは単なる Within Temptation フォロワーに留ま
らない高潔なセンスが感じられる。

Epica
📍オランダ

The Phantom Agony 　　　　　🎵 Transmission Records 💿 2003

オランダのリンブルフ州出身、After Forever を脱退した Mark Jansen を中心に
結成されたシンフォニックメタルバンド。2003 年発表のデビュー作。バンド名
の由来は Kamelot の 6 枚目のアルバムタイトルから。The Gathering や Within
Temptation 等多数のフィーメール・ゴシックバンドを輩出してきたオランダから、
その極め付けとして現れたのが Epica である。稀代の歌姫 Simone Simons のメ
ゾ・ソプラノヴォーカルを主軸に、同郷の先人バンドより遥かに攻撃的かつスピー
ディーなクラシカルメタルサウンド。アラビア叙情詩を彷彿させるメロディセンス
も冴え渡っている。

Epica
📍オランダ

Consign to Oblivion 　　　　　🎵 Transmission Records 💿 2005

前作の続編的内容でありながら、初期 Epica 屈指の充実した内容を誇る 2005 年リ
リースの 2nd アルバム。歌詞の世界観は主にマヤ文明からインスピレーションを
受けており、アートワークにもそれに準じた物となっている。Epica の他作品に比
べてオーケストレーションに重点を置いた作風が特徴的で、Mark Jansen による
デスヴォイスの頻出度もやや控え目。Simone Simons の情感豊かなヴォーカルと
コーラス、映画音楽さながらの優雅なストリングス・ハーモニーをメインに据え
たナンバーが並ぶ。Kamelot の Roy Khan との劇的デュエットが披露される「Trois
Vierges」も聴き所だ。

Epica
Design Your Universe
●オランダ
Nuclear Blast Records ● 2009

Epica の作品中でも最高傑作の呼び声が高い 2009 年の 4th。新メンバーとして元 God Dethroned のギタリスト Isaac Delahaye を迎えた事で、従来の麗しいシンフォニックサウンドにプログレッシヴ・デスメタル的なブルータリティと構築美が付加。この変化が功を奏して静と動の対比に更なる奥行きと説得力が生まれ、Epica のサウンドをもう一段感上の次元へと引き上げる刷新的内容となった。界隈を牽引するアイコニックな存在として成長した歌姫歌姫 Simone Simons の歌唱力が惜しみなく披露されている。「White Waters」では Sonata Arctica の Tony Kakko がゲスト参加。

Epica
The Quantum Enigma
●オランダ
Nuclear Blast Records ● 2014

2010 年代シンフォニックゴシックの決定版的一枚とも言える 2014 年の 6th。本作より元 Delain のベーシスト Rob van der Loo が加入。プロデューサーに元 After Forever の鍵盤奏者 Joost van den Broek を起用し、綿密なスケジュールの元で細部にまでこだわった作業を遂行。結果として、初期の作品からの影響と 4th『Design Your Universe』以降の新しい要素をミックスしたキャリア最高峰とも言える充実作となった。エクストリーム性と叙情性の高レベルなバランス感覚も見事。Stream of Passion の Marcela Bovio がコーラスとして参加。

Kingfisher Sky
Hallway of Dreams
●オランダ
Suburban Records ● 2007

元 Within Temptation のドラマー、Ivar de Graaf を中心に 2001 年に結成されたシンフォニック / プログレッシヴメタルバンドによる 2007 年の 1st アルバム。オランダのハーグ出身。クラシックの素養を持つ女性リード・シンガー Judith Rijnveld をフロントに据えたバンドは、特定のジャンルやスタイルに縛られない音楽性を模索。メタリックなエッジを携えると同時に、繊細で純朴なフォーク / トラッド風味の哀感も帯びるヴァイブが柔らかで美しい。爽やかな優美さをまとった Judith のヴォーカルワークも心地好く響く。神秘性とダイナミズムを併せ持つ世界観が実に秀逸だ。

Nemesea
The Quiet Resistance
●オランダ
Napalm Records ● 2011

オランダのフローニンゲン出身、女性ヴォーカル擁するオルタナティヴ / ゴシックメタルバンドによる 2011 年発表の 3rd アルバム。前作までは自主制作だったが、本作より Napalm Records と晴れてレーベル契約。類型的なシンフォニック・ゴシックメタルを鳴らしていた初期とは打って変わり、インダストリアルやラウドロック的なヘヴィネスを取り入れた Evanescence 系譜のモダンサウンドへと垢抜けた出世作。看板シンガー Manda Ophuis による透明感のある高音ヴォイスもバンド武器として大いに機能しており、コマーシャル性の高まった楽曲と相性抜群。上質で正統なオルタナ・ゴシックの好盤。

Officium Triste
Reason
●オランダ
Displeased Records ● 2004

オランダのロッテルダム出身、ゴシックデス / ドゥームメタルバンド Officium Triste による 2004 年リリース 3rd。ゴシックドゥーム界隈の中でも屈指の名作として数えられる一枚。My Dying Bride や初期 Anathema の流れを汲む、この世の嘆きを集約したかの如き、破滅的かつ甘美なサウンドには恍惚するばかり。振り落とされる冷徹なリフと、沈痛に鳴り響くギターメロディの数々が堪らない。収録曲 5 曲のうち、3 曲は 8 分超えという長尺志向も没入感に拍車をかけている。Slumber の「Fallout」と並ぶ体育座り系ドゥームの極致。ハイクラスな極上悲愴メタルを求めるならば是非に。

Orphanage
○オランダ

Inside ⒶNuclear Blast Records ○2000

オランダはユトレヒト出身のゴシックメタルバンドによる 2000 年リリースの 3rd
フルレングス。90 年代から活躍するダッチ・ゴシックメタル史における重要バン
ドの一角。その音楽性は非常に個性的で、モダン / オルタナティヴメタル勢に通じ
るダンサブルかつグルーヴィーなバッキングを主軸に、男女混合のヴォーカルと
暗黒荘厳なシンセワークが被さるというもの。ゴリゴリのヘヴィネスサウンドと
中東的憂いを含んだ優雅な歌メロの融和という意味では、今聴くと 4th 以降の
Lacuna Coil の先取りという感覚も部分的に感じさせたり。「Behold」では Within
Temptation の Sharon がゲスト参加。

Revamp
○オランダ

Revamp ⒶNuclear Blast Records ○2010

After Forever 解散後、Floor Jansen を中心に新たに結成されたオランダのシン
フォニック・ゴシックメタルバンドによる 2010 年発表 1st。レコーディングメン
バーには元 After Forever の鍵盤奏者と Grip Inc. のギタリストが参加。ブックレッ
ト内に映る Floor Jansen のメイクの変化に驚かされるが、音楽的には後期 After
Forever の路線を引き継いだ、厳かでありつつアグレッシヴなシンフォニック・
ゴシックメタルが展開。ストリングスやクワイアをバックに、いつになく力強い
Floor の歌唱を堪能出来る。数曲で Soilwork の Björn を始めとしたゲストが多数参
加。

Satyrian
○オランダ

Eternitas ⒶLion Music ○2006

オランダのアムステルダム発、The Dreamside と Dance Macabre のメンバーによっ
て構成される 7 人組ゴシックメタル / ダークロックバンド。2006 年の 1st。女性
シンガー 2 名＋男性シンガーという豪勢なアンサンブルを基軸にした、ゴシックロッ
クとシンフォニックメタルのハイブリッド的スタイル。デジタル風味のアレンジ
やモダンな色合いのヘヴィネスが配されてはいる。しかしながら、The Dreamside
に比べて正統派寄りのフィーメール・ゴシックが展開されている為、良い意味で敷
居が低く、耳馴染みが良い。Sirenia や Imperia 辺りの王道ゴシックメタルファン
ならば大いに刺さるはず。

Stream of Passion
○オランダ

Embrace the Storm ⒶInsideOut Music ○2005

Ayreon で知られる Arjen Anthony Lucassen を中心にオランダで発足された、シン
フォニックゴシック / プログレッシヴメタルバンドによる 2005 年の 1st アルバム。
ヴァイオリンも兼任するメキシコ人女性シンガー、Marcela Bovio の情感豊かな
ヴォーカルを中心に展開される楽曲は、技巧的ながらも深遠かつクラシカルな味わ
いに満ちており至極素晴らしい。スペイン人鍵盤奏者 Alejandro Millán によるスパ
ニッシュ音楽に影響を受けたピアノ・ラインも切なく響き渡る。異なる国・バック
グラウンドを持つメンバーによって構成されている故か、独創的で無国籍音楽風の
ムードが漂っているのも魅力的。

The Dreamside
○オランダ

Mirror Moon ⒶSerenades Records ○2001

イタリア系オランダ人の女性ヴォーカリスト Kemi Vita を中心に 1994 年結成。オ
ランダのロッテルダムを拠点に活動するダークウェーブ / ゴシックメタルバンドに
よる 2001 年の 3rd アルバム。前作までは男性ギタリストとのプロジェクト的趣き
が強かったが、本作からラインナップを固め、バンド形式へ。初期はエレクトロ /
ダークウェーブ色が色濃いスタイルだったが、それらの要素を継承しつつハードで
メタリックなギターを導入し、ゴシックメタル方面へ接近した暗黒妖艶なサウンド
を聴かせる。80's ニューウェーブ的憂いを帯びたキャッチーなメロディラインや、
欧州慕情を携えたシンセワークも麗しげに響く。

The Wounded　　　　　　　　　　　○オランダ
Sunset　　　　　　　△ Independent ○ 2016

オランダはドレンテ州エメン出身のゴシック / ドゥームメタルバンド。2016 年の 4th フルレングス。2nd『Monument』発表後にラインナップに大きな変動があり、創設メンバーとしてはベーシストの Andy Haandrikman とギター兼ヴォーカリストの Marco van der Velde が現在も在籍。前作から約 12 年振りに発表されたカムバック作で、このバンドの特色である薄暗い叙情味と翳りを内包したドゥームメタルを更に洗練した形で具現化。The Cure や Placebo といった UK インディ / オルタナ由来の内省美も仄かに含有した音像は、イタリアの Klimt 1918 辺りとの近似性も感じさせる。

To Elysium　　　　　　　　　　　○オランダ
Dearest Vile　　　　△ Cold Blood Industries ○ 2002

オランダのズヴォレ出身、男女ツインヴォーカル擁するゴシックメタルバンド。2002 年の 1st フル。活動期間は短命であったが、Delain の歌姫 Charlotte Wessels が一時期在籍していた事でも知られる。因みに本作でヴォーカルを取っているのは Esther de Vos という女性シンガー。イーヴルなデスヴォイスと、仰々しいソプラノヴォイスの二枚看板で進行する正調ゴシックメタルを奏でている。曲展開に関しては意外と起伏に富んでおり、パワーメタルばりに疾走したかと思えば、ダンサブルなリズムアプローチで緩急を付けたりと、工夫の跡が見受けられる。どこか無国籍風のミステリアスな雰囲気も捨てがたい。

Vuur　　　　　　　　　　　　　○オランダ
In This Moment We Are Free - Cities　　△ InsideOut Music ○ 2017

元 The Gathering のレジェンド・アイコン、Anneke van Giersbergen を中心に 2016 年に結成されたプログレッシヴメタルバンドによる 2017 年の 1st。バックバンドを務めるのは Stream of Passion や Revamp、Ayreon 等のメンバーを始め数々のダッチ・メタルの手練れ達が終結している。アルバムはこれまでに Anneke がツアーで訪れた世界中の都市からインスピレーションを受けており、各楽曲名にも該当の都市名が記載。叙情プログメタル的なグルーヴ感とメランコリックな艶味を帯びる Anneke の歌唱と共に、聴き手を世界都市巡航へと誘うカラフルな情景美に満ちた一枚。

Danse Macabre　　　　　　　　　○ベルギー
Era　　　　　△ Hammerheart Records ○ 2001

ベルギーはディースト出身のゴシックメタルバンドによる 2001 年の 2nd。同郷のブラックメタルバンド Ancient Rites のフロントマン Gunther Theys を中心に 1995 年結成。結成当初は Septic Flesh のギタリスト Sotiris Vayenas や元 Rotting Christ のメンバー等がラインナップに含まれていたが、ほどなくして脱退している。エレクトロなアレンジが施されたダンサブルで上品なゴシックメタルが特徴で、中近東風味の妖しいメロディセンスが面白い。Satyrian の女性シンガー Judith "Ciara" Stüber を始め、多数のゲストが参加。

Manic Movement　　　　　　　　○ベルギー
Dark Glitter　　　　△ Shiver Records ○ 2009

ベルギーのヘラールツベルヘン出身のシンフォニック・ゴシックメタルバンド。2009 年リリースの 3rd フルレングス。初期のキャリアではエクストリームなメロディック・デスメタルバンドとして活動していたが、本作よりメインストリーム直球のシンフォニック・ゴシックメタル路線へとガラリと方向性を転換。可憐でやや低体温な声色が映える Virginia Fantoni のヴォーカルをメインに据えながら、モダンでプログレッシヴな質感も覗かせるギターワークやシンセのアプローチ等は、フランスの Akin やオランダの Autumn 辺りに通じるムードもある。歌メロや楽曲展開もキャッチーでありつつ、適度に練られており、満足度は高い。

Pantheist
◍ベルギー

O Solitude
◎ Firebox Records ◉ 2003

ベルギーはアントワープ出身のフューネラル / プログレッシヴ・ドゥームメタル。2003 年リリースの 1st フルレングス。キーボード兼フロントマンを務めるギリシャ出身のミュージシャン Kostas Panagiotou のソロプロジェクトとして、2000 年に結成。音源制作を行うに当たってバンド体制へと移行し、活動拠点もイギリスのロンドンへと移している。ディープなグロウルと冷厳なチャーチオルガンの音色をフィーチャーした沈痛な趣のドゥーム / デスメタルが響き渡っており、まさしく鎮魂歌の如き弔いの鈍重音楽といった様相だ。重々しいシンセワークを主軸にした楽曲構成は、ゴシックアンビエント的な没入感も内包している。

Sengir
◍ベルギー

Guilty Water
◎ Buzzville Records ◉ 2003

ベルギーはアールスト出身、歌姫 Ellen Schutyser を擁するゴシックメタルバンド。2003 年の 1st。結成は 1995 年とベルギーのゴシックメタルバンドとしては先駆的な部類と言える存在。清涼感を帯びつつ確かな歌唱力で楽曲を先導していく Ellen のヴォーカルを中心に構築された楽曲は、いずれも上質かつ優美な仕上がり。メロウで哀感溢れるピアノやエッジの利いたギターメロディも、ミステリアスかつエモーショナルに機能している。プロデューサーにはベルギー発のスラッシュメタルバンドの中で特に成功を収めたスラッシュメタルバンド Channel Zero の元ギタリスト Xavier Carion を迎えて制作されており、当時は話題を呼んだ様子だ。

Ad Vitam Aeternam
◍フランス

Abstract Senses
◎ Karmageddon Media ◉ 2004

フランスはパリ出身の男女ヴォーカル擁するシンフォニックゴシック / ドゥームメタルバンド。2004 年の 1st。ソプラノシンガーの Céline de Kerliviou は同郷のゴシックメタルバンド Evolvent でも一時期活動していた。初期 Within Temptation や Theatre of Tragedy タイプの男女混合型ゴシックメタルだが、楽曲はより躍動的で女性ヴォーカルの比率も高め。印象的なヴォーカルラインに加えて、優雅に響き渡るピアノやギターメロディの質も高く、正統的なフィーメール・ゴシックとしてはいずれも及第点以上のクオリティだ。アルバム一枚のみのリリースで、音沙汰無いのが惜しまれる。

Akin
◍フランス

Verse
◎ H.A.R. ◉ 2001

フランスはリヨン出身の男女混声 7 人組ゴシックメタルバンドによる 2001 年リリースの 1st アルバム。涼やかな欧州ポップ風サウンドをベースにしつつ、随所で挿入される柔らかなフルートの音色とモダンポップ的な軽快さを演出するエレクトロ・アレンジが実に秀逸。Adeline Gurtner の柔らかな透明感を携えた女性ヴォーカルと、フォーキーなアコースティックギターの絡みからは初期 All About Eve 辺りに通じるユーロ・ロマンも漂う。きめ細かな構築美でプログレッシヴな香りを漂わせるギターワークが聴き所だ。メタル的エッジと空間的余白を適度に配する事で抑揚を利かせていく作風が、エクセレントな一枚。

Am'Ganesha'n
◍フランス

Beyond the Soul
◎ Holy Records ◉ 2001

Rajna、Les Secrets De Morphee、Speaking Silence といったフランスを代表するダークウェーブアクトのメンバーによって構成されるネオクラシカル / ワールドミュージックプロジェクト。2001 年に Holy Records よりリリースされた 1st。チベットの伝統文化に影響を受けたエスニック＆ヘヴンリィな密教風ゴシックアンビエントが展開。この手のスタイルの先人である Dead Can Dance への畏怖と敬愛が随所に感じ取れる。難解な印象を抱きがちな音楽性だが、敷居はそこまで高くなく、切なくもシャーマニックな歌メロが際立つ「Stroke of Fate」等聴き所が多い。

Angellore
La litanie des cendres

🇫🇷 フランス　　🅐 Shunu Records 🅞 2015

フランスのアヴィニョン出身、男女ヴォーカル擁するゴシック / アトモスフェリック・ドゥームメタルバンドによる 2015 年の 2nd。バンド名は Tristania の同名曲が由来。本作から女性ヴォーカリストの Lucia が加入し（本アルバムではゲスト扱いだが後に正式メンバーへ）、楽曲の振り幅とスケール感が大きく向上。天上から救いの光が降り注ぐ様な壮麗さと、珠玉のメランコリアを内包した楽曲群は往年のゴシックメタルファンならば号泣必至。更に加えて全盛期の Liv Kristine にも匹敵せんばかりのエンジェリックな繊細美を披露する Lucia の歌唱に、悶絶昇天すること請け合いだ。10 年代ゴシックメタル屈指の傑出作。

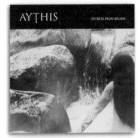

Aythis
Secrets from Below

🇫🇷 フランス　　🅞 Orcynia Records 🅞 2021

Lethian Dreams の女性シンガー、Carline van Roos によるソロプロジェクト。2021 年リリースの 5th フルレングス。夢や孤独、死からインスピレーションを得た音楽性はシューゲイザーやダークウェーブ由来のシンセワーク、ヒプノティックなギターサウンド，Carline のエセリアルな神秘性をまとわせたヴォーカリゼーションから形成される。エモーショナルでありながらも、メランコリックな旋律美は、大気中を漂う冷たい空気の様に揺蕩いながら聴き手を包み込む。往年のゴシック・アンビエント好きはもちろん、Cocteau Twins 由来の耽美シューゲイズファンにもお勧め。

Beyon-D-Lusion
Intuispection

🇫🇷 フランス　　🅐 Adipocere Records 🅞 2005

フランスのマコン出身、女性ヴォーカル擁するゴシックメタルバンドによる 2005 年の 1st フル。同郷のメロディックパワーメタルバンド Furia のメンバーでもあったギタリスト兼鍵盤奏者の Mehdi Khadouj と、女性シンガー Alexandra Bernard を中心に 2003 年結成。中近東風のオリエンタルな情感が滲むメロディとムードを押し出しつつ、ソリッドかつグルーヴィーなギターワークを主体にしたモダンなフィーメール・ゴシックメタルをプレイしている。Alexandra のヴォーカルは、往年の Anneke van Giersbergen を彷彿させる艶やかさと力強さを兼ねた声色の持ち主で、実力者だ。

Dark Sanctuary
De Lumière et d'Obscurité

🇫🇷 フランス　　🅐 Wounded Love Records 🅞 2000

フランスはパリ出身のネオクラシカル / ダークウェーブアクトによる 2000 年発表の 2nd。バンド創設期から在籍している初代女性ヴォーカリスト Marquise Ermia が参加するアルバムとしては最後の作品。Arcana や Elend と同じく初期 Dead Can Dance に端を発する、暗黒中世ロマンを体現したダークアンビエントを奏でている。宗教音楽色の強い旋律美でリードするシンセやヴァイオリンの音色と共に、フランス語で紡がれる Marquise の柔らかなソプラノ・ヴォーカルが神秘的に揺蕩う。アルバムの最後には Dead Can Dance「Summoning of the Muse」のカヴァーを収録。

Dying Tears
Spleen & Hope

🇫🇷 フランス　　🅐 Thundering Records 🅞 2003

フランスのパリ出身、男女ヴォーカル擁する 8 人組編成のシンフォニックゴシック / ドゥームメタルバンド。2003 年の 2nd フルレングス。前身バンドではスラッシュメタル的な音楽性だったが、1998 年に初代ヴォーカリストの Rose Vignat と女性チェリストの Claire Serra 加入以降から現在の路線へ。本作では Rose は脱退しており、後任のフロントウーマンとして Jenni Signorino がラインナップされている。柔らかな音色のキーボードとメタリックなギターリフを主導としつつ、サックスやフルートも加えた情緒豊かな作風がじんわりと沁みる。哀愁味全開の垢抜けないメロディセンスも味わい深い。

Eilera
🔴フランス

Fusion 🅐 Spinefarm Records 🔵 2007

フランスの女性ヴォーカリスト Eilera を擁するゴシックメタルデュオ。2007 年リリースの 1st フルレングス。バンドの結成は南フランスの都市モンペリエで行われたが、フィンランドのメタルレーベル Spinefarm Records に所属以降は、活動の拠点をヘルシンキに移している。スウィートで伸びやかな女性ヴォーカルを主軸にヴァイオリンやチェロ、フィドル等の弦楽器をふんだんに導入したクラシカルかつキャッチーな作風が特徴。楽曲によってはプログラミングを駆使してエレクトロなアプローチを聴かせる等、サウンドスタイルの幅も意外と広い。メタリック一辺倒ではなく、上品なモダンポップ作としても楽しめる一枚。

Elend
🔴フランス

Les ténèbres du dehors 🅐 Holy Records 🔵 1996

ドイツ語で「悲惨」を意味するバンド名を持つネオクラシカル / ダークアンビエントバンド、Elend による 1996 年発表の 2nd フルレングス。フランスのパリにて 1993 年結成。本作は Holy Records 在籍時に残した 3 枚のアルバムの内の一枚で、ジョン・ミルトンの「失楽園」をコンセプトに掲げた三部作の中篇に当たる作品。現代クラシックとゴシック音楽をブレンドした密度の高いダークウェーブサウンドが展開されており、激しい不協和音やデスメタル風のグロウルを交えるなどの攻撃性も内包したアプローチが特徴。二人の女性ソプラノ・シンガーと男性デス・ヴォイスによって、美醜を苛烈に発露していく様相は圧巻だ。

Elend
🔴フランス

The Umbersun 🅐 Music for Nations 🔵 1998

Elend がデビュー時より掲げていた、失楽園の物語から成る三部作の最終章に当たる 3rd フル。企画盤の前作『Weeping Nights』まで在籍していた Holy Records を一時離れ、Music for Nations から 1998 年発表。楽曲は主にシンセによるオーケストレーションと嘆き叫ぶ様に轟くグロウル、典麗なソプラノヴォイスによって構成。非バンドサウンドな音像ながらもその様相は非常に恐怖的かつエクストリーム。30 名近い合唱団によって形成された超濃密なクワイアが、この世の物とは思えない程の霊妙さを放ちつつ狂気と緊迫感を加速させていく。ゴシックアンビエントという音楽の最高到達点的一枚。

Elyose
🔴フランス

Ipso Facto 🅐 Independent 🔵 2015

フランスはパリ出身のインダストリアル / ゴシックメタルバンド。2015 年の 2nd。元 Grey November の歌姫 Justine Daaé とベーシストの Ghislain Henry を中心に 2009 年結成。画一的なシンフォニック系バンドとは相反するかの様に、テクノやトランス、ダンスミュージックの諸要素を取り込んだモダンなゴシックメタルを実践。リフワークやリズム面に趣向が凝らされた展開はなかなかに壮観で、Justine による技巧的なソプラノヴォイスもバンドの看板として力強く鎮座している。因みに 2019 年にメンバーの大半が脱退した為、現在は Justine Daaé のソロプロジェクトへと移行した模様だ。

Grey November
🔴フランス

L'autre mort 🅐 GS Productions 🔵 2018

フランスはパリ出身のゴシック / フューネラル・ドゥームメタルバンド。2018 年リリースの 3rd フル。Elyose の Justine Daaé が過去に在籍しており、現在のシンガー Marieke Delanghe は 2011 年に加入。初代シンガーの Lana Coralys は 2000 年に他界している。全ての楽器演奏と作詩作曲はマルチプレイヤーの Cédric Seyssiecq が担当しており、実質的には彼のワンマンバンドと言った様相だ。アトモスフェリックなシンセと重低音のギターで紡がれる幽玄痛切なドゥームサウンドは、バンド名の通り灰色の悲しみに満ち溢れている。後悔と絶望を珠玉のダークアートとして昇華した一枚。

Grey November_ L'Autre Mort

Kemet
○フランス
The Night Before
🅐 Thundering Records ○ 2003

フランスのコルバ出身のゴシックメタルバンドによる 2003 年リリースの 3rd。中期 Katatonia や Anathema 辺りと重なる陰鬱で感情的なオルタナティヴ・ゴシックメタル的作風。今にも泣きだしたくなる様な切ない歌メロと、憂いに溢れたギター・フレーズがとても素晴らしい。時折 HIM の Ville Valo を彷彿させる中性的なヴォーカルワーク含めて、Entwine や Charon といったフィンランドのメランコリック・ゴシックメタル勢からの影響も伺える。繊細な女声コーラスが導入された「One Chance Left」は特に印象的。本作もまた体育座り系ゴシックメタルの隠れた良盤。

Lethian Dreams
○フランス
Bleak Silver Streams
🅐 Orcynia Records ○ 2009

フランスのパリ出身、同郷の Remembrance でも知られる女性ヴォーカリスト Carline van Roos とギタリスト Matthieu Sachs を中心としたゴシック / ドゥームメタルバンド。2009 年リリースの 1st アルバム。自身の音楽性を「Ethereal Doom Metal」と称している通り、シューゲイザーやポストロックからの影響を伺わせるアトモスフェリックな浮遊感をまとわせたサウンドが特徴。Draconian や Swallow the Sun、My Dying Bride といったバンドと同列的な音楽性ながら、ポストブラック系方面ともリンクする鬱々とした幽玄美を滲ませた様相は極めて魅力的。

Lethian Dreams
○フランス
A Shadow of Memories
🅐 Independent ○ 2020

ゴシックドゥーム界隈屈指の耽美派マイスター、Lethian Dreams による 2020 年の 4th。ベース、キーボード、ドラム、作詞作曲も兼ねる女性シンガー Carline van Roos のマルチな才能を反映させたサウンドはより洗練味を増大。スウェーデン / フランスの国際的ゴシックドゥームバンド、Enshine のメンバー Sebastien Pierre が手掛けるアートワークもバンドの幻想的な音楽性とマッチしており非常に美麗である。The 3rd and the Mortal 等の古きゴシックメタルからの血脈も感じさせる楽曲の素晴らしさに思わず落涙。

Misanthrope
○フランス
Variation on Inductive Theories (Architecture Screenplans)
🅐 Holy Records ○ 1993

フランスのアンジェ出身のプログレッシヴ / メロディックデスメタルバンド。1993 年の 1st。かの Holy Records のオーナーがヴォーカリストとして在籍するバンドとしても知られる。一般的にはメロディックデスメタルとしてのイメージが強いだろうが、初期作ではアヴァンギャルドな変態ゴシック / デスメタル的趣も携えたサウンドを聴かせてくれる。突拍子もなくメロディアスなリードギターが切り込んできたと思えば、ドロドロと嘆き苦しむドゥームサウンドに突如シフトし、鬱々としたアコースティックギターが爪弾かれる。その怪しさ極まる様態に思わず唸ってしまう位には奇抜性に満ちた一枚。

Monolithe
○フランス
Monolithe III
🅐 Debemur Morti Productions ○ 2012

フランスはパリ出身のフューネラル・ドゥームメタルバンドによる 2012 年の 3rd フル。同郷のゴシックドゥームバンド Anthemon の元メンバーである Sylvain Bégot を中心に 2001 年に結成。バンド名及び音楽性のインスピレーションはキューブリックの名作 SF『2001 年宇宙の旅』から。宇宙の誕生と人類の起源をテーマにした 1 曲 50 分オーバーという長尺で構成される内容で、果ての無い深淵への旅路を疑似体験出来る。スペーシーなアトモスフィアに満ちた楽曲は、まさしく耳で聴く終末サイエンスフィクションという感じで味わい深い。所々で挿入される哀切のギターメロディはゴシックメタルとも親和性が高い。

Penumbra
●フランス

Seclusion
🍂 Season of Mist ● 2003

フランスのパリ出身の男女混声ゴシックメタルバンド、Penumbra による 2003 年の 3rd アルバム。女声ソプラノ、グロウルとクリーン声を使い分ける男性ヴォーカル、クワイアと民族音楽的要素を取り入れた型破りで独創的なサウンドが特徴。特にフォークメタルばりにバグパイプが乱舞するタイトルトラック「Seclusion」は彼等の特異性を象徴する一曲で、シアトリカルな耽美性と土着的メロディの併合が実に面白い。フランス発らしいフェミニンな香りがする女性ヴォーカルの歌メロに追随していくグレゴリオ聖歌っぽいコーラス・ワークには、Therion 辺りを彷彿させる部分も。コンパクトにまとまった楽曲群も聴き易い。

Remembrance
●フランス

Silencing the Moments...
🍂 Firedoom Music ● 2008

フランスのノール県出身のゴシック / フューネラル・ドゥームメタルバンドによる 2008 年の 2nd フル。同郷のゴシックドゥームアクト Lethian Dreams の Carline van Roos と Matthieu Sachs が、バンドの中心的存在として在籍。僅かな希望すら潰えて、ゆっくりと確実に破滅へと向かっていく様な圧殺的ドゥームサウンドが終始展開。容赦もない嘆きの絶望メタルが振りかざす音像に痺れる。地響きの如き重低音グロウルとエンジェリックなフィーメール・ヴォイスの饗宴は、さながら世界の終焉そのものであり、その強固な情景描写力はまさに圧巻の一言だ。

Kells
●フランス

Anachromie
🍂 Season of Mist ● 2012

フランスのリヨン出身、シンフォニック / ヘヴィロックバンドによる 2012 年リリースの 3rd フルレングス。Evanescence 系譜のモダンヘヴィな女声ゴシックメタルを基軸に、オルタナティヴ / ニューメタル寄りのグルーヴを取り入れたサウンド。リードヴォーカリストの Virginie Goncalves はけたたましいスクリームと、艶やかなクリーン・ヴォイスを巧みに使い分けるスタイルで、楽曲に緊張感と緩急を付与。時折挿入される弦楽器やピアノの音色も頻度は多くないが効果的に使用され、シアトリカルな耽美感をもたらしている。時にメタルコア張りの剛直性も発揮する、ダークかつ攻撃的なアプローチが鮮烈だ。

The Old Dead Tree
●フランス

The Nameless Disease
🍂 Season of Mist ● 2003

1997 年にフランスのパリにて結成されたプログレッシヴ / ゴシックメタルバンドによる 2003 年の 1st。フロントマンの Manuel Munoz とギタリストの Nicolas Chevrollier が創設メンバー。1999 年にデビュー EP 発表後、在籍していたドラマーが自死してしまった為、メンバーを一部変更して作成された。プログレッシヴメタル、ドゥームメタル、デスメタルの要素をユニークにブレンドしたゴシックメタルが演奏されており、攻撃的なシャウトと艶やかなテノール声を行き来するヴォーカルも卓越した表現力を見せる。The Foreshadowing や中期 Katatonia に通じるマイルドな内省味も魅力。

Öxxö Xööx
●フランス

Nämïdäë
🍂 Blood Music ● 2015

フランスのディエップ出身、リチュアル系アヴァンギャルド・ゴシック / ドゥームメタルバンドによる 2015 年リリースの 2nd。歌詞にはメンバーが創作した架空の人造言語が用いられており、バンド名の Öxxö Xööx を意訳すると数字の 69 を指し、昇華への欲求を象徴しているとのこと。音楽面は非常にユニークかつ混沌としており、グロウル、ピッチング、バリトン、オペラティックな女性ヴォーカル、ヨーデル等多様な歌唱スタイルが入り乱れる前衛シンフォニック / ドゥーム / プログレッシヴメタルといった様相。メンバーはフランスのヴィジュアル系バンド GaïdjinN や、ブレイクコア系バンド Igorrr に在籍していた事でも知られている。

Chapter 2

Northern Europe

　スウェーデンは Tiamat や Katatonia、Opeth といっ
た先駆者を生み出したという点でやはりゴシックメタ
ルシーンにとっては重要な地域の一つだ。Tiamat も
Katatonia も Opeth も最初期はデス / ドゥームメタル
を出発点としながら、活動を継続する過程でプログ
レッシヴロックやオルタナティヴロックへと接近し、
Paradise Lost や My Dying Bride 系譜のイギリス型の
ゴシックメタルとは一線を画すアイデンティティを
各々が確立している。現代のメタルシーンにおける影
響力はオリジネイターであるイギリス勢のゴシックメ
タルに勝るとも劣らない程に大きい。

　フィンランドにはノーザン・メランコリックメタル
の雄である Sentenced が鎮座し、2000 年代に入ると
HIM や The 69 Eyes といったメインストリームへ迫
るバンド群が人気を博した。

　一方、ノルウェーも女性ヴォーカルを主軸にしたゴ
シックメタルの祖である The 3rd and the Mortal や、
「美女と野獣」スタイルの男女ツインヴォーカル様式
をシーンに浸透させた Theatre of Tragedy、初期ゴシッ
クメタル史における重要バンド Funeral 等が存在する
主要な地域だ。

北欧のデプレッシヴ／メランコリックメタルを司る黒き大鴉

Katatonia

- ◎ Paradise Lost、Anathema、October Tide、Opeth、Daylight Dies、Swallow the Sun
- 🕙 1991 ～ 1995, 1996 ～ 2018, 2019 ～　　　　　🌐 スウェーデン、ストックホルム
- 👥 Jonas Renkse（ヴォーカル）、Anders Nyström（ギター、プログラミング、バッキングヴォーカル）、Niklas Sandin（ベース）、Daniel Moilanen（ドラム）、Roger Öjersson（ギター）

Jonas Renkse と Anders Nyström を中心にストックホルムにて 1991 年結成。当初はスタジオでの活動をベースとする 2 ピースバンドプロジェクトとして始動。1991 年に『Rehearsal』と称したデモテープを少数制作した後、1992 年にデモ EP『Jhva Elohim Meth』をリリース。当時欧州で台頭していたデスメタルシーンにインスパイアされた作風で、小規模のヒットを記録し、注目を集めた。軌道に乗ったバンドはライブ活動を見越してトリオ編成となり、1993 年にデビューアルバム『Dance of December Souls』を No Fashion Records より発表。デス / ドゥームメタルにメランコリックなテイストを加えたサウンドで、自身の音楽性を確立した。その後 1 年間の活動休止期間を設け、1996 年に 2nd アルバム『Brave Murder Day』をリリース。このアルバムより中期 Katatonia を支えたギタリスト Fredrik Norrman が参入している。1998 年の 3rd アルバム『Discouraged Ones』以降、バンドはよりエモーショナルで拡張的な音楽を目指す為に、デスメタルからの離別を推進。中期のディスコグラフィーではオルタナティヴなデプレッシヴロック風スタイルへと変遷していく。1999 年に Fredrik の弟である Mattias Norrman、2001 年にドラマーの Daniel Liljekvist が加入以降バンドは安定的なラインナップを獲得し、順当にアルバム作品をリリース。国際的に高い人気と地位を獲得していった。2009 年の『Night Is the New Day』を最後に Norrman 兄弟が脱退した後は、再び幾つかの人事異動を経つつも活動を継続。2023 年には 12 作目のアルバムとなる『Sky Void of Stars』を発表している。

Katatonia
Dance of December Souls 🔘 No Fashion 🔘 1993
スウェーデン発ゴシック / ダークメタルの旗手、Katatonia の 1993 年リリースの
1st アルバム。この時点では 2nd『Brave Murder Day』以降のデプレッシヴ路線は
まだ鳴りを潜め、初期 Opeth にも通じる陰気でメロウな耽美性を伴った暗黒ドゥー
ム・サウンドを綴っている。この時期のスカンジナヴィア出自バンドらしい初期メ
ロディック・デスメタルにも通じる北欧的な情緒と瘴気も感じられる。ブラック
メタル・スタイルからの影響が伺える Jonas Renkse のヴォーカリゼーションも相
まって、悲惨かつ悲痛なムードが支配的。哀感を伴ったダークなメロディが映える
逸品。

Katatonia 🔘スウェーデン
Brave Murder Day 🔘 Avantgarde Music 🔘 1996
1996 年発表の 2nd アルバム。1st アルバムから大きく印象を変え、現在のデプレッ
シヴ・ブラックメタルやブラックゲイズにも通じる音像と、狂気的かつ陰鬱内省な
メロディが発露されている。この個性的な音楽の背景にはノイジーなデス / ブラッ
クメタルと同時に初期 The Cure や Slowdive 等のゴシックロック / シューゲイズか
らの影響も窺え、後に続く Katatonia の音楽性の起点の一つとして受け継がれる。
全編で Opeth の Mikael Åkerfeldt がリードヴォーカルを取っているが、3 曲目の
「Day」のみ Jonas Renkse がクリーン声主体で歌唱を担当。

Katatonia 🔘スウェーデン
Discouraged Ones 🔘 Avantgarde Music 🔘 1998
前作から更に大きな変貌を遂げた 1998 年リリースの 3rd フルレングス。デス / ブ
ラックメタルから完全に脱却し、内省的なオルタナ / デプレッシヴ・ロック路線へ
と着手している。前作『Brave Murder Day』におけるノイジーな音響の陰鬱リフ
レインは幾ばくか保持され、Katatonia の肝である寂寥とした内向的なメロディと
上手い具合に融和している。Jonas Renkse によるどこか不安定で抑揚のないクリー
ン・ヴォイスもバンドの新たな音楽性と絶妙にマッチしており、病に伏した様な掠
れた孤独感を演出。独特な暗さを失わず、巧妙な路線変換に成功した一枚。

Katatonia 🔘スウェーデン
Tonight's Decision 🔘 Peaceville Records 🔘 1999
1999 年発表の 4th アルバム。暗鬱とした孤独感が募るメロディ、情緒を揺さぶ
るアンサンブル、Jonas の内省的なヴォーカルと、現行 Katatonia に繋がるスタ
イルの雛型を確立した作品。刺々しい凄惨さが先行的でムード重視だった前作
『Discouraged Ones』に比べ、歌メロの煽情度が格段に上がり、楽曲も分かり易
いフックを携えた事で、純粋に聴きやすくなった印象。それでいて Katatonia らし
い独特なダーク感が薄れることなく、自身の魅力をよりダイレクトに伝播させる
ミュージシャンシップの上昇が顕著に表れている。ネガティブな美しさに彩られた
充実作。

Katatonia 🔘スウェーデン
Last Fair Deal Gone Down 🔘 Peaceville Records 🔘 2001
この時期に推進していたデプレッシヴ・ロック路線の到達点とも言える 2001 年リ
リースの 5th フルレングス。前作で培った良い意味でキャッチーなソングライティ
ング力、上質でメランコリックなメロディセンスが、一層洗練された形で体現され
ている。惨めさを滲ませながらもよりマイルドな味わいになった Jonas Renkse の
ヴォーカル、日の当たらない陰気な部屋で一人咽び泣く様な沈鬱感、それらが一般
のロック好きにも聴けそうな程の絶妙なバランス感覚で結実しているのが、実に素
晴らしい。「Teargas」や「Tonight's Music」は Katatonia 流暗鬱歌謡メタルの極み
的名曲。

Katatonia
○スウェーデン
Viva Emptiness
🅐 Peaceville Records ○ 2003

2003年リリースの6thフルレングス。ある種歌謡的とすら言いたくなる位に、キャッチーな歌メロ主体の作風だった前作『Last Fair Deal Gone Down』から一転、メタリックなヘヴィネスとアグレッシヴなアンサンブルを前面に押し出した陰鬱&攻撃的なアプローチへとスイッチした一枚。依然寂寞としたムードをまといつつも、より手数が多く荒々しくなったドラミング、性急に刻まれるヘヴィリフなど初期とはまた違ったスタイルで再びメタルへと寄せた形を提示。結果的にこれらの要素は次作への布石として繋がっていく。Porcupine Tree 等の内省プログメタルに通じる雰囲気も秀逸。

Katatonia
○スウェーデン
The Great Cold Distance
🅐 Peaceville Records ○ 2006

ヘヴィネス路線へと転換した Katatonia が紡ぐ、2006 年の 7th アルバム。「Deliberation」のみ Fredrik Norrman と共作しているが、他楽曲は全て Anders と Jonas による作曲。前作で提示した内省味とアグレッションを折衷したスタイルを踏襲しつつ、より繊細かつ洗練されたバランス感覚で聴き手の精神を掻き毟る。リフの構築面や精巧なリズム・アンサンブルなどからは、プログレッシヴメタル的テイストも感じられ、浮遊感を伴ったメロウな旋律はオルタナティヴ・ロック方面に通じる味わいも感じる。この時点の Katatonia のバンドとしての力量が余すことなく反映された珠玉作だ。

Katatonia
○スウェーデン
Night Is the New Day
🅐 Peaceville Records ○ 2009

もはやダーク / ゴシックメタル界を代表する孤高の存在へと上り詰めた Katatonia が送り出す 2009 年リリースの 8th。実質的に Norrman 兄弟在籍時代における最後の作品となる本作。同時にオルタナティヴメタル方面へ舵を切って以降のバンドの音楽性を総括する集大成的な一枚でもある。前作に引き続きマスタリングは Jens Bogren が着手。現代的なヘヴィネスと深い耽美性が絡み合う様相を緻密な解像度を持って表出させている。甘美なアルペジオに絡むストリングスの旋律やシンセの幽玄な響きも心地良い。当時 Opeth の Mikael が「ここ 10 年における最高のレコード」と絶賛したのも頷ける暗黒メタル史に刻まれた最高傑作。

Katatonia
○スウェーデン
Dead End Kings
🅐 Peaceville Records ○ 2012

これまでバンドの核として貢献してきた Fredrik と Mattias の Norrman 兄弟両名が脱退。分離劇とメンバーチェンジを経てリリースされた 2012 年リリースの 9th フルレングス。Katatonia の威厳と風格が凝縮された前作『Night Is the New Day』に比べて相対的に薄味と評される向きもあるが、成熟した Jonas のヴォーカルワークと共に紡がれる無機的なヘヴィネスや都会的でモダンな薄暗さを伴う寂寥感は、このアルバム特有の魅力とも言えるだろう。2 曲目で The Gathering の現歌姫 Silje Wergeland がゲストヴォーカルとして参加している。

Katatonia
○スウェーデン
Dethroned & Uncrowned
🅐 Kscope Music ○ 2013

9th アルバム『Dead End Kings』をアコースティカルにリワークした作品。2013 年発表。リリースは Peaceville の姉妹レーベルでもある Kscope から。アンプラグド主体というアプローチで再構成された本作は、前作のトラックをマテリアルとしながらも別次元の新鮮さに満ちており、レーベルカラーを反映した様に灰色暗くも穏やかなムードで統一された作風も心地良い。余計な装飾が取り除かれた分、メロディの良さが浮き彫りになった部分もあり。アートワークは『Tonight's Decision』から Katatonia の世界観を視覚的な側面から扶助してきた、お馴染みの Travis Smith が担当している。

Katatonia
The Fall of Hearts

●スウェーデン
🕊 Peaceville Records 🕊 2016

創設メンバーの Jonas と Anders のソングライティングを主体に心機一転制作された 2016 年リリースの 10th アルバム。新ドラマーの Daniel Moilanen と新ギタリストの Roger Öjersson を迎え、ラインナップも刷新されている。新たな環境の基で作られた本作は既存の作品以上にプログレッシヴ・ロックとしての側面を強く打ち出した作風が特徴だ。その一方でエピカルで肉厚なヘヴィメタルとしてのテイストも一層取り戻し、Katatonia らしい憂いと同時にどこか前向きな印象を抱かせるアンサンブルとの融和も素晴らしい。70 年代の古典的アートロックを彷彿させるレトロな味わいも心地好い。

Katatonia
City Burials

●スウェーデン
🕊 Peaceville Records 🕊 2020

前作発表後、約一年の活動休止を経て約 4 年振りにリリースされた 2020 年の 11th アルバム。彼等らしい内省的なアプローチを保持しつつ、先行シングルの「Behind the Blood」では、往年の正統派ヘヴィメタル的ヴァイブを押し出した今までに無いキャッチーなメランコリックメタル路線を提示。そんな新鮮なインパクトを与えながらも全体的には前作からのプログレッシヴ路線を保持しており、いつも以上に熱量の高い Jonas のヴォーカルをクローズアップ。翳りをまとった歌メロを主軸に据えた作風という趣きだ。北欧の荒涼とした情景が広がるシンフォニック＆フォーキーなムードも恍惚的。未だ衰えないバンドのポテンシャルを提示した一枚。

Katatonia
Sky Void of Stars

●スウェーデン
🕊 Napalm Records 🕊 2023

珠玉の陰影美に彩られた 12 番目のフルレングス。2023 年リリース作。前作に続きヴォーカリストの Jonas Renkse が、メインソングライターとして楽曲制作を牽引している。更なる熱情味を帯びたヴォーカルラインを最前線に据え置く作風は前作『City Burials』を引き継ぎながら、よりダイナミズムを獲得しつつ展開。涼やかな寂寥感とスリリングな緊張感が交差しながら脈動する常闇のオルタナティヴメタルが終始貫かれている。Katatonia の代名詞である鴉を模したアートワークも印象的なリードシングル「Birds」は、不吉な夜の空気をまといながらメロウ＆アッパーに疾駆する新境地的アンセミックナンバーだ。

デプレッシヴロックへの接続を先駆的に実践した Katatonia

Katatonia というバンドは他方のゴシックメタルとは趣の異なるアプローチをキャリア初期の段階から実践していた。その兆候が色濃く見え始めたのが 2nd アルバム『Brave Murder Day』の頃からだ。デス / ブラックメタルの意匠を基調としつつも、シューゲイズ的な音響感や浮遊感が用いられており、現代で言う Alcest や Lifelover 等のブラックゲイズと共振する様な音像が先駆的に導入されている。また、同アルバム収録曲の「Day」では Cocteau Twins や The Cure を彷彿させるゴシックロック / ドリームポップ風のクリーントーンギターやクリーン・ヴォイスも採用されており、中期以降のデプレッシヴロック路線の布石となっている。ブラックゲイズやポストブラックメタルがムーヴメントとして確立される以前から、似た様な形で越境的な手法を実践していた Katatonia は、Paradise Lost や Anathema とはまた違ったやり方でゴシックメタル引いてはメタルミュージックの在り方を拡張した存在とパイオニアと言えるだろう。

深淵より生まれ出でた孤高のスピリチュアルメタル伝道師

Tiamat

🔵 Moonspell、Lake of Tears、Paradise Lost、Katatonia、Samael、Cemetary
🔵 1987 ～ 1989（Treblinka 名義）、1989 ～　　　🔵 スウェーデン、ストックホルム
🔵 Johan Edlund（ヴォーカル）、Gustaf Hielm（ベース）、Magnus Henriksson（ギター）、Lars Skold（ドラム）、Per Wiberg（キーボード）

1987 年に Treblinka という名義のデス／ブラックメタルバンドとしてキャリアをスタート。その後、ヴォーカリストの Johan Edlund とベーシストの Jörgen "Juck" Thullberg を軸としてバンド名を Tiamat へと改め、1989 年よりストックホルムを拠点に活動開始。1990 年に C.M.F.T. Productions からリリースされたデビューアルバム『Sumerian Cry』では Entombed や Dismember 系譜のオールドスクールなデスメタルが貫かれており、再録音された Treblinka 時代の楽曲も収録されている。シュメール神話を題材にした歌詞も特徴的であった。その後、Century Media Records とレーベル契約を果たしたバンドは 1991 年に 2nd アルバム『The Astral Sleep』、1992 年に『Clouds』と順調に作品を発表。デス／ドゥームメタルを基調としながらも作を重ねる毎に、ゴシックメタル的な趣を増したスタイルへと変遷していく。創設メンバーの一人である Jörgen "Juck" Thullberg が『Clouds』リリース前の 1992 年には脱退しているが、Johan は新たなバンドメンバーを迎え入れながら活動を継続。1994 年にはバンドにとってのターニングポイント的な名作となる 4th アルバム『Wildhoney』を発表。プログレッシヴ・ロックからの影響を大々的に取り入れた独自の作風は、それまでの自身の作品と一線を画していたのはもちろん、当時の他の主流バンドと比較しても類を見ない音像として話題を呼ぶ。この作品を契機に Tiamat のシーンにおける人気は確固たるものとなった。以降はよりゴシックロックへと接近した作品を多数発表していくが、2014 年に Johan が健康上の理由で活動を一時休止。2015 年から再び活動を再開させている。

Tiamat
Sumerian Cry
●スウェーデン
🅐 CMFT Productions ⊘ 1990

北欧ゴシックメタル界隈の重鎮として名高い Tiamat による 1990 年リリースの 1st アルバム。この時点では後のゴシック路線を踏まえると考えられない位に、非常に真っ当でオールドクールなデスメタルをプレイしている。北欧発らしく Entombed や Dismember に通じるスウェディッシュ・デスメタルの王道を行っているが、中には「Where the Serpents Ever Dwell」などスロウで美しいメロディを配したアプローチの楽曲があったりと、後年のスタイルの片鱗と取れなくもない要素もある。これはこれでカッコ良いので初期デスメタル好きにはお勧め。

Tiamat
The Astral Sleep
●スウェーデン
🅐 Century Media Records ⊘ 1991

未だデスメタルとしての要素を多分に残しつつ、ゴシックメタルへの傾倒を予感させる 1991 年リリースの 2nd フルレングス。冒頭の神秘的な色合いのシンセ SE からして、前作とは趣を異にする感触。続く 2 曲目の「Lady Temptress」はカッチリとしたデスメタルに正統派メタリックなリフワークと、オカルティックなメロディを配したアンサンブルが映える良曲。続く 3 曲目の「Mountain of Doom」は美麗な Key が被さるミッド・テンポなデスメタルで、ゴシックメタル化への夜明けを感じさせる。非常に個性的で普通ではない暗黒デスメタルを堪能出来る初期の一品。

Tiamat
Clouds
●スウェーデン
🅐 Century Media Records ⊘ 1992

この作品から本格的なゴシックメタル路線に足を踏み入れ、暗黒耽美なセンスに開眼した 1992 年発の 3rd アルバム。Celtic Frost からの影響が伺えるアグレッシヴな暗黒リフと、デスメタル出自らしい強固なリズムワークは健在ながら、妖しく蠢くドラマ性をまとったエスニックなメロディを大々的に導入。随所で劇的に挿入されるシンセやクリーントーン・ギターの旋律も実に効果的に楽曲を彩る。度々切り込んでくる煽情的なリード・ギターのセンス等は初期 Septic Flesh を彷彿。と同時に次作への布石となるプログレッシヴな浮遊感も幾ばくか感じられる。ゴシックメタル黎明期に産み落とされた異形の暗黒名作。

Tiamat
Wildhoney
●スウェーデン
🅐 Century Media Records ⊘ 1994

Peaceville 御三家とは異なる趣で独自の耽美性を確立した 1994 年発表の 4th アルバム。バンド創設者の Johan Edlund が内に秘めていたアーティスティックな世界観を投影した作風は、プログレッシヴ・ロックの様なディープで神秘的な情景美を想起させる。小鳥の囀りで開幕する一曲目「Wildhoney」〜エスニックな耽美ドゥームを展開する「Whatever That Hurts」〜前曲の流れを汲みつつ神聖な女性コーラスを付加した「The Ar」〜アウトロ的役割の「25th Floor」までの冒頭 4 曲の組曲の如きコンセプチュアルな流れは特に圧巻。90 年代ゴシックメタル史に輝く金字塔的一枚。

Tiamat
A Deeper Kind of Slumber
●スウェーデン
🅐 Century Media Records ⊘ 1997

1997 年リリースの 5th アルバム。前作で培ったプログレッシヴな耽美性を汲みつつ、欧州ゴシックロックやエレクトロ / インダストリアル的アプローチを取り入れた野心的な一枚。先行シングルにもなった「Cold Seed」は、これまでの Tiamat のイメージを覆すシンプルでキャッチなゴシックロック・ナンバー。ヴォーカルの Johan の歌唱も低音域のクリーン・ヴォイス主体へと変化。アルバムの大半を構成するサイケデリックな深遠性を含んだ楽曲群は一見難解な印象を受けるものの、聴けば聴く程にそのメロディの美しさに飲み込まれる。Johan と麻薬の個人的関係やバンド内の対人関係を綴ったリリックも興味深い。

Tiamat
Skeleton Skeletron
⚫スウェーデン　🅐 Century Media Records　⚫ 1999

1999 年発表の 6th フル。ゴシックロック / エレクトロ方面へと接近した作風はそ
のままに、『Wildhoney』期を思わせる肉厚なギターリフも要所で聴かれ、バンド
サウンドを主軸に据えたスタイルへと変化。様々な手法が混在した前作と比較する
と、方向性の曖昧さが払拭された事で Tiamat らしい虚脱感漂うメランコリックな
魅力がよりダイレクトに味わえる。Rolling Stones「Sympathy for the Devil」のカ
ヴァーも完全に Tiamat 流のゴシックロックへと変貌しており、バンドの持つ個性
の強度が伺える。また、ギタリストの脱退を受け今作は Johan がギターを兼任し、
トリオ編成となっている。

Tiamat
Judas Christ
⚫スウェーデン　🅐 Century Media Records　⚫ 2002

中期 Tiamat の集大成とも言える 2002 年リリースの 7th アルバム。Sisters of
Mercy 等の流れを汲む欧州ゴシックロック路線を極めた作風で、ここ数作に比べて
アレンジの多様性やメロディの求心力が一段と跳ね上がっている。加えて Tiamat
らしい哀感を含む優しくも虚無的な耽美センスが加味された楽曲は、いずれもクオ
リティが高い。シングルにもなった名曲「Vote for Love」を含む冒頭 4 曲の流れは、
Tiamat 流のキャッチーなゴシックロック・スタイルの完成形。一方で UK ブログ
レにも通じる牧歌的なムードも感じられ、バンドが内包する振り幅の大きさとポテ
ンシャルを澱み無く体現した渾身作。

Tiamat
Prey
⚫スウェーデン　🅐 Century Media Records　⚫ 2003

2003 年リリースの 8th アルバム。アルバムの大部分はここ数作で採用してきたゴ
シックロック路線ながら、ミドル〜スロー中心の楽曲を据えた暗鬱としたムードが
先行的な作風となっている。Johan のヴォーカリゼーションも抑揚を抑えつつより
ディープな深みを感じさせ、アルバム全体が帯びるダークで絶望的なトーンとの
相性はすこぶる良好。ゲストとして招いた女性ヴォーカリスト Sonja Brandt が紡
ぐ朗らかな歌唱との掛け合いも印象的で、「Divided」や「Carry Your Cross and I'll
Carry Mine」では、Johan の憂鬱なヴォーカルとの陰影めいたコントラストが非常
に秀逸。

Tiamat
Amanethes
⚫スウェーデン　🅐 Nuclear Blast Records　⚫ 2008

前作から 5 年という期間を経てリリースされた 2008 年発表の 9th アルバム。ゴ
シックロック由縁の暗黒性を維持しつつ、メタリックなアグレッションが大々的に
復活。Johan のヴォーカルもデス・ヴォイス一歩手前の澱声スタイルを再採用。前
作でのテンポを落としたムーディーな作風の反動と言わんばかりのアッパーな冒頭
曲「The Temple of the Crescent Moon」、元々はデスメタル出身のバンドだったと
いうことを思い出させるエクストリームな色合いの「Equinox of the Gods」等は
強烈かつ新鮮。同時に Tiamat らしい暗鬱で繊細なゴシックロックナンバーも健在。
美重両立の充実作。

Tiamat
The Scarred People
⚫スウェーデン　🅐 Napalm Records　⚫ 2012

2012 年リリースの 10th アルバム。一部楽曲でエクストリームメタル出自らしいア
グレッションが戻ってきていた前作と異なり、再び従来の上品なプログレッシヴ指
向を含んだ暗黒ゴシックロック路線へと再転換。全体的な雰囲気としてはバンドサ
ウンドを主軸にサイケデリック & メランコリックな Key を装飾したアレンジが目
立っており、6th『Skeleton Skeletron』や 7th『Judas Christ』辺りの作風に近い印象。
それでいてよりマイルドかつウェットなメロディセンスが極まってきており、いつ
も以上に Johan の歌唱を中心に据えた楽曲が全編に渡って堪能出来る安定の一枚。

Tiamat Interview

Q：今回はインタビューを受けて下さり、感謝を申し上げます。今回のインタビューを通して Tiamat の長いキャリアと偉大な功績を紐解き、共有するお手伝いが出来れば幸いです。

さて、Tiamat はこれまで多くの素晴らしい作品を継続的にリリースしてきましたが 2012 年以降はアルバムリリースが途絶えています。まずは現在のバンドの状況について教えて頂けますか？　また、将来的に新譜がリリースされる可能性は今後ありますか？

Johan Edlund：Tiamat は今年（2022 年）沢山のフェスティバルに出演しているね。フェスティバルのシーズンが終わり、一段落したら新しいアルバムの制作を続けるつもりだよ。

Q：バンドの中心人物であるフロントマン

Johan Edlund の健康状態を危惧する様なニュースが過去に一部のメディアで報じられましたが、今元気な状態でしょうか？　ファンとしても心配しているところです。

Johan Edlund：心配してくれてありがとう。全ては順調で、バンドも滞りなく進んでいると思うよ。俺達は現在、皆健康だし力強く前に進んでいるね。

Q：Johan Edlund 以外の Tiamat のメンバーの現在の動向など、分かる範囲で結構ですので差し支えなければ教えて下さい。

Johan Edlund：現在の Tiamat の構成メンバーは、フロントマンの Johan Edlund、ドラマーの Lars Skold、ベーシストの Gustaf Heilm（元 Dark Funeral）、リードギタリストの Magnus Henriksson（Eclipse）、キーボーディストの Per Wiberg（元 Opeth）と

いう布陣だね。

Q：Tiamat はその長いキャリアの中で様々な音楽的変遷を繰り返しながら発展してきました。初期の攻撃的なデス / ドゥームメタルから始まり、ニューウェーブやプログレッシヴロックを経由しながら独自的なゴシックメタルへと至りました。この多様な音楽変遷の旅路は Tiamat にとって重要な要素だったと感じますか？

Johan Edlund：アーティストが自由である事は、常にこのバンドにとって最も重要な要素だった。俺達は自分自身を飼いならさず、他の人間が俺達に望むことも聞き入れない。俺達はまずファンに対して、そして自分達に忠実であることが義務であると感じているんだ。

Q：音楽や歌詞、コンセプトを創造する上であなたが影響を受けたりインスピレーションを得たりする物があれば教えて下さい。

Johan Edlund：人生において興味を引くもの、それは何事も制限なく表現する自由……。それは歴史かもしれないし、科学、宗教、本、音楽、芸術、さらには政治学かもしれない。

Q：Tiamat の偉大な歴史を掘り下げる質問をもう少し続けます。1994 年にリリースされ、間もなく 30 周年を迎える『Wildhoney』は 90 年代ゴシックメタルの中でも金字塔的な名盤ですが、この作品の先駆的な方法論やアイディアはどうやって得られたものなのでしょうか？　また、当時の制作状況を振り返って何か印象的なエピソードなどがあれば教えて下さい。

Johan Edlund：楽曲の間に存在する境界線がコンセプトになり始め、白や黒という色彩をオミットし、亀裂と空洞の間に流れる歌に集中するようになった作品だね。

Q：結成 33 年を超える Tiamat のキャリアを振り返った際に、メンバーの視点から見てターニングポイントとなった作品はどれに当たりますか？　また制作する上で最もエキサイティングだったり思い入れ深いアルバムがあれば教えて下さい。

Johan Edlund：やはり『Wildhoney』は俺にとってのターニングポイントだったね。その瞬間、Tiamat というバンドが俺の生涯の職業になったのだから。それから『A Deeper Kind of Slumber』はそれまでで最大の規模の作品だったので、俺にとって最もエキサイティングで思い

出に残るものだったと言える。俺達は細部に至るまで長い時間を費やし、同時にできる限り電子機械を介した仕事を避け、全てを手作業で行うよう努めた。例えば、ソフトウェアを使用するのではなく、本物のメガホンをマイクで録音してリアルな音を作ったりとかね。

Q：あなたのバックグラウンドについて教えて下さい。幼少期はどのような音楽を聴いて育ちましたか？　また、初めて買ったメタルレコードなどを覚えていたら教えて下さい。

Johan Edlund：幼少期は Pink Floyd の『The Wall』や『Dark Side of the Moon』、更には『ジーザス・クライスト・スーパースター』のサウンドトラックなど、様々な効果音が含まれる音楽に興味を持ち始めた。俺が初めて聴いたメタルアルバムは Iron Maiden の『Killers』だったね。そして自分で初めて購入したメタル作品は Whitesnake の『Slide It In』だったと思う。

Q：Tiamat というバンドの音楽を形成する上でそのルーツを遡った時、重要なバンドやレコードを挙げるとしたらどれになりますか？　音楽以外で影響を受けた映画や文化作品などあればご教授下さい。

Johan Edlund：Fields of the Nephilim の『Elysium』は俺にとって大切なアルバムだった。アレイスター・クロウリー、シェイクスピア、ボードレール、ヘミングウェイ、コンラッド、ミラー、ゴールディング、ミルトン、キプリング等にも影響を受けている。また、初期の近代美術運動（1800 年代後半から 1900 年半ばまで）の芸術家からの影響も強いね。

Q：あなたのオールタイム・ベストレコードを 5 枚挙げて下さい。

Johan Edlund：

1. Fields of the Nephilim『Elysium』

2. The Prodigy『Music for the Jilted Generation』

3. Jesus Christ Superstar『Soundtrack』

4. King Crimson『In the Court of the Crimson King』

5. Dead Can Dance『Within the Realm of a Dying Sun』

Q：最近の音楽シーンで気になっているバンドやアーティストはいますか？　また、あなたと特に交流のあるアーティストやリスペクトしている存在があれば教えてください。

Johan Edlund：俺は現在のトレンドに従うのがあまり得意ではないんだ。何と言っても俺は頑固なので……もう聴くのに十分な良いアルバムを沢山持っているしね。Moonspell、Anathema、Samael、Paradise Lost 等に対しては特別な関係性を感じるし、深い敬意を表すよ。

Q：日本の文化や音楽で何か知っていることはありますか？

Johan Edlund：俺は日本食が大好きなんだ。それと日本のトイレはヨーロッパのトイレよりもハイテクなようだし、是非実際に行って使ってみたいね。あとはオノ・ヨーコの作品も好きだよ。Loudness のギタリストがストックホルムで Saxon をサポートしていた時に、ピンクのギターピックを貰えたのは良い思い出だよ！

Q：インタビューにお付き合い下さり、ありがとうございました。この手のメタル音楽は日本でも根強いファンが多数存在しています。何らかの形であなた達のショウがここ日本でも実現することを祈っています。最後に日本のファンに対して何かメッセージがあればお願い致します。

Johan Edlund：心から感謝とご多幸を申し上げる。これからもその精神を維持して欲しい。Tiamat がいつかあなたの偉大な国を訪問できることを願っているよ。

メタルとプログレッシヴロックの架け橋を担う北欧の巨星

Opeth

◉ Katatonia、In Mourning、Barren Earth、Novembers Doom、Amorphis、Novembre
🕐 1990~　　　　　　　　　　　　　　　　🌐 スウェーデン、ストックホルム
🎸 Mikael Åkerfeldt（ヴォーカル、ギター）、Martín Méndez（ベース）、Fredrik Åkesson（ギター）、Joakim Svalberg（キーボード、ピアノ、メロトロン）、Waltteri Väyrynen（ドラム）

スウェーデンのストックホルムにて 1990 年に結成。当時ヴォーカリストを担っていた David Isberg を主軸としてデスメタルバンドとして活動を開始。結成後間もなくして大規模なメンバーチェンジと共に、元 Eruption のベーシストであった Mikael Åkerfeldt が加入する。その後も幾つかのラインナップ変更を経て 1992 年に David Isberg が脱退すると、Mikael Åkerfeldt がヴォーカルを兼任し、バンドの中心的役割も果たす体制へと移行。この時点から典型的なデスメタルから徐々に脱却し、アコースティックギターのハーモニーを取り入れる等、現在の Opeth の音楽性の片鱗が現れ始める。1994 年に Candlelight Records とレコード契約を結んだバンドは、翌年に Dan Swanö をプロデューサーに迎え入れた 1st アルバム『Orchid』をリリース。クリーントーンのヴォーカルやギター、ピアノ等を導入した越境的なスタイルで話題を呼ぶ。その後もアルバムリリースやツアーをこなし、着実にシーンでの評価を高めていき、2001 年にはバンドにとって転機となる 5th アルバム『Blackwater Park』をリリース。Purcupine Tree の創設者 Steven Wilson を共同プロデューサーとして招致し発表された本作は、各メディアで「史上最高のプログレッシヴメタル」として称賛され、バンドのキャリアを押し上げたブレイクスルー的一枚となった。そして Opeth 独自の方法論で築き上げたエクストリームメタルとプログレッシヴロックの融和は後の作品群でも洗練・拡張されながら実践され、ゴシックメタルを含めた後続のシーンに多大かつ多岐に渡る影響を与えていった。近年の作品では、よりメロウでレトロなプログレッシヴロックへと接近した作風が取られたりと、その常に変遷を続ける求道的姿勢は不変だ。

Opeth
Orchid

🔴スウェーデン
🎵 Candlelight Records 💿 1995

ジャンル定義という概念を超越したスウェーデンが誇る暗黒メタルの寵児、Opeth の記念すべきデビュー作。1995 年発表。新人とは到底思えない端正な演奏力を基盤に、プログレッシヴロックやフォークミュージックからの影響を禍々しくも悲壮なデス / ブラックメタル様式のサウンドに落とし込んだ、画期的な作品となっている。爪弾かれるアコースティックギターの幽玄な音色や、NWOBHM ヘヴィメタル由来の叙情美を含んだツインリードを随所に配した灰暗いドラマ性は、眩暈がする程に魅力的。Mikael Åkerfeldt による悲痛を孕んだ怨念的スクリームも説得力抜群。美しさと残忍さをまとう暗黒プログレッシヴ・デスの怪作。

Opeth
Morningrise

🔴スウェーデン
🎵 Candlelight Records 💿 1996

前作に続いて Edge of Sanity や Nightingale での活動でも知られる Dan Swanö をプロデューサーに起用して制作された 1996 年リリースの 2nd アルバム。ブラック / デスメタル系譜の寂寥としたサウンドに、北欧トラッド / フォーク的要素を取り込んだ不吉な雰囲気と哀愁が同居する世界観は、更なる深遠性をまとって顕現。楽曲は依然長尺志向ながら、巧みに仕込まれたフックと豊かなドラマティシズムのおかげで中弛みすること皆無。過酷なムードの中で時折訪れる穏やかな旋律美含めて、緩急の利いたソングライティング・センスは素晴らしいの一言。死別の感覚にも似た美しくも儚い初期の秀作。

Opeth
My Arms, Your Hearse

🔴スウェーデン
🎵 Candlelight Records 💿 1998

数多き名作を手掛ける敏腕プロデューサー Fredrik Nordström を迎えた 1998 年発表の 3rd アルバム。脱退した前任に代わり本作から新ドラマーとして Martin Lopez が加入。また、同じくバンドを離れたベーシストの穴埋めとして、フロントマンの Mikael Åkerfeldt がベースを兼任している。アルバムタイトルは、70 年代のイギリスのフォークバンド Comus の楽曲「Drip, Drip」の歌詞が由来。まるで Pink Floyd の『The Dark Side of the Moon』をデス / ブラックメタルを介して再構築したとでも形容したくなる、研鑽されたプログレッシヴな独創性は圧巻。バンド初のコンセプトアルバムであり、初期カタログ屈指の一枚。

Opeth
Still Life

🔴スウェーデン
🎵 Peaceville Records 💿 1999

Peaceville を通じてリリースされた唯一作となる 1999 年の 4th。新ベーシストの Martin Mendez 加入後初の作品。前作までのフォーク / トラッド由来の牧歌的ムードが減退し、清濁併せ持つエクストリームなプログレッシヴ・デスメタルとして覚醒。独創的なフォームと共に縦横無尽に展開する至高の暗黒ドラマティシズムは、より高い次元で結実している。Mikael Åkerfeldt は強靭なグロウルと同時に美しくも艶やかなクリーン・ヴォイスを使い分け、楽曲に緩急の利いたカタルシスを提供。ダークで陰気なアコースティック・ギターの旋律も素晴らしい。バンドのキャリア・ハイライトの一つとして数えられる傑作。

Opeth
Blackwater Park

🔴スウェーデン
🎵 Music for Nations 💿 2001

飛躍作となった 2001 年の 5th。Porcupine Tree のフロントマンであり優秀なオーディオエンジニアとしても知られる Steven Wilson を共同プロデューサーとして初招致した作品。2023 年時点で『Metal Storm』の歴代アルバム Top 200 で 4 位をマーク。緩急を伴ったドラマ性と創造性をもって、エクストリームメタルとプログレッシヴロックを劇的に接続。デス / ブラックメタル由来の瘴気すらアートの一環として組み込み、アコースティックなアプローチもより優雅に推進されている。ヘヴィメタルというフォーマットの可能性を大きく拡張させた、2000 年代を代表するマスターピースだ。

Opeth
Deliverance
○スウェーデン
🅐 Music for Nations 💿 2002

2002 年にリリースされた 6 枚目のスタジオアルバム。元々は翌年リリースの
『Damnation』との 2 枚組作品として意図されていたが、レコード会社が反対した為、
最終的に個別のアルバムとして発表された経緯がある。そもそも Opeth の音楽性
は剛と柔、静と動の対比が魅力の一つであるが、本作ではその剛と動の部分に陰影
深くフォーカスを当てた作風が特徴。デスメタル由来の不穏で残酷なヘヴィネスが
攻撃性を帯びながら押し出されつつも、物思いに耽る様な美しいパッセージとミドル
セクションも程良く丹念に練り込まれている。美醜のダイナミズムをより簡潔か
つ高品質に相互作用させる事に成功した一枚。

Opeth
Damnation
○スウェーデン
🅐 Music for Nations 💿 2003

2003 年リリースの 7th フルレングス。Opeth の持つ叙情的でメロウな部分に焦点
を当て、典型的なデスメタルサウンドからの脱却という前作『Deliverance』とは
対照的なテーマが取られている。仄暗くも繊細に響く Mikael Akerfeldt のクリーン・
ヴォイスと憂鬱なメロトロンの旋律を含んだ楽曲群は、70's プログレッシヴ・ロッ
クからの影響をベースに、Katatonia 辺りの暗黒内省メタルを通過した深遠な味わ
いに満ちており、実に感動的。極端なメタルスタイルを採用せずとも、Opeth とい
うバンドが内包する芳醇な世界観を体現することに成功した、最初の作品ともいえ
る。

Opeth
Ghost Reveries
○スウェーデン
🅐 Roadrunner Records 💿 2005

2005 年リリースの 8th。本作から Spiritual Beggars での活動で知られる Per
Wiberg が鍵盤奏者として正式加入。また、Music for Nations が 2004 年に一時閉
鎖した為に、バンドは当アルバムより Roadrunner Records へと移籍。音楽的に
は前作『Damnation』と前々作『Deliverlance』にて個別に展開された美醜対比の
スタイルを再び一つの作品中で構築・統合した、ある意味で従来の様式に沿った
Opeth らしいアルバムと言える。部分的に悪魔主義的コンセプトが採用されており、
いつもよりゴシック / オカルティックなムードが立ち込めているのも魅力。

Opeth
Watershed
○スウェーデン
🅐 Roadrunner Records 💿 2008

2008 年発表の 9th アルバム。長年バンドのギタリストとして貢献してきた Peter
Lindgren、同じくドラマーの Martin Axenrot が脱退し、本作より新ギタリストの
Fredrik Åkesson と新ドラマー の Martin Axenrot が加入。従来のデス・ヴォイスや
デスメタル要素を含んだ最後の Opeth 作品と言える本作は、攻撃性を維持しつつ
プログレッシヴ・ロック由来の幽玄美がより劇的に発露された内容となっている。
これまでバンドが培ってきた表現手法を総括するが如く充実したソングライティン
グも相まって、唯一無二の孤高的ドラマティシズムを感じさせる集大成的作品と
いった味わいだ。

Opeth
Heritage
○スウェーデン
🅐 Roadrunner Records 💿 2011

これまでバンドの音楽性の基幹となっていたデスメタルやプログレッシヴメタルの
要素を排除し、Mikael Åkerfeldt が以前から熱望していたクラシックなプログレッ
シヴ・ロックスタイルへの返り咲きを実践した 2011 年発の 10th。デス・ヴォイス
を含まないスタジオ作としては 2003 年リリースの『Damnation』以来。以前のキャ
リアからの逸脱を示した楽曲群は Magma や Alice Cooper 等を始めとしたレジェ
ンド達からの潮流を感じさせ、古き良きヴィンテージ・ロック的躍動感と燻ぶった
叙情味が存分に味わえる。モダンメタルシーンに辟易した Mikael によって新境地
へと至った先祖返り的逸品。

Opeth
Pale Communion

● スウェーデン
🅐 Roadrunner Records ● 2014

新たな鍵盤奏者 Joakim Svalberg を迎えて制作された 2014 年リリースの 11th アルバム。前作『Heritage』で提示されたクラシック・ロックへの並々ならぬリスペクトと懐古趣味は、本作で更に磨き上げられた形で顕現。ダークで不穏なフレージングから神々しくも静謐なムードへと直下する場面転換を生かした Opeth らしいドラマ性はそのままに、初期の Deep Purple や King Crimson のカタログを彷彿させる 70's オルガンロック的サイケデリアが極めて刺激的。それでいてエクストリーム / プログレッシヴメタルを通過したバンドならではの、レンジの幅広さと奥行きが感じられるのも醍醐味だ。

Opeth
Sorceress

● スウェーデン
🅐 Moderbolaget Records ● 2016

メタリックなアプローチからの脱却を謳い、70's ヴィンテージロックスタイルへの飽くなき探求を受け継ぐ 2016 年リリースの 12th フルレングス。中近東風の旋律美を採用した妖しく陰鬱なアプローチで紡がれるサウンドは古典的でありつつも、エネルギッシュなダイナミズムを感じさせる。「Strange Brew」のみ Fredrik との共作で、他のトラックは全て Mikael による作曲。2016 年に離婚を経験した Mikael の心情が歌詞等のテーマに反映されている側面もあり。哀愁を含んだアコースティック・ギターの響きと美しいハーモニーは、Opeth というバンドの確固たるアイデンティティの不変性を雄弁に証明している。

Opeth
In Cauda Venenum

● スウェーデン
🅐 Moderbolaget Records ● 2019

スウェーデン語版と英語版の 2 つのバージョンでリリースされた 2019 年発表の 13th アルバム。『Heritage』以来続いてきたプログレッシヴ・ロック路線を保持しつつ、Opeth というバンドが元来内包する暗鬱とした幽玄美を際立たせながら融和させた新旧のファンを唸らせるエキサイティングな内容となっている。また、67 分 57 秒というランニングタイムは Opeth のスタジオアルバム史上最長。2021 年に脱退したドラマーの Martin Axenrot 在籍期の最後の作品でもあり。以前の様な美醜の対比ではなく、一貫した幻想文学的味わいと灰暗いドラマ性で楽曲を牽引する様相はまさに新境地。

ゴシックメタルという視座から見る Opeth

　本書にはゴシックメタルという枠組みには留まらない、定義の難しいバンドが多数収録されている。現在ではプログレッシヴロック / メタルといった文脈で語られる事が多い Opeth もそういった存在の一つだ。Opeth は初期～中期の作品においてゴシックなフレーヴァーを導入したプログレッシヴ・デスメタルを演奏していたこともあり、シーン登場当時はゴシックメタルの範疇で括られる機会が多々あった存在だが、今となってはゴシックメタルとして扱われることは少ないかもしれない。また、メインコンポーザーである Mikael Åkerfeldt のバックグラウンドを見てもゴシックやニューウェーブ方面からの影響は希薄だ。しかしながら、Opeth がプログレッシヴな要素を持つゴシックメタルの開祖なのは間違いなく、In Mourning、Barren Earth、Ghost Brigade、Novembre 等々影響を与えた後続バンドは数知れない。変容自在の Opeth のマインドと音楽もまた、ゴシックメタルという意匠の拡張を担った重要なファクターと言える。

ハータグラムを掲げメインストリームへと押し上げた貴公子

HIM

- ⦿ VV、The 69 Eyes、To/Die/For、The Rasmus、Charon、Entwine、Negative
- ⦿ 1991 ～ 1993（His Infernal Majesty 名義）、1995 ～ 2017　　　　⦿ フィンランド、ヘルシンキ
- ⦿ Ville Valo（ヴォーカル）、Mikko "Mige" Paananen（ベース）、Mikko "Linde" Lindström（ギター）、Janne "Burton" Puurtinen（キーボード）、Jukka "Kosmo" Kröger（ドラム）

ヴォーカリストの Ville Valo と幼馴染のベーシスト Mikko "Mige" Paananen を創設メンバーとして、1991 年フィンランドのヘルシンキにて結成。当初は His Infernal Majesty という名前で活動していたが、Mige の兵役の為に 1993 年に解散。1995 年にギタリストの Mikko "Linde" Lindström や兵役から戻った Mige ら と共にバンドを再結成する。幾つかのデモを録音した後、バンドは 1996 年に 1st EP 『666 Ways to Love: Prologue』を BMG よりリリース。現地の音楽チャートで好リアクションを得る。その翌年の 1997 年には 1st アルバム『Greatest Lovesongs Vol. 666』を発表。フィンランドのチャートにて 4 位をマークし、最終 的にプラチナ・レコードへと達した。続く 2nd アルバム『Razorblade Romance』を 2000 年に発表すると フィンランド、ドイツ、オーストリアの各チャートにて 1 位を取得し、本国ではダブルプラチナにまで至る。 コマーシャル路線に転換した 2001 年の 3rd アルバム『Deep Shadows and Brilliant Highlights』を発表後、 音楽業界からの干渉に疲弊したバンドは、初期の影響を強く打ち出した 4th アルバム『Love Metal』をリリー スし、息を吹き返す。アメリカツアーへの進出と共に更なる成功を収めた。高まる人気を受けて発表された 2005 年の 5th アルバム『Dark Light』はキャリア史上最も成功した作品として知られ、ドイツ、アメリカ、 イギリスにてゴールドディスク認定されている。その後も 2017 年の解散まで精力的に活動を続けた。フィ ンランドで最も国際的に成功したバンドとして数えられ、ゴシックメタルをメインストリームへと押し上げ た功労者である。

HIM
Greatest Lovesongs Vol. 666
●フィンランド　🔊BMG ⏺1997

フィンランドの首都ヘルシンキ出身、「Love Metal」を自称するHIMによる1997年リリースのデビュー作。中心人物であるヴォーカリストのVille Valoの端正なビジュアルと、強烈なキャラクター性も相まって国民的人気を誇る存在。伝統的なゴシックロックの流れを汲むハードロック / メタルサウンドを基調としており、Villeの中性的なヴォーカルが楽曲の魅力を際立たせている。世界一耽美に獣の数字を紡ぐ冒頭曲「Your Sweet 666」や、毒気と色気を同時に放つ「It's All Tears（Drown in This Love）」、Chris Isaakのカヴァー曲「Wicked Game」等は特にハイライト。

HIM
Razorblade Romance
●フィンランド　🔊BMG ⏺1999

1999年リリースの2ndアルバム。前作から更に洗練され、バンドが掲げる「Love Metal」の名に相応しい個性と魅力が備わったサウンドが展開。Ville Valoによる妖艶でグラマラスなヴォーカルも唯一無二の領域に。甘美なロマンティック・バラード「Join Me in Death」、Billy Idol風のヴァイブをまとったソリッドな「Right Here in My Arms」、軽快にドライヴする「Death Is in Love with Us」を始め、楽曲面も隙が見当たらない充実っぷり。最終的に本作はフィンランドでダブルプラチナ、ドイツでトリプルゴールド、オーストリアでゴールドディスクを獲得している。

HIM
Deep Shadows and Brilliant Highlights
●フィンランド　🔊BMG ⏺2001

2001年発表の3rdアルバム。メタリックなアプローチは鳴りを潜め、哀愁と翳りを携えたVilleの歌により、焦点を当てたムーディーな作風。JourneyやIron Maiden等を手掛けた事で知られるKevin Shirleyをプロデューサーに迎えて制作された本作は、北欧メタル的な垢ぬけなさが幾分感じられたこれまでの作品に比べてサウンド・プロダクションも劇的に改善。リード・シングル「Pretending」を始め、メランコリックな情緒溢れる「Heartache Every Moment」、切なくも寂しげな「Please Don't Let It Go」等、良い意味で大衆的な魅力をまとった一枚。

HIM
Love Metal
●フィンランド　🔊BMG ⏺2003

バンドのシンボルマークHeartagramをアートワークに掲げ、自身が標榜する「Love Metal」の名を冠した2003年の4th。ハードな側面を幾分オミットし、普遍性を押し出した作風の前作から一転、初期のサウンドに触発されたタイトな攻撃性と情熱を大いに呼び戻した内容へと回帰している。ヘヴィにドライヴするオープナー「Buried Alive by Love」、高揚感と共に疾走する「Soul on Fire」辺りはその象徴とも言えるナンバー。哀愁極まるバラード「The Funeral of Hearts」も泣ける程に素晴らしい。「Love Metal」という音楽表現を真の意味で確立させた集大成的一枚。

HIM
Dark Light
●フィンランド　🔊Sire Records ⏺2005

人気絶頂期にリリースされた、2005年リリースの5thアルバム。ロックアルバムとしての躍動感と、毒気と哀愁を含んだポップネスとが絶妙なバランス感覚で成立した内容に舌を巻く。アメリカ攻略という勝負所のタイミングで、周囲からの期待を圧倒的なバンドのポテンシャルを持って回答せしめた気鋭作だ。しっとりとした憂いに溢れる「Killing Loneliness」は、脂の乗ったバンドの魅力と真髄が凝縮された一曲。本作は15か国でチャートインし、イギリスやアメリカでもゴールドを受賞。この前人未踏の快挙によって、HIMはフィンランド人アーティストとして初めてアメリカでゴールドレコードを獲得した存在となった。

HIM
Venus Doom

○フィンランド

🅐 Sire Records ◯ 2007

2007 年リリースの 6th アルバム。Ville Valo のルーツの一つである Black Sabbath へのリスペクトが如実に表れた一枚。ライブでは度々カヴァー曲を披露する等、Black Sabbath への溺愛っぷりはファンの間では周知の事実だが、本作では楽曲面においてもそれが顕著に伺える。冒頭曲「Venus Doom」や「Passion's Killing Floor」で挿入されるドゥームメタル的スローパートや、随所で聴かれる 70 年代ロック的フレーズは最たる例で、それらの要素をナチュラルに溶け込ませる手腕は流石。バンド史上最もヘヴィネスに寄せた作風でありつつ、核となる叙情美も際立たせた意欲作。

HIM
Screamworks: Love in Theory and Practice

○フィンランド

🅐 Sire Records ◯ 2010

2010 年発表の 7th。実験的かつヘヴィな作風だった前作とは対照的に、a-ha や Depeche Mode 等の 80 年代ニューウェーブに影響を受けた哀愁美が際立つ内容となっている。Ville のヴォーカルは強烈な色気をまとっていた初期に比べると、個性的な節回しは維持しつつも、大分マイルドになっており、聴き易い。随所でエレクトロ・ポップ風アレンジが利いた楽曲群はいずれも良質なフックとコーラスが設けられており、金太郎飴的マンネリズムには陥らない強固なソングライティング力は健在。因みにアートワークは Ville がバイエルンで購入した 19 世紀の修道女の彫刻を撮影し、別の目と口のセットを含めて編集した物とのこと。

HIM
Tears on Tape

○フィンランド

🅐 DoubleCross/Razor & Tie/Universal ◯ 2013

2013 年発表の 8th。初期のサウンドに再び接近した、HIM らしい躍動感とメランコリズムが良バランスで交差するストレートなロック・アルバムとなっている。本作では 5th『Dark Light』以来在籍していた Sire Records を離れ、市場毎に別々のレーベルからの流通を選択。本国フィンランドでは「Into the Night」、アメリカとイギリスでは「All Lips Go Blue」、欧州では「Tears on Tape」と各国で別々のシングルがリリースされた。最終的にアルバムはフィンランドとドイツのチャートで 2 位、アメリカで 15 位と絶大な人気を保持したまま、バンドはその活動に幕を閉じた。

HIM の掲げるラヴ・メタルとハータグラムの背景

　HIM は自身の音楽を「ラヴ・メタル」と称しており、これは分類の難しい自らの音楽性を人々に認識してもらい易くする為に作られた造語だとしている。同時に「感傷的で激しいロックミュージック」であると Ville Valo は語っており、「フィンランドの伝統的な音楽が持つ憂鬱」と「ゴシック的な歌詞やメタル由来のギターやシンセリフ」のクロスオーバーであると地元フィンランドの新聞紙 Helsingin Sanomat は評している。歌詞に関しては主に「愛にまつわる人間関係」を主題にしており、それもラヴ・メタルの語源の一つと言えるだろう。

　そして、バンドの象徴となっているハータグラムは商標登録もなされており、そのイメージの由来は「ハートと五芒星の融和」。このシンボルマークによって HIM というバンドの持つソフトな側面とヘヴィな側面、陰と陽、男性と女性を端的に表している。このマークは 2003 年の『Love Metal』でジャケットに用いられて以降、バンドのほぼ全てのリリース作品に使用された。また、このハータグラムは『Charmed』や『LA Ink』、『Criminal Minds』を始めとした海外のテレビ番組やドラマ等においても幅広く登場している。

絶望を冷笑的に紡ぐノーザン・メランコリックメタルの体現者

Sentenced

- Amorphis、Poisonblack、Charon、Cryhavoc、Darkseed、The Black League
- 1988 〜 1989（Deformity 名義）、1989 〜 2005　　　フィンランド、ムホス、オウル（後期）
- Vesa Ranta（ドラム）、Miika Tenkula（ギター）、Sami Lopakka（ギター）、Ville Laihiala（ヴォーカル）、Sami Kukkohovi（ベース）

1988 年に Deformity という前身バンドがスタート、1989 年に Sentenced を正式名称としてフィンランドのムホスにて結成。ギタリストの Miika Tenkula と Sami Lopakka、ドラマーの Vesa Ranta、ベーシストの Lari Kylmänen らが創設メンバー。1991 年に 2nd デモ『Rotting Ways to Misery』を自主制作にて発表後、ベーシストが交代し、後任として Taneli Jarva が加入。同年に 1st アルバム『Shadows of the Past』をリリースし地下デスメタルシーンを中心に注目を集めていく。続く 1993 年の 2nd アルバム『North from Here』では Taneli がベーシスト兼ヴォーカルへと転向し、音楽性もよりメロディックな方向性へと舵を切っていく。正統派メタルの要素を取り入れた 1995 年の 3rd アルバム『Amok』を Century Media Records より発表すると、各方面で高い評価を獲得し、成功を収めていくが、EP『Love and Death』を最後にフロントマンの Taneli が脱退。後任に元 Breed の Ville Laihiala が加入すると、バンドはデスメタルから決別し、ゴシックメタル路線へと大胆にシフトしていく。1996 年の 4th アルバム『Down』、1998 年の 5th アルバム『Frozen』と作を重ねる毎にバンドの新たなサウンドを着実に洗練させていき、2000 年の 6th アルバム『Crimson』にてノーザン・メランコリックメタルと称する独自の音楽性を商業的成功と共に確立。晩年も『The Cold White Light』と『The Funeral Album』という 2 枚の傑出作とラストギグを収録した映像作品『Buried Alive』を残した後、2005 年に自身の活動に終止符を打った。

Sentenced
Shadows of the Past
●フィンランド　🔴 Thrash Records ● 1992

1992 年リリースの 1st アルバム。後にノーザン・メランコリックメタルの雄として大成する彼等だが、デビュー作の時点では初期 Death や Dismember 辺りを彷彿させるオールドスクールなデスメタルをプレイしていた。また、本作ではギタリストの Miika Tenkula がヴォーカルを兼任し、Obituary を思わせる陰惨なスクリームを披露している。音楽的にはメロディック・デスメタル以前の純然たるデスメタルだが、北欧ならではの寒々しい暗黒感が立ち込めており、一貫して陰鬱で残忍なムードが全体に漂う。後年の作品とは似つかない内容ではあるが Sentenced というバンドの出自を知る上で重要作。

Sentenced
North from Here
●フィンランド　🔴 Spinefarm Records ● 1993

1993 年発表の 2nd アルバム。本作からベーシストの Taneli Jarva がヴォーカルを兼任。音楽的には叙情メロディを端々に導入したテクニカルかつプログレッシヴなデスメタルが展開されており、1st アルバム『Shadows of the Past』と比べると技術面の向上が目に見えて感じられる。初期メロディック・デスメタルの名作としても数えられる本作だが、複雑な楽曲展開や激々しいリズムチェンジで圧倒するアプローチは当時の同系統バンドと比べても独創的。「Northern Lights」はラスト・ライブを収録した映像作品『Buried Alive』でも披露され、ファンを大いに歓喜させた。

Sentenced
Amok
●フィンランド　🔴 Century Media Records ● 1995

メロディック・デスメタル時代の集大成とも言える 1995 年の 3rd アルバム。前作から大きく様相を変え、より叙情性とドラマティシズムに重きを置いた正統派へヴィメタルに接近した作風へとシフト。それと共に Taneli Jarva のヴォーカルもシャウトを交えつつ、メロディラインを追う「歌う」スタイルへと変化している。全編に渡って Sentenced ならではの激情をまとったメランコリックなメロディセンスが狂い裂けんばかりに噴出しており、特に情動的なリードギターと共に紡がれる「Forever Lost」は慟哭必至の傑出トラック。次作以降の路線にも通じるゴシックメタル的哀感を帯びた「Nepenthe」も秀逸。

Sentenced
Love and Death
●フィンランド　🔴 Century Media Records ● 1995

1995 年発表の EP。結成当初からバンドのフロントマンを担ってきた Taneli Jarva 在籍時代における最後の作品。収録されている楽曲は前作『Amok』とほぼ同時期にソングライティングされたものながら、より洗練味を帯びた印象を感じさせる。オープナーの「The Way I Wanna Go」は、普遍的なヘヴィメタルの意匠とゴシックロック由来のダークな哀愁を巧みに折衷した名ナンバー。続く『Obsession』もフックを利かせたヘヴィネスの中に悲嘆的なメランコリズムが滲み出る佳曲だ。強烈な哀愁が咆哮と共に噴出する「Dreamlands」も泣ける。EP ながらもバンド初期のキャリアを総括する名作だ。

Sentenced
Down
●フィンランド　🔴 Century Media Records ● 1996

レコーディング直前に脱退した Taneli Jarva に代わり、Ville Laihiala が新ヴォーカリストとして加入した 1996 年リリースの 4th。メランコリックなゴシックメタル路線へ方針転換した最初の作品。Ville のヴォーカルは後の作品に比べるとややラフな印象だが、哀愁を携えた歌声で楽曲を彩っている。何より Miilka Tenkula と Sami Lopakka のギターコンビによって奏でられるメロディの煽情力は依然際立っていて、憂い溢れるコーラスが出色な「Sun Won't Shine」や、切なくも力強い「I'll Throw the First Rock」は一聴して心掴まれる。

Sentenced
Frozen

○フィンランド
Century Media Records ○ 1998

1998年リリースの5thアルバム。本作より Sami Kukkohovi が専任ベーシストとして加入。北欧の極夜を思わせる暗く冷たい世界観は、更なる洗練味をまとって深化。自殺や自己嫌悪などの現実的なネガティビティをテーマにした歌詞とリンクする様に、紡がれるメロディも一層悲壮感を掻き立てる。Ville のヴォーカルも刺々しさが和らぎ、エモーショナルな深みが増した。アルペジオの旋律が哀切を散らす「Farewell」、絞首ロープが脳裏に浮かぶ「The Suicider」、今作屈指の絶望バラード「The Rain Comes Falling Down」の慟哭っぷりは圧巻。凍てつくスオミメタルの名作。

Sentenced
Crimson

○フィンランド
Century Media Records ○ 2000

ノーザン・メランコリックメタルとしてのスタイルを確立し、人気を確固たるものとした 2000年発表の 6th。内省的ながらも芯に秘めた熱い情動、タフに刻まれる陰影を帯びたヘヴィネス、バンドを新時代に導く存在へと成長した Ville の乾いた激情ヴォーカル。様々な要素を含めて Sentenced の本懐が完膚なしに体現された内容となっている。名曲「Killing Me Killing You」を始め、ストロングな悲痛メタル「Broken」、ダークで熱情的な「Dead Moon Rising」等楽曲も粒ぞろい。因みにアートワークは元 Dark Tranquillity の Niklas Sundin が担当している。

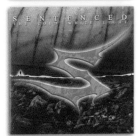

Sentenced
The Cold White Light

○フィンランド
Century Media Records ○ 2002

自身が確立したノーザン・メランコリックメタルを更にスケール感の増した楽曲と共に提示した 2002年の 7th。ダークで内向的だった前作とは似て非なる、剛健かつ繊細な開放感を感じさせる作風。陰鬱激情メタルの極致「Cross My Heart and Hope to Die」、シニカルなリリックセンスが際立つ「Excuse Me While I Kill Myself」、フィンランドに生息するルーンという鳥の鳴き声をアウトロにフィーチャリングした寂寥バラード「No One There」は涙無しに聴けない。また、本国の音楽チャートでは 2週連続 1位を獲得。北欧絶望メタル史に刻まれた金字塔的一枚。

Sentenced
The Funeral Album

○フィンランド
Century Media Records ○ 2005

全盛の最中、そのキャリアに終止符を打つ 2005年の 8th アルバム。近作の路線を総括する様に、全編でスイサイダルかつエネルギッシュなフックに富んだメランコリックなヘヴィメタルが展開。熱量の高い自死願望ハードロック「May Today Become the Day」、メランコリックにドライブする「Ever-Frost」、「全ての道は墓地に繋がる」と暗いトーンで紡ぐ「We Are but Falling Leaves」と、自殺と死に取り憑かれた彼らのスタイルは最後まで揺るぎない。自身の出自を示唆する「Where Waters Fall Frozen」も名インスト。全 13 の葬送曲からなる珠玉の終焉。

Sentenced
Buried Alive

○フィンランド
Century Media Records ○ 2006

映像作品としても発表された、2005年フィンランドのオウルにて開催の解散公演を収録した二枚組ライヴアルバム。キャリア絶頂期に終止符を打つことを決めたバンドが集大成として行うにふさわしい熱量の高いスイサイダル・ショウとなっている。Ville Laihiala 加入以降の作品だけでなく、『North from Here』や『Amok』、『Love and Death』時代の楽曲も前ヴォーカリストの Taneli Jarva をゲストに招いて披露。デスメタル〜ゴシックメタルを横断した Sentenced の音楽史を総括した感動的な内容に思わず目頭が熱くなること必至。本作は母国においてプラチナ賞を獲得した。

多岐に渡る音楽的背景を投影したフィンランド発ゴシックドゥーム

Hanging Garden

- Swallow the Sun、Rapture、Daylight Dies、Ghost Brigade、Katatonia
- 2004 〜　　　　　　　　　　　　　　　　　　 フィンランド、ヘルシンキ
- Mikko Kolari（ギター）、Jussi Hämäläinen（ギター、ヴォーカル（バッキング））、Nino Hynninen（キーボード、ピアノ）、Antti Ruokola（ドラム）、Toni Hatakka（ヴォーカル）、Jussi Kirves（ベース）、Riikka Hatakka（ヴォーカル（フィーメール））

2004 年に結成された、フィンランドはヘルシンキ出身のメロディック・ドゥーム / ゴシックメタルバンド。初期のドゥーム志向の強い音楽性から出発し、幾多のメンバーのラインナップ変遷等を経ながら、現在では多岐に渡る音楽やアートからインスピレーションを受けたサウンドを打ち出している。2006 年に自主制作デモ『Promo 2006』を発表、2007 年に Spikefarm Records からリリースされた『Inherit the Eden』にてアルバムデビュー。所属レーベルを変えながら順調にキャリアを重ねていき、2023 年には Agonia Records から 8 枚目のアルバム『The Garden』を発表した。

Hanging Garden　　　　　　　　　　　　　　　 フィンランド
At Every Door　　　　　　　　　　　　　 Lifeforce Records 2013

ShamRain のギタリスト Mikko Kolari や Mercury Circle の Jussi Hämäläinen を擁する、Hanging Garden の 2013 年リリース 3rd。フィンランドのヘルシンキ出身。同郷の Swallow the Sun 系譜の北欧的翳りを備えた薄暗いゴシック / ドゥームメタルをプレイしている。ギターのメロディセンスにはどことなく ShamRain 譲りのドリーミングな浮遊美が感じられ、そこが魅力であり個性。力強いグロウルと、Tiamat を彷彿させるクリーン声を使いこなすヴォーカルワークは、実に情熱的。スラッジやポストメタル的な空間美を感じられるのもポイント。

Hanging Garden

Skeleton Lake 　🔵フィンランド

Lifeforce Records ⏺ 2021

2021 年リリースの通算 7 枚目のアルバム。2019 年から加入した女性シンガー Riikka Hatakka の存在を契機に、より柔らかいタッチとエモーショナルな煌めきを帯びたゴシック / ドゥームメタルへとシフト。Riikka のヴォーカルをメインに据えることで幽玄なアトモスフィアが増加し、楽曲と世界観にこれまで以上の奥行きを持たせることに成功している。メタリックなエッジよりもポストロック的なクリーンな浮遊感を重視したスタイルも、ヴォーカルの豊かなメロディラインを生かす形となり、上手くフィットしている印象。往年のゴシックメタルファンにも突き刺さるであろう、深い哀切を描くスオミ・ゴシックドゥームの渾身作。

Hanging Garden

The Garden 　🔵フィンランド

Agonia Records ⏺ 2023

2023 年発表の 8th フルレングス。男女ツインヴォーカルによるエレガントな妙味は前作『Skeleton Lake』から更に奥深く推進され、往年の Theatre of Tragedy や Beseech を彷彿させる領域へと到達。そこに加えて Amorphis や Insomnium 辺りにも通じる、スオミ臭漂う北欧土着的なドラマティシズムとの融合も巧みに向上されている。このバンドの根幹を支えるアトモスフェリックなドゥームメタルの意匠は保持されながらも、より流麗かつ哀切的に研ぎ澄まされたメロディセンスとサウンドアプローチの冴えは、過去最高峰とも言える塩梅だ。涼やかに澄み渡るメランコリアが優しく胸を穿つ一枚。

Hanging Garden Interview

Q：まずは昨年リリースされた 7 枚目のフルレングス『Skeleton Lake』について伺いたいと思います。基本的には前作『Into That Good Night』の路線を受け継ぎつつ、ポストロック風の幽玄で壮大なアトモスフィアが増大している印象でした。この作品のコンセプト等について教えてください。

Toni Hatakka：コンセプトは最終的に冬という季節が持つ独特の雰囲気に触発されながら構築されていったよ。重苦しい暗闇の中心に一縷の希望を持ちながらも、過ぎ去った世界、過ぎ去った物事、失われた事象への感情を主なテーマとして展開されているんだ。

Q：2019 年から加入した女性シンガーの Riikka Hatakka さんの歌唱を前面に押し出しており、前作に比べて彼女の存在感も増していますね。加えて Toni Hatakka の憂いに溢れたクリーンヴォイスとデスヴォイスの対比も素晴らしく、楽曲に美しいドラマ性が生まれています。こういった作風の変化について理由はありますか？

Toni Hatakka：スタイルの変遷は実際には意図的なものではなかったね。Hanging Garden というバンドは、使えるツールを自由に使用して、ある意味では直感的な方法で各楽曲の美学を見つける傾向があるんだ。通常、アルバムに収まるよりもう少し多くのマテリアルが最終的に生まれるので、その素材の中からバランスが取れて一貫したものを選択する。だから、特定のスタイルにアプローチしようと決めた訳ではなく、むしろ自然にそうなったというのが近いね。

Q：現在 Toni のパートナーでもある Riikka Hatakka について、2019 年に彼女がバンドに加入した経緯などを改めて教えてもらえますか？　また、彼女が加入したことでバンドに変化は生まれましたか？

Toni Hatakka：EP『Hereafter』の制作の頃だったかな、俺はある意味ソングライティング面で行き詰っていて、パートナーの Riikka（彼女はシンガーソングライターでもある）に曲のヴォーカルメロディーのアイ

ディアを考えてくれるよう頼んだんだ。その際に彼女の声が楽曲にフィットする様子を俺達は気に入り、最終的に彼女はその EP とアルバム『I Am Become』でフィーチャーされた。そして『Into That Good Night』の制作の頃、ベーシストの Jussi Kirves が、彼女が俺達の作品やステージで演奏しているのに、常にゲストヴォーカリスト扱いされているのは奇妙であり、むしろバンドメンバーとして正式に迎え入れるべきだと主張したんだ。それでバンドは彼女に正式メンバーとして参加するように頼んだのさ。彼女は快く承諾してくれたよ。彼女が正式にバンドに加わったことで、二人いるヴォーカリストのダイナミクスをもっと弄ってみようという動機が生まれた。それはバンドにとって確かな変化だったと思う。

Q：続いて先日リリースされた最新 EP『Neither Moth nor Rust』についても伺います。
『Skeleton Lake』と比較してアプローチの違いなどあれば教えて下さい。また、エレクトロポップ風にリアレンジされた「Field of Reeds」も驚きでした。本作は次作のアルバムに繋がる内容と言えますか？

Toni Hatakka：『Skeleton Lake』のプリプロダクションの進行中に、よりモダンなメタルサウンドの楽曲を幾つか思い付いたんだ。それらは『Skeleton Lake』のストーリーや美学にはあまり適合しなかったけど、素晴らしい曲だったのでちょっと脇道にそれて EP を作ってみた。次のアルバムは実は既にマスタリングが終わっているんだけど、EP『Neither Moth nor Rust』ともかなり違う仕上がりになっていると思うよ。エレクトリック・シンセの要素も幾つか入っているけど、全体的には自然をテーマにしたいわばオーガニックなものになっているね。

Q：Toni Hatakka は 2010 年からバンドに加入しましたね。あなたが初参加した 2013 年作の『At Every Door』は既存作と比較して音楽性の幅が広がり、バンドのターニングポイント的な名作だと思います。加入当時を振り返って何か思い出やエピソードなどはありますか？

Toni Hatakka：俺が一番記憶に残っているのは、何らかの理由で突然唸ったり叫んだりする能力を失い、アルバムのレコーディング中にそれを再度、最初から学び直さなければならなかったという事なんだ。そういう経緯もあり、今までの方法よりもメロディックなクリーンヴォーカルを多く導入することになった事を覚えている。俺のグロウルからは俺自身の苦悩と、それを取り除くのがどれほど大変だったかが伝わってくるはずだ。そのアルバムでは、バンドの創設メンバーでありメインソングライターの Matti Reinola が脱退しており、俺達はどのような美学とテーマでアプローチし始めるかについて沢山議論したよ。幸運なことに、ギタリストの Jussi Hämäläinen がプロデュースも務めてくれて、新たな旅路へと俺達を導いてくれた。

Q：Hanging Garden の音楽性はメロディックなゴシック / ドゥームメタルとして出発しましたが、近年作では従来のジャンルの括りに囚われない野心的な方向へと進んでいますね。今後、バンドの音楽はどういった方向に向かっていくと思いますか？

Toni Hatakka：それは本当に想像つかないね！　非常に多くの異なる楽曲、美学、アイディアが常に生まれているので、それを表現するのは難しい。ドラマーの Antti Ruokola が邪悪なマシンサウンドを付与した EP をプロデュースしてくれるという話もあったけど、俺達は常に様々なジャンルのメタルサウンドを展開していくと思う。これは私見なので間違っているかもしれないけど！

Q：Hanging Garden の音楽性を形成する上でインスピレーションとなっているものはありますか？　また、影響を受けているバンドやアルバム作品はありますか？

Toni Hatakka：内省的な思索は、音楽、特にソングライティングの叙情的な側面の形成に密接に関係しているね。俺は非常に多くのアーティストやアルバムに影響を受けてきたけど、その

ほとんどはメタルではなかったりもする。Nick Cave、Steve von Till、Tom Waits、Depeche Mode、Ennio Morricone、それから Borknagar は音楽を書く上で俺に影響を与えてくれた存在だと思う。

Q：あなたのバックグラウンドについて教えて下さい。初めて買ったレコードは何でしたか？ また、メタルミュージックに興味を持った最初の切っ掛けは何でしたか？

Toni Hatakka：これはとても良い話なのだけど、80 年代後半頃、俺は恐らく 5 歳位で、父の車（俺の記憶が正しければサーブ）の前部座席に座っていた時、カーラジオから非常に不気味で強力な風圧のイントロが流れ始めた。最初のパワーコード（俺の人生で最初のパワーコード）が鳴ったとき、俺はズボンにウンコを漏らしそうになったんだ！ どうして音楽がこんなにも感動的に聴こえるのか……それは俺が今まで聴いてきた中で最高のものだったよ！ 俺はまだ若かったので、その気持ちを言葉で表現することも出来ず、父にその曲が何か知っているか尋ねることも出来なかったけど、数年後、兄の部屋から同じ曲が聞こえてきたんだ。俺は押し入って、それが一体何なのか知りたいと要求した。それは Dio の「Holy Diver」で、兄の持つレコードから鳴らされていた。それが俺とメタルミュージックとの出会いだね。それから約 5 年後、自分で買った最初のアルバムも『Holy Diver』さ。兄がレコードコレクションを持って引っ越してしまったので、自分でアルバムを買わなければいけなかったからね。

Q：オールタイムベストを 5 枚挙げるとしたらどのアルバム作品を選びますか？

Toni Hatakka：とても難しい質問だ！ でもベストを尽くしてみよう。残りの人生で 5 枚しかアルバムを選べない場合、どうなるか……そんなシチュエーションを考えながら選んでみたよ。

Nick Cave 『No More Shall We Part』

Wardruna 『Runaljod – Yggdrasil』

Opeth 『Blackwater Park』

In Flames 『Clayman』

Katatonia 『The Great Cold Distance』

Q：フィンランドには数多くのメタルバンドが存在し、多様なシーンを形成していますがその中でも Hanging Garden と特に繋がりの深いバンドを挙げるとしたら？

Toni Hatakka：The Chant、Mercury Circle、Minutian、2nd Suicide 等、共通のバンドメンバーによって相互に繋がっているバンドは沢山あるが、ジャンルと雰囲気で言うと、Atlases や Swallow the Sun の様なバンドだと思う。何度か一緒に遊んだこともあるよ。

Q：日本にこれまで旅行などで訪れたことはありますか？ 興味のある日本の文化やスポットなどあれば教えてください。また、Toni は日本語は少し読むことが出来るとの事ですが、日本語に興味を持った切っ掛けは何ですか？

Toni Hatakka：日本には 4 回行ったことがあるよ。俺は幼い頃から日本の文化と日本語にとても興味があったんだ。最初に興味を持ったのは武道だったと思う。俺は生涯を通じて武道に熱中しており、さまざまな日本の芸術を嗜んできた。また、日本のビデオゲーム、アート、料理は俺の心にとても馴染んでいて、日本に旅行した後は、すぐにまた行きたいという思いに駆られているね。

Q：日本の音楽シーンにおいて知っているバンドやアーティストはいますか？

Toni Hatakka：沢山あるよ！ 俺は 10 年前にアースダムで Envy を見たし、Sex Machineguns、Intestine Baalism、マキシマムザホルモン、Sigh 等も。でも俺が最も愛しているのは、久石譲、植松伸夫、菅野よう子、光田康典等の素晴らしい作曲家達だね。

Q：Hanging Garden というバンド名の由来を教えて下さい。

Toni Hatakka：これは単純に The Cure の楽曲から引用しているだけだと思う。それ以上のミステリーは無いね。しかし俺にとっては、初期からバンドの作品に浸透してきた美学、自然、死の概念を構築した名前とも言えるね。

Q：かつて Sentenced が日本の雑誌インタビューにて「フィンランドでは 3 つのことしかできない。1 つ目はテレビを観ること。2 つ目は自殺すること。そして 3 つ目はミュージシャンになることだ。だから俺たちはバンドを組んで、自殺することについて歌うことにしたのさ」と強烈なブラックジョークを残しました。フィンランドという国の環境が Hanging Garden の音楽に影響を与えていることはありますか？

Toni Hatakka：そのジョークはとても面白いし、実際に真実の要素も含まれているね！ フィンランドの文化や環境が俺達の音楽に影響を与えるのは必然だと思う。俺達はフィンランドで生まれたイスケルマミュージック（※日本でいう演歌やムード歌謡の様な、フィンランドの伝統的な音楽ジャンル）の陰鬱なサウンドや歌詞をと共に成長し（実際、日本の演歌やムード歌謡によく似ているよね！）、多かれ少なかれカーモスという長く寒く暗い極夜の数ヶ月を耐えてきたからね。

Q：インタビューに協力頂き、ありがとうございました！ 最後に日本のファンにメッセージがあればお願い致します。

Toni Hatakka：俺達の音楽が遠く離れた場所に届き、少しでもリスナーが存在しているのはとても嬉しいことだよ！ 俺の夢は、いつか日本で Hanging Garden として公演を行うことさ。Facebook か Instagram にでもメッセージを送って欲しい。俺と Riikka は今度日本に旅行も行くし、機会があればビールを飲みながら会いたいね！ またね！

エクスペリメンタルな北欧フィーメール・ゴシックメタルの始祖

The 3rd and the Mortal

- The Gathering、Theatre of Tragedy、Madder Mortem、Trees of Eternity、Atrox
- 1992~2005　　　　　　　　　　　ノルウェー、トロンハイム
- Rune Hoemsnes（ドラム、プログラミング）、Trond Engum（ギター）、Geir Nilsen（ギター、キーボード、ピアノ、プログラミング）、Finn Olav Holthe（ギター、キーボード、プログラミング）、Frank Stavem（ベース）、Kirsti Huke（ヴォーカル）

ノルウェーのトロンハイムにて 1992 年結成。バンドの歴史は 1990 年まで遡り、当初はドラマーの Rune Hoemsnes、ギタリストの Trond Engum と Geir Nilsen、ヴォーカリストの Terje Buaas 等で構成された Nightfall（ギリシャの同名バンドとは別物）というメロディックデスメタルバンドとして活動。1992 年にはヴォーカルが脱退、ノルウェーのソプラノシンガー兼鍵盤奏者である歌姫 Kari Rueslåtten が加入。後から参入したベーシストの Jarle Dretvik、ギター＆キーボードを担当する Finn Olav Holthe と共にバンド名も The 3rd and the Mortal となる。1993 年に最初の音源となるデモテープ『The 3rd and the Mortal』を自主制作にてリリース。この出来に手応えを得た彼等は続いて 1st EP『Sorrow』をノルウェーのデス / ブラックメタル系レーベル Head Not Found より 1994 年 9 月に発表。更に同年翌月には 1st フルレングス『Tears Laid in Earth』を現地のアトモスフェリック系レーベル Voices of Wonder に鞍替えしてリリース。このアルバムは、ゴシックメタル史において女性シンガーをフロントに据えた最初期の作品として、いまなお金字塔として語り継がれている。1995 年に Kari がバンドから離別し、後任として Ann-Mari Edvardsen が加入すると、バンドはよりプログレッシヴかつエクスペリメンタルな方向性へと転換。1996 年の 2nd『Painting on Glass』と 1997 年の 3rd『In This Room』では、それらを反映した実験的な作風となった。再びメンバーを入れ替えた『Memoirs』を 2002 年に発表後、バンドは 2005 年に惜しくも解散した。

The 3rd and the Mortal
●ノルウェー

Sorrow
● Head Not Found ● 1994

ノルウェーはトロンハイム出身、ゴシックメタル黎明期における先駆的レジェンド・アクトによる 1994 年発表の 1st EP。90 年代のノルウェーというと Emperor や Darkthrone 等のブラックメタル第二世代バンド群の震源地としても名高い地域だが、同時に別主軸の暗黒メタルの萌芽も水面下で育んでいた。それが彼等である。ドゥームメタルのエッジとダークフォークのテクスチャーを折衷させた音像は、ゴシックメタルという音楽を定義付ける上で大いに貢献した。全編ノルウェー語で紡がれる「Grevinnens bønn」は、シンフォニックメタル以前のフィーメール・ゴシックメタルの真髄を体現する暗鬱幽玄な名ナンバー。

The 3rd and the Mortal
●ノルウェー

Tears Laid in Earth
● Voices of Wonder ● 1994

ゴシックメタル最初期のシーンにおいて初めて女性ヴォーカルをフロントに据えたバンドの一つ、The 3rd and the Mortal による 1994 年 1st アルバム。北欧らしい翳りをまとったドゥーミーなメタルサウンドに、神々しくも清廉な Kari Rueslatten の歌声が紡がれる図式は、今聴いても圧倒的。異界に手招かれるが如く幽玄かつシャーマニックな世界観は、美しいという表現を通り越して背筋が薄ら寒くなる感覚すら覚える。トラッド/フォーク的な神秘性が漂う「Why so Lonely」はフィーメール・ゴシックメタル原初の名曲。Kari 在籍時の作品としてはデビュー EP の「Sorrow」もお勧め。

The 3rd and the Mortal
●ノルウェー

Painting on Glass
● Voices of Wonder ● 1996

ソロでの活動を追求する為 Kari Rueslatten が脱退し、後任のヴォーカリストとして Ann-Marie Edvardsen が加入した 1996 年リリースの 2nd アルバム。北欧フォークロアな雰囲気漂うゴシックメタル作品だった 1st から一転、不穏な閉塞感が漂うアヴァンギャルド・プログレッシヴ路線へとシフト。スキャットを駆使した Ann-Marie による魔女の様に妖しい呪術的歌唱も相まって、とにかく圧倒的に暗い。睡眠時の BGM に使おうものなら悪夢に苛まされること必至。正統派ゴシックとは趣を異にしながらも、プログ/ポストロック方面に通じる知性と芸術性が深まった個性溢れる一枚。

The 3rd and the Mortal
●ノルウェー

In This Room
● Voices of Wonder ● 1997

1997 年発表の 3rd。前作でのアヴァンギャルド/プログレッシヴ路線を保持しつつ、しっとりとした薄暗い深遠性と前衛性を推し進めた作風。メタリックな感触は更に減衰しているが、軸にある仄かな叙情と浮遊感は Anekdoten 等の北欧プログレッシヴ・ロック勢を彷彿。Ann-Marie による歌と音の境界を分解・収束していく狂気的なヴォーカリゼーションは圧巻ながら、「Stream」や「Harvest」等の歌モノとして分かり易い楽曲も合間に配置されており、その多様な表現力を堪能出来る。ゴシック由来の幻想的な暗黒性ではなく、現実的な厭世観に基づいたおぞましきダーク・ロックだ。唯一無二という点では本作が随一。

The 3rd and the Mortal
●ノルウェー

Memoirs
● Voices of Wonder ● 2002

前作から 5 年振りとなる 2002 年リリースの 4th。専任ヴォーカリストの Ann-Marie は脱退、5 人のゲストヴォーカルを迎えて制作。脱メタル化は更に顕著になり、エレクトロ/トリップホップ的なアプローチを大幅に導入した内容へとスイッチ。しかしながら根底に流れる幽玄な叙情味は前二作のアルバムと共通しており、陰鬱で退廃的なムードは変わっていない。男性ヴォーカルを採用した「The City」等は、Massive Attack を彷彿させるデジタルなシークエンスやスクラッチが取り入れられていたりと、バンドの求心性が伺える。中期以降の Ulver や The Gathering が琴線に刺さるならば本作も是非。

悲劇とロマンスを投影し男女ツインヴォーカルを浸透させた立役者

Theatre of Tragedy

- ◉ Tristania、The Sins of Thy Beloved、Lacuna Coil、Draconian、Leaves' Eyes、The 3rd and the Mortal
- ◑ 1993 ～ 2010　　　　　　　　　　　　　　⊕ ノルウェー、スタヴァンゲル
- ◉ Raymond István Rohonyi（ヴォーカル、エレクトロニクス , プログラミング）、Nell Sigland（ヴォーカル）、Hein Frode Hansen（ドラム）、Lorentz Aspen（キーボード）、Frank Claussen（ギター）、Vegard K. Thorsen（ギター）

ノルウェーのスタヴァンゲル出身。ヴォーカリストの Raymond István Rohonyi とギタリストの Tommy Lindal、Pål Bjåstad を創設メンバーとして 1993 年 10 月 2 日に結成。当初は Suffering Grief というバンド名で活動しており、次に La Reine Noir、二度目の改名で Theatre of Tragedy となる。その後、Raymond の当時のガールフレンドであった Liv Kristine Espenæs が初代女性シンガーとして着任。1994 年に制作された 2 つのデモテープを経て、1995 年に Massacre Records からリリースされた『Theatre of Tragedy』にてアルバムデビュー。美女と野獣を模す男女ツインヴォーカルを前面に押し出した画期的手法は、驚きをもってシーンに迎え入れられると同時に後年多くのフォロワーを生み出した。続く 1996 年の 2nd アルバム『Velvet Darkness They Fear』と 1998 年の 3rd アルバム『Aégis』では、自身が確立した美醜の対比的ゴシックメタルをより洗練・拡張した形で提示していき、キャリアの絶頂へと昇り詰める。2000 年に発表した 4th アルバム『Musique』ではそれまでのゴシックメタルから大きく逸脱したインダストリアル / エレクトロミュージックへと傾倒した路線へとシフト。賛否を浴びながらも新たなファン層を獲得していく。しかし、2002 年発表の 5th アルバム『Assembly』を最後に Liv Kristine が音楽性の違いを理由として解雇。後任として元 The Crest の Nell Sigland が 2004 年に 2 代目女性シンガーとして加入。原点回帰的な作風のアルバムを 2 枚発表した後、2010 年 10 月 2 日に故郷スタヴァンゲルでのショウにてラストカーテンコールを迎えた。

Theatre of Tragedy
ノルウェー

Theatre of Tragedy
Massacre Records ● 1995

ゴシックメタルにおける男女ツインヴォーカルスタイルの確立に貢献した先駆者、Theatre of Tragedy による 1995 年発表の 1st アルバム。Raymond による情動的なデスヴォイスと Liv Kristine の可憐で天使的なウィスパー・ヴォイスの絡みはまさしく「美女と野獣」の様相そのもの。イギリス発のゴシックメタルバンド群とは違い、絶望や陰鬱さよりも悲哀や儚さを強調した北欧らしい透明感を帯びる耽美センスが際立つ。この 1st アルバム時点ではまだドゥーム由来の暗黒性も幾分感じられる。Key やストリングスを効果的に配したダークでエレガントな世界観とその手法は、後年多くのフォロワーを生み出した。

Theatre of Tragedy
ノルウェー

Velvet Darkness They Fear
Massacre Records ● 1996

自身が確立した美女と野獣スタイルの男女ツインヴォーカル手法を更に推進・洗練した形で提示した 1996 年リリースの 2nd アルバム。より明瞭になった Liv と Raymond の歌唱のコントラストに加えて、シェイクスピアの文献に代表される初期近代英語を基に綴られたリリック面も手広い崇高な響きを放っている。シアトリカルなドラマ性にも一層磨きがかかり、アルバム中で唯一ドイツ語が使用されている「Der Tanz der Schatten」では Lacrimosa の Tilo Wolff が歌詞の監修を行った。夕闇に浮かぶ古城や月の光に照らされた湖畔を彷彿させる情景描写含めて、正統派ゴシックのロマンティシズムが凝縮された暗黒耽美メタルの原点的作品。

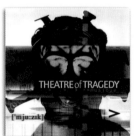

Theatre of Tragedy
ノルウェー

Aégis
Swanlake Records ● 1998

新たな美への境地へと達した 1998 年リリースの 3rd アルバム。本作よりギタリスト二人が交代。まず大きな変化として男性ヴォーカルの Raymond がデスヴォイス主体から鬱々と囁くクリーン歌唱へとシフトし、Liv の透明感溢れるエンジェリック・ヴォイスをより際立たせている。今までの美女と野獣スタイルの様な美と醜の対比ではなく、抑鬱的なサウンドを主軸にすることで美を演出するという様相だ。メタリックな感触が減衰した分、ディープでダークなムードは一層強まっており、特に「Siren」「Venus」や「Poppaea」辺りの楽曲が発露する高貴で優雅な美しさは筆舌に尽くし難い。ゴシックメタル史屈指の傑作。

Theatre of Tragedy
ノルウェー

Musique
Nuclear Blast Records ● 2000

2000 年リリースの 4th。『Velvet Darkness They Fear』と『Aégis』にてジャンルを象徴する傑作を生み出したバンドは本作にて自身のイメージを劇的に刷新。エレクトロ・ポップとインダストリアル・メタルをブレンドした路線へ奔走する。歌詞のテーマも伝統的なゴシックや超自然的なものから、テクノロジーや現代生活に基づくリリックへと変化している。しかしながら内容的には非常に高品質で、ダンサブルなビートとノイジーなギターを軸に軽快ながらも、ダークな憂いをまとったメロディが展開される楽曲群は、至極ハイセンス。要となる Liv の歌唱もキュート＆クールな新たな魅力を発露しており、素晴らしい。

Theatre of Tragedy
ノルウェー

Assembly
Nuclear Blast Records ● 2002

2002 年発表の 5th フル。前作からのエレクトロ・ゴシック路線を引き継いでいるが、全体的にサウンドに厚みが増し、一層メリハリの利いたアレンジを基に洗練されている。『Musique』よりメロディアスかつポップになった楽曲は単純に音楽として質が高く、Liv の歌唱も時にダウナーに時に魅惑的に多彩な表現力を披露。特に Kylie Minogue 風な「Superdrive」や、Raymond と Liv の歌唱が交互に飛び交う「Envison」「Flickerlight」等はクールなフック全開で非常に魅力的。初期とは違った求心力を提示したエレクトロ期における傑作。因みにこの作品が Liv 在籍期の最後のアルバムとなる。

Theatre of Tragedy

◉ノルウェー

Storm　　　🅐 AFM Records　◉ 2006

音楽的方向性の違いにより脱退した Liv Kristine に代わり、新たに The Crest の
Nell Sigland を迎えて制作された 2006 年リリースの 6th アルバム。メンバーチェ
ンジに伴い、ここ数作のエレクトロ路線もリセット。再びバンドサウンドを主軸に
した王道ゴシックメタル路線へと立ち返っている。とはいえバンド初期準拠の暗黒
一辺倒な音ではなく、清涼感をまとったキャッチーなサウンドでかなり聴き易い。
前二作でのエレクトロ路線を経由した事で、全体的にアレンジ面がブラッシュアッ
プされている印象だ。Nell のヴォーカルも前任者程の強烈な個性は無いものの、安
定感のある歌唱で楽曲を彩っている。

Theatre of Tragedy

◉ノルウェー

Forever Is the World　　　🅐 AFM Records　◉ 2009

Nell Sigland 加入後 2 枚目の作品となる 2009 年リリースの 7th フルレングス。バ
ンドにとって事実上最後のスタジオアルバム。派手なシンフォニックサウンドや装
飾に頼るのではなく、淡々と静謐な美を追求したバンド本来の持ち味を生かした作
風となっている。3rd アルバム『Aégis』時代を彷彿させる陰影の利いた美の表現
はまさにバンドの真骨頂ともいえ、ダークなオープナー「Hide and Seek」や優美
なキーボードとアルペジオの調べが美しい「Frozen」、Nell の可憐な歌声が際立つ
「Deadland」辺りは初期のファンも唸らされるはず。有終の美を飾るにふさわしい
充実作。

The Sirens
～メタルシーンへの女性参入の間口を広げた三人の歌姫の軌跡と奇跡～

現在のフィーメール・ゴシックメタルの系
譜の祖とも言え、メタルシーンの女性参入が
広がる契機を作ったと言っても過言ではない

起源初期時代における三人の伝説的歌姫の背
景について本項目ではフォーカスしていく。

Kari Rueslåtten

ノルウェーのトロンハイム出身のシンガーソングライター及びキーボーディスト。

The 3rd and the Mortal のシンガーとして 19 歳でキャリアをスタート。

1994 年にバンドの 1st EP『Sorrow』をレコーディングし、同年に 1st フルレングス『Tears Laid in Earth』の制作に参加。その後自身の音楽的追求の為にバンドからの脱退を表明。その後、1995 年に Darkthrone の Fenriz と Satyricon が Satyr が主導するヴァイキング / フォークメタル Storm のアルバムにシンガーとして参入する。このプロジェクトは反キリスト教的な意味合いの歌詞を含んでいた為に Kari は拒否反応を示し脱退、プロジェクト自体もアルバム一枚のみで終了している。この後にソロとしてのキャリアをスタートさせ、最初のソロアルバムである『Spindelsinn』では全編ノルウェー語で北欧民族音楽を紡ぐ内容でノルウェーのグラミー賞にノミネート。

キャリアの途中では自身の音楽を他者にプロデュースさせる事に辟易した為に、音楽制作のノウハウを学ぶ為に数年間ロンドンに留学するなどバイタリティ溢れる DIY 精神も発揮。また、2005 年からは大学で心理学の教授としても働くなど多才な活躍も見せている。

Nightwish の鍵盤奏者の Tuomas Holopainen は彼女の存在がバンド設立において多大なインスピレーションとなったと公言しており、後述する Anneke や Liv も音楽活動をスタートする上で Kari を手本にしていたと語っている。

本日のフィーメールメタル隆盛の礎を担ったゴシックメタルの母とも言える偉大なるアイコンと言えるだろう。

Anneke van Giersbergen

オランダ南部の自治体シント＝マイケルスゲステル出身のシンガーソングライター。

1994 年から 2007 年の 13 年間、オランダのゴシックメタルバンド The Gathering に在籍し多数の成功を収める。特に彼女がバンドに初参加した 1995 年の 3rd フルレングス『Mandylion』はゴシックメタル史において指折りのマスターピースとして数えられる名作だ。

そもそもバンドに参加する以前からシンガーとして類稀な才能を発揮していた彼女は 12 歳の時点で学校の合唱団メンバーとしてフランスを回り、複数のポップグループで歌ったり、デュオグループを結成しデモテープをリリースするなど精力的に活動していた。

その才覚はメタルシーンにおいても高く評価され、The Gathering と共に 90 年代ゴシックメタルシーンの中心的なパイオニアとして脚光を浴びる事となる。

2003 年にはオランダのゴシックドゥームバンド Celestial Season の元ドラマー Rob Snijders と結婚。家庭での時間を重視する為、そしてよりパーソナルな音楽を追求する為に 2007 年に The Gathering 脱退。

2012 年リリースのソロ名義アルバム『Everything Is Changing』ではオランダの権威ある音楽賞であるエジソン賞に 2 回ノミネートされる等の功績も残している。

更に 2021 年にはオランダのテレビ番組「Beste Zangers」、2022 年には「Secret Duets」等に出演するなどメディアを通じた活躍も近年では目覚ましい。

メインストリームでの功績含めて、ゴシックメタル出自のアーティストの中でも特にメタルの枠を飛び越えた評価も受けるレジェンド的存在だ。

Liv Kristine Espenæs

ノルウェーのスタヴァンゲル出身のソプラノシンガー。同郷のゴシックメタルバンド Theatre of Tragedy のシンガーとしてキャリアを開始。

彼女が参加する Theatre of Tragedy の 1995 年リリースの 1st フルレングス『Theatre of Tragedy』において実践されていた男性グロウルと女性ソプラノのツインヴォーカルで美醜の対比を表現する方法論は、後にゴシックメタルの雛型的手法として定着する。

「美女と野獣」形式の男女ツインヴォーカル体制の発明はヘヴィメタルにおける表現法を拡張させると同時に、After Forever や Epica 等の後続のシンフォニック / ゴシックメタルシーンや Cradle of Filth 等のブラックメタルバンドにも多大な影響を与えた。

単純なスキルや音楽的練度だけでは測りきれない彼女のコケティッシュでエンジェリックな唯一無二の声色の響きはこの発明に際して必要不可欠なピースであった事は明白で、ゴシックメタルの成立と発展に深く貢献した至宝的存在と言えるだろう。

1998 年にはアルバム『Deus Ex Machina』にてソロ活動を開始し、Paradise Lost のフロントマン Nick Holmes とのコラボレーションも果たした。

2003 年にジャーマンゴシックメタルの重鎮 Atrocity のヴォーカリスト Alexander Krull と結婚し（現在は婚姻関係は解消されている）、音楽的相違が切っ掛けで同年に Theatre of Tragedy を脱退した彼女は Atrocity のメンバーと共に新バンド Leaves' Eyes を結成する。

紆余曲折を経て 2016 年には Leaves' Eyes を脱退しているが、Liv が在籍時に残した作品は何れも高い評価を得ている。

因みにこの先駆的なゴシックメタル出自の歌姫三名は、2014 年に The Sirens の名義でスーパープロジェクトを結成。

このレジェンド的プロジェクトの実現に際して Anneke はメディアのインタビューにてこうコメントを残している。

「女性を中心としたメタルシーンは世界中で大きくなっている。私たち 3 人がその初期の時代において存在し貢献出来た事は信じ難いと思うこともあるわね。意図的に新しいジャンルを始めるつもりは無かったけど、私たちのバンドは女性がステージに立つ事を問題の無い事のように思わせた。全てが新しくてエキサイティングだった」

全員がかつて影響力のあるバンドのフロントを務め、ソロとしてのキャリアも成功させ、現在も精力的に多岐に渡る活動を続けているという点で共通する三人。

現在のメタルシーンでは保守的な概念を崩す様々なサブジャンルの台頭やクロスオーバーの実現が成されているが、ジェンダー的な側面においても多様性の拡張を担った彼女達の軌跡と奇跡はこれからも忘れられる事無くメタル史の中で息吹き続けるだろう。

フューネラルドゥームの成立にも深く貢献した先駆者

Funeral

- ◉ My Dying Bride、Shape of Despair、Fallen、Doom:VS、Pantheist、Depressed Mode
- 🕐 1991 〜 2003, 2004 〜　　　　　　　　⊕ ノルウェー、ドランメン
- 👤 Anders Eek（ドラム）、Erlend E. Nybø（ギター）、Rune Gandrud（ベース）、André Aaslie（キーボード、オーケストレーション）、Sareeta（ヴァイオリン、ヴォーカル（バッキング））、Stian M. Kråbøl（ギター）、Eirik P. Krokfjord（ヴォーカル）

ノルウェーはドランメン出身、1991 年に結成。その空虚で絶望的なアトモスフィアに重点を置いた音楽性で、現在フューネラルドゥームと呼ばれるジャンルの成立に深く携わった先駆者の一角。1993 年に 1st デモ『Tristesse』を自主制作、1995 年に Arctic Serenades よりリリースされた『Tragedies』にてアルバムデビューを飾る。キャリアの途中、メンバーの自殺や非業の死に二度程相まみえ、一時期は活動停止に陥った。しかし悲しみを乗り越え復活し、現在へと至る。2021 年迄に 6 枚のアルバムをリリース。2022 年には初期のメンバーをゲスト招致し、オスロにて 30 周年記念ライヴも開催した。

Funeral
◉ ノルウェー
Tragedies　　　　　　　　　　　　　　　🅐 Arctic Serenades 🕐 1995

ノルウェーのドランメン出身、1991 年から活動する北欧ゴシックドゥームメタル界隈を代表するレジェンド。1995 年の 1st フル。ギタリストの Thomas Angell とドラマーの Anders Eek を中心に結成され、後年に元 Fallen の Christian Loos（2006 年に逝去）が加入。アトモスフェリックなフューネラルドゥーム様式に、女性リードシンガーをフロントに据えるスタイルを、1995 年という時代に成し遂げた先駆的マスターピース。Draconian や Trees of Eternity といった女性ヴォーカルを含有する暗黒メタル群の始祖であり、初期ゴシックメタル史における資料的価値も高い重要作。

Funeral
In Fields of Pestilent Grief
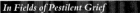 ○ノルウェー
● Nocturnal Music ○ 2002

1st フルレングスから 7 年振りにリリースされた 2002 年発表の 2nd。新たにオスロの音楽学士院の学位取得者である才覚豊かな歌姫、Hanne Hukkelberg をリードヴォーカルに迎え入れて制作。深淵味溢れるフューネラルドゥーム的意匠を保持しながら、グロウルを極力排除しオペラティックなソプラノヴォイスを中心に据えるスタイルで、よりゴシックメタルへと接近。それでいてバンドのトレードマークである深い哀哭感と、途方も無い崇高性を微塵も減衰させずに音楽性の拡張を実現させている。本作は 2003 年 1 月に自殺したベーシスト兼ソングライター Einar Andre Fredriksen の遺作となった。

Funeral
Praesentialis in Aeternum
○ノルウェー
● Season of Mist ○ 2021

前作リリースから約 9 年の空白期間を経てリリースされた 2021 年発表の 6th フルレングス。ミキシング及びマスタリングは Borknagar や Ava Inferi 等の作品にも携わった Børge Finstad が担当。初期の作品に比べてよりスケール感の広がった壮大かつ荒涼とした色合いのドゥームサウンドが展開。2010 年から加入したヴォーカリスト Sindre Nedland によるディープなバリトン・ヴォイスと、気高く鳴り響く緻密なオーケストレーションに重点を置いたアプローチが特徴的だ。これまでの作品と異なり、歌詞が全編に渡ってノルウェー語で綴られている点も、北欧土着的な空気感を強めている。

Funeral Interview

Q：今回、インタビューを受諾して頂き、感謝申し上げます。まず、直近作である 2021 年リリースの『Praesentialis in Aeternum』について伺いたいと思います。重厚かつ冷厳な暗黒葬送ドゥームが展開されており、素晴らしい内容でした。反応はいかがでしたか？

Anders Eek：温かいお言葉をありがとう。今回も嬉しいことに沢山の良い評価を頂いたよ。ノルウェー語の歌詞だけで構成された作品だったのでやや神経を尖らせていたし、ちょっとした賭けでもあったけど、最終的にアルバム全体を母国語で作ることが出来たのは、俺達にとって本当に素晴らしいことだった。このアルバムには、前作『Oratorium』の直後に書かれたトラックが含まれている。沢山の候補曲から選ぶ必要があったので、追加で 4 ～ 5 曲を録音し、ボーナス素材としてリリースしたんだ。

Q：『Praesentialis in Aeternum』は前作から約 9 年のインターバルを経て完成しました。その間にバンドのラインナップも一新され、レーベルも Season of Mist へと変更されました。新しい環境での音源制作はアルバムへの内容にも何らかの影響を与えましたか？

Anders Eek：レーベルやメンバーの変更がサウンド自体に影響を与える事は無かったね。俺達はプリプロダクションを行った後、誰がアルバムをリリースしたいか等に左右される事なく、気に入ったスタジオを選択するんだ。プリプロダクション自体も俺達自身のホームスタジオで時間をかけて制作される。実際、アルバムのプリプロダクションは 2016 年頃に準備は出来ていたのだけど、多くのアクシデントの為、いつものように全てが遅れてしまった。コロナ禍の影響もあったしね。

Q：Funeral の新しいヴァイオリニストとして Ram-Zet 等でも活躍する Sareeta がクレジットされていますが、彼女は『Praesentialis in Aeternum』のレコーディングには参加していませんよね？　ライブメンバーとしての起用なのでしょうか？　彼女の参加の経緯を教えて下さい。

Anders Eek：彼女は 2021 年に、全てのレコーディングが終わった後に採用されたんだ。彼女は現在フルタイムのバンドメンバーとなり、今後の新曲のオーケストレーションに深く関わっていく事となるだろうね。俺はノルウェーのシーンや知人を通じて彼女の事を知っていたし、何年もサンプルで代

用してきた事もあって、本物のストリングスの音が本当に欲しかったんだ。

Q：今回、『Praesentialis in Aeternum』のコンセプトや歌詞を制作するに当たって、インスピレーションを受けたものがあれば教えて下さい。

Anders Eek：今回の歌詞は全て、心理学者であり、作家でもある俺の親友の Tom Holmen によって書かれている。イマヌエル・カントの哲学に基づいた概念を採用していて、基本的には自分達が死んだ後に何が起こるかというテーマを扱っているんだ。

Q：90年代において Funeral はそのバンド名の通り、現在フューネラル・ドゥームと呼ばれるスタイルの開拓者として位置づけされています。同時に初期作品においてはゴシック / ドゥーム様式のメタルに女性ヴォーカルを導入した先駆者でもありました。その様なアプローチに至った経緯や背景などについて、振り返って教えて頂けませんか？

Anders Eek：俺は昔も今もクラシック音楽の大ファンで、Toril Snyen というかなり熟練した歌手と知り合った。当時の目標は、ドゥームメタルとクラシック音楽をブレンドする事だったんだよ。これは俺が現在まで行っている事とも共通するけど、もう少し壮大な方法で取り組みたくて、ここ数年はフルオーケストレーションも活用している。

Q：現在、フューネラル・ドゥームと呼ばれるスタイルはアンダーグラウンドなメタルシーンにおいて、一つのジャンルとして確立されました。先駆者として現在のシーンの流れについて何か思うことはありますか？

Anders Eek：それについて思うことは全く無いね。俺は新進気鋭のバンドをほとんど聴いていないから……正直いって全く分からないというのが真実だ。ただし、自分のバンドの人気は少しずつ高まっているので、このジャンルが上昇傾向にあるのならば有難いよ。

Q：ノルウェーには The 3rd and the Mortal 等を始め、Funeral とほぼ同時期にデビューしたゴシック / ドゥームメタルのパイオニアが幾つか存在します。90年代に新興したゴシックメタルというムーヴメントにおいては、ニューウェーブの影響とドゥームメタルの要素を融和した革新的なクロスオーバーが実践されていましたが、当時のシーンを振り返ってどの様に感じますか？

Anders Eek：今あなたが言及したバンド以外には、全く語るべきシーンは無かったように思う。恐らく、俺が知っている幾つかの他のシーンで広まっていったのだろうなと。でも The 3rd and the Mortal には何か素晴らしい要素があったと俺は間違いなく思う。一方で俺はどんなトレンドやシーンにも追従せず、常に妥協を許さずに活動を続けてきた。90年代のノルウェーは誰もがブラックメタルを演奏したかったようにも記憶しているね。

Q：バンドの歴史を掘り下げる質問をもう少し続けます。Funeral というバンドは2度に渡る主要メンバーの喪失を経て、悲しみを乗り越えて活動を続けてきました。Funeral が輩出してきた作品群や活動を振り返り、メンバーの視点でターニングポイントとなった出来事や印象深い作品等はありますか？

Anders Eek：ベーシスト兼シンガーの Einar Andre Fredriksen とギタリストの Christian Loos の二人を、2003年と2006年に僅か3年違いで亡くした事だね。彼等は二人共とても親しい友人だったので、それはバンドにとっても俺個人にとっても非常に大きな打撃だった。自分が何を望んでいたのか、続ける動機があるかどうかを考えたよ。でも、一年半くらい活動を休止した後にまだバンドを続けたいという気持ちがあったので、なんとか新しいメンバーを迎えて継続する事が出来た。1st アルバム『Tragedies』は俺達をバンドとして、そしてミュージシャンとして定義してくれた重要な作品だと思う。俺達は自分たちの公式なスタイルを見つけ、メンバー全員がソングライティングのプロセスに平等に参加し、グループとして本当に上手く連携していたんだ。この状況は1996年にイギリス

の有名なアカデミースタジオで録音されたコンピレーションアルバム『To Mourn Is a Virtue』へ続いた。このアルバムには二人が書いた曲も収録されており（「How Death May Linger」は全て Einar Andre Fredriksen が書いた）、恐らくこれが彼らの最高傑作だと個人的に思う。それから Einar は自らの命を絶つ前に Paradigma というバンドに作詞家としてだけでなく、ベースとヴォーカルの両方で参加していたことにも言及しておきたい。また、Christian Loos は俺のソロプロジェクト Fallen のメンバーでもあり、レコーディングとライブの両方に参加していた。

Q：あなたのバックグラウンドについて教えて下さい。幼少期はどのような音楽を聴いて育ちましたか？　また、初めて買ったヘヴィメタルのレコード等について、覚えている事があれば是非教えて下さい。

Anders Eek：俺は 70 年代に The Beatles、KISS、ABBA と共に育った。その後に Black Sabbath、Accept、Iron Maiden、Metallica 等のよりメタル志向のバンドを掘り下げ始めた。クラシック音楽もとても好きで、図書館が同じ建物内にあったので、特に幼稚園の頃によく通って聴いていたね。初めて買ったカセットは KISS の『Dynasty』だったよ。最初のメタルレコードは……恐らくある時期のどこかで買ったと思われるが、ハッキリとは思い出せない。昔はお金がなかったので、レコードを買う事はほとんど無かった。しかし、俺達は近所の友人等が持つレコードから沢山コピーして、1990 年頃にはテープトレードを始めていたよ。

Q：Funeral の音楽を形作る上で、影響を受けたアーティストやレコードはありますか？　また、音楽以外でインスピレーションの源となった映画や書籍等の文化作品があれば、併せて教えてください。

Anders Eek：そうだな……KISS、Metallica、Black Sabbath、Dead can Dance、それから Candlemass は非常に重要なバンドであり、今でも俺に音楽的なインスピレーションを与えてくれるね。俺は常に本、映画、音楽からインスピレーションを受けている。俺の一番好きな作家はノルウェーの小説家 Knut Hamsun で、定期的に作品を読んでいるよ。俺は同時に、特にスタンリー・キューブリックの映画作品や、彼が自分の作品中で使用する音楽のセンス（リゲティなど）が大好きだ。

Q：あなたのオールタイムベスト・レコードを 5 枚選ぶとしたらどの様なラインナップになりますか？

Anders Eek：アルバムだと沢山あり過ぎるのでとても難しい質問だね。好きなミュージシャンに限って挙げるとヴォーカリストは Peter Steele、ギタリストは Tony Iommi、ベーシストは Paul McCartney、ドラマーは Randy Castillo、そしてオーケストレーションはヨハン・ゼバスティアン・バッハといった感じだ。

Q：日本の音楽や文化について何か知っていることはありますか？

Anders Eek：残念だけど、それに関しては俺はほとんど盲目であることを認めなければならない。申し訳ない。ただし、『呪怨』や『リング』など、当時の日本のホラー映画は本当に楽しめた記憶がある。とはいえ、残念ながら俺は日本のバンド等はほとんど知らないんだ。

Q：日本においても熱心なゴシック / ドゥームメタルのファンは数多く存在しています。いつの日か Funeral の来日公演が実現する事を願っています。最後に日本のファンに対してメッセージがあればお願い致します。

Anders Eek：あなたの美しい国を訪れるのは素晴らしい事だろうね。いつかそれが実現することを願って止まないよ。破滅の炎を生き続け、燃え続けてくれたあなたと日本のファンに感謝したい。そして恐らく 2023 年以降にリリースされるであろう Funeral の新譜にも注目して欲しい。その間、俺達は 30 周年記念コンサートのミックス作業を行っており、出来れば ブルーレイのフォーマットでリリースし、30 年間の全曲を収録する予定だ。オリジナルシンガーの Toril Snyen が「Taarene」をプレイしている姿も目撃出来るだろう。是非、終わりのない結末に向けた行進に参加して欲しい。

All Ends
●スウェーデン

All Ends	ⒶGun Records ◎2007

スウェーデンのヨーテボリ出身、当時 In Flames のギターチームだった Björn Gelotte と Jesper Strömblad を中心に 2003 年に結成されたゴシック / オルタナティヴメタルバンド。2007 年の 1st フル。Björn の実妹 Emma Gelotte と Tinna Karlsdotter の 2 人の女性シンガーをフロントに据えたデュエットスタイルを採用しており、その華々しいビジュアルも含めてデビュー時に話題になった。楽曲面もすこぶる質が高く、In Flames 的なリフワークやフレージングを多分に含んだアグレッシヴ & ハイセンスなモダンゴシックメタルを聴かせてくれる。

Amaran
●スウェーデン

Pristine in Bondage	ⒶListenable Records ◎2004

スウェーデンはストックホルム出身のゴシックメタルバンドによる 2004 年の 2nd。ギタリストの Kari Kainulainen と Ronnie Backlund を中心に 2000 年結成。女性シンガー Johanna DePierre のクリアでパワフルなヴォーカリゼーションをフィーチャーした、剛直性に富んだゴシック / パワーメタルサウンドが展開されている。ソリッドかつテクニカルなギターワークをバックに、力強い女性ヴォーカルが縦横無尽に乱舞するという様相は Alas 辺りを彷彿とさせる部分もある。Entombed の Jörgen Sandström がデスヴォイス担当でゲスト参加。

Angtoria
●スウェーデン

God Has a Plan for Us All	ⒶListenable Records ◎2006

スウェーデンはスンツバル出身のゴシック / シンフォニックメタルバンドによる 2006 年の 1st。初期〜中期の Cradle of Filth において 14 年間ソプラノシンガーとして活動していた Sarah Jezebel Deva と、元 Evergrey の Christian と Tommy の Rehn 兄弟を中心に 2001 年結成。絢爛なオーケストレーションが施された高品質なメタルサウンドをバックに、Sarah の力強くも情感豊かな歌唱を十二分に堪能できる。これまで裏方に回っていた彼女の実力がようやく発現された形だ。「Original Sin」では My Dying Bride のヴォーカリスト Aaron がゲスト参加。

Atoma
●スウェーデン

Skylight	ⒶNapalm Records ◎2012

元 Slumber のメンバーによって構成されたアトモスフェリック・メタルバンド、Atoma による 2012 年 1st。スウェーデンのストックホルム発。ゴシック、シューゲイザー、ポストロック、エレクトロニカ等の音楽的要素を含んだハイブリッドなドラマティシズムが魅力的。開放的な高揚感と同時に雄大なスケールで描かれるサウンドは、後期の Anathema を彷彿させる。神々しい程に優美な「Highway」や、メタリックなバッキングで Slowdive ばりの耽美派シューゲイズを展開する「Rainmen」辺りは涙無しでは聴けない。新天地を求めて宇宙の旅路へと思いを馳せゆく SF 叙情メタル絵巻的傑作。

Arcana
●スウェーデン

Dark Age of Reason	ⒶCold Meat Industry ◎1996

スウェーデンのエスキルストゥーナ発、中心人物である Peter Bjärgö のプロジェクトとして発足したネオクラシカル / ダークウェーブバンドによる、1996 年発表の 1st アルバム。中世のロマンティシズムに触発されたサウンドをテーマに掲げており、その暗黒深遠な音像は初期の Dead Can Dance 辺りのファンならば深く突き刺さること受け合いだ。神々が天から舞い降り啓示を施すかの様な圧倒的荘厳美には、思わず聴きながら襟を正してしまう程。因みに本作を代表する名曲「Source of Light」は『奇跡体験 ! アンビリバボー』の BGM として長年使用されていた為、一度は耳にしたことがある人も多いはず。

Beseech
...from a Bleeding Heart

●スウェーデン
🅐 Metal Blade Records 🄯 1998

スウェーデンのボロースにて 1992 年に結成されたゴシックメタルバンド Beseech による 1998 年リリースの 1st アルバム。ヴァイオリンやチェロ、フルート等を導入したミドル～スローテンポ主体のゴシックメタルをプレイしており、ディープな耽美ドラマ性にフォーキーな憂いをフィーチャーしたサウンドが非常に魅力だ。暗黒深遠なグロウルと朗々としたクリーン・ヴォイスを使い分けていく男性ヴォーカルの表現力もさることながら、ゲスト扱いながらそこに絡む可憐な女性ヴォーカルも要所で非常に良い仕事をしている。後年の洗練された路線とは趣を異にしながらも、ムーディーな正調ゴシックメタルの名作。

Beseech
Black Emotions

●スウェーデン
🅐 Pavement Music 🄯 2000

2000 年発表の 2nd。前作の古式ゆかしいゴシックメタルからデス / ドゥームを要素を払拭し、躍動感溢れる哀愁ゴシックメタル路線へと転じている。また、本作から女性ヴォーカリスト Lotta Höglin が正式メンバーとしてクレジット。Paradise Lost や Sentenced を彷彿させるアップテンポな冒頭曲「Manmade Dreams」、北欧らしい透明感溢れるロマンティシズムを携えた「Little Demonchild」、エレクトロ風味のシンセアレンジで浮遊感を演出する「Ghoststory」等、秀逸曲が並ぶ。1st の深い沈痛感は減衰したが、スタイリッシュにまとまった本作も別種の魅力を放つ。

Beseech
Souls Highway

●スウェーデン
🅝 Napalm Records 🄯 2002

2002 年リリースの 3rd アルバム。男性ヴォーカリストが交替し、新たに Erik Molarin がシンガーとして加入。声質は異なるが、前任者同様に低音域メインの哀愁味を帯びた歌唱を聴かせる。路線的には男女ツインヴォーカルが織り成す正統派ゴシックメタル由来の様式を重んじつつ、デジタル風味のアレンジやモダンな質感のヘヴィネスを違和感無く溶け込ませていく現代的なセンスが実に秀逸。Lotta の優美で柔らかな歌唱を生かした楽曲も増え、女声ゴシックメタル的な側面が強まっているのもポイントだ。デジパック盤収録のボーナストラック、ABBA「Gimme Gimme Gimme」のゴシック風味カヴァーも面白い。

Beseech
Sunless Days

●スウェーデン
🅝 Napalm Records 🄯 2005

作を追う毎に順調な進化と成長を示してきた Beseech による 2005 年リリースの 5th。Evanescence や Lacuna Coil 辺りを彷彿させるモダンな色合いの男女混声ゴシックメタルが展開されており、スマートな哀愁美に彩られた高品質な楽曲群含めて過去最高の充実度で聴き手を魅了していく。欧州やアメリカ発の同系統バンドに比べて、北欧由来の透明感を帯びたメロディを全編通して堪能出来るのに加え、コマーシャル性と同時にゴシックメタルらしい深遠味も含有させる作風が見事。今後の大きな成功も期待されたが、本作を最後にバンドは一度解散。2013 年にラインナップを一新し、活動再開を果たした。

Cemetary
Sundown

●スウェーデン
🅐 Black Mark Production 🄯 1996

スウェーデンのボロース出身の老舗ゴシックメタルバンド、Cemetary による 1996 年の 4th。初期はデスメタルだったが、2nd 以降は『Icon』期 Paradise Lost からの影響が感じられるサウンドへとシフト。本作もその流れを汲んだ音楽性で、上質な正統派ゴシックメタルを終始味わえる。どの楽曲にもメランコリックなフックに富んだメロディが配されており、適度なテンポ感と共に進行していく安定感のある楽曲が心地好い。特に美麗なピアノ・メロディが施されたタイトル・トラック「Sundown」はアルバム中でも抜きん出た名曲。陰ながら初期ゴシックメタルシーンを支えた重要バンドとして、再評価されて欲しい存在。

Dark Tranquillity
○スウェーデン

Projector   ● Century Media Records ○ 1999

スウェーデンはヨーテボリ出身のメロディック・デスメタルバンドによる 1999 年発表の 4th フルレングス。鍵盤奏者の Martin Brändström 加入後初の作品。ゴシック寄りのピアノとクリーン・ギターを大幅導入し、典型的なヨーテボリサウンドから決別。パイオニア自らが既存の様式を覆す躍進的な作風は、界隈のファンに大きな衝撃を与えた。慟哭の血涙グロウルと嘆きを吐露するかの様な艶深いクリーンヴォイスを織り交ぜた Mikael Stanne によるパフォーマンスも、筆舌に尽くしがたい程に素晴らしい。実験と革新を同時に体現し、バンドの後続作品にも多大な影響を与えた記念碑的名作だ。

Dark Tranquillity
○スウェーデン

Haven   ● Century Media Records ○ 2000

2000 年発表の 5th フル。Century Media Records 移籍後としては 2 枚目の作品。『Projector』と同様にバンドがゴシック方面に傾倒していた時期の作品だが、Mikael Stanne のクリーン声はほぼ払拭され、デスヴォイス主体のスタイルへと回帰。とはいえ以前のアルバムと比較すると攻撃的な部分はややトーンダウンし、メランコリックな楽曲に追随する様にラフでエモーショナルな歌唱が取られている。Martin Brändström によるエレクトロなサンプリングを前面に押し出したシンセアレンジも大変美麗で、メロディックな側面を深く体感出来るバンド中期の卓越作となっている。

Deathstars
○スウェーデン

Termination Bliss   ● Nuclear Blast Records ○ 2006

スウェーデンのストレムスタード出身、元 Dissection のメンバーが在籍していたブラック / デスラッシュバンド Swordmaster を前身とするゴシック / インダストリアルメタルバンド。2006 年の 2nd。創設メンバーの一人であるリードギター兼鍵盤奏者の Nightmare Industries こと Emil Nödtveidt は、Dissection の故 Jon Nödtveidt の実弟としても有名だ。音楽的には Rammstein 系譜のインダストリアルメタルにグラムメタル的なポップネスも加味した、キャッチーな哀感を感じさせるサウンド。決して色物では終わらない地に足が着いた楽曲センスが刺激的だ。

Diabolique
○スウェーデン

The Green Goddess   ● Necropolis Records ○ 2001

スウェーデンのヨーテボリ出身のゴシックメタルバンドによる 2001 年の 3rd。同郷のデスメタルバンド Liers in Wait の元メンバーを中心に 1995 年結成。バンド名はフランスの古典的ホラー映画のタイトルが由来。The Sisters of Mercy や Depeche Mode 等のニューウェーブ / ゴシックロックから強い影響を受けた叙情的なロマンティシズム溢れるサウンドが特徴。優美で上品な女性ヴォーカルと男性クリーン声が織り成すモダン・ポップとしても非常に秀逸。因みに中心人物の Kristian Wåhlin は Necrolord の別名で、数々のメタルアルバムのアートワークを手掛けている事でも知られる。

Draconian
○スウェーデン

Where Lovers Mourn   ● Napalm Records ○ 2003

スウェーデンのセフレ出身、1994 年から活動するゴシックドゥームメタルバンドによる 2003 年の 1st。最初期は Kerberos という名前でブラックメタルからの影響を受けたメロディック・デスメタルをプレイしていたが、作詞家兼ヴォーカリストの Anders Jacobsson 加入以降はバンド名を改め、音楽性も現在のスタイルへと近付いていく。デビュー作である本作は、初代女性シンガー Lisa Johansson の清廉な歌声と Anders による熱烈なグロウル・ヴォイス、厳格なヴァイオリンの旋律を交えた耽美ゴシックドゥームが奏でられている。遅い・哀しい・重苦しいが揃った正統派な持ち味は、破滅的な程に情念深く美しい。

Draconian
◉スウェーデン

Sovran   ▲ Napalm Records ◉ 2015

前任女性ヴォーカリストの Lisa Johansson が 2011 年に脱退、後釜として Ison 等
でも活動する Heike Langhans が加入した 2015 年の 6th。Heike は一部の楽曲で作
詞も担当。Within Temptation の Sharon を彷彿とさせる涼やかな気品をまとった
Heike の歌声はバンドに新たな風をもたらしており、深い幽玄味と同時に各楽曲の
個性が際立ったソングライティングにもバンドの進化が伺える。同時に退廃的な
ロマンはそのままに良い意味でコマーシャル性が向上しており、Female Fronted
Metal 方面のファンにもアピールし得るキャッチーさが備わったのも特筆点だ。

Draconian
◉スウェーデン

Under a Godless Veil   ▲ Napalm Records ◉ 2020

Heike Langhans が加入して二作目となる 2020 年リリースの 7th アルバム。ベー
シストの Fredrik Johansson が前作リリース後に脱退、セッションメンバーとして
Daniel Änghede を迎えて制作された。ノワール・ロマンティシズムをまとった耽
美ゴシックドゥーム路線を維持しつつ、本作ではややメタリックなエッジを抑えた
作風に。特に「Sleepwalkers」や「Burial Fields」辺りで聴かれる静謐なシンセや
クリーントーンを際立たせた暗黒ポストロック的アプローチは、Heike の優美な歌
唱とも噛み合う新機軸的魅力。因みに本作を最後に Heike は脱退、Lisa Johansson
の復帰が 2022 年にアナウンスされている。

Doom:VS
◉スウェーデン

Aeternum Vale   ◉ Firedoom Music ◉ 2006

スウェーデンのセフレ出身、Draconian のギタリスト Johan Ericson によって結成
されたフューネラルドゥーム / デスメタルプロジェクト。2006 年の 1st。バンド名
はラテン語で「家」を意味する「domus」という単語から着想を得た造語。「Draconian
よりも更にスローかつヘヴィなドゥームサウンドを追求したい」という Johan の
意向が反映された破滅的サウンドが全編で展開。死の痛痒が充満したディープなア
プローチからは、Candlemass や Mourning Beloveth といった先人の意匠が滲む。
時折挿入されるメロディアスなパッセージも印象的だ。全ての荒廃的な音楽を愛す
る方に。

Forest of Shadows
◉スウェーデン

Six Waves of Woe   ◉ Firedoom Music ◉ 2008

スウェーデンのストックホルム出身のゴシックドゥームメタルアクトによる 2008
年の 2nd。ヴォーカル、ギター、キーボード、プログラミングと全て中心人物の
Niclas Frohagen が一人で担当している為、実質的には彼のソロ・プロジェクトと
見なして問題ない。初期〜中期の Katatonia に通じる内省的アトモスフィアを多分
に内包した寂寥ドゥームサウンドで、クリーン声を多用しメランコリックな色合い
を強調した作風が他の同系統バンドとは異なる魅力だ。70 年代プログレ風のレト
ロなシンセワークと共に遠い記憶の郷愁を刺激する「Selfdestructive」を始め、千
切れんばかりの切なさに終始悶絶必至。

Grave Flowers
◉スウェーデン

Incarcerated Sorrows   ◉ Firebox Records ◉ 2005

スウェーデンはカールスタード出身のメロディックゴシック / ドゥームメタルバン
ド。2005 年の 1st フル。元 Godgory のヴォーカリスト Matte Andersson による個
人プロジェクトとして 1993 年に発足。ギタリストには元 Fester Plague の Jason
Janson を迎え入れている。悲壮的なパッセージを多分に含んだギターワークとシ
ンセサイザーに導かれながら、陰気かつ柔和なヴォーカルラインが紡がれゆく感傷
的なフィーリングたっぷりのゴシックドゥームが展開。随所で聴かれるアコース
ティックギターの響きからは、北欧トラッド的な哀感も感じ取れる。鬱屈とした感
情にそっと寄り添ってくれる安定作だ。

In Mourning
⊙スウェーデン

The Weight of Oceans
🅰 Spinefarm Records 📀 2012

スウェーデンのヴァンズブロ出身のゴシック / プログレッシヴデスメタルバンド、In Mourning による 2012 年リリースの 3rd。グルーヴィーかつリズミックな展開美を携えたデスメタルを軸に、煽情度の高いダークでメランコリックな旋律を終始聴かせてくれる。トリプルギターを生かした美しい多重的アンサンブルを堪能できる開幕曲「Colossus」、哀感に満ちたギターメロディで北欧的情景美を描く「From a Tidal Sleep」等を始め、柔らかく包み込む様なドラマ性とメリハリの利いたコントラストが魅力的。同郷の Opeth とは似て非なる方法論で紡がれる暗黒叙情メタルの名作。

Ison
⊙スウェーデン

Inner - Space
🅰 Avantgarde Music 📀 2019

Crippled Black Phoenix 等で知られるスウェーデン人ギタリスト Daniel Änghede によるアンビエント・ドゥームプロジェクト。Draconian の歌姫 Heike Langhans を全面的にフィーチャーした 2019 年リリースの 1st フル。Alcest の Neige がゲストヴォーカルとして参加。スペーシーなシンセワークを効果的に用いた静謐ポストロックをベースに、ゴシックドゥームとアンビエントの要素を取り入れた雄大かつ深遠なコズミック・サウンドが全編に渡り展開。小宇宙（コズモ）を感じながら暗黒空間を漂流する感覚と、幽玄に響く Heike の歌声のマッチングに身も心も浄化されてしまう。

Lake of Tears
⊙スウェーデン

Headstones
🅰 Black Mark Production 📀 1995

スウェーデンはボロース出身のゴシックメタルバンド。1995 年リリースの 2nd フルレングス。同郷のデスメタルバンド Carnal Eruption の元メンバーであったフロントマンの Daniel Brennare 含む 4 人のオリジナルメンバーを発起人として 1992 年結成。伝統的ドゥームメタル由来のサイケデリック & ファジーなエッジと、シンセとアコースティックギターを多用した北欧トラッド / プログレ的哀愁美を力強くも艶やかに統合。詩情的かつドリーミングな世界観を確固たるソングライティングと編曲力とで具現化し、ゴシックメタルをより普遍的な次元へと押し上げた 90 年代ゴシックメタル指折りの出色作である。

Lake of Tears
⊙スウェーデン

Forever Autumn
🅰 Black Mark Production 📀 1999

スウェーデンの老舗ゴシックメタルバンドによる 1999 年リリースの 4th フルレングス。「永遠の秋」をコンセプトにした絵画的なアートワークにまず目を奪われてしまう本作だが、内容的には Paradise Lost 影響下のメランコリックなゴシックメタルをベースに、内省美を帯びたチェロ、フルート、ピアノ、アコースティックギターの旋律が彩る情緒深いサウンドが展開。力強さと気怠さを含んだ Daniel Brennare のヴォーカルも独特の味わいを感じさせる。牧歌的とも言える静穏なムードを前面に出しつつ、時折シンセサイザーの音使いにプログレッシヴロック的な浮遊感を滲ませているのも特徴の一つだ。

Lake of Tears
⊙スウェーデン

Ominous
🅰 AFM Records 📀 2021

2021 年リリースの 9th。オリジナルアルバムとしては前作『Illwill』以来約 10 年振りリリースとなった復活作。バンドの首謀者 Daniel Brennare によるクリエイティブな暗黒アート性を推進した内容となっており、ポストパンクやエレクトロ、プログレッシヴ・ロック等の要素を多分に含んだ刷新的ダークメタルを体現。一貫して陰気で不吉なムードが漂う楽曲群は、ポストプログレッシヴ勢に通じる現代的要素と 70 年代サイケデリックロック由来のアナログ感が同時に香り立つ、独創的な味わいだ。伝統的ゴシックメタルの様式から逸脱しつつ、随所で響き渡る弦楽器の優雅な旋律に自身の出自を物語らせる演出にも痺れる。

Left Hand Solution

Light Shines Black
Ⓐ Massproduktion ⦿ 2001

スウェーデンのスンツバル出身のゴシック／ドゥームメタルバンドによる2001年の2nd。1991年結成。当初はトラディショナルなドゥームメタルバンドとして活動していたが、1995年に現在のリードシンガー Mariana Holmberg が加入し、音楽性もゴシック寄りのドゥームサウンドへとシフトしていった。Mariana のヴォーカルは類型的なゴシックメタル系女性シンガーとは異なり、中低音中心のクールで野太い歌唱で70年代ハードロック的な逞しさを感じさせる。メンバーが在籍する他バンドの成功を受けて停滞していた活動も最近になって復活。早期から女性シンガーを擁するドゥームメタルバンドとして再評価されても良い存在だ。

Nightingale
●スウェーデン

Nightfall Overture
Ⓐ Black Mark Production ⦿ 2005

スウェーデンのエレブルー出身、Edge of Sanity の Dan Swanö が The Sisters of Mercy 等のゴシックロックに触発されて1994年にスタートしたプロジェクト。2005年発表の6th。当初は Dan のソロだったが、2nd にて実兄である Dag Swanö（混同を避ける為 Tom Nouga という芸名を使用）が加入し、以降はバンド体制にて活動。本作は初期3枚のアルバムから選りすぐってリレコーディングした再録ベスト的内容で、とにかく曲が良い。Dan の清涼感を感じさせるクリーン声を主軸に、メランコリックなゴシックメタルから爽やかなハードロックまで、良質なメロディのオンパレードである。

October Tide
●スウェーデン

A Thin Shell
Ⓐ Candlelight Records ⦿ 2010

スウェーデンのストックホルム出身。元々は Katatonia のヴォーカル Jonas Renkse とギタリストの Fredrik Norrman によるサイドプロジェクトとしてスタートしたゴシック／ドゥームメタルバンド。本作は2009年に Katatonia を脱退した Fred を中心とする新たなメンバーの下で、前作から11年振りにリリースされ、復活作となった2010年発の3rd。ヴォーカルは In Mourinig の Tobias Netzell が担当。Katatonia の遺伝子を引き継ぎつつ、よりヘヴィかつ陰鬱なドゥームサウンドへと寄せた作風。内省的な退廃美を含んだ高品質なゴシックデスを終始楽しめる一枚。

One Without
●スウェーデン

Thoughts of a Secluded Mind
Ⓐ Lifeforce Records ⦿ 2011

スウェーデンはヨーテボリ出身、フロントウーマン Catrin Feymark を擁するゴシックメタルバンド。2009年の1st フルレングス。モダン化以降の Lacuna Coil を基軸に、All Ends や Unsun といったラウド＆メランコリックなエッセンスを取り入れたバンド群とも呼応する、フィーメール・ゴシックメタルを掻き鳴らしている。Lifeforce Records というレーベルカラーを反映してか、メタルコア風味の重量感を感じさせるサウンドも特徴。高音を多用せず、ミドルレンジ中心の歌唱でモノクロームな感傷性を演出する Catrin のヴォーカルも普遍的な魅力だ。アグレッシヴなポップ性に富んだ良作。

Pain
●スウェーデン

Nothing Remains the Same
Ⓐ Stockholm Records ⦿ 2002

スウェーデンのルドビーカ発、Hypocrisy のフロントマン Peter Tägtgren によるワンマンプロジェクトとして1996年に発足したエレクトロ／インダストリアルメタルアクト。2002年の3rd。デジタルな高揚感に満ちたメタルサウンドと質の高いポップネスを併合したサウンドは、欧州の市場を中心に幅広い支持を獲得。本作はスウェーデンの国内チャートにて最高6位をマークした。Peter の捻くれつつもキャッチーなメロディセンスが全編で遺憾なく爆発しており、彼のマルチな才能には改めて驚嘆させられるばかり。The Beatles「Eleanor Rigby」のカヴァーも違和感なくハマッている。

Slumber

○スウェーデン

Fallout
🅐 Karmageddon Media ○ 2004

全ゴシックドゥーム愛好家に強烈なインパクトを与え未だカルト的人気を誇る Slumber の 2004 年 1st。スウェーデンのストックホルム出身。全楽曲が切なくも幻想的な美しさをまとったギターメロディに溢れており、その豊かな旋律美に恍惚すること必至。躍動感を感じさせる手数の多いリズム・アンサンブルも印象的で、アップテンポに進行していく楽曲が多いので、ドゥーム初心者にもお勧め。初期の Katatonia を彷彿させるメロディラインはフィンランドの Rapture 辺りにも近い。北欧的幽玄美を帯びたシンセワークと女性クワイアの絡みも秀逸。終わりの無い深淵の闇に、どこまでも落ちていくかのような体育座り系絶望メタルの名作。

Soliloquium

○スウェーデン

Contemplations
🅐 Transcending Records ○ 2018

スウェーデンはストックホルム出身のメロディック・ドゥーム / デスメタルバンド。2018 年の 2nd。Desolator のメンバーを中心に 2011 年に結成。Dawn of Solace や Sinamore 等で知られるシンガー Mikko Heikkilä がゲスト参加。Katatonia や Daylight Dies に連なる寂寥感をたっぷり含んだ暗黒ドゥームを奏でており、クリーントーンを多用したアプローチからは Alcest や Slowdive といった内省シューゲイズ的な要素も感じ取れる。Opeth 由来のプログレッシヴなドラマ性も垣間見えるが、技巧的な展開よりムードの心地好さを重視した楽曲はいずれも水準が高い。

Stillborn

○スウェーデン

Necrospirituals
🅐 Radium 226.05 Records ○ 1989

1984 年から活動するヨーテボリ出身のゴシック / ドゥームメタルバンド。1989 年の 1st フル。ヘヴィメタルとゴシックロックを早期に掛け合わせた存在としてロサンゼルスの Saviour Machine と並ぶ隠れた功労者と称えられており、Paradise Lost を始めとするパイオニア達が影響を公言している。Candlemass 系譜のエピックドゥーム的なヴァイブも含有しているが、ホラーめいたバリトン・ヴォーカルやオカルティックなメロディセンスからは、ゴシックロック由来の香りが強く滲む。アメリカ南部のバイカー文化を風刺するユーモラスな歌詞も聴きどころ。プリ・ゴシックメタルを体現する時代を跳躍した不朽作だ。

Sundown

○スウェーデン

Design 19
🅐 Century Media Records ○ 1997

元 Tiamat のベーシスト Johnny Hagel と元 Cemetary のヴォーカル / ギタリスト Mathias Lodmalm によって結成されたスウェーデン発ゴシックメタルバンド、Sundown による 1997 年 1st。中期 Paradise Lost にも通じる、モダンなシンセワークとクランチーなメタルギターを配したゴスロック色の強い音楽性が特徴。良質なメロディセンスに彩られた楽曲群は、後期 Cemetary の正統な進化系といった趣も感じられる。メタルと電子音楽とが程良くミックスされた「19」「Synergy」「Don't like to Live Today」辺りは特に秀逸なハイライト的ナンバー。

The Equinox ov the Gods

○スウェーデン

Images of Forgotten Memories
🅐 Unisound Records ○ 1996

スウェーデンはエステルスンド出身のドゥーム / ゴシックメタルバンドによる 1996 年の 1st。ヴォーカルの Fredrik Wallin とベーシストの Melker Ryymin を中心に創設。結成年は 1989 年と 1990 年の二説あり。バンド名はイギリスの暗黒詩人アレイスター・クロウリーの著作が由来。ゴシックロックのテイストを伴ったダークなドゥームメタルをプレイしており、古代文学を扱うテーマ性も相まってミステリアスかつ幻想的なムードが顕著。重々しい男性低音ヴォーカルや時折挿入される女性ヴォーカルが良い仕事をしており、不吉な旋律美を曝すピアノも印象的だ。90's ゴシックメタルの神秘性を象徴する良盤。

The Murder of My Sweet
○スウェーデン

Divanity 🅐 Frontiers Records 🅒 2010

スウェーデンのストックホルムにて 2007 年に結成、女性シンガー Angelica Rylin を擁するゴシックメタルバンドによる 2010 年リリースの 1st。バンド名の由来は 40 年代のノワールフィルム作品から。メインコンポーザーは Secret Sphere や Mind's Eye 等のバンドを渡り歩いてきたドラマー Daniel Flores が担当。映画のサウンドトラックから影響を受けたシネマテッィクなシンセアレンジと、Angelica による中音域中心の歌唱力を際立たせた熱量の高いシンフォニックメタルを聴かせる。モダン路線化以降の Within Temptation 等のファンならば、本作も大いに突き刺さるはずだ。

TheNightTimeProject
○スウェーデン

Pale Season 🅐 Debemur Morti Productions 🅒 2019

スウェーデンのアーベスタ出身、元 Katatonia 及び October Tide のギタリスト Fredrik Norrmann の別プロジェクトとして 2010 年に発足したオルタナティヴメタルバンド。2019 年の 2nd。Fredrik が描く抑鬱的な世界観は底知れない程に魅力的ながら、やはりそこには Katatonia の影がついて回る。しかし Draconian の歌姫 Heike Langhans をフィーチャーしたハイライト曲「Signals in the Sky」を始め、本作が醸し出す傑出したメランコリアからは、その比較から逃れるのに十分なオリジナリティも含有。いずれにせよ Fredrik のファンならば必聴案件だ。

The Provenance
○スウェーデン

25th Hour; Bleeding 🅐 Scarlet Records 🅒 2001

スウェーデンはヨーテボリ出身の男女ヴォーカル擁するプログレッシヴ / ゴシックメタルバンド。2001 年の 1st。ギタリストの Tobias Martinsson、女性シンガーの Emma Hellström、ドラマーの Joel Lindell の三名の創設メンバーによって 1995 年から活動開始。プログレッシヴロックを経由した剛直なアンサンブルを基軸に、ゴシックメタル由来の内省的かつ情熱的なメロディをダイナミックに導入したサウンドが持ち味。Emma が兼任するフルートとハモンドオルガンによる音色もアヴァンギャルドで、サイケデリックな彩りを楽曲に加えている。複雑な構築力とフックを両立させる手腕が素晴らしい。

Therion
○スウェーデン

Lepaca Kliffoth 🅐 Megarock Records 🅒 1995

スウェーデンはストックホルム発、シンフォニックメタルの成立に携わったパイオニアによる 1995 年の 4th フル。バンド創設者であるマルチプレイヤー Christofer Johnsson を中心に 1987 年結成。ミッドテンポベースの暗黒デスメタルに、中近東音楽的な節回しを施したオーケストレーションやオペラティックな女性ヴォーカルを大胆に融和する実験精神に溢れた内容となっており、リードシングルの「The Beauty in Black」は当時における彼等の特異性を端的に体現したナンバー。クラシカルなシンフォニックサウンドと、エクストリームなアグレッションを紐付け、ヘヴィメタルの概念拡張を促した先駆的一枚。

Therion
○スウェーデン

Theli 🅐 Nuclear Blast Records 🅒 1996

スウェーデンのストックホルム出身、荘厳絢爛なオーケストラやコーラスを大々的に取り入れた大所帯シンフォニックメタルバンドとして知られる Therion の 1996 年発 5th フル。前作まではデスメタル色が残る音楽性だったが、クラシックやオペラの要素をより色濃く取り入れ、シンフォニックメタルとしての圧倒的個性が開花したバンド変遷期における重要作。大胆なオーケストレーションとクワイアを中心に展開していくエジプシャン風味な大仰メタルサウンドは今聴いてもインパクト大で、特に名曲「To Mega Therion」はバンドのテーマソング的アンセム。Edge of Sanity の Dan Swanö が数曲でゲスト参加。

Therion
● スウェーデン

Vovin
🅐 Nuclear Blast Records ◎ 1998

1998 年リリースの 7th アルバム。オーケストレーションとメタルサウンドの融合が更に推し進められたサウンドとなっており、特に歌メロに関しては大分部において特定のリードヴォーカリストではなく、コーラスやクワイア隊によって展開される等、既存のヘヴィメタルの在り方を覆す方法論で今後の Therion の方向性を決定づけた一枚。前作までヴォーカルを担っていた中心人物の Christofer Johnsson はギター及び鍵盤演奏に徹しており、レコーディングもバンドメンバーではないスタジオミュージシャンや、多数のゲストメンバーにて録音されている。本作は欧州だけで 15 万枚以上を売り上げ、バンドのベストセラー作となった。

Trees of Eternity
● スウェーデン

Hour of the Nightingale
🅐 Svart Records ◎ 2016

スウェーデンのエレブルーを拠点とする、Trees of Eternity の 2016 年 1st。バンドは Swallow the Sun のギタリスト Juha Raivio と、その恋人でもある女性シンガー Aleah Stanbridge の共同作として発足。Aleah の幽玄な歌唱をメインに据えた、アンビエント / フォークからの影響も感じられる、珠玉のメランコリック・ゴシックドゥームは恍惚する程に美しい。しかしながら本作リリース前に 39 歳の若さで Aleah が癌の為に逝去。彼女の遺作となる。悲劇的な経緯を辿ってしまったが、作品は永遠に不滅。ゴシックドゥーム界隈に輝く稀有な名作として、長く愛され続けることだろう。

Tribulation
● スウェーデン

Down Below
🅒 Century Media Records ◎ 2018

スウェーデンはアルビカ出身の 4 人組ゴシック / ブラックメタルバンドによる 2018 年リリースの 4th フルレングス。トラディショナルなヘヴィメタルやサイケデリックロックと同時に、ブラックメタルやゴシックロックからの強い影響を感じさせるジャンル越境系の新境地的アクト。ブラッケンド・ゴシックロックとでも呼称したくなるクロスオーバー的ダークメタルサウンドに、ニューウェーヴ / ポストパンク風なアティチュードをブレンドした装いが堪らなくクールである。コープスペイントとゴスファッションを融和した様なメンバーのビジュアルも鮮烈。NWOBHM 系譜のオカルティックなドラマ性も含んでいるのも興味深い。

Tristitia
● スウェーデン

One with Darkness
🅐 Holy Records ◎ 1995

スウェーデンはハルムスタッド出身のゴシックドゥームメタルバンドによる 1995 年リリースの 1st アルバム。実に Holy Records らしい妖しく密教的な雰囲気たっぷりの暗黒ドゥームが終始展開されており、ブラッケンドなシャウトと野太いバリトン・ヴォイスの二枚看板で進行するヴォーカルワークも、不吉なムードを更に高めている。時折挿入されるギター・フレーズは思いの外豊潤で、バックに被さるシンセの響きがメランコリックで美しい。とにかく徹頭徹尾に遅い・重い・暗いを貫いたサウンドは、重苦しくも独特の中毒性が含まれており、ついつい何度も服用してしまう。現行のフューネラルドゥームの始祖的ニュアンスもある。

When Nothing Remains
● スウェーデン

As All Torn Asunder
🅐 Solitude Productions ◎ 2012

スウェーデンはヨーテボリ出身のゴシックドゥームメタルバンドによる 2012 年の 1st フル。2010 年初頭に The Cold Existence や Nox Aurea の元メンバーを中心に結成。Draconian や Swallow the Sun といった北欧ゴシックドゥーム達の先人達が培ったスタイルを踏襲しつつ、フューネラルドゥーム由来の寂寥とした空気感をミックスしたサウンドが特徴。とはいえ全体的にはメロディックな側面が強く、アートワークの雰囲気も相まって、どこかファンタジックなドラマティシズムも感じさせる。Draconian のリードギタリスト Johan Ericson がマスタリングを担当。

Wolverine
Cold Light of Monday 　　　　🅐 Earache Records 🅒 2003
📍スウェーデン

スウェーデンはセーデルハムン出身のプログレッシヴメタルバンド。2003 年の 2nd。ヴォーカルの Stefan Zell とドラマーの Marcus Losbjer を中心に 1995 年結成。当初はデスメタルをプレイしていたが、1999 年頃より現在の方向性へとシフト。本作は愛した男性から虐待を受ける女性 Sarah の物語を軸にしたコンセプト作。内省味に溢れるメロディに彩られた音像は『Damnation』期の Opeth や Anathema を彷彿させ、実験的なエレクトロ要素は近年の The Gathering にも通じる。プログレ文脈のバンドではあるが、高品質なオルタナ・ゴシックとして聴いても優秀な一枚。

Ablaze in Hatred
The Quietude Plains 　　　　🅐 Firedoom Music 🅒 2009
📍フィンランド

フィンランドはヘルシンキ出身のゴシックドゥームメタルバンド。2009 年の 2nd フル。Malefic by Design や Fall of the Leafe 等のメンバーが集い、2004 年から活動。「憎しみの炎」という意を持つバンド名の下に、孤独と憂鬱を体現するドゥームデスメタルをプレイしている。そのスタイルは各メディアから Shape of Despair としばしば対比され、その比較の通りフューネラルドゥームのエッセンスを含んだ側面も持つ。Swallow the Sun や Draconian といった一線級には及ばないものの、破滅的暗黒メタル愛好家の琴線を掻き鳴らすには十二分の出来である。

Amorphis
Am Universum 　　　　🅐 Relapse Records 🅒 2001
📍フィンランド

フィンランドはヘルシンキ出身、北欧土着の哀切を個性豊かに表現し続けるベテランバンドによる 2001 年発表の 5th フルレングス。Esa Holopainen と Tomi Koivusaari のギタリスト 2 名とドラマーの Jan Rechberger を中心として 1990 年結成。本作は彼等のルーツの一つであるデスメタルからの脱却が強固に推進されており、Pasi Koskinen がフロントマンとして在籍した時代のアルバムの中で、最もゴシック / サイケデリックな内省性が反映された作風となっている。ヒプノティックなキーボードとジャジーなサックスの音色とが艶やかに融解し合う、ジャンル横断的な音像は今聴いても特異だ。

Amorphis
Eclipse 　　　　🅐 Nuclear Blast Records 🅒 2006
📍フィンランド

ヘルシンキを中心に活動するフィンランドの大御所メタルバンドの一角、Amorphis による 2006 年リリースの 7th フル。当初はメロディック・デスメタルバンドとして出発し、次第にフィンランドの土着的メロディを取り入れた路線へとシフト。本作から Tomi Joutsen がヴォーカリストとして加入し、新生 Amorphis のお披露目作となる。Tomi の卓越したヴォーカルワークを生かしたフォーク調メタルを基軸に、メランコリックなゴシックメタルテイストも取り入れた湿り気たっぷりのサウンドは極めてエクセレント。Amorphis 節全開の「House of Sleep」はライブでも大合唱必至のアンセミックなナンバーだ。

Amorphis
Queen of Time 　　　　🅐 Nuclear Blast Records 🅒 2018
📍フィンランド

オリジナル・ベーシストの Olli-Pekka Laine が 1999 年『Tuonela』以来に復帰した、2018 年発表の 13th。本作では Orphaned Land 風の中東フレーバーを組み込みつつ、Amorphis 以外の何物でもないサウンドへと昇華させた極上のオリエンタル・メランコリックメタルが終始展開。元 The Gathering の Anneke van Giersbergen の歌唱と共に壮観な哀愁美を描く「Amongst Stars」や、精巧なオーケストレーションと聖歌隊のコントラストが際立つ「Heart of the Giant」は圧巻。壮観かつ神秘的な世界観は更なる独自性をもって深まっている。

As Divine Grace
Lumo 🅐 Avantgarde Music 🅞 1997 　　🅞フィンランド

フィンランドのポリ出身のゴシック/ドゥームメタルバンドによる 1997 年リリースの 1st アルバム。女性ヴォーカルを主軸にしたゴシックメタルとしては、かなり早期から活動していたバンドの一つ。The Gathering の『Nighttime Birds』リリースと同時期に、ここまで本格的な女声ゴシックメタルバンドがフィンランドから登場したというのは、今顧みても驚くべきことだ。ドゥーミーかつメランコリックな初期ゴシックメタルの様式に沿いつつ、哀感漂うシンセとギターメロディがバックを彩るサウンドが味わい深い。90 年代ゴシックメタルシーンで生まれた隠れた名作の一つ。

Battlelore
Sword's Song 🅐 Napalm Records 🅞 2003 　　🅞フィンランド

フィンランドのラッペーンランタ出身、男女ツインヴォーカル体制のエピック/シンフォニックメタルバンド。2003 年の 2nd フル。1999 年結成。トールキンを始めとするファンタジー文学や民間伝承に触発されたスタイルが特徴で、その強い拘りは舞台衣装やライブパフォーマンスに至るまで徹底されている。音楽的には意外にもしっとりとした端麗系シンフォニックゴシック/フォークメタル的な趣が色濃く、Theatre of Tragedy、The Gathering、Anathema、Katatonia といった伝統的なゴシックメタルからの影響を公式に謳っている。暗黒色は希薄だが欧州情緒を伴うメロディには光るものがある。

Barren Earth
On Lonely Towers 🅐 Century Media Records 🅞 2015 　🅞フィンランド

フィンランドのヘルシンキ発、プログレッシヴ/ドゥームメタルバンドによる 2015 年リリースの 3rd。ギターに Waltari の Sami Yli-Sirniö、ベースに Amorphis の Olli-Pekka Laine、ドラムに Moonsorrow の Marko Tarvonen という布陣で構成されるスオミ・スーパープロジェクトバンド。Opeth にも通じるダークでサイケデリックな叙情美と、北欧デスメタル由来の荒涼とした哀感とを融和させた情緒豊かなサウンドを聴かせてくれる。本作から加入した Hamferð の Jón Aldará による、クリーン声とグロウルを巧みに近い分けるヴォーカルワークも素晴らしい。

Before the Dawn
My Darkness 🅐 Locomotive Records 🅞 2003 　🅞フィンランド

フィンランドのナストラ出身、現 Wolfheart の Tuomas Saukkonen によるプロジェクトとして結成。本作は 2003 年リリースの 1st。中期の Sentenced や Insomnium に通じるミドルテンポ主体のメロディック・メタルサウンドに、同郷のメランコリック・ゴシックメタル系譜のロマンティックな旋律美を導入したアプローチが持ち味。飛び抜けた個性こそ無いものの、良質な泣きメロと適度な躍動感を備えた堅実な一枚。次作以降の作品は洗練された分疾走感が増幅し、メロディック・デス的要素が強くなってくる。陰気なムードを帯びたゴシックメタルという視点では今作がピークと言える。

Black Sun Aeon
Routa 🅐 Cyclone Empire 🅞 2010 　🅞フィンランド

フィンランドのラハティ出身、Before the Dawn や Wolfheart 等多数のバンドに携わるスオミメタル界隈屈指のコンポーザー Tuomas Saukkonen が 2008 年に立ち上げたゴシック/メロディック・ドゥームメタルバンド。2010 年の 2nd フル。北欧の氷雪地帯を思わす、冷たくメランコリックなシンセサイザーとギターメロディが付与されたスタイルは、同じく Tuomas が在籍する Dawn of Solace と共通する部分が多い。クリーン・ヴォイスを担当しているのが Mikko Heikkilä という点もそれに拍車をかける。高品質な北欧ゴシックドゥーム作として、未だファンからの支持が厚い一枚。

Charon　　　　　　　　　　　　　　　●フィンランド
Tearstained　　　　🅐 Diehard Progress/Spinefarm Records ◉ 2000

フィンランドのラーヘ出身のゴシックメタルバンド、Charon による 2000 年リリースの 2nd アルバム。4th 以降の Sentenced や中期の Paradise Lost に通じる、力強くも漢臭い哀愁を帯びたゴシックメタルを奏でている。JP Leppäluoto によるディープな色気を携えたヴォーカルはバンドの魅力の肝であり、端正なルックスも相まって女性ファンも多い。北欧らしいモノクロームな翳りをまとったタフでヘヴィなサウンドはシンプルながらも中毒性が高い。情熱的に疾駆する「Worthless」や「Christina Bleeds」、煽情的なツインリードが響く「Sin」は特に痺れる。

Charon　　　　　　　　　　　　　　　●フィンランド
Downhearted　　　　　　　　🅐 Spinefarm Records ◉ 2002

フィンランド出身のゴシックメタルバンド、Charon による 2002 年リリースの 3rd アルバム。今作から本格的に同郷の To/Die/For や Entwine、HIM 等のメランコリック・ゴシックメタル勢に接近した路線へとシフトしているが、他の同系統バンドに比べて陰鬱さの度合いが幾分強い。悲哀と孤独感を携えたメロディと、漢の哀愁をまとった JP のヴォーカルは相変わらず素晴らしく条件反射で涙腺が緩んでしまう。バックで紡がれる女性ヴォーカルのハーモニーも秀逸。シングル「Little Angel」はフィンランドのチャートで 5 位、アルバム自体も 3 位に入るなど興行面でも成功した。

Charon　　　　　　　　　　　　　　　●フィンランド
Songs for the Sinners　　　　🅐 Spinefarm Records ◉ 2005

冥府の川の渡し主の名を冠したフィンランドのゴシックメタルバンド、Charon の 2005 年リリースの 5th。疾走感のある楽曲よりもミドル〜スローテンポ中心にしっとりと聴かせる作風となっている。JP Leppäluoto の渋味と哀愁をまとったヴォーカルはますます魅力を増しており、心地よく五臓六腑に沁みる。女性コーラスの絡みと共に深い高揚感へと導く「Colder」、Charon 節が映える「Deep Water」、ノリノリ哀愁ゴシックの真骨頂「Ride on Tears」、チェロが優雅に響くラスト・バラード「House of the Silent」と良曲をピックアップしたらばキリなし。最終作にして最高傑作。

Colosseum　　　　　　　　　　　　　●フィンランド
Chapter 1: Delirium　　　　　　🅐 Firedoom Music ◉ 2007

フィンランドはリーヒマキ出身のゴシック / フューネラル・ドゥームメタルバンドによる 2007 年リリースの 1st フルレングス。元 Yearning や Counting Hours 等のメンバーで構成される。結成は 2006 年。高潔な交響曲を聴いているかの如く、格調高い暗黒シンフォニアに包まれたゴシック色の強い葬式ドゥームサウンドが展開。因みにアルバムカヴァーのアートワークは Shamrain の元ギタリスト / 鍵盤奏者の Kalle Pyyhtinen が担当している。随所に配された痛切なギターメロディも印象深く心に突き刺さっていく。厳めしいドゥーム要素とゴシックアンビエントを融和したトリップ感溢れるアプローチが実にユニークだ。

Counting Hours　　　　　　　　　　●フィンランド
The Will　　　　　　　　　🅐 1312642 Records DK ◉ 2020

フィンランドのウーシマー出身、Shape of Despair や Rapture 等のスオミゴシック人脈のメンバー等で構成されるメロディック・ドゥーム / ゴシックメタルバンドの 2020 年リリースの 1st。メインソングライターはギタリストの Jarno Salomaa が担っており、まさにその音楽性はかつて彼が在籍していた Rapture の遺伝子を受け継ぐメランコリックなゴシックサウンド。鬱々としつつも流麗でキャッチーなメロディには往年のフィンランド・ゴスの血脈が流れており、否が応でも胸が熱くなってしまう。中期 Katatonia+ 北欧ダークメタル由来の寂寞感、このワードにピンと来たらば是非。

Cryhavoc
○フィンランド

Sweetbriers 🅰 Spinefarm Records ○ 1998

フィンランドはヘルシンキ出身のゴシック / メロディックデスメタルバンドによる
1998 年リリースの 1st フルレングス。バンドは 1992 年に結成され、デビュー作の
リリースまでに数回のメンバーチェンジと、バンド名の変遷を経て最終的なライン
ナップを完成。音楽性としては Sentenced の『Amok』を彷彿とさせる正統派メタ
ル準拠のキャッチーなメロディックデスメタルがベース。そこにゴシックメタルか
らの影響が伺える哀愁味を帯びた旋律美とドラマ性が加味されている。前述の通り
Sentenced や初期の Darkseed 等のファンはもちろん、全編アップテンポでフック
満載のサウンドは、より大衆的なメタルファンにもお勧め。

Dark the Suns
○フィンランド

All Ends in Silence 🅰 Firebox Records ○ 2009

フィンランドのユバスキュラ出身、ダーク / ゴシックメタルバンド Dark the Suns
による 2009 年の 2nd アルバム。シンセやピアノの物悲しい音色を印象的に配しつ
つ、ミドル～アップテンポ主体のメタリックなサウンドでメリハリを利かせている。
とにかく泣きに特化した甘美なサウンドメイキングは、一聴して胸を掻き毟られる
程に切なくドラマティックに響く。透明感溢れる女性ヴォーカルも効果的に機能し
ており、抒情的なギターメロディ、ポロポロと零れ落ちる様な Key の旋律と三位
一体で涙腺を揺さぶる。Eternal Tears of Sorrow の様な耽美メロデス好きには堪ら
ない一品。

Dawn of Solace
○フィンランド

Waves 🅰 Noble Demon ○ 2020

フィンランドのラハティ出身。Before the Dawn や Wolfheart の Tuomas
Saukkonen を中心としたゴシックドゥーム・プロジェクトによる 2020 年リリー
スの 2nd。今作から元 Sinamore 及び Kaunis Kuolematon のフロントマン、Mikko
Heikkilä がクリーンヴォイス担当として加入。Insomnium 系譜のクラシックなフィ
ンランド産メロディック・デスメタル的要素と同時に、Mikko の暗いトーンの歌唱
も相まって、往年の Charon や To/Die/For を彷彿させる雰囲気も持ち合わせている
のが面白い。終始一貫して上質な仄暗いダークメタルが味わえる作品。

Depressed Mode
○フィンランド

Ghosts of Devotion 🅰 Firedoom Music ○ 2007

フィンランドはポリ出身のゴシックデス / シンフォニック・ドゥームメタルバンド
による 2007 年リリースの 1st フルレングス。ヴォーカル、キーボード、プログラ
ミングを兼任する Ossy Salonen を中心に 2005 年に結成。女性ヴォーカルも
Shape of Despair や Collapse of Light 等にも在籍する Natalie Koskinen がクレジッ
トされている。陰惨な絶望感を演出するピアノ / シンセによるオーケストレーショ
ンを大々的に配した灰暗くも悲嘆的なゴシックドゥームが奏でられており、時折差
し込まれるチェロの旋律も印象的。デプレッシヴな美しさにゾクゾクしてしまう。

Divercia
○フィンランド

Modus Operandi 🅰 Hammerheart Records ○ 2002

フィンランドのクラウカラ出身、同郷の Lost in Twilight を前身に持つゴシック /
シンフォニックメタルバンドによる 2002 年リリースの 1st アルバム。Nightwish
を彷彿させる派手で壮麗なシンセワークが施されたメタルサウンドをバックに、
ニューウェーブ風の低く呟く男性クリーンヴォーカルがメインを張るという、有
りそうで無かった取り合わせのサウンドが非常に個性的。メタリックかつスピー
ディーに攻めるタイプの楽曲でもハイトーンヴォイスやソプラノ女性ヴォーカルを
採用せず、あくまで HIM の Ville Valo を彷彿させるナルシスティックな歌唱を貫く
アプローチが異質で面白い。

End of You

○フィンランド

Remains of the Day
🅐 Playground Music Finland ○ 2010

フィンランドのヘルシンキ発ゴシック / オルタナティヴ・ロックバンド、End of You による 2010 年リリースの 3rd アルバム。メランコリック・ゴシックメタルの枠組みに入る音楽性ではあるが、同系統バンドに比べてよりダークでミドルテンポを中心にじっくりと聴かせるスタイルが個性的。煌びやかなシンセに装飾されたヘヴィネスと、その内側から漏れ出る哀愁のメロディがじわりと沁みる。ダンサブルに躍動する「Just Dance」や「Star Parade」、翳りと悲哀をしっとりと滲ませ進行する「September Sun」や「Crystal」辺りは特に味わい深い。濃密な北欧ゴシックを体感出来る逸品。

Entwine

○フィンランド

Gone
🅐 Spikefarm Records ○ 2001

フィンランドのラハティ出身のゴシックメタルバンド、Entwine による 2001 年リリースの 2nd アルバム。日本では本作が国内盤デビュー作。後年までバンドの顔役となるヴォーカリストの Mika Tauriainen が加入して初のアルバムであり、憂いと哀愁味を帯びたバンドの魅力を確立させた一枚。とにかくメロディの質が素晴らしく、イントロからして切なさ全開な「Losing the Ground」、HIM を彷彿させる「Snow White Suicide」、本作随一の哀愁キラーチューン「New Dawn」と哀メロの洪水。随所で挿入されるキラキラとしたシンセとヴァイオリンの音色も惚けるほどに美しい。

Entwine

○フィンランド

Time of Despair
🅐 Spikefarm Records ○ 2002

フィンランドのゴシックメタルバンドによる 2002 年リリースの 3rd アルバム。HIM を彷彿させる哀愁味を帯びたゴシックロックをプレイしているが、こちらはよりメタリックなエッジが感じられるサウンドメイキングが特徴。紅一点の専任キーボーディストが在籍しているだけあってシンセが大変良い味を出しており、エレクトロ / ダンサブルなアレンジで楽曲を牽引していく。メロディの質の高さも相変わらずで、トランシーなイントロがインパクト大な「The Pit」、哀切号泣バラード「Safe in a Dream」、男女ヴォーカルが切なく絡む「Until the End」を始め、全編で悶絶級のメランコリーが味わえる。

Entwine

○フィンランド

Dieversity
🅐 Spikefarm Records ○ 2004

フィンランド発ゴシックメタル、Entwine の 2004 年発表の 3rd。前作で培ったエレクトロ / トランス風味のアレンジセンスと、モダンに洗練されたヘヴィロック的ヴァイブが結実した哀愁ゴシックメタルの傑作。バンドのアンサンブルはシャープかつタイトにまとまっており、力強い表現力を身に着け成長した Mika Tauriainen の歌唱も頼もしい。フィンランドのチャートで 3 位に入ったリードシングル「Bitter Sweet」、甘美に煌めく「Bleeding for the Cure」、クールでキャッチーな「Still Remains」とクオリティの高さは折り紙付き。ブリリアント & ヘヴィな魅力に溢れた一枚。

Eternal Tears of Sorrow

○フィンランド

Chaotic Beauty
🅐 Spinefarm Records ○ 2000

フィンランドのプダスヤルビ出身のメロディックデスメタルバンドによる 2000 年発表の 3rd。この時期の作品はエクストリームでありつつ、耽美でゴシックメタル的な要素を多分に含んだサウンドを標榜。際立っているのが北欧の冷気を切々と演出する Key センスとギターメロディで、ゲスト参加した Kimberly Goss によるメロウな女性ヴォーカルとデス・ヴォイスのコントラストもドラマ性に拍車をかけている。「Autumn's Grief」や「Bride of the Crimson Sea」辺りはその象徴とも言える劇的ナンバー。Edge of Sanity の「Black Tears」カヴァーも秀逸。

Eternal Tears of Sorrow
A Virgin and a Whore

●フィンランド
🔵 Spinefarm Records ● 2001

2001 年発表の 4th。彼等のディスコグラフィー史上最もゴシックメタルなテイストを押し出した一枚。前作より全体的にテンポを落とし、耽美なドラマティシズムを強調した作風。激烈味は減退したがその分、押し寄せるダークでクラシカルな美麗メロディの洪水は圧巻。切なさで秒殺必至の「Prophetian」、メタリックかつ壮麗な「Fall of Man」、For My Pain のヴォーカルがゲスト参加した号泣曲「The Last One for Life」と、まさにバンド名の如く「悲しみの永遠の涙」を体現した一枚。鍵盤奏者 Pasi Hiltula のセンスの高さも大きな功労だが、本作を最後に脱退している。

Fall of the Leafe
Vantage

●フィンランド
🔵 Firebox Records ● 2005

フィンランドはウーシカウプンキ出身、The Man-Eating Tree 等にも在籍したシンガー Tuomas Tuominen 擁するゴシックメタルバンド。2005 年の 5th。ギタリストの Jussi Hänninen、ベーシストの Juha Kouhi、ドラマーの Marko Hyytiä を中心に 1996 年結成。初期はフォーキーなメロディックデスメタルをプレイしていたが、徐々にアトモスフェリックなゴシックメタル路線へと移行。オルタナティヴ・ロックの意匠を取り込んだ、この時期のフィンランド産らしいゴシックメタルをプレイしており、渋味と叙情味を効果的に用いた北欧産らしい魅力的なパッセージが詰まっている。

For My Pain...
Fallen

●フィンランド
🔵 Spinefarm Records ● 2003

フィンランドのオウル発。Eternal Tears of Sorrow、Nightwish、Reflexion 等のメンバーを中心に結成されたプロジェクトバンド For My Pain... による 2003 年の 1st。音楽的には HIM や Sentenced 系譜のメランコリック・ゴシックメタルながらその完成度はシーン随一。Nightwish の Tuomas による繊細な Key の旋律が施された楽曲はいずれも素晴らしく、Ram-Zet の女性ヴォーカルがゲスト参加した「Dancer in the Dark」や、雄大な切なさが蔓延る「Queen Misery」他全編捨て曲無し。北欧ロマンティック・ゴシック屈指の名盤。

For Selena and Sin
Primrose Path

●フィンランド
🔵 Mascot Records ● 2009

フィンランドのユバスキュラ出身、女性ヴォーカリスト Annika Jalkanen 擁する 6 人組ゴシックメタルバンドによる 2009 年リリースの 2nd フルレングス。欧州シンフォ / ゴシックメタル由来の正統派な色合いをベースにしつつ、フィンランド産らしいメランコリックなゴシックメタル風のポップネスを加味したサウンドが特徴。典型的なシンフォゴシックで見られる大仰でオペラティックなスタイルを避け、ロック / ポップス寄りのアプローチで紡がれる Anaika の歌唱も実に堅実な仕事をしている。同郷の Silentium 辺りにも通じる北欧的な悲哀性をたっぷり含んだメロディセンスも魅力的。

Fragile Hollow
Effete Mind

●フィンランド
🔵 Avantgarde Music ● 2003

フィンランドのヘルシンキにて結成されたゴシックメタルバンド、Fragile Hollow による 2003 年の 1st フルレングス。『Last Fair Deal Gone Down』期の Katatonia のサウンドを、HIM 等の北欧メランコリック・ゴシックメタルに寄せた雰囲気の内省的かつ繊細なスタイルが特徴。ヴォーカルワークについても Jonas Renkse と Ville Valo からの影響を思わせる。ダークで寂寥感溢れるムードが充満した楽曲はいずれも魅力的で、Duran Duran のヒット曲「Come Undone」を見事に北欧ゴシック色で染め上げたカヴァーも素晴らしい。

Ghost Brigade
◯フィンランド

Until Fear No Longer Defines Us 🅢 Season of Mist 🅞 2011

フィンランドのユバスキュラ出身、ゴシックドゥーム / オルタナティヴメタルバンド Ghost Brigade による 2011 年リリースの 3rd。Opeth 由来のプログレッシヴなドラマティシズム、スラッジメタル的な乾いた音色、ポストメタル風味の空間的なヘヴィネス等を盛り込んだ先鋭的なダークメタル・サウンドが特徴。メロディの端々には Katatonia を彷彿させる内省性と同時に、Amorphis を思わせる北欧土着のフォーキーな哀愁を感じさせる。かと思えば Mastodon 等に通じる機知に富んだグルーヴを発露させたりと、単純にゴシックドゥームとは括れないハイブリッドな構築美が素晴らしい一枚。

Gotham O.D
◯フィンランド

Monochromatic 🅞 Off Records 🅞 2007

フィンランドのピエクサマキ出身のゴシック / ヘヴィロックバンド、Gotham O.D による 2007 年発表の 1st アルバム。ハードロック由来のドライヴ感をまとったアップテンポ主体のメランコリック・ゴシックメタルを全編通して楽しめる。ダークな質感はそれほど強くないものの、ドラマチックなメロディラインと艶のある低音ヴォーカルによる煽情的なハーモニーは、この手のサウンドのファンならば心揺さぶられるものがあるはず。スピーディーな暗黒ダークロック「My Day of Reckoning」、歌とシンセがエモーショナルに絡む「Cast in Delusion」等は特に印象的。

Hallatar
◯フィンランド

No Stars upon the Bridge 🅢 Svart Records 🅞 2017

フィンランドのユヴァスキュラ出身、Swallow the Sun の Juha Raivio を中心に 2016 年に結成されたゴシックドゥームメタルバンド。2017 年の 1st。ヴォーカルに Amorphis の Tomi Joutsen、ドラマーは元 HIM の Mika Karppinen が務め、Draconian のシンガー Heike Langhans が一部楽曲でゲスト参加。歌詞は 2006 年に急逝した Trees of Eternity のシンガー Aleah Stanbridge が残した日記を基に Juha が制作。喪失の悲しみが滲み出た崇高で荒廃的な暗黒ドゥームに終始圧倒される。美と重苦しさの間で揺れ動く葬送作。

Katra
◯フィンランド

Out of the Ashes 🅝 Napalm Records 🅞 2010

フィンランドはタンペレ出身のシンフォニック・ゴシックメタルバンド。2010 年の 3rd フル。女性シンガー Katra Solopuro を中心に 2006 年に結成。過去にはかの有名なユーロビジョン・ソング・コンテストのフィンランド大会にて準決勝まで勝ち進み、北欧シンフォゴシック界隈の希望の星として将来を有望視されていた。Within Temptation や Nightwish といった先人バンド群の影響下にありつつも、正統的なヘヴィメタル / ハードロックの要素も覗かせる等、フィーメール・ゴシックの範疇に留まらない普遍的な魅力を放つ。良い意味で技巧的過ぎない Katra のヴォーカルも親しみ易い。

Lovex
◯フィンランド

Divine Insanity 🅒 Capitol Records 🅞 2006

フィンランドのタンペレで結成されたグラムメタルバンド、Lovex による 2006 年の 1st アルバム。シングル「Guardian Angel」が本国フィンランドの音楽チャートでいきなり一位を獲得するなど、鳴り物入りでデビューを果たす。立ち位置としては HIM や The Rasmus のフォロワー的バンドだが、80 年代のアリーナメタルにも通じるポップかつキャッチーに洗練されたメジャー指向の楽曲群は、なかなかに質が高い。次作以降は更にメインストリームなロック色を強めていき、2011 年リリースの 3rd アルバムでは日本盤ボーナストラックで日本の V 系ギタリスト雅-MIYAVI- とも共演している。

Lullacry ●フィンランド
Be My God ◎ Spinefarm Records ◎ 2001

フィンランドのヘルシンキ発、ゴシック / メロディック・メタルバンド Lullacry による 2001 年リリースの 2nd。同郷の To/Die/For の 1st と 2nd にゲスト参加していた Tanya Kempainen がヴォーカルを担当。音楽的にはキュートでパワフルな声色の女性ヴォーカルを軸に据えたグルーヴィなハードロックで、随所に挿入された北欧らしい艶のあるメロディが魅力。HIM や Entwine の女性ヴォーカル版ともいえるサウンドはゴシックメタルの範疇に収まらず、普遍的なヘヴィメタルやロック好きにもアピールし得る。エッジの利いたフィーメール・メタルを求めるならば一聴の価値あり。

Lullacry ●フィンランド
Crucify My Heart ◎ Spinefarm Records ◎ 2003

2003 年リリースの 3rd アルバム。ヴォーカルが Tanja Lainio へと交代しているが、言われなければ気付かない程に声色も名前のスペルも似ているので、違和感は一切なし。前作に比べて楽曲の質の向上が著しく、北欧メランコリック・ゴシックメタル勢に通じる哀愁溢れるメロディとソリッドなメタルサウンドとを、ポップかつキャッチーにまとめ上げる手腕は見事。特にシングルになった「Alright Tonight」や「Don't Touch the Flame」辺りはヒットメーカー顔負けの出来で、出るところに出ればもっと人気を得られたのでは……というポテンシャルを感じさせる存在だった。スオミ女声メタルの名作。

Marianas Rest ●フィンランド
Fata Morgana ◎ Napalm Records ◎ 2021

フィンランドのコトカにて 2013 年結成。同郷のメロディック・デスメタルバンド Omnium Gatherum の鍵盤奏者 Aapo Koivisto 等を擁するゴシックドゥーム / デスメタルバンド。本作は 2021 年リリースの 3rd フルレングス。フィンランドの凍てつく極寒風景をそのまま投影したが如く、不穏でメランコリックなムードが強い薄鈍いサウンドが展開されている。幻想的なメロディを紡ぐリードギターと、甲高く吠えるデスヴォイスが真冬の空気を貫く様に突き刺さる様相は、破滅的でいながらも麗しい。北欧的空気感を促すシンセワークの冷気は、同じくフィンランド出自の Red Moon Architect 辺りを彷彿させる。

Mercury Circle ●フィンランド
The Dawn of Vitriol ◎ Noble Demon ◎ 2020

フィンランドのヘルシンキ発、Swallow the Sun や Iconclash での活動で知られる Jaani Peuhu によるプロジェクト・バンド。2020 年発表の 1st EP。The Sisters of Mercy や Depeche Mode 等の 80's ゴス / エレクトロ的ヴァイブを、Cathedral 系譜のドゥームに落とし込んだ「シンセウェーブ・ドゥーム」とでも形容したくなる独自のサウンドに顕現。バックバンドには To/Die/For や Hanging Garden、Children of Bodom 等のメンバーが名を連ね、ちょっとしたオールスターズ的雰囲気もある。新たなスオミ暗黒メタルの注目株。

Negative ●フィンランド
War of Love ◎ GBFam Records ◎ 2003

フィンランドのタンペレ出身、グラム / ハードロックバンド Negative による 2003 年リリースの 1st フルレングス。美形フロントマン Jonne Aaron の端整なルックス含めて、デビュー当時日本でも話題になった。同郷のレジェンド・アイコンである Hanoi Rocks からの血脈を感じつつ、HIM や Sentenced を彷彿させるグラマラスかつメランコリックな北欧ゴシック的テイストを取り入れている。憂いを帯びた「The Moment of Our Love」は本作最大のキラーチューン。耳馴染みの良い音作りはハードポップ好きはもちろん、ライトなロックファン層にもお勧め。

New Dawn Foundation
○フィンランド

Moment of Clarity
🅐 Uho ⊙ 2006

フィンランドのコウヴォラ発、To/Die/For のベーシストが在籍していたメランコリック・ゴシックメタルバンド New Dawn Foundation による 2006 年の 1st アルバム。ニューロマンティックからの影響が色濃い、ダークかつスタイリッシュなサウンドを実践している。愛と葛藤、絶望、悲しみ等を題材にした歌詞は暗いトーンの楽曲とすこぶる親和性が高い。Charon を思わせる「Last Night」、弦楽器が物悲しく響く「Wrapped in Plastic」、力強い歌メロにグッと来る「Mourning in Rain」と、いずれも平均以上の水準で悲哀のドラマを堪能出来る優良作。

Nightwish
○フィンランド

Once
🅐 Spinefarm Records ⊙ 2004

フィンランドのキテー出身、シンフォニックメタルの大御所による 2004 年発表の 5th。このバンドをゴシックメタルの範疇で語ることは賛否あるやもだが、フィーメール・ゴシック界隈との文脈的繋がりや後続シーンへの影響を考えるならば避けては通れないアイコンである。稀代のヴォーカリスト Tarja Turunen 在籍最後の作品で、映画音楽的なアプローチとメタリックなヘヴィネスとが良バランスで結実した最高傑作として名高い一枚。フルオーケストラを生かした力強い「Dark Chest of Wonders」、幻想哀愁メタルの真骨頂「Nemo」、一大叙情詩ソング「Ghost Love Score」は必聴。

Nightwish
○フィンランド

Dark Passion Play
🅐 Spinefarm Records ⊙ 2007

元 Alyson Avenue の Anette Olzon を新たなヴォーカリストに迎えた 2007 年の 6th。強烈な個性を放つ Tarja のオペラティックなスタイルとは打って変わり、後任の Anette はポップで大衆的な響きを持った歌唱でバンドに新たな風を呼び込んだ。この衝撃とも言える交代劇は当然ファンから賛否もあがったが、音楽的には前作の正統進化と言える内容で、映画サウンドトラック的な密度の濃いドラマティシズムを堪能できる。冒頭 4 曲の流れは特に素晴らしく、「Bye Bye Beautiful」や「Amaranth」辺りの楽曲はキャッチーな声色を持つ Annete だからこそ成し得る、新機軸の魅力とも言える。

Nightwish
○フィンランド

Endless Forms Most Beautiful
🅐 Nuclear Blast Records ⊙ 2015

Anette Olzon が脱退し、元 After Forever の Floor Jansen が加入。二度目の交代劇を経て制作された 2015 年発表の 8th。元々フィーメール・メタル界隈屈指の実力派として知られる Floor だが、オペラティックな歌唱も、ポップス寄りのスタイルも器用に使い分け、堂々たる存在感を示す。また、しなやかでありつつ繊細な情感をまとった歌メロは Floor ならでは。豪華絢爛なストリングスを従えた分厚いシンフォニック・メタルは最高潮の仕上がりで高揚必至。緊迫感溢れる「Shudder Before the Beautiful」、ケルティックな「Élan」を始め重々しい叙情美は説得力抜群。

Passionworks
○フィンランド

Blue Play
🅐 Rowan3 ⊙ 2006

フィンランドのヘルシンキを拠点に活動するオルタナティヴ・ロックバンド、Passionworks による 2006 年発表の 1st フル。楽曲制作は主に創設メンバー兼ヴォーカリストの Harriet（Harry）Hägglund が担当。バンド名の由来はアメリカのバンド Heart のアルバムタイトルからだと思われ、Harry も音楽的影響の一つに Heart を挙げている。青く澄み渡るメランコリズムとモノクロームな情緒が同居する内省的なサウンドは、同郷の北欧ゴシックメタル勢とも大いにリンク。本国のシングルチャートで 1 位を獲得した「Falling」はバンドの音楽性を象徴する哀切ハードポップな秀逸曲だ。

Poisonblack
○フィンランド
Escapexstacy　　　　　　　　　　🅐 Century Media Records 🄲 2003

フィンランドのオウル出身、黄金期の Sentenced を支えたフロントマン Ville
Laihiala を中心に結成されたゴシック / ヘヴィメタルバンドによる 2003 年の 1st
アルバム。本作で Ville は歌ではなくギターに専念しており、ヴォーカルは Charon
の "JP" Leppäluoto が担当。Sentenced をよりシンプルにして、Key とギターのアン
サンブルを中心とする泣きのメロディを盛り込んだゴシックメタルが展開。倦怠
と堕落を紡ぐ「Love Infernal」、嘆きのバラッド「The State」、シンセが寒々しく
響く「Exciter」と北欧の曇天を思わせる冷めた世界観を一貫して描く。

Poisonblack
○フィンランド
Lust Stained Despair　　　　　　　🅐 Century Media Records 🄲 2006

2006 年リリースの 2nd。ヴォーカルの "JP" Leppäluoto が脱退し、以降は Ville が
ギターと歌を兼任する形に。楽曲面でも変化が見られ、哀愁を帯びたメロディは不
変ながら、よりグルーヴィーでアグレッシヴなメタルサウンドを押し出した作風へ
とシフト。Sentenced の時よりも更に雄々しく滾るスタイルで魅せる Ville のヴォー
カルもエキサイティング。ハイテンポな開幕曲「Nothing Else Remains」、ダーク
かつムーディーな「The Darkest Lie」、ヘヴィネスの中に哀切を内包する「Soul in
Flames」と Sentenced とは別側面の凄味を体現した渾身作。

Rain Paint
○フィンランド
Nihil Nisi Mors　　　　　　　　　　🅑 My Kingdom Music 🄲 2003

Rapture や Fragile Hollow のメンバーを中心にフィンランドのヘルシンキで結成
されたゴシックメタルバンド、Rain Paint による 2003 年の 1st アルバム。Fragile
Hollow と同じく中期 Katatonia からのインスピレーションを多分に受けたフィニッ
シュ・スタイルのメランコリック・ゴシックメタルをプレイしている。ヴォーカル
の Aleksi Ahokas は Fragile Hollow でも歌っているが、こちらのバンドでは楽曲に
よって時折デス・ヴォイスも披露。哀愁溢れるピアノの旋律とヘヴィなギターリフ
との絡みがダークなロマンティシズムを含んだコントラストを描く。

Rapture
○フィンランド
Songs for the Withering　　　　　　🅢 Spikefarm Records 🄲 2002

フィンランドのヘルシンキ発ゴシックドゥーム、Rapture による 2002 年発表の
2nd。比較的アップテンポなリズムとデスヴォイス、そこに北欧らしい情緒的なメ
ロディを掛け合わせたスタイルで単純にゴシック＋ドゥームという様式では括れ
ない独自のサウンドを築き上げている。クリーン・ヴォイスとグロウルを流麗に使
い分けるヴォーカルの巧みな表現力も大きい。初期 Katatonia を彷彿させるメロディ
ラインの「Gallows」、本作随一の美しさを誇る「Two Dead Names」、ロマンティッ
クかつキャッチーな「Enveloped」と、滑らかに聴き手の感情を揺さぶる。儚げな
暗鬱メタルの強力作。

Rapture
○フィンランド
Silent Stage　　　　　　　　　　　　🅢 Spikefarm Records 🄲 2005

2005 年リリースの 3rd。前作の路線同様に『Brave Murder Day』時代の Katatonia
と『Judgement』期の Anathema を掛け合わせたかの様なハイクラスのゴシック
ドゥームを終始堪能出来る。メランコリックなゴシックメタルを主軸としつつも、
デスヴォイス以外は普遍的なメタル・ファンにも受け入れられる程に分かり易
い楽曲は、愛好家のみならずこの手のサウンドの初心者にも推したい。哀愁メロディ
が溢れんばかりの「Misery 24/7」、寂しげな歌メロが Katatonia を強烈に彷彿させる「I
Am Complete」辺りは、暗く悲しいメタル好きならば条件反射で悶絶必至。

Red Moon Architect
○フィンランド

Return of the Black Butterflies 🅐 Inverse Records ⏺ 2017

フィンランドはコウヴォラ出身のゴシックドゥーム / メロディックデスメタルバンドによる 2017 年リリースの 3rd アルバム。当初はメインコンポーザー兼ドラマーの Saku Moilanen によるソロプロジェクトとして発足されたが、1st アルバムリリース後よりフルバンド体制へと拡大。北欧出身らしい冷気とメランコリックなシンセワークをまとった正統的な男女混声型ゴシックメタルを踏襲しつつ、フューネラルドゥーム勢にも通じる慟哭的な重々しさも持ち合わせたスタイルが特徴。同時に同郷の Insomnium の様な北欧メロデスをスロー & ヘヴィにした様な雰囲気を漂わせている点も、まさしくスオミメタルらしい。

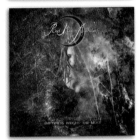

Red Moon Architect
○フィンランド

Emptiness Weighs the Most 🅐 Noble Demon ⏺ 2020

2020 年リリースの 5th アルバム。可憐なフィーメール・ヴォイスと獣的なグロウル・ヴォイスを交互に入り交えた男女混声型ゴシックドゥームを推進しつつ、本作ではより歌メロを際立たせたキャッチーなコマーシャル性を高めた作風へとシフト。とはいえ決してセルアウトしたという印象ではなく、むしろ初期 Theatre of Tragedy 等を始めとしたレジェンド勢へのリスペクトを滲ませるアプローチが堪らない。特に「Rise」や「One Shines Brighter」にて女性シンガー Anni Viljanen が響かせる往年の Liv Kristine に迫る、コケティッシュな憂いを含ませた歌声には胸が熱くなってしまう。

Reflexion
○フィンランド

Dead to the Past, Blind for Tomorrow 🅐 MachXX ⏺ 2008

フィンランドのオウル出身のメランコリック・ゴシックメタルバンド、Reflexion の 2008 年リリースの 2nd アルバム。ヴォーカルの Juha Kylmänen は For My Pain... のフロントマンとしても知られる。ハードロック的なドライヴ感の強いフィニッシュ・ゴシックメタルで、Juha のヴォーカルも For My Pain... の時に比べて翳りを携えつつも躍動感を重視した印象。軽快でノリの良い楽曲が中心的ではあるが、憂いに満ちた Key の調べが美しい「Twilight Child」や「Dead Without You」辺りのナンバーからはやはり北欧ゴシックロマンな風情を感じて引き込まれる。

Saralee
○フィンランド

Darkness Between 🅐 Firebox Records ⏺ 2006

フィンランドの中央都市ユバスクラ出身、Saralee による 2006 年リリースの 1st アルバム。HIM や Sentenced を彷彿させる、ハードロック的なエッジを備えたメランコリック・ゴシックメタルをプレイしている。Joonas による爽やかなヴォーカルが楽曲に一抹の清涼感与えているのも魅力。エネルギッシュに疾駆する「Everytime」、寂寥感をメロウに紡ぐ「Loneliness O.D.」辺りのナンバーは特にその哀感に揺さぶられる。ラストの「Like Dreamers」のみまるで My Dying Bride の様なゴシックドゥーム風の楽曲でインパクト大。

ShamRain
○フィンランド

Empty World Excursion 🅐 Watch Me Fall Records ⏺ 2003

Entwine のヴォーカル MikaTauriainen を擁するフィンランド出身のアトモスフェリック・ゴシックメタルバンド、Shamrain による 2003 年リリースの 1st アルバム。メタルサウンドを主軸とした Entwine とは異なり、こちらは暗く繊細なムードが漂うメランコリックなロックアルバムとなっている。The Cure や Slowdive にも通じるドリーミングな浮遊感と深い哀感を帯びたメロディは、思わず目頭が熱くなる程に美しい。Mika のしっとりとしたヴォーカルもか細く優美な音像にマッチしており、Entwine とはまた違った魅力を演出。切なく感傷的な音楽を求めるならば是非に。

Shape of Despair 　　　　　　　　　　　　　　　　○フィンランド
Angels of Distress 　　　　　　　　❺ Spikefarm Records ⊙ 2001

フィンランドが誇るゴシック / フューネラルドゥームの雄、Shape of Despair によ
る 2001 年 2nd。ヘルシンキにて結成。本作では元 Amorphis のシンガーとしてよ
く知られる Pasi Koskinen がリードヴォーカルを担当。この救いの無い破滅の甘美
に永遠に浸っていたいと思わせるサウンドは中毒性が高い。地響く冷徹なグロウル
とエンジェリックな女性コーラスとが交差するハーモニーは、聴いているとこのま
ま天に召されてしまうのでは、と危ぶむ程に美しい。クラシカル・アンビエント /
ダークウェーブにも通じる壮麗さも魅力的。天国と地獄は紙一重だと思わされる負
のエクストリームを体現した悪夢の如き逸品。

Silentium 　　　　　　　　　　　　　　　　　　○フィンランド
Sufferion- Hamartia of Prudence 　　　　❸ Spinefarm Records ⊙ 2003

フィンランド中部の町ヤムサンコスキ出身、耽美派ゴシックメタルバンド
Silentium による 2003 年の 3rd アルバム。男女ヴォーカル + ヴァイオリンを擁する
7 人編成。身分の違い故に愛を禁じられた男女の悲恋劇をテーマにしたコンセプト・
アルバムで、全 16 曲のうち 8 曲は物語を説明する為のインスト。重苦しく陰鬱な
ギター、悲嘆的に響くストリングス、エンジェリックな女性ヴォーカル、シアトリ
カルな楽曲構成と王道ゴシックメタルのツボを全て網羅せんばかりの暗黒名編。弦
楽器と女性ヴォーカルの絡みが美しい「Heart Unyielding」や「Dark Whispers」を
筆頭に、哀感溢れる世界観に終始恍惚。

Silentium 　　　　　　　　　　　　　　　　　　○フィンランド
Motiva 　　　　　　　　　　　　　❹ Out of Line Music ⊙ 2020

12 年振りの復活を遂げた、2020 年リリースの 6th アルバム。ギタリストとして
Shade Empire の Aapeli Kivimäki が加入し、ドラマーとして 2004 年まで在籍して
いた Janne Ojala が復帰している。ベテランらしいトラディショナルなフィーメー
ル・ゴシックメタルを体現しつつ、幾分当世風のヘヴィネスとシンフォニアを取り
入れた良バランス。Riina Rinkinen によるヴォーカルもクリアかつ伸びやかに情感
的な響きを紡ぐ。何より北欧的な憂いとユーロ・ロマンをたっぷり帯びた哀情美は
このバンドならでは。衰えないミュージシャンシップを示した正統派スオミ・ゴシッ
クによるカムバック作。

Sinamore 　　　　　　　　　　　　　　　　　　○フィンランド
A New Day 　　　　　　　　　　　❹ Napalm Records ⊙ 2006

フィンランドのハミナ出身、Sinamore による 2006 年発表の 1st アルバム。To/
Die/For や Charon からの影響が伺えるメランコリック・ゴシックメタルに、
Katatonia 辺りに通じる内省的なメロディセンスを付加したサウンドが特徴。Mikko
Heikkilä による繊細で力強いヴォーカルとキャッチーなギターワークによって構築
された楽曲は、終始モノトーンに染められつつも鬱屈とした色香を晒し出す。強烈
なオリジナリティこそ無いものの、ビターな漆黒バラッド「Darkness of Day」や
アルペジオが甘美に響く「My Rain」を始めとした内容は手堅く質が高い。

Soulrelic 　　　　　　　　　　　　　　　　　　○フィンランド
Love Is a Lie We Both Believed 　　　　❺ Spinefarm Records ⊙ 2005

Waltari の鍵盤奏者や元 To/Die/For のギタリストを擁するフィンランド発ゴシック
/ メロディックメタルバンド、Soulrelic の 2005 年発表の 1st。HIM や Entwine の
スタイルを踏襲したメランコリック・ゴシックメタルを主体としつつ、より普遍的
で幅広い音楽ファン層に受けそうなグッドメロディの数々は、折り紙付きのクオ
リティ。特にシングルになった冒頭曲「Hollow Craving」や、シンセポップ風味の
Key アレンジが施された「Tears of Deceit」は単なるフォロワーに留まらないヒッ
トポテンシャルの高さが窺える。切なく爽やかな北欧メタル好きはマスト。

Swallow the Sun
The Morning Never Came
○フィンランド
🔵 Firebox ○ 2003

フィンランドのユバスキュラ出身の北欧ゴシックドゥームマスター、Swallow the Sun による 2003 年発表の 1st。「明けない夜は無い」等と言う楽観主義者を絶望でねじ切り伏せる様なアルバムタイトルから察せられるように、My Dying Bride 等の血脈を受け継いだ正統派ゴシック / ドゥームメタルをプレイしている。スローかつメランコリックに進行していく沈鬱極まる破滅的サウンドに、時折切り込んでくる哀感に満ちたギターメロディが泣ける。ディープなデス・ヴォイスを主軸にしつつ、数曲で Katatonia を彷彿させるクリーン声も披露する Mikko Kotamäki のヴォーカルも味わい深い。

Swallow the Sun
New Moon
○フィンランド
🔵 Spinefarm Records ○ 2009

2009 年リリースの 4th アルバム。北欧情緒を含んだ重苦しくスローなゴシック / ドゥームスタイルはそのままに、Novembre や Daylight Dies 辺りにも通じるメロウで分かり易いリードギターが幾分増え、洗練された印象。ディープなグロウルと高音のシャウトを使い分けるヴォーカルの表現力も向上しており、クリーン声を主体とした「Sleepless Swans」や「New Moon」辺りはメランコリックかつメロディアスな側面が際立つ新機軸曲とも言える。初期の作品における圧し潰される様な絶望感は減退したが、その分、良質な旋律美に則った叙情ゴシックドゥームとしての魅力は増幅している。

Swallow the Sun
Songs from the North I, II & III
○フィンランド
🔵 Century Media Records ○ 2015

三枚組のトリプル・フルレングス作品として発表された、2015 年リリースの 6thアルバム。ゴシック / ドゥーム、メロディックなデスメタル、プログレッシヴ等の音楽的背景を雄大かつ精巧に封じ込めた一大叙情詩的逸品。1 枚目はメロウな旋律美を据えた彼等の真骨頂と言える叙情ゴシックドゥーム、2 枚目はアコースティカルかつフォーキーなムードを押し出したプログレッシヴ・ロック風、3 枚目は最もダークなヘヴィネスを押し出した葬式ドゥーム風といった構成となっており、三枚各々が独立した要素を持っているので、個別の作品としても楽しめる。また、本作は鍵盤奏者の Aleksi とギターの Markus 在籍時の最後の作品となっている。

Tenhi
Maaäet
○フィンランド
🔵 Prophecy Productions ○ 2006

ヘルシンキを中心に活動するゴシック / ダークフォークバンド。2006 年の 4th。マルチミュージシャンの Tyko Saarikko を中心として、同郷のドゥームメタルバンドMother Depth の元メンバー等と共に 1996 年結成。フィンランド土着のトラッド音楽に根差した音像は、黄昏時の森林や沼地の風景をそのまま投影したかの様な深奥性に満ちている。アコースティックギターやピアノ、ヴィオラ等で装飾された非メタリックなスタイルではあるが、メロディやコード感の雰囲気は Katatonia やOpeth 等の暗黒寂寥メタル勢とも親和性が高い。Prophecy Productions を設立当初から支える最古参的存在だ。

The 69 Eyes
Wasting the Dawn
○フィンランド
🔵 Gaga Goodies ○ 1999

フィンランドのヘルシンキにて結成されたゴシックロックバンド、The 69 Eyes による 1999 年リリースの 5th アルバム。初期の頃はダーティーなグラムロックだったが、本作から The Mission や The Cult を思わせるゴシック要素を導入。カルト映画等を題材にした歌詞も相まって、ヘルシンキ・ヴァンパイアと呼ばれる音楽性を構築していく。ゴシック三部作の一作目となる本作ではグラムロック時代のヴァイブも残しつつ、HIM や To/Die/For 等のメランコリック・ゴシック勢に通じる退廃的な叙情美が伺える。ダークでムーディーなタイトル・トラックはその良例曲。次作以降その傾向を更に強めていく。

The 69 Eyes
フィンランド
Blessed Be ◎ Gaga Goodies/Poko Rekords ◎ 2000

ヘルシンキ発ゴシックバンド、The 69 Eyes の 2000 年発表の 6th。ゴシック三部作の中間に当たる作品であり、現在までに至る The 69 Eyes というバンドのイメージを確立した名作中の名作。ダークで濃厚な耽美ロマンティシズムと仄かに残ったグラムロックテイストをまとった楽曲群は、まさしく正統派ゴシックといえる仕上がりで、前作で垣間見えていたキャッチーなポップセンスも完全に開花。官能的な色香を放つ Jyrki 69 の低音ヴォーカル・スタイルも完成形に。「The Chair」や「Brandon Lee」は本作を代表するアンセム。因みに本国フィンランドではゴールドディスクを獲得する大ヒットを記録。

The 69 Eyes
フィンランド
Paris Kills ◎ Gaga Goodies/Poko Rekords ◎ 2002

フィニッシュ・ゴシックの代表格、The 69 Eyes による 2002 年リリースの 7th。ゴシック三部作のラストを有終の美で飾る作品。前作で確立したゴシックロックバンドとしてのアイデンティティを、更にディープかつキャッチーに深化させた作風で、Jyrki 69 が掲げていた「大衆の為のゴシック」を体現した渾身作となっている。前作で微かに感じられたグラムロック色は更に減退し、全編に渡って耽美で上品なゴシックロマンをまとった楽曲を提示。ゴシックロック版ムード歌謡とでも言いたくなる「Dance d'Amour」や、HIM の Ville Valo をフィーチャーした「Betty Blue」を始め、聴きどころが多い。

The 69 Eyes
フィンランド
Devils ◎ EMI Music Finland ◎ 2004

ヘルシンキ・ヴァンパイアの名を冠するフィンランド発ゴシックロックバンド、The 69 Eyes の 2004 年発表の 8th。ゴシック三部作と銘打たれた前三作の路線を踏襲しつつ、持ち前のロックンロールテイストも復活させた新旧の個性を併せ持つ一枚。ゴスとグラムロックを独自のブレンドで体現した作風はまさしくゴシック＆ロールと呼ぶに相応しい内容で、その斬新性には目を見張るばかり。ホラー映画のサウンドトラックを思わせる「Devils」、ゴス＆ロールの真骨頂「Lost Boys」、ダンディズム的哀愁美に溢れる「Jimmy」など楽曲面も豊かな情感とフック満載。洗練されたエンタメ性とダイナミズムに満ちた名作。

The Abbey
フィンランド
Word of Sin ◎ Season of Mist ◎ 2023

フィンランドのマルチプレイヤー Jesse Heikkinen を中心として Shape of Despair のシンガー Natalie Koskinen、元 Sentenced のドラマー Vesa Ranta 等、錚々たる面々によって構成される男女混声プログレッシヴ・ドゥームメタルバンド。本作はオウルを始め、複数個所で録音制作された 2023 年発表の 1st。Candlemass や Opeth 影響下の背徳的な鈍重メタルをベースに、King Crimson 由来のサイケデリックなタッチやハーモニーも取り入れた幽玄な調べが張り巡らされている。Ava Inferi 辺りに通じるウィッチ感を含んだカルトなドラマ性も趣深い。

The Black League
フィンランド
Ichor ◎ Spinefarm Records ◎ 2000

フィンランドはヘルシンキ出身のゴシックメタルバンド。2000 年の 1st フル。元 Sentenced のシンガー Taneli Jarva を中心に元 Impaled Nazarene のメンバー等も連ねて 1998 年に結成。『Amok』時代の Sentenced のエッセンスを引き継ぎつつ、伝統的なハードロック由来のブルージーな哀愁と躍動感を取り入れた、漢臭いゴシック / ヘヴィロックを鳴らしている。武骨でありながらも要所で挿入されるアコースティック・ギターや、鍵盤によって演出される叙情味からは、しっかりと北欧産らしいメランコリズムが滲む。以降の作品ではよりヘヴィロック色を強調した路線へと移行した。2014 年解散。

The Man-Eating Tree
Harvest

○フィンランド
Century Media Records ○ 2011

フィンランドのオウル発。Sentenced の活動終焉後、元ドラマーの Vesa Ranta を中心に結成されたアトモスフェリック・ゴシックメタルバンドによる 2011 年リリースの 2nd アルバム。ヴォーカルは同郷のゴシックメタルバンド Fall of the Leafe のフロントマン Tuomas Tuominen が務める。Amorphis 的なスオミヴァイブスを感じさせる哀愁美と、オルタナティヴな質感をまとったメランコリック＆ヘヴィな寂寥サウンドが堪らない。独特な拳回しで深い情感を表現する Tuomas の歌唱も個性的。Poisonblack とは違う形で Sentenced の意匠と血脈を受け継ぐ作品だ。

The Rasmus
Dead Letters

○フィンランド
Playground ○ 2003

フィンランドのヘルシンキで結成された、ゴシック / オルタナティヴ・ロックバンドによる 2003 年の 5th。当初はポップ路線のバンドだったが、この作品からゴシックロック方面へと接近。親しみやすくも独特な陰影を帯びたメロディは一度耳にしたら離れない。Lauri Ylönen の歌声そのものに哀愁が宿った様な個性的なヴォーカルも非常に魅力的。北欧的な翳りが漂う「First Day of My Life」、大ヒットしたリードシングル「In the Shadows」、ダークで寂しげな「Guilty」と全編で強力なフック満載。本作はヨーロッパ全土で成功を収め、米 Billboard の新人チャートでトップ 20 入りを果たした。

Throes of Dawn
Our Voices Shall Remain

○フィンランド
Argonauta Records ○ 2016

フィンランド出身のプログレッシヴ / ゴシックメタルバンド。2016 年リリースの 6th フル。1994 年結成。バンドは 2001 年に一度解散し、別のラインナップで復活。結成当初はヴァーサを拠点とし、後期はウーシマー / ヘルシンキへと活動区域を移している。フィンランド由来の土着的メロディを取り入れたトラッド / プログレッシヴな感触のゴシックメタルをプレイしており、雄大な叙情味を携える楽曲群はさながら古典的な北欧情緒を帯びた Pink Floyd とでも形容したくなる様相だ。豊潤優美なシンセ / ギターワークとクリーン・ヴォーカルが情感的に絡みながら、ドラマ性を形成していく音像は実に感動的である。

To/Die/For
All Eternity

○フィンランド
Spinefarm Records ○ 1999

フィンランド南東部の町コウヴォラ出身、To/Die/For による 1999 年リリースの 1st。結成当初は Mary-Ann という名前でハードロックをプレイしていた。00 年代にフィンランドを中心に巻き起こったメランコリック・ゴシックメタルというムーヴメントにおいて HIM や Charon、Entwine と共に主翼を担った存在の一角。甘美でキャッチーなメロディを主軸にしたアップテンポな曲調と、同系統バンドの中でも群を抜いた哀愁溢れるポップセンスが至極素敵だ。Sandra のカヴァー曲「In the Heat of the Night」では、同郷の故 Alexi Laiho がギターソロにてゲスト参加している。

To/Die/For
Epilogue

○フィンランド
Spinefarm Records ○ 2001

フィンランド発メランコリック・ゴシックメタルの雄、To/Die/For による 2001 年の 2nd アルバム。1st と同路線ながらシンセの音が更に前面に出てきており、80's ニューウェーブ由来の耽美で退廃的なポップセンスも増幅。歌メロの歌謡性と毒気を含んだロマンティシズムも前作以上に、このバンドの魅力と旨味が凝縮された一枚。気怠くも艶めかしい Jape Perätalo のヴォーカルもバンドの世界観と非常にマッチしている。イントロからして心鷲掴み必至の「Crimson Twins」、キャッチーなシングル曲「Hollow Heart」、哀愁ダダ漏れの「Immortal Love」を始め全曲聴き逃し厳禁。

To/Die/For
フィンランド

Jaded | Spinefarm Records ● 2003

フィンランド出身のゴシックメタル、To/Die/Forによる2003年発表の3rdアルバム。マイルドでグラマラスなメランコリック・ゴシック路線はそのままに、相変わらずどの曲も特徴的なコマーシャル性とフックに満ちているのが素晴らしい。Cutting Crewの80年代ヒット曲「(I Just) Died in Your Arms」のカヴァーも実に馴染んでおり、北欧らしい透明美とバンドのポップセンスが極まった一枚。Tonmi Lilmanによる緩急の利いたドラミングも肝。「The Unknown Ⅱ」はメランコリック・ゴシックとは何ぞやを体現した、涙無しでは聴けない哀愁溢れる名曲。

To/Die/For
フィンランド

IV | Spinefarm Records ● 2005

2005年発表の4thフル。前作発表後にバンドの内部的問題によりフロントマンのJape Perätaloが脱退。同じくバンドから離脱したギタリストのMika Ahtiainenと共にTiagaという新バンドを結成するのだが、紆余曲折を経てその新バンドの方を母体にTo/Die/For名義で活動再開。復活後第一弾となる本作だが、後期Sentencedや中期Katatonia系譜のオルタナティヴメタルに80'sニューウェーブ・ポップ由来の艶やかなメロドラマ性を色濃く反映させた独自のスタイルは健在。一聴して心掴まされる切ない叙情美は、スオミ・ゴシックメタルのアイデンティティそのものであるが如く輝く。

Unholy
フィンランド

The Second Ring of Power | Avantgarde Music ● 1994

ゴシックメタル成立にも多大な影響を与えた、フィンランドはイマトラ出身の先駆的デス/ドゥームメタルバンド。1994年発表の2ndフル。当初Holy Hellという名義でギタリストのJarkko Toivonenとヴォーカル兼ベーシストのPasi Äijöを中心に1988年に結成、1990年頃に現在のバンド名に改称。まるで幻覚剤の如く、聴き手の精神を蝕む悲痛で怨念的なドゥームサウンドが繰り広げられており、アトモスフェリックなシンセサイザーの装飾、厳かなヴァイオリンの響き、呪詛めいた女性ヴォーカルを効果的に用いた音像は、現在の視点で顧みても大変ユニーク。毎秒油断出来ないスリリングなムード構成も圧巻也。

Unshine
フィンランド

Dark Half Rising | Massacre Records ● 2013

フィンランドはヘルシンキ出身のフィーメール・シンフォニック・ゴシックメタルバンドによる2013年の3rd。アップテンポ主体の正しくNightwish系譜のサウンドを聴かせるが華美で大仰なアプローチではなく、どこか牧歌的でフォーキーな雰囲気を伴うムード感とメロディセンスが持ち味。一見すると地味な印象もあるのだが、この絶妙に突き抜けない地元密着型な土着メタル的スタイルこそが、このバンドの魅力。また彼等の楽曲は自然や民間伝承から多大な影響を受けており、そういった点からバンドは自身の音楽を「ドルイドメタル」と標榜している。良い意味で低刺激で優しい味わいのゴシックメタルを求める御仁に打ってつけの一枚である。

Velcra
フィンランド

Consequences of Disobedience | Virgin ● 2002

フィンランドのヘルシンキ出身、女性シンガーJessi Freyをフィーチャーしたエレクトロ/インダストリアルメタルバンドによる2002年リリースの1stフル。Evanescenceの登場以降で主流になったゴシックメタル＋ラウド/ミクスチャーの様式をハイエナジーな煽情性と共に完成させた偉業的な一枚である。ゴス/ポストロック由来の暗黒ヴァイブスと、Nu Metal系譜の畳み掛ける様なエキセントリック性を融合したスタイルはいまなお唯一無二。Jessiのラフで攻撃的な高速ラップから、内省的でメロディックな感情表現まで担う怒涛のヴォーカリゼーションも凄まじい。スオミメタルシーンにおける特異点的名盤。

Velvetcut
 フィンランド

Thirteen
 Firebox Records 2006

フィンランドはセイナヨキ出身のゴシック / オルタナティヴ・ロックバンド。2006
年の 1st。当初は Trey13 という名称でリードヴォーカル及びソングライターの
Tomi によるソロプロジェクトとして 1999 年に発足。2001 年にはラインナップを
固め、バンドとして本格的に活動を開始。一聴して HIM からの強い影響を伺える
サウンドだが、北欧由来のムーディーな哀愁味と US オルタナヘヴィネスと共振す
る鈍重感を巧みに折衷したアプローチからは、このバンドならではの味わいを見出
せる。アルバム発表以前にシングルリリースもされた「Everyone to Please」はメ
ランコリックな疾走感が心地好く響く、バンドの代名詞的ナンバーだ。

VV
 フィンランド

Neon Noir
 Heartagram/Universa/Spinefarm 2023

HIM のフロントマン Ville Valo による新ソロプロジェクト。2023 年の 1st フルレン
グス。優美でメランコリックなムードを携えた作風は往年の HIM のカタログ群を
彷彿させながら、より円熟味を増した深い味いパッセージが散りばめられている。全
編で北欧の冷気とニューウェーブの毒気を折衷した哀切耽美なダークロックが展開
されており、今まで以上に間口の広いポップネスがネオンの如く煌めく。柔らかな
アコースティックの響きに『Deep Shadows and Brilliant Highlights』期を彷彿させ
るナンバーもあったりと、これまでのキャリアの集大成的な趣も感じさせる。エレ
ガント極まる凱旋に乾杯。

Waltari
 フィンランド

Yeah! Yeah! Die! Die! - Death Metal Symphony in Deep C
 Spin Records 1996

フィンランドはヘルシンキ出身のアヴァンギャルド / オルタナティヴメタルバン
ド。1996 年の 5th フル。ギタリストの Jariot Lehtinen とマルチ奏者の Kärtsy
Hatakka、ドラマーの Sale を中心に 1986 年結成。ジャンル形容不可なミクスチャー
バンドとして知られる彼等。本作では初期デスメタルに生の交響楽団によるオー
ケストレーションと、オペラ / ダンスミュージック的要素を取り入れるというアプ
ローチを展開。当時としては未曾有極まる作風であり、今聴いてもその珍妙超絶さ
は色褪せない。Therion の『Lepaca Kliffoth』と並んでシンフォニックメタルの成
立に関わった重要作である。

Yearning
 フィンランド

With Tragedies Adorned
 Holy Records 1997

フィンランドはリーヒマキ出身のゴシックドゥームメタルバンドによる 1997 年の
1st。ヴォーカル兼ギタリストの Juhani Palomäki とドラマーの Tony Kristian を中
心に 1994 年結成。当初は Flegeton というバンド名で活動していた。Holy Records
のカラーに合致した遅く・重く・哀しいを地で行く良心的ゴシックドゥームメタル
がプレイされており、グロウルとマイルドなクリーン男性声を交えながらメランコ
リックなギターフレーズを紡ぐ暗黒サウンドが味わい深い。時折優しく包み込む様
に響くシンセの音色と、決して派手ではないが心を打つメロディの数々に気付くと
没頭し、目頭を熱くしてしまう。

Yearning
 フィンランド

Evershade
 Holy Records 2003

90 年代から活動するフィンランドの名アクトによる 2003 年リリースの 4th アルバ
ム。初期に比べてシンセサイザーによるオーケストレーションを導入するなどシン
フォニックなムード感が強まっているが、核となる泣きのギターメロディと深みの
あるヴォーカルワークで聴かせるスタイルは変わらず。詩情的な憂いに富んだフ
レージングの数々は、高潔さすら伴いながらキャッチーかつディープなドラマティ
シズムを滲ませていく。特にオープナーに続く 2 曲目の「Statues Amidst a Frozen
Sand of Time」は一度聴いたら頭から離れない旋律美が印象的な、Yearning の魅
力を端的に表す名曲だ。

スオミ・ゴシックメタルの耽美的潮流
～ノリノリ系メランコリックゴシックメタルの魅力～

フィンランドの To/Die/For

ゴシックメタルの発端

　ゴシックメタルという音楽は時代の流れと共にその在り方を拡張・拡大していった経緯がある為、バンド・年代・地域・文脈によって多岐に渡るその音楽性を一言で表すのは困難なサブジャンルの一つだ。

　根源的なゴシックメタルのスタイルはデス / ドゥーム＋ニューウェーブ / ポストパンク要素を体現した Paradise Lost、Anathema、My Dying Bride の Peaceville 御三家に端を発しているのは事実ではあるが、そのパイオニア達ですら自らが築いてきた意匠を作品を重ねる毎に破壊・脱却していった側面がある。

　そして 90 年代を経た 00 年代において、それまでアンダーグラウンドなシーンに留まっていたゴシックメタルをもう一つ上の段階へ押し上げた、あるムーヴメントが起こった。

フィンランドで勃発した独自的ゴシックメタルシーン

　それが北欧はフィンランドを中心とするノリノリ系メランコリック・ゴシックメタル・ムーヴメントである。字面だけだと何のこっちゃな印象を与えると思われるが、端的に言うと HIM を筆頭とした To/Die/For、Entwine、The 69 Eyes、Charon、Lullacry、For My Pain.... 中期以降の Sentenced 等のスオミ系ゴシックメタルバンド群を指したサブジャンル呼称である

（フィンランド出自以外でも似通った音楽性のバンドはここに括られる事もあり）。

　もちろんこれは日本独自の呼称であり、世界で通じるものでは決してないが、当時のネット・コミュニティにおいてゴシックメタルファンの間で生まれたであろうこのネーミングは、彼等の音楽スタイルを如実に言い当てていた部分もあり、レビューブログや掲示板等、果てはメタルレコード専門店のジャンル区分でも一時期それなりに多用されていた造語だ。

　この造語に当て嵌まるバンド群の音楽性を噛み砕いて説明すると、それまでのデス／ドゥームメタル由来のゴシックメタルではなく、より普遍的なメロディックメタル／グラムメタル／オルタナティヴメタルに80'sニューウェーブやゴシックロックの要素を組み合わせた様式が主な特徴とされている（現在においてこのスタイルはダークロックとも呼ばれている）。

　そういった音楽的バックグラウンドの流れから軽快でアップテンポ主体の楽曲を多く採用しているバンドが多数で、奏でられるメロディもよりポップかつキャッチーでロマンティックな様相を成している傾向が強い。

　その為、ゴシックメタルの既存イメージであった遅い・重い・ドロドロしているといった印象を払拭する「ノリノリ系メランコリック・ゴシックメタル」という俗称は、彼等の音楽性と見事に合致してこともあって、一部で自然と浸透していったのだ。

メインストリームと共振するスオミ発ゴシックメタル

　そしてその普遍的でキャッチーなサウンドは、よりライト層のメタルファンにも支持され、ゴシックメタル全体のファンベースの拡大を担っていくことにも繋がっていく。

　事実、この手のサウンドの筆頭格とも言えるHIMはフィンランドにおいて最も成功したバンドの一つに数えられており、レコードの売り上げ総枚数は1000万枚を超えている。

　興行的な面においても、2005年には日本の主要音楽フェスの一つであるサマーソニックにHIMが出演し、2015年にはL'Arc-en-Cielのhydeの別プロジェクトVAMPSが主催するライブにHIMが招致され、来日を果たした。

　こうした功績を顧みても、メインストリーム・シーンへの影響力拡大や、異種ジャンルとの共演など多数の偉勲を通してゴシックメタルの在り方の変容が目の当たりに出来た良例と言えるのではないだろうか（因みにHIM自身はゴシックメタルでなく、Love Metalと自身の音楽性を呼称しているがシーン的な繋がりは明白）。

日本のヴィジュアル系との相似性

　また、この手のスオミ・ゴシックメタルバンド達が当時打ち出していた耽美な佇まいのヴィジュアルイメージや愁いに富んだハードロック的な音像、歌謡性の両立という意味合いで部分的に日本のヴィジュアル系バンド群と似通った要素を持ち合わせていたのも面白い要素だったりする。文化的な背景や音楽的文脈は異なれど、どちらもニューウェーブを下地にしたヘヴィメタルと親和性の高い音楽を奏でているという面で共通しており、事実海外の音楽サイトでは多数のヴィジュアル系バンドに「ゴシックメタル」とタグ付けされている例がある。

シーンに刻まれた爪痕

　現在、00年代に活躍した「ノリノリ系メランコリック・ゴシックメタル」のバンド達の多くは活動が途絶えてしまっているが、ゴシックメタルの歴史と意匠の多様性を彩った記憶に残るムーヴメントだったのは間違いない。本書を通して、彼等の残した数々の名盤達に触れる切っ掛けとなる事があるのなら幸いである。

Atrox
🔵ノルウェー

Contentum
🔴 Season of Mist 🟢 2000

ノルウェーはトロンハイム出身のゴシック / アヴァンギャルドメタル・バンドによる 2000 年の 2nd。シンガーの Monika Edvardsen は The 3rd and the Mortal の Ann-Mari の実妹。音楽的根幹を担う Monika の狂気的とも言えるヒプノティック & オペラティックなヴォーカルワークが、最大の個性であり魅力。時に呻き、悲鳴を上げ、けたたましく嘲笑し、かと思えば妖艶に歌い上げる目まぐるしい様相は、さながら気が触れた邪悪な Kate Bush といった雰囲気。ギターはバッキングに徹しており、不穏なシンセ装飾と共に Monika の歌唱を前面に押し出している。悪夢の様な鮮烈さを求めるなら是非。

Beyond Dawn
🔵ノルウェー

Pity Love
🔴 Candlelight Records 🟢 1995

ノルウェーのコルボトン出身、1990 年から活動するオルタナ / ゴシックドゥームメタルバンドによる 1995 年の 1st。初期ゴシックメタル全盛の時代に発表された本作だが、トロンボーンを大々的に導入するなど先人とは趣を異にするテイストを展開。基本的にはドゥームメタルとダークウェーブのハイブリッドながら、Bauhaus や Joy Division 等のゴス / ポストパンク風味のダウナーな寂寥感を押し出しているのも特徴的だ。Tiamat や Type O Negative 的な気怠いクリーンヴォイスも先述したムードに拍車をかけている。後年の作品では更にエレクトロ / オルタナティヴ色を強めた方向性へと転じた。

Con Anima
🔵ノルウェー

The Book of Riddles
🔴 Scarlet Records 🟢 1999

ノルウェーはサルプスボル出身のゴシックメタルバンド。1999 年の 1st。クレジットで S. Cultoculus Danza と名乗っているヴォーカリストは、かつて Occultus という名義でかの Mayhem に在籍していた人物で、故 Euronymous と共にオスロの悪名高きレコード創設ショップ Helvete を設立した共同創設者という経歴の持ち主。男女クリーン・ヴォイスを主体としたメランコリックなサウンドに、シンセと女声が挿入されるスタイルは Lacrimosa を辺りを彷彿とさせる。一方で楽曲によってはメタリックなリフワークや、ギターメロディを披露し、正統派メタル由来のヒロイック性も香るのが面白い。

Crowhead
🔵ノルウェー

Frozen
🔴 My Kingdom Music 🟢 2002

ノルウェーのサルプスボルにて 1999 年結成、同郷のゴシックロックバンド The Shadow Dancers とペイガン系ブラックメタルバンド Ragnarok の元メンバーで構成されるゴシックメタルバンド。2002 年の 1st。ミックスは元 Apoptygma Berzerks のメンバーが担当。中期の Tiamat や Katatonia をダークウェーブ方面に寄せた様な音楽性で、濃密で暗鬱としたドゥームリフ、軽快なメロディセンス、エレクトロ / アンビエント的な浮遊感を組み合わせた作風が実に印象的。「Mad Man」では北欧オルタナポップ風味のアプローチも披露。アルバム一枚のみで消えたのが惜しい隠れた名アクトである。

Cryoshell
🔵デンマーク

Cryoshell
🔴 Cryoshell I/S/VME 🟢 2010

デンマークのコペンハーゲンにて 2006 年に結成されたゴシック / オルタナティヴ・ロックバンドによる 2010 年の 1st。フロントウーマンの Christine Lorentzen は広告代理店のマネージャーやテレビ番組の司会者等の経験を経て、シンガーソングライターに転身するというタレント性に富んだ経歴の持ち主。バンド初期にはレゴ・ブロックで世界的に知られるレゴ社とコラボレーションが行われ、楽曲が販促用ソングに起用される等、現地ではちょっとした話題になった様子。音楽的には Evanescence や Lullacry 辺りに通じるコマーシャルなサウンド。北欧らしい切なく澄んだメロディセンスが耳に残る仕上がりだ。

Dismal Euphony
Autumn Leaves - The Rebellion of Tides

● ノルウェー
● Napalm Records ● 1997

ノルウェーはスタヴァンゲル出身、女性ヴォーカルを含むゴシック／ブラックメタルバンドによる 1997 年の 2nd。ベーシストの Ole Helgesen とドラマーの Kristoffer Austrheim を中心に 1992 年結成、当初は Slayer や Kreator のカヴァーバンドとしてスタートした。初期はアトモスフェリックなシンフォニック・ブラックメタルをプレイしていたが、本作を境にゴシックメタルへと接近。北欧らしい土着的哀愁を多分に含んだメロディと、煌びやかなシンセワークに基づいた感傷的なドラマ性が魅力。いわゆる Cradle of Filth タイプとは似て非なる様式で、ゴシックとブラックを横断する秀作だ。

Enslavement of Beauty
Megalomania

● ノルウェー
● Head Not Found ● 2001

ノルウェーはオスロ出身のメロディックブラック / ゴシックメタルバンドによる 2001 年の 2nd。作詞兼ヴォーカルを担当する Ole Alexander Myrholt と、ギタリスト及びコンポーザーを担う Tony Eugene Tunheim を中心に 1995 年結成。緻密なアレンジが施されたシンセワークと、適度なアグレッションを兼ねたメランコリックなゴシック / ブラックメタルを奏でており、歌詞面においてはウィリアム・シェイクスピアやマルキ・ド・サド等の古典作家からの影響が強い。壮麗な鍵盤とリードギターの 2 本柱によって紡がれるメロディの充実度は高く、メロディック・デスメタルファン方面からの支持も厚い作品だ。

Evig Natt
I Am Silence

● ノルウェー
● Omvina ● 2007

ノルウェーはカルメイ出身のゴシックメタルバンド。2007 年の 1st フル。結成は 2002 年。ノルウェー人の女性シンガー Kirsten Jørgensen を中心として発足し、楽器隊には元 Einherjer のベーシスト Stein Roger Sund や、元 Enslaved のドラマー Harald Magne Revheim 等、ヴァイキングメタル系人脈が脇を固めている。ムードを重視した古式ゆかしいゴシックメタルが展開されており、トレンディなシンフォニックメタル系とは一線を画す硬派さが魅力。時折高速トレモロ + ブラストで疾走してしまう点に、ブラックメタル出自故の個性が透けて見えるのもグッド。

Fallen
A Tragedy's Bitter End

● ノルウェー
● Aftermath Music ● 2004

ノルウェーのドランメン出身、1996 年に結成されたゴシック / フューネラル・ドゥームメタルバンドによる 2004 年発表の 1st フル。ラインナップは同郷のゴシックドゥームメタルバンド Funeral や Omit 等のメンバーによって構成されている。崇高性に満ちたドゥームサウンドが展開されており、奈落の底へと恍惚としながら堕落していくかの如く破滅的感覚をたっぷりと味わえる。楽曲に溶け込むように癒着したディープなバリトン・ヴォイスを聴かせる男性ヴォーカルも、背徳的でゾクゾクとしてしまう程に美しい。6 曲で約 56 分という長尺構成も耽美音楽を渇望するドゥーム者への配慮を感じさせて、実に素晴らしい。

Green Carnation
Light of Day, Day of Darkness

● ノルウェー
● Prophecy Productions ● 2001

ノルウェーはクリスティアンサン出身のゴシック / プログレッシヴメタルバンドによる 2001 年の 2nd。中心人物は Emperor や Carpathian Forest 等でベーシストとして活動していた Tchort で本バンドではギターを担当。本作から In the Woods... のドラマー Anders Kobro が参加。60 分一曲のみという長尺構成で、シンセやアコースティック・ギターを挿入した寂寥感溢れる男声主体の叙情メタルサウンドが終始展開。派手さよりも淡々としたメランコリックなドラマ性に重きを置く作風ながら、しっかりと起伏もあり、聴き易い。ダークメタルとプログレッシヴメタルの魅力的融和に浸れる名作。

Green Carnation
⬤ノルウェー

Leaves of Yesteryear ◆ Season of Mist ◯ 2020

前作から 14 年振りに発表された 2020 年の 6th。数多のジャンル分岐と変化を重ねてきたバンドだが、本作では 3rd『A Blessing in Disguise』にも通じるメランコリックなゴシック / プログレッシヴメタル路線へと回帰。爽やかな知性を備えた異端的ハードロックサウンドは、古き良きプログレッシヴ・ロックへの畏敬を感じさせつつ、瑞々しいダイナミズムに溢れている。その音像は Ulver や Katatonia、Enslaved といった北欧暗黒メタル出自ながら、プログレッシヴな様相を深めていった巨星達ともリンクしていく。アルバムには 1st からのリメイク曲と Black Sabbath のカヴァーを収録。

Gothminister
⬤ノルウェー

Empire of Dark Salvation ◆ BMG ◯ 2005

ノルウェーはオスロ出身のゴシック / インダストリアルメタルバンド。2005 年リリースの 2nd フルレングス。結成は 1999 年。バンドのブレインであり看板シンガーの Bjørn Alexander Brem による音楽センスと、不気味なビジュアルイメージを前面に押し出したダークかつエネルギッシュなインダストリアル・サウンドが持ち味。音楽性の系譜的にはズバリ言って Rammstein チルドレンでもあるのだが、そこにブラックユーモアに富んだ歌詞世界や、アート性の高いゴシックロックのフレーバーを巧みに取り込むことで、見事に独自性を打ち出している。刺激的な芸術観と視覚的外観を両立したダイナミズム溢れる一枚。

In the Woods…
⬤ノルウェー

Heart of the Ages ◆ Misanthropy Records ◯ 1995

ノルウェーはクリスティアンサン出身のプログレッシヴ / ブラックメタルバンドによる 1995 年の 1st フルレングス。同郷の Green Carnation が前身となっており、当時バンドから脱退した Tchort を除いた残りのメンバーによって 1991 年に結成された。Pink Floyd 等のプログレッシヴ・ロック勢からの影響を感じさせるアトモスフェリックなゴシック / ブラックメタルをプレイでき、初期ゴシックメタルシーン屈指の至宝であると同時に、現行アトモス系ブラックメタルのパイオニア的作品とも言える。叙情味豊かな北欧の情景美とダークな憂いをブラッケンドに描く音像は、鮮烈ながらも実に味わい深い。

Kari Rueslåtten
⬤ノルウェー

Other People's Stories ◆ Peach Music ◯ 2004

ノルウェーのトロンハイム出身、ゴシックメタルの先駆者 The 3rd and the Mortal の元ヴォーカリストによる 2004 年の 4th。バンドから脱退し、ソロへと転向した彼女は 1997 年発表の『Spindelsinn』でノルウェーのグラミー賞にノミネートされ脚光を浴びたが、自身の楽曲のプロデュースを他者に依頼する事に辟易。プロデュース業を学ぶ為に、数年間ロンドンへと留学した後に制作した 2002 年『Pirot』に続いてリリースされたのが本作である。トリップホップ等の要素を導入したシンプルながらも現代的な情熱と自然への愛情を感じさせる、美しい作風が特徴。モダンな実験性は Björk 辺りに通じるものもある。

Kari Rueslåtten
⬤ノルウェー

Sørgekåpe ◆ Spindelsinn Recordings ◯ 2020

2020 年リリースの 8th フルレングス。2005 年の『Other People's Stories』リリース後に音楽業から一時引退し、心理学の教授を勤めていた彼女だが、2014 年発表『Time to Tell』で数年振りに界隈へカムバック。本作では北欧フォークミュージックへの敬愛を感じさせつつ、1997 年のデビュー作『Spindelsinn』以来となる全編の楽曲をノルウェー語で紡ぐ等、自身のルーツに迫った内容となっている。優美なアコースティックギターと豊かでドリーミングな Kari の歌唱が響き渡る作風は素朴ながらも、流麗に胸に沁み込んでいく。ノルウェーの雄大な大地と自然を想起させる幽玄かつ心温かな一枚。

Liv Kristine
Deus Ex Machina
⊙ノルウェー　🔵 Swanlake Records　⊙ 1998

ノルウェーはスタヴァンゲル出身、Theatre of Tragedy 及び Leaves' Eyes の元リードシンガーによる 1998 年の 1st。彼女のソロキャリアの幕開けとなる本作、楽曲制作は外部委託となっているが、タイトルトラックと「In the Heart of Juliet」は Liv との共同執筆となっている。エレクトロな内省的アンビエントサウンドが主軸の作風だが、Liv のクリスタルヴォイスを十二分に生かした内容で、彼女のファンならば痺れるはず。特に Paradise Lost の Nick Holmes とのデュエットが披露される Depeche Mode 風の「3 AM」は屈指の目玉トラック。

Liv Kristine
Vervain
⊙ノルウェー　🔵 Napalm Records　⊙ 2014

2014 年の 5th フル。楽曲は当時彼女のパートナーであった Atrocity の Alexander Krull と Thorsten Bauer が制作。既存のソロ作では非メタリックなポップ路線が多かったが、本作では真骨頂である Theatre of Tragedy 時代を思わせるメランコリックなゴシックメタル風のアプローチを採用。これは Liv が本作のテーマとしていた「ルーツへの回帰」の為であり、結果的に彼女のソロ作の中でも屈指に粒揃いな充実作となった。End of Green のフロントマン Michelle Darkness や Doro Pesch をゲストに招く等、ラインナップ的にもゴージャスな集大成一枚。

Madder Mortem
Mercury
⊙ノルウェー　🔵 Misanthropy Records　⊙ 1999

ノルウェーはオスロ出身のゴシックメタルバンドによる 1999 年発表の 1st。シンガーの Agnete とギタリストの BP M. Kirkevaag の姉弟を中心に 1993 年結成。当初は Mystery Tribe という名前で活動していたが、1997 年頃より現在のバンド名へと改称。本作は近年作の様なアヴァンギャルドさは希薄で、北欧フォーク / トラッド的な薄暗い抒情味をまとうアトモスフェリック・ドゥームといった作風。情念深い中音域で紡がれる Agnete のヴォーカルワークは厳かな説得力を感じさせ、ソプラノ・ヴォーカルが中心だった当時のシーンにおいて異端的な個性と言える。初期ノルウェージャン・ゴシックメタル史における名著作的一品。

Madder Mortem
Desiderata
⊙ノルウェー　🔵 Peaceville Records　⊙ 2006

2006 年の 4th。1st リリース直後に所属していたレーベル Misanthropy Records が閉鎖し、Agnete と BP M. Kirkevaag の姉弟以外のメンバーが全員離脱。新体制のラインナップを敷いた後に、徐々にプログレッシヴ・メタル的なアヴァンギャルド性を強めていったバンドが、その過渡期に放った本作。剛直かつアグレッシヴなヘヴィネスと共に、一筋縄では行かない楽曲展開で不穏な神秘性を加速させる暗黒プログレッシヴメタル的音像は、非常にユニークかつ個性的。押し引きを心得た Agnete の力強いヴォーカルも堂々たる貫禄だ。彼等のカタログ中でも特に根強い人気を誇る前衛カルト・ゴシックメタルの秀逸作。

Mortiis
The Smell of Rain
⊙ノルウェー　🔵 Earache Records　⊙ 2001

ノルウェーのノートオッデン出身、元 Emperor のベーシストとして知られる Mortiis こと Håvard Ellefsen によるソロプロジェクト。2001 年発表の 5th フル。初期作においては現在、局所的な支持を集めるダンジョンシンセにも影響を与えたダークアンビエント的な作風だったが、本作よりダンサブルなゴス / シンセポップ路線へとシフト。Ellefsen がリードヴォーカルを担当したのも本作が初。ノイジーなギターとインダストリアルのグルーヴを取り入れ、宅録電子音楽から完全に脱却した洗練味溢れるサウンドを示した。元 Cradle of Filth の Sarah Jezebel Deva がゲスト参加。

Mortal Love
All the Beauty…

🎵ノルウェー

🅐 Massacre Records 🅒 2002

2000年に結成されたノルウェーのエルベルム出身のゴシックメタルバンド。本作は2002年リリースの1stで、これまでに3枚のフルアルバムを発表。音楽的なスタイルは初期 Theatre of Tragedy や The Gathering 系譜の上質な正統派フィーメール・ゴシックメタル。その最大の特徴は自身を Cat と称すシンガー、Catherine Nyland によるアンニュイかつコケティッシュな小悪魔的ヴォーカルワークで、妖艶ながらも表情豊かに紡がれる歌メロがそのままバンドの個性に繋がっている。「Crave Your Love」や「Hate to Feel」等で顕著な哀感溢れるメロディセンスも秀逸。

Octavia Sperati
Grace Submerged

🎵ノルウェー

🅐 Candlelight Records 🅒 2007

ノルウェーのベルゲン出身、The Gathering の現ヴォーカリストとしても知られる実力派シンガー Silje Wergeland を擁するゴシックメタルバンド。2007年の2nd。メンバーはドラマー以外全員が女性で構成されるという珍しい布陣。Silje による安定感抜群な中音域中心のヴォーカルワーク、そこに絡むドゥーミーで重苦しくも仄かな哀感を滲ませたリフワークを主体にした滋味深い作風が特徴的だ。また、本作には Thin Lizzy の Phil Lynott が書いた名曲「Don't Believe a Word」のカヴァーを収録。極上のゴシック・チルバラッドとしてアルバムのハイライトを飾っている。

Omit
Repose

🎵ノルウェー

🅐 Secret Quarters 🅒 2011

ノルウェーのオスロ出身、ゴシック/アトモスフェリック・ドゥームメタルバンドによる2011年発表の1st。メインに据えられた女性ヴォーカリスト Cecilie Langlie や楽器隊のメンバーは、同郷の Vagrant God や Skumring といったゴシック/ドゥーム系のバンドでも活躍する逸材達。神々しくも内省的に響く暗黒ドゥームサウンドが全編で繰り広げられており、そこに被さる Cecil の優美でありながらも哀哭感が渦巻くヴォーカルワークが魅力的に機能している。全5曲のうちいずれもが10分越えという大作指向ながら、女性ソプラノヴォイスを主体にした作風の為、聴き易い。王道ゴシックメタル好きにもお勧め。

Pale Forest
Exit Mould

🎵ノルウェー

🅐 Listenable Records 🅒 2001

ノルウェーのラウフォス出身の女声ゴシックメタルバンド。2001年の3rd。中期 The Gathering からの影響を感じさせつつ、欧州インディロックやドリームポップ辺りにも通じる翳りと浮遊感を含んだメロディが素晴らしい。何よりバンドの顔であるシンガー Kristin Fjellseth による、Kari Rueslåtten を純朴にした様な気怠くも甘美なヴォーカルが特筆点。暗黒感は控え目ながら、メランコリックに躍動する「Stigmata」や「Spiral」を始め優美で鮮やかな名曲揃い。因みに Kristin は同郷のブラックメタルバンド、Crest of Darkness にもシンガーとして参加している。

Paradigma
Mare Veris

🎵ノルウェー

🅐 Head Not Found 🅒 1995

ノルウェーはオーレスン出身のゴシックデス/メロディック・ドゥームメタルバンドによる1995年の1st。クリーンとデスヴォイスの男性シンガーと、ソプラノ・ヴォイスを担う女性シンガー計3名のヴォーカリストを擁する編成が特徴。オールドスクール・デスメタル風のフラッシーなリードギターとイーヴルな色合いを伴う暗黒ヘヴィネスサウンドをバックに、3人の多層的ヴォーカルが陰気に絡まっていく様相が個性的だ。デスメタリックな雰囲気を強めた Theatre of Tragedy といった趣きもあるが、美醜を対比するのではなく男性ヴォーカルと並行する形で女性ヴォーカルが設置され、それが効果的に機能しているのが面白い。

Peccatum
○ノルウェー

Lost in Reverie ○ Mnemosyne Productions ○ 2004

ノルウェーはノートオッデン出身のエクストリーム / アヴァンギャルドメタル・バンド。2004 年の 3rd。Emperor の Ihsahn と彼の奥方である Ihriel を中心として 1998 年に発足。リリースは Ihsahn と Ihriel の共同創設レーベルである Mnemosyne Productions から。ポストロック、プログレッシヴロック、インダストリアル、クラシック等の多種多様な要素を飲み込みながら、幽玄深遠なゴシック的エッジの基でまとめ上げた奇跡的一枚。驚異的な前衛性を保持しながらも、圧倒的なオリジナリティとドラマ性で聴かせる手腕に唯々息を呑むしかない。世界で最も暗黒耽美な夫婦共同作業で紡がれる傑出盤。

Ram-Zet
○ノルウェー

Escape ○ Spikefarm Records ○ 2002

ノルウェーのハーマル出身のアヴァンギャルド・ゴシックメタル、Ram-Zet による 2002 年の 2nd アルバム。フロントマン兼ギタリストの Zet を中心に 1998 年結成。女性ヴォーカリスト Sfinx による煽情的な歌唱とヴァイオリンのハーモニーをフィーチャーした型破りな音楽性は「Schizo Metal」とも呼ばれる。スラッシュメタル、ブラックメタル、インダストリアルと多岐に渡る要素を吸収したバッキングに、耽美なメロディラインを溶け込ませたスリリングな世界観が素晴らしい。複雑怪奇でありつつも、散漫に感じさせない楽曲構成も秀逸。精神疾患を題材にしたリリックもサイコで妖しい魅力に拍車をかけている。

Ram-Zet
○ノルウェー

Intra ○ Tabu Recordings ○ 2005

2005 年リリースの 3rd アルバム。バンドの首謀者 Zet により苛烈かつ緻密に綴られるモノマニアックなサウンドメイキングはますます磨きがかかっている。Djent 勢を彷彿させるトリッキーなリズム・アプローチに加えて、そこに違和感なくヴォーカル・メロディを乗せ、歌モノとしての側面も両立させる絶妙なバランス感覚は見事としか言いようがない。対旋律を優雅に響かせ、時には楽曲の主軸にもなり、他楽器のサポートも担うヴァイオリンも素晴らしい。Zet の苦悶に満ちたスクリームと、Sfinx の滑らかな美声との対比も唯一無二の味わいを獲得している。テクニカルかつ個性的なゴシックメタルを求めるならば、打ってつけの怪作。

Saturnus
○デンマーク

Veronika Decides to Die ○ Firebox Records ○ 2006

デンマークのコペンハーゲンにて 1991 年結成、ゴシック / メロディック・ドゥームメタルバンドによる 2006 年リリースの 3rd フルレングス。アルバムタイトルはブラジルの小説家パウロ・コエーリョの同名作品からインスピレーションを得ている。90 年代から正統派ゴシックドゥームを奏でる重要アクトの一柱として活動してきた彼等だが、本作は基本的な音楽性は不変ながらも着実にサウンド面・アレンジ面で、アップデートを真摯に積み重ねゆく末に辿り着いた珠玉の渾身作。全編で繰り返し掻き鳴らされる泣きのギターフレーズと共に、静かに心身が朽ち果てていく様な極上の終末的カタルシスに恍惚必至だ。

Sirenia
○ノルウェー

At Sixes and Sevens ○ Napalm Records ○ 2002

元 Tristania の創設メンバーである Morten Veland によって結成されたノルウェーのスタヴァンゲル出身のシンフォニック・ゴシックメタルバンド。2002 年の 1st。音楽性も初期の Tristania の流れを引き継ぐダークで流麗なゴシックメタルサウンドで、女性と男性のクリーンヴォーカル、Morten によるハーシュ・ヴォイスというトリプル・シンガー体制もまさしくかつての同バンドの様式そのままだ。更にセッション・ヴァイオリニストとして Tristania でお馴染みの Pete Johansen まで起用しているのだから徹底している。とはいえ全編で綴られる甘美で上品なゴシックメタルサウンドが極めて魅力的。

Sirenia
●ノルウェー

The 13th Floor
🅐 Nuclear Blast Records 🅒 2009

三代目ヴォーカリストのスペイン人美形シンガー Ailyn 加入後、初のフルアルバム
となる 2009 年 4th。初期にあったデスメタル要素が減退し、Ailyn のピュアで麗し
いヴォーカルを主軸にした、良い意味でシンプルでキャッチーなシンフォニック・
ゴシックメタル路線へとシフト。アグレッションは程々に歌メロを前面に出した
事でシンガーの魅力が際立った作風となっており、結果的に同系統バンドである
Epica や Tristania 辺りと上手く差別化出来たという印象もある。キラーチューン
「The Seventh Summer」を始め、エレガントビューティーなゴシックメタルソン
グの見本市とも言える楽曲が並ぶ充実作。

Tactile Gemma
●ノルウェー

Tactile Gemma
🅐 Season of Mist 🅒 2001

ノルウェー発のエレクトロ / ゴシックプロジェクトによる 2001 年リリースの
唯一作。元 The 3rd and the Mortal の Ann-Mari Edvardsen と、Atrox の Monika
Edvardsen による姉妹ツインヴォーカル編成という強力な布陣。音楽的には
Portishead 系譜のトリップホップ / エレクトロに、Kate Bush にも通じる背筋が凍
る様な歌劇的狂気を乗せたサウンド。恍惚する程に甘美で不穏な様相は今聴いても
非常に個性的。アヴァンギャルドな変態ゴシックの名盤として数えられる一枚。アー
トワークは元 Dark Tranquillity の Niklas Sundin によるもの。

The Crest
●ノルウェー

Letters from Fire
🅐 Season of Mist 🅒 2002

ノルウェーのオスロ出身、同郷の先人である Theatre of Tragedy へ Liv Kristine の
後釜として加入したヴォーカリスト Nell Sigland が在籍していたゴシックメタルバ
ンド。2002 年発表の 1st アルバム。ゴシックロック的な軽快さと、ダークウェー
ブ的な憂いを伴ったサウンドが特徴ながら、メロディラインには 80's ポップにも
通じるキャッチーさもあり、非常に聴き易い。物悲しさの中にも一抹の清涼感が漂
うギターフレーズも魅力的で、適度に施されたエレクトロ・アレンジも違和感なく
溶け込んでいる。後に大御所バンドへと引き抜かれる Nell の甘美でメランコリッ
クなヴォーカルも素晴らしい。

The Fall of Every Season
●ノルウェー

Amends
🅐 Grau Records 🅒 2013

ノルウェーのトロンハイム出身のミュージシャン、Marius Strand 一人のみで構成
されるアトモスフェリック / ゴシックドゥームアクトによる 2013 年の 2nd。ダー
クな憂いを含んだドゥームメタルを主軸に、アコースティックギターを多用した繊
細なドラマティシズムをまとわせた音像が持ち味。痛切でスケール感の大きい暗鬱
プログレッシヴメタル的味わいは、Opeth や Katatonia と言ったアクトも彷彿とさ
せる。雄々しく猛るグロウルと Jonas Renkse を端正にした様な美声クリーンを使
い分けるヴォーカルもさることながら、メランコリズムとブルータリティの間を行
き交うアート性の高い楽曲群が実に秀逸。

The Kovenant
●ノルウェー

Animatronic
🅐 Nuclear Blast Records 🅒 1999

ノルウェーはベルゲン出身のインダストリアル / ブラックメタルバンド。1999 年
の 3rd。元 Dimmu Borgir の Nagash とマルチ奏者の Blackheart を中心に 1993 年
結成。当初 Covenant という名前で活動していたが、同名の EBM バンドがスウェー
デンに存在していた為 1999 年に名前の権利を失効。以降は名義だけでなく、音
楽性もシンフォニックブラックからインダストリアルメタル路線へと大胆にシフ
ト。ブラックメタルからインダストリアルへと移行した存在といえば Samael を
思い出すが、こちらはよりサイバーゴシック的テイストが色濃い。『Gemini』期の
Atrocity に通じるムードもある。

The Loveless
● デンマーク

Star Rover
Ⓐ Euphonious Records ● 2002

デンマークはコペンハーゲン出身のゴシックメタルバンド。2002 年の 1st フル。ギタリストの Kim Larsen を中心に、同郷のゴシックドゥームメタルバンド Saturnus の元メンバー達によって 2000 年に結成。ダークウェーブ的エッセンスを取り入れたゴシックメタルという意味ではスウェーデンの Diabolique 辺りと通じる部分もあるが、こちらはよりシューゲイザー / オルタナティヴ・ロック的趣が強い。中期 Katatonia も引き合いに出されそうだが、インディロック的な聴き易さも持ち合わせている点を含めるとイタリアの Klimt 1918 が一番近いかもしれない。上品な陰鬱ロックを求めるなら合致すること必至。

The Sins of Thy Beloved
● ノルウェー

Lake of Sorrow
Ⓐ Napalm Records ● 1998

ノルウェーのブリン出身、7 人組編成のシンフォニック / ゴシックデスメタルバンドによる 1998 年 1st。フルアルバム 2 枚のみという短命な活動期間ながら、「美と醜の対比」を極致的に突き詰めた極上のサウンドで、ゴシックメタルファンに多大なインパクトを残した名アクト。いわゆる Theatre of Tragedy 系譜のサウンドながら、慟哭のデス・ヴォイスと可憐なソプラノ・ヴォイスによる緩急の利いた絡みは、この様式で体現可能な最高峰とも言えるクオリティ。暗鬱としつつも芳醇なメロディの数々に胸を抉られるばかり。Tristania でも活躍する Pete Johansen によるヴァイオリンの旋律美も極まっている。

Trail of Tears
● ノルウェー

A New Dimension of Might
Ⓐ Napalm Records ● 2002

ノルウェーのクリスチャンサン出身、男女混成のゴシック / シンフォニック・ブラックメタルバンドによる 2002 年の 3rd。前作まで在籍していた現 Imperia の Helena Iren Michaelsen に代わり、二代目シンガーとなる Cathrine Paulsen が加入。音楽的には同郷の Tristania 辺りに通じるダークで大仰なゴシックメタルをベースに、シンフォニック・ブラックメタル寄りの大々的なアグレッションを導入。ド派手なオーケストレーションを従えながら疾走したり、デジタル風味のシンセが施されたりとアレンジのレンジが幅広く面白い。表情豊かなヴォーカルで楽曲を彩る Cathrine の歌唱も良い。

Tristania
● ノルウェー

Widow's Weeds
Ⓐ Napalm Records ● 1998

ノルウェーのスタヴァンゲル出身、界隈でも指折りのソプラノシンガーとして名高い Vibeke Stene が在籍したゴシックメタルバンドによる 1998 年リリースの 1st アルバム。同郷の先人である Theatre of Tragedy を彷彿させる王道の様式に沿いつつ、ダークでオペラティックなサウンドと共に、より感傷的なテーマを扱うゴシックメタル界の名手だ。セッションメンバー扱いながらバンドの重要な部分を担う Pete Johansen のヴァイオリンの旋律美も実に素晴らしく、各楽曲で暗黒のハイライトを華々しく彩っている。マンネリに陥らず、しっかりと差別化されたソングライティングセンスも見事。

Tristania
● ノルウェー

Beyond the Veil
Ⓐ Napalm Records ● 1999

1999 年リリースの 2nd アルバム。Vibeke Stene によるソプラノヴォイス、Østen Bergøy のテナーヴォイス、Morten Veland によるブラックメタル風のハーシュヴォイスといった三位一体のヴォーカル構成で、他のゴシックメタルバンドの模倣に留まらない独自の方法論と地位を確立。傑作であった 1st アルバムを更に上回らんばかりの充実度で、耽美で神々しい世界観を構築している。Pete Johansen によるヴァイオリンも変わらず素晴らしい仕事っぷりで、シンフォニックな色合いが強まったサウンドに大いに貢献。北欧ゴシックメタル界に宝石の如く輝く名作の一つ。

Tristania
World of Glass
〇ノルウェー　🅐 Napalm Records 🅞 2001

前作までハーシュヴォイス兼リズムギターを担当していた Morten Veland がバンドから離別。その後釜として新たに Trail of Tears の Ronny Thorsen がゲスト参加している。音楽的にはこれまでの路線を引き継ぎつつ、部分的に Therion を彷彿とさせるゴージャスで強力なシンフォニックサウンドとクワイアを導入。ややモダンな質感も感じられるが、濃密な混声コーラスも相まってクラシカルで透明感のあるサウンドに仕上がっている。もはやバンドの看板といっても過言ではない Pete Johansen による美麗なヴァイオリンの調べも健在で、Vibeke の哀切溢れる歌唱との絡みがエクセレント。

Vagrant God
Vagrant God
〇ノルウェー　🅐 Secret Quarters 🅞 2012

ノルウェーのオスロ出身、Anathema 及び My Dying Bride の元メンバーが在籍するゴシックメタルバンドによる 2012 年発表の 1st。ミドルテンポ主体のドゥーミーなサウンドに流麗なピアノやギターメロディが施された音像は、同郷のレジェンド Theatre of Tragedy の正統後継者と呼称したくなる程にクオリティが高い。揺蕩う波の様に寄せては返すメランコリックな美旋律には、思わず恍惚してしまう。フロントウーマンである Cecilie Langlie の繊細かつ優美な歌唱も楽曲の魅力をグンと引き上げている。ややチープなアートワークに惑わされずに聴いて欲しい 10 年代ゴシックメタルの隠れた逸品。

Where Angels Fall
Illuminate
〇ノルウェー　🅐 Edgerunner Music 🅞 2006

ノルウェーのオスロ出身、女性ヴォーカリストを擁するゴシックメタルバンドによる 2006 年リリースの 1st フルレングス。リードギター兼キーボーディストの André Bendigtsen とドラマーの Ole Kristian Løvberg によって 2003 年にバンド結成。歌姫 Eirin Bendigtsen によるしっとりとした哀感を携えたヴォーカルを基軸に、時折モダンなグルーヴメタル要素や電子音楽的なアレンジをアクセントとして覗かせる部分は、同郷の Sirenia 辺りに近い。オペラティックな高揚感ではなく、あくまで内省的なメランコリズムを前面に打ち出したスタイルは、古参ゴシックメタルファンにこそお勧め。

Zeromancer
Eurotrash
〇ノルウェー　🅐 Cleopatra/Warner Music Group 🅞 2001

ノルウェーはトンスベリ出身のゴシック / インダストリアルメタルバンド。2001 年リリースの 2nd フル。90 年代から活躍する同郷のオルタナティヴ・ロックバンド Seigmen のメンバーをコアとして 1999 年に結成。音楽的には Celldweller や KMFDM、Stabbing Westward といった硬質なインダストリアル・サウンドを参考にしつつ、Depeche Mode 由来のシンセポップ要素も組み込んだスタイル。キャッチーな歌メロを主軸にしたダンサブル、かつヘヴィな作風で自国チャートにも乗り上げた。Real Life の 80 年代ヒット曲「Send Me an Angel」のカヴァーも白眉。

Hamferð
Evst
〇フェロー諸島　🅐 Tutl Records 🅞 2013

フェロー諸島の首都トースハウン出身、2008 年に結成されたアトモスフェリック / ドゥームメタルバンドによる 2013 年リリースの 2nd フルレングス。同郷の Týr と共にヘヴィメタル界隈におけるフェロー諸島の知名度を押し上げたであろう存在で、Barren Earth のヴォーカル Jón Aldará が在籍している事でも知られる。Jón によるディープなグロウルと、オペラティックなクリーン声の対比で美醜を表現する説得力抜群のヴォーカルワークと、ダイナミックな叙情味で雄大な北欧の情景美を思い起こさせる地響くドゥーム・サウンドが最大の特徴。重苦しさと悠遠さを兼ね備えたドラマ性は圧倒的。

Central & Eastern Europe

　ドイツはゴシックメタルのみならず、非メタルなゴ
シックシーンとも非常に結び付きの強い地域である。
もともとドイツにはゴシックメタル登場以前から、
1980 年代後半時点で Neue Deutsche Todeskunst（ノ
イエ・ドイチェ・トーデスクンスト）と呼ばれるゴ
シックロックやネオクラシカル様式にドイツ語の哲学
詩や演劇文化を組み合わせた独自のダークウェーヴ・
カルチャー（Das Ich などが代表的存在）が存在して
いた。ドイツ出身で現在はスイスを拠点に活動してい
る Lacrimosa もその流れから登場したバンドの一つ
である。また 1990 年〜 2000 年代にかけては Neue
Deutsche Härte と呼ばれる、よりヘヴィメタルに接
近したカルチャーも勃興。Atrocity や Crematory 等の
ゴシックメタル勢とも親和性の高い隣接的ムーヴメン
トとして知られる。Wave-Gotik-Treffen 等の世界的な
フェスも毎年開催され、ゴシックカルチャーのメッカ
と評しても過言では無い地域と言えるだろう。
　また、東ヨーロッパ圏も数多くの個性的なゴシッ
クメタルバンドが存在している。特にポーランドは
Closterkeller に端を発する独自のゴシックシーンが
1980 年代後半〜 1990 年代初頭にかけて形成されて
おり、Artrosis、Moonlight 等の優良バンドを多数輩出
した。Sirrah や Cemetery of Scream といったデス /
ドゥーム準拠のバンドも存在するが、何れも西欧圏の
同系統バンドとは趣の異なる音楽的情緒を発露してい
るのが魅力である。

ダークウェーブ由来の虚無性を備えた練達的ゴシック男女デュオ

Lacrimosa

◉ Theatre of Tragedy、L'Âme Immortelle、Umbra et Imago、Theatre Des Vampires、Tristania
🜋 1990 ～　　　　　　　　　　　　　🜨 ドイツ、フランクフルト（活動拠点はスイス）
🜍 Tilo Wolff（ヴォーカル、プログラミング、キーボード、ピアノ、ミュージック・プロダクション）、Anne Nurmi（ヴォー
　カル、キーボード）

ドイツはフランクフルト出身のミュージシャン兼アーティスト Tilo Wolff と、フィンランドはタンペレ出身
のシンガー兼キーボーディスト Anne Nurmi によって構成されるゴシックデュオバンド。出身はドイツだ
が、現在主な活動拠点はスイスへと移されている。Lacrimosa の全てのアルバムや映像作品等は、Tilo Wolff
自身が主催するレーベル Hall of Sermon からリリースされているのが特徴。これはレコード会社等の外部
からの干渉を避け、安定した資金をバンドへと供給する為であり、そういった意味合いからも徹底的なセル
フプロデュースが施された異端的アクトと言える。キャリアを遡ると当初はメインコンポーザーを担う Tilo
Wolff によるワンマン・プロジェクトとして 1990 年に創設。同年に制作されたデモ音源『Clamor』を皮切
りに、1991 年発表の 1st アルバム『Angst』にてデビュー。この段階ではキーボード主体のミニマルなダー
クウェーブ的趣が強い作風であった。その後、作を重ねる毎に音楽性を洗練・拡張させていき、1993 年に
は 2 番目の核となるメンバー Anne Nurmi が合流。1995 年発表の 4th アルバム『Inferno』頃よりダークウェー
ブからヘヴィメタル路線へと本格的に移行していき、1997 年の 5th アルバム『Stille』にてクラシックとゴシッ
ク、ヘヴィメタルを独自に融和させ、詩情性の強い世界観と組み合わせた Lacrimosa サウンドを確立させる。
更に後の作品では高名なロンドン交響楽団とも共演を果たし、シンフォニックメタルシーンにおけるパイオ
ニアとなった。類型的な欧州発のシンフォニック・ゴシックメタル勢とはトーンの異なる独特のスタイルで
人気を拡大していき、世界 25 カ国以上の音楽チャートで上位に昇り詰める。ドイツ語圏のゴシックバンド
としては異例の成功を収めた存在だ。

Lacrimosa
Angst
○ドイツ（スイス）
🅰 Hall of Sermon ○ 1991

稀代のフロントマン Tilo Wolff のカリスマティックなタレント性と共に、欧州ゴシックメタル界隈屈指の寵児としてシーンへ台頭する事になる男女ゴシックデュオ、Lacrimosa の 1991 年発デビュー作。この 1st アルバム時点ではメンバーは Tilo 一人のみで、全ての楽曲の作詞作曲及び楽器演奏をこなしている。元々はドイツのダークウェーヴ音楽ムーヴメントであるノイエ・ドイチェ・トデスクンストの一派として数えられていただけあり、音楽的にはまだ非メタルの暗黒ニューウェーヴといった趣が強い。後年の作品に比べるとサウンド面は幾分稚拙ながらも、非常に暗く時に狂気的な雰囲気を醸し出す不可思議な音像は興味深い。

Lacrimosa
Einsamkeit
○ドイツ（スイス）
🅰 Hall of Sermon ○ 1992

デビュー作から着実な成長を見せる 1992 年リリースの 2nd アルバム。虚無的な雰囲気をまとう暗黒クラシカル / ダークウェーヴ要素をベースに、打ち込みドラムを使用する事で、バンドサウンド感が向上した楽曲等に試行錯誤の跡が感じられる。遊園地のパレードかサーカスを彷彿させる「Einsamkeit」、煽情的なギターソロまで飛び出すハードロック調の「Diener Eines Geistes」、物悲しいシンセとヴァイオリンの旋律をバックに Tilo が感情を失禁させながら情念たっぷりに歌い紡ぐ「Bresso」等、まだまだ方向性も模索しつつも原石的な魅力を放つ。寂しげに佇むアートワークのピエロが哀愁深く愛おしい。

Lacrimosa
Satura
○ドイツ（スイス）
🅰 Hall of Sermon ○ 1993

1993 年リリースの 3rd アルバム。前二作同様にドイツ語で紡がれる Tilo の独特な味わいのヴォーカルをメインに据えたダークウェーヴ・サウンドなのは相変わらず。しかしながら物哀しいピアノやヴァイオリンのメロディの練度はますます向上し、Tilo のヴォーカルも安定感と力強さが伺えるようになった。エレクトロゴシック系譜のダンサブルな躍動感を放つ楽曲や、アグレッシヴなギターワークを配したナンバー等、前作に輪をかけてドラマ性に説得力が増してきているのもポイント。ゴシックメタル覚醒前夜の片鱗が見え隠れする初期 Lacrimosa の集大成的作品。そして本作で孤独な下積みの年月は終わりを迎える。孵化の時は近い。

Lacrimosa
Inferno
○ドイツ（スイス）
🅰 Hall of Sermon ○ 1995

1995 年発表の 4th。本作よりバンドの第二の核となる女性シンガー兼キーボーディスト Anne Nurmi が初加入。ダークウェーヴからヘヴィメタル路線への移行を示す分岐点的重要作であり、Anne が作曲しメインヴォーカルも取る「No Blind Eyes Can See」に代表されるように、ドイツ語だけでなく英語詩の楽曲も採用されるようになった最初の作品でもある。クラシック、ゴシックロック、ヘヴィメタルを独自の手法で融合させたシアトリカルな世界観は圧巻の一言。元 Running Wild のドラマー AC の力強いドラミングが映える暗黒ゴシックナンバー「Copycat」は、後々までライブの定番となる名曲。

Lacrimosa
Stille
○ドイツ（スイス）
🅰 Hall of Sermon ○ 1997

空っぽのステージで唯一人立ち尽くすピエロのアートワークが印象的な 1997 年発表の 5th。心を痛める様な感傷的で美しいメロディが全編で繰り広げられる音楽性はますますもって冴え渡り、Tilo Wolff と Anne Nurmi による歌劇的な表現力を携えたデュエットは、前作から更に高い次元へと到達。交響楽団と合唱団を使用した濃密なサウンドはシアトリカルかつエレガントに響き渡り、既存のシンフォニックメタルとは似て非なる高揚感を聴き手にもたらす。シングルカットされた「Stolzes Herz」はドイツのシングルチャートに初めて入り、アルバム自体も最高 64 位をマーク。3 週間チャートに留まる等商業的成功を収めた。

Lacrimosa
Elodia
◎ドイツ（スイス）　🔔 Hall of Sermon　⏱ 1999

ロンドン・シンフォニー・オーケストラがレコーディングに参入し、バンド屈指の名作として称えられる 1999 年リリースの 6th アルバム。ロックオペラ的なコンセプトアルバムとなっており、全 3 幕の構成に分かれている。悲劇的な人間愛や別離をテーマに掲げた楽曲群は極上のメロドラマの様な恍惚美と耽美性に満ち溢れており、繊細かつ緩急の利いたオーケストレーションがそれらに拍車をかけていく。Lacrimosa 流ゴシック歌謡劇場の真骨頂「Alleine zu Zweit」、この世の悲しみと憤りを壮大な展開美の中に投影した「Ich verlasse heut' dein Herz」等、特筆に値する名曲が目白押し。

Lacrimosa
Fassade
◎ドイツ（スイス）　🔔 Hall of Sermon　⏱ 2001

2001 年リリースの 7th アルバム。傑出作だった前作『Elodia』では決して成就しない人間愛をテーマに掲げていたが、本作では社会における人間の孤独な感情に焦点を当てたコンセプトが取られている。密度の高いシンフォニックなドラマティシズムは健在ながら、『Elodia』に比べて幾分陰気でダークなヴァイブが感じ取れるのも本作の特徴。雄弁に爪弾かれるギター、荘重なオーケストレーション、メランコリックに紡がれるピアノ・メロディ等綿密な世界観を構築する一つ一つのパーツを見て取っても一分の隙も見当たらない。その徹底したサウンドメイキングの強度には感服と畏敬の念すら抱く程だ。

Lacrimosa
Echos
◎ドイツ（スイス）　🔔 Hall of Sermon　⏱ 2003

2003 年リリースの 8th アルバム。本作では古典的なゴシックロックからの影響を強く押し出したスタイルが採用されており、深遠なオーケストレーションが特徴的だった前作『Fassade』に比べて、幾分ロックバンドとしての分かり易さが増したアプローチが取られている。とはいえ冒頭 12 分超えのオーケストラルな序曲「Kyrie - Overture」に代表される様に、叙情詩的な交響曲の要素が大部分を占めるのはいつも通り。本作唯一の Anne Nurmi によるソロナンバー「Apart」は Cocteau Twins からのインスピレーションが伺える Lacrimosa 流妖艶ダークウェーヴの名演。

Lacrimosa
Lichtgestalt
◎ドイツ（スイス）　🔔 Hall of Sermon　⏱ 2005

もはや Lacrimosa という名の独自のアートロック的手法を確立した感がある彼等による 2005 年リリースの 9th フルレングス。メタリックなギターとリズムセクションをスパイスに利かせつつ、クラシック音楽的エレジーを重視したサウンドはこれまで通りながら、そこに調和していく感情豊かな Tilo のヴォーカルワークが際立って素晴らしい。哀傷的世界観が滲むオーケストレーションを駆使した Tilo Wolff による威厳とユーモアに満ちたソングライティングは、ディープな魅力を増すばかり。聖書からインスピレーションを得た一大叙情詩的ナンバー「Hohelied der Liebe」に心洗われる。

Lacrimosa
Sehnsucht
◎ドイツ（スイス）　🔔 Hall of Sermon　⏱ 2009

2009 年リリースの 10 枚目のフルアルバム。典型的な Lacrimosa サウンドをベースに、より多様な音楽表現の手法へと踏み込んだ内容となっており、クラシック音楽とゴシックロックをエレガントに融和させた「Mandira Nabula」やシニカルで攻撃的な「Feuer」では、いつも以上にバンドサウンドを強調させたアプローチを味わうことが出来る。ある意味で古典的とも言えるハードロックやヘヴィメタルの要素を巧みに流麗優雅なオーケストラルサウンドへと落とし込み、アレンジするスキルには感嘆するばかりだ。Tilo の囁く様に優しい歌唱が響く「Call Me with the Voice of Love」も白眉。

Lacrimosa
◎ドイツ（スイス）

Revolution
🅐 Hall of Sermon 🅒 2012

2012 年発表の 11th フル。ゲストとして Kreator のフロントマン Mille Petrozza と、Accept のドラマー Stefan Schwarzmann が参加。Lacrimosa のルーツであるクラシックとヘヴィメタルの融合へと改めて寄り添った作風。特にタイトルトラックの「Revolution」では、ハードかつアグレッシヴなスタイルでインダストリアルメタル風味の暗黒ヘヴィネスを体現。また、Female Fronted Metal 勢のサウンドにインスパイアされたという「If the World Stood Still a Day」も Anne の艶やかなヴォーカルが映える秀曲。

Lacrimosa
◎ドイツ（スイス）

Hoffnung
🅐 Hall of Sermon 🅒 2015

Tilo Wolff にとって初音源のデモ『Clamor』25 周年に合わせて 2015 年に発表された 12th フル。総勢 60 名のオーケストラを起用して録音され、『Stille』収録の「Die Strasse der Zeit」を超えてバンド史上最長曲となった 15 分オーバーの大曲「Mondfeuer」を収録。独特の寂寥感を伴いながら、大河の如く緩やかに時に激しくドラマ性を紡いでいく様相は、まさに職人芸の域。豊かな起伏と情緒を交えた表現手法は、ヘヴィメタルとクラシックの親和性を改めて明示していく。かつては寂しそうに佇んでいたアートワークのピエロが、いつになく精悍な表情でジャケットを飾っているのも感慨深い。

Lacrimosa
◎ドイツ（スイス）

Testimonium
🅐 Hall of Sermon 🅒 2017

「証言」というタイトルが銘打たれた 2017 年発の 13th。本作は 2016 年に亡くなった David Bowie、Prince、Eagles の Glen Frey、Wham! の George Michael、Leonard Cohen、The Beatles の音楽プロデューサー George Martin といった、Tilo Wolff の音楽活動にインスピレーションを与えてきた先人ミュージシャン達を偲ぶ 4 幕のレクイエムで構成された内容となっている。ダイナミックな多様性と演劇性に富んだ全 10 曲の「証言」には各々に深い哀悼と喪失が込められており、ここ数年の Lacrimosa の作品中でも屈指の感動が得られる。

Lacrimosa
◎ドイツ（スイス）

Leidenschaft
🅐 Hall of Sermon 🅒 2021

2021 年リリースの 14th フルレングス。エレガントなオーケストレーションと妖艶なゴシックロック / メタル的エッジを折衷する、これまでの Lacrimosa が築き上げた方法論を端正かつ優雅に踏襲したアルバム。暗黒歌劇風なシアトリカル性と独特なリズムパターンを駆使したハードロック的アプローチを巧みに用いた二枚看板的なダイナミズムは、作を重ねても何ら色褪せることなく燦然と輝く。ルーツであるダークウェーブ出自故の怪しい灰暗さが滲み出た味わいは、本流であるイギリス由来のゴシックメタルとはやはり根本的に趣が異なる魅力を感じさせる。結成 30 周年を超えて尚研ぎ澄まされるアイデンティティに感嘆必至だ。

Neue Deutsche Härte について簡易的解説

Neue Deutsche Härte（略称 NDH）とはドイツとオーストリアを主な震源地として、1990 年代〜 2000 年代にかけて発展した音楽ムーヴメント。代表的なバンドとしては Oomph! や Megaherz、Rammstein 等が挙げられる。音楽スタイルや文化的影響は多岐に渡るが、Prong や Pantera 由来のオルタナティヴ / グルーヴメタルに、Depeche Mode や Ministry 系譜のエレクトロ / インダストリアルの要素を掛け合わせ、ドイツ語詞を用いる手法が主流とされている。ゴシックメタルとも親和性が高く、Atrocity や Crematory 等のバンドも NDH の文脈で語られることがある。

悲愴なサウンドを追求し続けるドイツの古参ダークメタルアクト

Lacrimas Profundere

◎ Tiamat、Paradise Lost、Darkseed、End of Green、Evereve、Moonspell
🕓 1993 〜　　　　　　　　　　　　　　　　　　　　🌐 ドイツ、ヴァーギング・アム・ゼー
◎ Oliver Nikolas Schmid（ギター）、Dominik Scholz（ドラム）、Julian Larre（ヴォーカル）、Ilker Ersin（ベース）

ドイツのヴァーギング・アム・ゼーにて 1993 年結成。元々はドゥームメタルからの影響が強い音楽性のバンドだったが、キャリアの中期以降は HIM や The 69 Eyes 等を彷彿とさせるゴシックロック / メタル路線へと移行。時代や作品によってスタイルを変えながらも、一貫して上質なダークメタルを紡ぎ続ける存在として支持される。1995 年の『...and the Wings Embraced Us』にてデビュー。2022 年に発表された 13th アルバム『How to Shroud Yourself with Night』ではメタルコアやグルーヴメタルの色合いも取り入れ、結成 30 周年にして新境地へと至った。

Lacrimas Profundere 　　　　　　　　　　　　　　　　　◎ ドイツ
Memorandum　　　　　　　　　　　　　🅐 Napalm Records 🕓 1999

ラテン語で「流れる涙」という意味を冠するゴシックメタルバンド、Lacrimas Profundere による 1999 年リリースの 3rd。ドイツのヴァーギング・アム・ゼー出身。初期 Anathema からの影響が色濃い陰鬱デス / ドゥームサウンドに、ダーク & クラシカルなテイストを加えた屈指の暗黒耽美メタルがアルバム通して味わえる。哀情的なピアノやヴァイオリン、ハープが導入された楽曲群は優雅でありつつ欧州的な翳りに満ちており、天使の様な女性ソプラノ・コーラスも楽曲のドラマ性を引き立てている。バンドは後にゴシックロック路線へとシフトしていくが、王道ゴシックメタルとしては本作が間違いなく頂点。

Lacrimas Profundere
Filthy Notes for Frozen Hearts

🔵ドイツ
🔘Napalm Records ⏱2006

2006 年リリースの 7th アルバム。ゴシックロック路線期の作品の中でも充実した内容で魅せる一枚。HIM や Charon 等のフィンランド勢に連なるロマンティックでキャッチーな歌モノゴシックメタルが展開されており、ヴォーカリストの Christopher Schmid の歌唱も艶深いバリトン・ヴォイスで聴き手を魅了する。リード・トラック「Again It's Over」の MV で見られるメンバーのルックスも美しくて腰砕け。初期とはまるで様相が異なりつつも、メランコリックな叙情的メロディに彩られた楽曲は単純に質が高く、洗練されていて聴き易い。随所で挿入される女性コーラスも印象的。

Lacrimas Profundere
How to Shroud Yourself with Night

🔵ドイツ
🔘Steamhammer ⏱2022

90 年代初頭から邁進し続けるドイツのベテラン・ゴシックメタルバンドによる 2022 年の 13th フル。幾重のメンバー交代と音楽的変遷を重ねながら欧州の暗黒メタルシーンを駆け抜けてきた彼等。本作では初期のメロディック・ドゥーム / デス系譜の重量感と中期のオルタナ / ゴシックロック的な躍動感を統合しながら、よりヘヴィなタッチのゴシックメタルを体現。『To Disappear in You』では In Flames 直系の北欧メロデス + ゴシックなフレーバーも覗かせる。2018 年に加入したメキシコ人シンガー Julian Larre による、タフでレンジの広いパフォーマンスも既にバンドの看板を担うに相応しい存在感を放つ。

Lacrimas Profundere Interview

Q：今回はインタビューを受諾して下さりありがとうございます。まずは『How to Shroud Yourself with Night』について伺いたいと思います。ルーツであるゴシック / ドゥームメタルへの回帰に加えて、ゴシックロック、オルタナティヴ、グルーヴメタル等の多様な要素を統合した野心作だと思います。反応はいかがでしたか？

Oliver Nikolas Schmid：どうもありがとう、話が出来て嬉しいよ。今までのところ反応は素晴らしいね。こんなにポジティヴな反応があるとは予想していなかったよ。

今回のアルバムは作成するのが一番大変だったし、「聴く度に詳細と秘密が明らかになるアルバム。勇敢で、悲しく、怒気に満ちていて、それでいて美しい！」という様なレビューを読んだり聞いたりすると、とても感動するね。自分が夢見ていた通りに上手くいったのは素晴らしいことだ。

スタジオでの時間を思い返し、俺達が直面したリスクや多くの下した判断について考えると、**「HIM とメタルコアの混合物」「Dimmu Borgir ミーツ The Cure」、更には「ゴシック風パワーメタル」等と形容された説明を聞く度に、誇り高い気持ちになれるよ。バンドをレビューした時、Billy Idol と Cradle of Filth が一文で同時に出てくるのを見たことがあるかい？ つまり、簡潔に答えると俺達全員が非常に満足しており、聴く度にアルバムがさらに好きになっていくね。**

Q：『How to Shroud Yourself with Night』では、前作『Bleeding the Stars』の路線を踏襲しながらもより幅広いスタイルが採用されていますね。「The Curtain of White Silence」ではメタル / ハードコア的なヘヴィネスを感じ取れますし、「To Disappear in You」では北欧のメロディックデスメタルを彷彿させるヴァイブもあります。それでいて Lacrimas Profundere らしいダークなトーンで統一されているのが素晴らしいです。この様なアプローチに至った背景を教えて下さい。

Oliver Nikolas Schmid：曲を書き始める時というのは、自身の内面に地獄の門が開かれる様なものなんだ。俺にとって曲を書くというのはいつも難しいプロセスだね。なぜなら、メロディーが良くても、心が粉々にならないのならそれは使わないから。アルバムへと導入するには、俺を深く感動させ、跪かせるものである必要があり、これは自分にとって常に難しいプロセスと言える。

今回はプレッシャーが重なり、かなり邪魔されたよ。眠れなくなる位にね。ようやく軌道に戻っても、完璧主義になったり、物事を考え過ぎたりしてしまう。全てのアーティストはこういった戦いを経て成り立っているね。成功すればする程、その成功体験が捕食者になり、危うくそれに食われそうになるんだ。ある意味では、全てのアルバムがバンドの存続の決定にも繋がる。前回の売上高と連動させることは出来るか？ レーベルは契約を延長するのか？ 良いコンサートのオファーは来るのか？……こういった疑問はすべてのアーティストの頭の中でぐるぐると回り、レコードが聴かれない、買われない、ストリーミングされないと我々は死んでしまうという事を、人々は気づいていないのだと思うね。俺にとってはどのアルバムも、これまでにやったことのないことを実現するチャンスなので、今回はイギリスのドゥーマーParadise Lost への愛からこのバンドを始めた経緯を思い出したよ。初めて彼らを発見した時の事を思い出し、一緒にツアーをしたり、フェスティバルで会ったりした日々を思い出した。こうして「Wall of Gloom」の最初のリフは書かれたんだ。

「The Curtain of White Silence」 は俺達の歴史の中で最大の冒険であり、Dark Tranquillity や Arch Enemy の様なバンドへのオマージュでもある。沢山の曲のアイディアが用意されていたけど、安全な賭けをしたり、ファンを怖がらせてしまうリスクを冒さない選択肢は最初から無かった。誰も驚かない、期待に完全には応えられない、誰にも迷惑をかけない様なアルバムは望んでいなかったのさ。

このレコードに対する俺の考えは正反対で、驚きを与え、心をかき乱し、スリルを与えるものでなければいけなかった。

それが芸術であり、芸術というものには勇気が存在するからね。それこそが俺達が歩む道だった。

Q：『How to Shroud Yourself with Night』の歌詞やコンセプトを制作する上でインスピレーションを受けたものはありますか？

Oliver Nikolas Schmid：全ての曲間に繰り返されるテーマがある、このアルバムのメインテーマは、ただ消えたい、目に映らなくなりたい、自分自身や外の世界ともう関わる必要を失くしたいという願望についてだ。

それは影、暗闇、そして無の力を組み合わせた神秘的なムードについてでもある。夜に包まれたいというのはとても暗い考えだけど、暗闇が長い間取り囲んでいると、それは自身の特性のようなものとなり、それはもはや未知のものではなく、自分自身がその一部へとなっていく。夜を美しいものとして見ていけば、恐怖も消えていくのさ。

Q：2018 年から加入した新フロントマンJulian Larre の力量も驚異的ですね。妖艶なバリトンヴォイスから陰惨なグロウル、攻撃的なシャウトまで使いこなす、タフで素晴らしい才気に溢れたシンガーだと思います。彼の加入はバンドに新しい影響をもたらしましたか？

Oliver Nikolas Schmid：そう、彼は俺達年寄り野郎が、毎晩座って Dio や The Cult を聴いているバーのテーブルにモダンメタルをもたらした様な男だ。彼はモダンメタルのジャンルと親和性を持っているが、俺はAnathema、Paradise Lost、Arch Enemy の様なバンドの方が好きだ。

そういう意味ではジャンルの垣根を越えたという思いすらある。ゴスなメタルコアという

のは既に存在しているのだろうか？　そうでない場合は、このアルバムがその青写真になる可能性があるよ。

Q：Julian Larre はメキシコ出身のシンガーとのことですが、元々はフィンランドのバンド Lessdmv のメンバーとしても活動していたのですよね。彼のバックグラウンドや、バンド加入までの経緯等について教えて頂けますか？

Oliver Nikolas Schmid：**俺が彼に連絡する前、彼が Trivium、Black Veil Brides、Slipknot、Asking Alexandria 等のカヴァーバージョンを演奏しているビデオをたくさん聴いたんだ。それで、俺はこいつをミュンヘンに連れていって生でプレイさせなければと思ったのさ。全てをビデオと同じ様にステージ上で行うことが出来れば、彼はその仕事に就くだろうとね。実際、彼はそうしたよ。Julian は、自分の楽器を大切にし、自分の技術に誇りを持っている、本当に勤勉なシンガーだ。こいつはとにかく驚異的な歌唱力を持っている。まず、Dani Filth が隣に立っているようでもあり、次にビールを飲みに出かけ戻ってくると Ville Valo になっており、突然 Billy Idol や Matt Heafy の存在に気付くようでもある。でも、歌唱ブースに立っているのはいつも同じ男だ。要は Julian がここで成し遂げてくれたのは素晴らしい仕事だという事だよ**

Q：Lacrimas Profundere はドイツのゴシックメタルとしては 90 年代初頭から活躍する先駆者の一角です。初期はゴシック/ドゥームメタルとしてスタートし、中期ではオルタナティヴなゴシックメタルのスタイルを追求していきました。こういった多様な音楽的変遷は Lacrimas Profundere にとって重要な要素ですか？

Oliver Nikolas Schmid：**1993 年に、バンドを結成してロックスターになるという野望が芽生えた。29 年経った今、それは上手くいかなかったことを思い知った（笑）。**

でも俺達はいつも自分たちがやりたいことをやってきたし、どのアルバムも重要だったと言える。俺は常にその瞬間にできる限りの最善を尽くしてきたんだ。

だから、それがどの様な方向性へ進んでも問題は無かった。これは俺が毎回子供達にも教えていることで、最善を尽くしたなら、それが上手く行くかどうかは大した問題ではないんだとね。周囲からはとても大きなプレッシャーがかけられるけど、美しい人生は一度だけ。怖がらずに自由に生きるべきなんだよ。

Q：Lacrimas Profundere はこれまでに幾度もメンバーチェンジを経てきましたが、バンドの確固たる個性は揺るがずに音楽的な深化を辿ってきたように感じます。創設メンバーである Oliver Nikolas Schmid から見て、このバンドのアイデンティティの核はどこにあると思いますか？

Oliver Nikolas Schmid：**かつて俺と弟の Christopher Schmid は、Lacrimas Profundere の門番の様な存在だった。なぜなら、Lacrimas Profundere の脳と音は、常に俺と弟の中に存在していたから。現在残っているメンバーは俺だけになってしまったけど、Lacrimas Profundere のレコードがどうあるべきか俺が一番よく知っていると言える。**

ただこれは、他人からの影響を許さないという意味ではないんだ。今では、様々なジャンルのミュージシャンと一緒に仕事をする機会をとても有難く感じている。ベーシストの Ilker Ersin は Freedom Call の長年のメンバーで、俺と Dominik Scholz は Katatonia の熱烈なファンで、Julian はモダンメタルに居心地の良さを感じている。今回、Julian は非常に多くの素晴らしいものをテーブルにもたらしてくれたので、俺はノーとは言えなかった。今後何が起こるかも楽しみだね。

Q：バンドの歴史を掘り下げる質問をもう少し続けます。間もなく結成 30 周年を迎える Lacrimas Profundere ですが、そのキャリア

を振り返った時ターニングポイントとなった作品や出来事を挙げるとしたら？　また、制作する
上で最もエキサイティングだったアルバムを挙げるとするならば、どの作品になりますか？

**Oliver Nikolas Schmid：　ま　ず『Filthy Notes for Frozen Hearts』　だ　ね。HIM、Depeche
Mode、Paradise Lost などの作品を手がけるプロデューサー John Fryer と共同作業した最初
のアルバムだったから。それに MTV 番組「Bam's Unholy Union」でプレイしたのも記憶に残
る出来事だ。Alissa White-Gluz がカヴァーした「And God's Ocean」も思い出深いね。
しかし、成功を強制することはいつだって出来ない。俺達が適切なタイミングで適切な場所にい
なかったか、あるいは恐らく酔っ払っていたか、あるいは何か有利なオファーがあった時に既に
角を曲がりファストフードレストランにいたか……（笑）人生とはそんなものさ。**

Q：ドイツでは M'era Luna Festival や Wave-Gotik-Treffen 等の世界最大規模のゴシック音楽系
のフェスが毎年開催されていますね。そしてドイツには様々なスタイルのゴシックバンドが数多
く存在するユニークで奥深いシーンやカルチャーが存在しています。Lacrimas Profundere の様
にメタルとゴシック双方のファンから支持されているバンドも多いと思います。また、他国と比
べてドイツではゴシックメタルは高い人気を得ていると思いますか？

**Oliver Nikolas Schmid：そうだね。どちらのフェスティバルもとてもユニークで、そこでプレ
イするのはいつも楽しい体験だよ。俺達は多様なスタイル、非常に良い雰囲気、衣装が大好きだ。
ゴシックメタルもその一つだ。**

Q：同郷のバンドで特に親交の深いバンドや、リスペクトしているミュージシャンなどはいます
か？

**Oliver Nikolas Schmid：ご存知かもだけど、俺はとても小さな村に住んでいて、この村の外へ
と出たギタリストは俺だけだと思う。**

そんな俺が 2008 年頃、フランスのフェスで Frédéric Leclercq というミュージシャンに出会った。俺達は連絡を取り合い、彼が楽器店で働くためにドイツに向かう間もその良好な関係性は続いた。リハーサル室に必要な物は全て彼の働く楽器店に注文したりね。

その後、彼は DragonForce に加わり、現在は Kreator のバンドメンバーとなったんだ。彼はとても才能があり、ユニークな人物だ。それから Black Star Riders の Ricky Warwick とも仕事をする機会があり、一緒に楽曲を 3 曲書いたりと親交があるよ。

Q：あなたのバックグラウンドについて教えてください。幼少期はどのような音楽を聴いて育ちましたか？　また、初めて買ったメタルレコードについて何か思い出があれば教えて下さい。

Oliver Nikolas Schmid：子供の頃、地下室を所有している友人がいて、そこに毎週末遊びに行き、そこで演奏したバンドが Dio、Manowar、Scorpions だったのを覚えている。俺が最初に買ったアルバムは Bon Jovi の『Slippery When Wet』だね。メタルではないかもだけど、それでも名盤だね。

Q：Lacrimas Profundere の音楽を形作る上で、特にインスピレーションの源となったバンドや重要なレコードを挙げるとしたらどの作品になりますか？　また、音楽以外で影響を受けた映画や文化作品があれば教えて下さい。

Oliver Nikolas Schmid：俺にとってのそれは Paradise Lost の『Icon』、Tiamat の『Wildhoney』だね。

Q：あなたのオールタイム・ベストレコードを 5 枚選ぶとしたら？

Oliver Nikolas Schmid：

Manowar 『Kings of Metal』

Dio 『Holy Diver』

The 69 Eyes 『Blessed Be』

Pantera 『Vulgar Display of Power』

Paradise Lost 『Draconian Times』

Q：Lacrimas Profundere は 2014 年に一度来日を果たしていますね。様々なジャンルのバンドが集まったイベントだったと記憶していますが、来日時に何か印象に残っているエピソードなどはありますか？　また、日本の音楽や文化で何か知っているものはありますか？

Oliver Nikolas Schmid：俺達は名古屋でスタッフに会えず、タクシーでショウが行われるライブハウスまで行かなければならなかったんだ。結局、開演時間の数分前に到着したよ。Masterplan のツアーに一緒に参加し、次の日は東京に行ったのだけど、それは忘れられない思い出になったね。

あまり時間的余裕は無かったけど、何とか幾つかの観光スポットを見ることが出来たんだ。出来ればすぐにでも戻りたいぐらいだ。俺達が出会った人々は皆とてもフレンドリーで親切で、素晴らしい時間を過ごしたよ。

Q：新しい体制となった Lacrimas Profundere の再来日が実現することを祈っています。最後に日本のファンにメッセージなどがあればお願い致します。

Oliver Nikolas Schmid：ダークなドゥームメタル、ゴシックメタルに興味があるのならば、最新リリースをチェックして、お友達にも伝えて欲しい。また会える日を楽しみにしているよ。それまで元気にいてくれ。

Agathodaimon
◯ドイツ

Chapter III
🅐 Nuclear Blast Records ◯ 2001

ドイツはマインツ出身のシンフォニックブラック / ゴシックメタルバンドによる
2001 年の 3rd。初期の Cradle of Filth や Dimmu Borgir に連なるシアトリカルなブ
ラックメタルに、ダークウェーブ / ゴシックロック由来の欧州暗黒叙情成分を大々
的に取り入れたスタイルが特徴。硬質でエッジの利いたリフワークを主導にしつつ、
随所でアコースティックギターやヴァイオリン、ピアノの物悲しい旋律美を散りば
めた冷気と、ロマン性を含んだ楽曲センスに耳を惹かれる。甲高いブラッケンド・
スクリームとマイルドなクリーン声を使い分けるヴォーカルワークも良好。調和的
なバランスが取れたゴシックブラックの好盤だ。

Ancient Ceremony
◯ドイツ

Under Moonlight We Kiss
🅐 Cacophonous Records ◯ 1997

ドイツはラインラント出身の男女混声ゴシック / メロディック・ブラックメタルバ
ンド。1997 年の 1st。ヴォーカリストの Chris Anderle とギタリストの F.J. Krebs
を中心に 1989 年結成。吸血鬼伝説等のゴシックロマンス色の強いテーマを題材に
したエクストリームメタルを鳴らしており、初期 Moonspell や Therion に通じるシ
ンフォニックなアプローチがユニーク。ブラックメタルとゴシックメタルを耽美的
に融和したスタイルは Dismal Euphony 辺りも彷彿とさせるが、こちらの方がやや
マイルドな趣。時代性を反映した録音レベルが、逆にオカルティックなムードを加
速させている点も良い。

Angelzoom
◯ドイツ

Fairyland
🅐 Nuclear Blast Records ◯ 2004

ドイツのベルリン出身、X-perience のリードシンガー Claudia Uhle によるソロ
プロジェクト。2004 年の 1st。音楽性はニューエイジ・ミュージックとダーク
ウェーブを掛け合わせた様なゴシック風味のアンビエントが主体。所属レーベルが
Nuclear Blast という事もあり、ゴシックメタルファン向けに売り出されたが、方
向性としては Enya 等のリラクゼーション系音楽に近い。作品のクオリティ自体は
高く、Depeche Mode や Linkin Park の楽曲を大胆にアレンジしたカヴァーも収録。
Apocalyptica を始め、多数のミュージシャンもゲスト参加している。

Atargatis
◯ドイツ

Wasteland
🅐 Massacre Records ◯ 2006

ドイツはレーゲンスブルク出身、男女ツインヴォーカル体制のシンフォニック・ゴ
シックメタルバンド。2006 年リリースの 1st フルレングス。1997 年から 2010 年
にかけて活動。メインヴォーカルはオーストリアのゴシックメタルバンド Darkwell
の元歌姫 Stephanie "Luzie" Meier が担う。ヨーロピアンな情緒をたっぷり含有した、
適度にシンフォニックかつエレガントなゴシックメタルが奏でられている。オラン
ダの一線級の同系統バンドに比べると、良い意味でアンダーグラウンドメタル的な
香りを内包しており、その垢抜けなさが逆に神秘的でスピリチュアルな魅力を拡大
させている。

Atrocity
◯ドイツ

Todessehnsucht
🅐 Roadrunner Records ◯ 1992

ドイツはルートヴィヒスブルク発、多種多様な音楽変遷史を持つゲルマン暗黒メタ
ルの巨星による 1992 年リリースの 2nd フル。結成は 1988 年。80 年代に活動して
いたグラインドコアバンド Instigator が前身。本作は同郷の Morgoth と並んで 90
年代ドイツ圏デスメタルにおける名作として評される一枚。テクニカルなギターリ
フと、アクロバティックなフレージングで緩急を付けながら猛進する残虐的デスメ
タルをベースとしながらも、イントロやインタールードではゴシック / ホラー映画
風のインストを挿入。更には複数のオペラ歌手をゲストで招き入れたりと、バンド
独自のオルタナティヴなセンスがこの時点で垣間見えている。

Atrocity
ドイツ

Gemini	⊙ Motor Music ⊙ 2000

ドイツのルートヴィヒスブルク出身、最初期はデスメタルバンドとしてスタートしたベテラン・ゴシックメタルバンドによる 2000 年の 5th。中心人物である Alexander Krull は Liv Kristine の元伴侶としても知られる。80 年代のヒット曲カヴァー作『Werk 80』の路線を引き継ぐ、ヘヴィでダンサブルなエレクトロ・ゴシック的作風の本作。80' ポップス由来のキャッチーなメロディと、Rammstein を彷彿させるインダストリアルメタルサウンドの融和がクールだ。Liv Kristine がゲスト参加したサイモン & ガーファンクル「Sound of Silence」カヴァーは本作のハイライト的一曲。

Atrocity
ドイツ

Atlantis	⊙ Napalm Records ⊙ 2004

かつて海に沈んだとされる伝説上の大陸アトランティスをコンセプトに掲げた 2004 年リリースの 6th アルバム。ここ数作のエレクトロ / インダストリアルメタル路線を払拭し、初期のデスメタル的アグレッションを大々的に取り入れた、壮麗なシンフォニック / ゴシックデスメタルが展開。映画のサウンドトラックを思わせるスケールの大きいオーケストレーションやクワイヤと共に、厳かな哀愁美を滲ませるディテールの深いメタルサウンドは高揚感抜群。ブルータリティと耽美ロマンスの理想的な共演が体現されている。前作に引き続き元 Theatre of Tragedy の Liv Kristine が要所でゲスト参加。

Atrocity
ドイツ

After the Storm	⊙ Napalm Records ⊙ 2010

2010 年リリースの 7th。激しい音楽変遷で知られる Atrocity だが、本作でも例によってガラリと様相を変更。前作のシンフォニックなデスメタル路線とは打って変わり、1995 年作『Calling the Rain』の路線を引き継ぐメディーバルな妖しさをまとったフォーク / トラッドメタル作品に仕上がっている。『Calling the Rain』同様本作でもリードヴォーカルを取る Yasmin Krull は、メインコンポーザーである Alexander Krull の実姉。パーカッションやホイッスル等も駆使した幻想古楽音楽的なテイストは、Dead Can Dance 辺りにも通じる味わいだ。

ASP
ドイツ

Aus der Tiefe	⊙ Trisol ⊙ 2005

ドイツのフランクフルト出身、同郷の Mono Inc. と人気を二分するゲルマン・ゴシックメタル / ダークロック界隈の重鎮。結成は 1999 年、バンド名は中心人物であるヴォーカリストの Alexander Frank Spreng の別称(a.k.a. "Asp")から取られている。本作は 2005 年発表の 4th フルで、ドイツのチャート Top 50 に初ランクインした躍進作。バンドサウンドと電子音要素を巧みに融和した妖艶耽美なスタイルが持ち味で、楽曲によってはヴァイオリン等の弦楽器も用いる。特にメディーバル・フォーク風の哀愁美を伴ったダンサブルなエレクトロメタル「Werben」は屈指の人気ナンバーだ。

Autumnblaze
ドイツ

Perdition Diaries	⊙ Prophecy Productions ⊙ 2009

ドイツはイリンゲン出身のオルタナティヴ / ゴシックメタルバンド。2009 年の 5th。同郷のゴシックメタルバンド Paragon of Beauty にも在籍するヴォーカル兼ギタリストの Eldron と、ドラマーの Arisjel を中心に 1996 年結成。本作は一時期停滞していたバンドの復活作となった一枚。ブラックメタルの攻撃性と Katatonia 系譜の陰鬱なメロディの融合をコンセプトに掲げており、オープナーの「Wir sind was wir sind」からして中期 Katatonia 直系のメランコリックなリフレインが鳴り響く。この手のサウンドのファンならば、思わず拳を握り締め熱い思いがこみ上げて来るはずだ。

Century
●ドイツ
Melancholia
🅐 E-Wave Records ⊙ 2001

ドイツのベテラン・ゴシックメタルバンド Crematory のドラマー Markus Jüllich、ゲストヴォーカリストとして一時期参加した Michael Rohr、鍵盤奏者の Gernot Leinert によって 1995 年に発足したサイドプロジェクトによる 2001 年の 2nd。Paradise Lost の『Host』を彷彿とさせる 80 年代のニューウェーブ / ゴシックロックを基調とした音楽性がコンセプト。ドライヴするメタリックなギターと清涼感をまとうメランコリックなシンセワークをミックスしつつ、ゴシックメタルらしいダークなアンビエンスも感じさせるバランスが見事。To/Die/For 辺りのファンにもお勧め。

Coronatus
●ドイツ
Lux Noctis
🅐 Massacre Records ⊙ 2007

ドイツのルートヴィヒスブルクにて 1999 年に結成されたシンフォニック・ゴシックメタルバンドによる、2007 年リリースの 1st フルレングス。対照的な声色を持つ二人の女性シンガーを擁する構成で、エレガントかつクラシカルなゴシックメタルサウンドを聴かせる。オペラティックなスタイルのヴォーカルと、中音域中心のヴォーカルスタイルを組み合わせた、ダブルフロントウーマン体制を生かした劇的なアプローチはとても鮮やか。女性ツインヴォーカルと言えば Dreams of Sanity を彷彿とさせるが、音像的にはこちらの方がヘヴィかつパワーメタル寄りで、Epica 辺りのフォロワー的趣が強い。

Crematory
●ドイツ
...Just Dreaming
🅐 Massacre Records ⊙ 1994

ドイツはマンハイム出身のゴシックメタルバンド。1994 年リリースの 2nd フルレングス。結成は 1991 年に遡り、欧州のゴシックメタル勢の中でも際立って長大なキャリアを持つベテランアクトだ。本作は彼等のディスコグラフィー中でも最初のハイライトとも言える作品で、伝統的なデスメタルからの影響を残したグロウル主体の暗黒メタルに、ミステリアスなシンセワークを大々的に付与した神秘的異彩性を放つ一枚。特にキャッチーなリフレインを持つ「Shadows of Mine」は彼等の楽曲の中でも、一際高い知名度を誇る人気ナンバー。同曲の MV は当時 MTV でもローテーションされ、強固なファンベースを築く一因となった。

Crematory
●ドイツ
Act Seven
🅐 Nuclear Blast Records ⊙ 1999

ドイツ圏屈指の老舗ゴシックメタルバンドによる 1999 年リリースの 6th フルレングス。本作は同郷のゴシックメタルバンド Century のフロントマンとして知られる Michael Rohr、Evereve や Dark 等の作品にセッションヴォーカリストとして参加していた Lisa Mosinski 等、多数のゲストシンガーを迎え後のスタイルの確立へと繋がった中期の重要作。クリアな透明感を携えたプロダクションを土台に、壮麗なシンセワークとクリーン & デスヴォイスの豊潤なハーモニーが紡がれる、美意識の高いサウンドが展開。ソリッドなギターリフと、デジポップ風なヴァイブが施された瑞々しいフックに富んだ楽曲は、いずれも粒揃いだ。

Crematory
●ドイツ
Revolution
🅐 Nuclear Blast Records ⊙ 2004

7th『Believe』リリース後、2001 年～2003 年の僅かな期間解散していたバンドがシーンへの復帰表明と共に送り出した 2004 年発表の 8th アルバム。6th『Act Seven』で確立した路線から連なる Crematory サウンドの見本市とも言える内容は、最高傑作との呼び声も高い。ヴォーカリスト Felix の鈍重な看板デス・ヴォイスとクリーン声から錬成されるメロディの質はより研鑽され、エレクトロな味わいを帯びたシンセ・アレンジからはニューウェーブの影響著しいドイツという土地柄を大いに感じさせる。まるで Rammstein の様なインダストリアル・ゴスを体現する「Tick Tack」はその象徴的一曲。

Crimson Swan
○ドイツ

Unlit ○ Quality Steel Records ○ 2015

ドイツのハンブルクにて 2010 年に始動。元 Embercrow のメンバーを中心として
結成されたゴシック / ドゥームメタルバンド。2015 年の 1st フル。Officium Triste
や Mourning Beloveth 辺りが脳裏を過る重苦しいドゥームサウンドを身上としてい
るが、流麗なギターワークやピアノのメロディが要所で挿入されたりと、ヘヴィネ
スー辺倒ではないアプローチが心地好い。トラック 1 とトラック 3 では女性ヴォー
カルを取り入れることで、一抹の優雅さと清涼感がもたらされている。嘆きと優し
さが同居する深い味わいに、時間を忘れて没頭してしまう事請け合いだ。残念なが
ら 2022 年に解散してしまったのが惜しい。

Dark
○ドイツ

Revolution ○ Gun Records ○ 1999

ドイツはカイザースラウテルン出身のゴシックメタルバンドによる 1999 年リリー
スの 3rd アルバム。フェミニンな装いの男性メンバー 3 人が頬を寄せ合うアートワー
クがまずインパクト大。初期はデス声メイン + シンセ入りで Crematory 辺りを思
わせる正統派ゴシックメタルをプレイしていたが徐々に音楽性を変遷。本作におい
ては『One Second』〜『Host』期の Paradise Lost に準じた方向性へ。ニューウェー
ブ風のシンセワークとマイルドなクリーン男性ヴォーカルを主体にした楽曲群は都
会的で、上品なロマンティシズムを漂わせ瑞々しい高揚感を運ぶ。3 曲目は U2 の
カヴァーだが違和感無くハマっている。

Dark Reality
○ドイツ

Blossom of Mourning ○ General Inquisitor Torquemado ○ 1995

ドイツのマインツ出身、アルトリコーダーやクルムホルン奏者を含む 4 人組ゴシッ
ク / フォークメタルバンドによる 1995 年リリースの 2nd アルバム。フォークメタル
やペイガンメタル界隈では今でこそ縦笛入りのメタルバンドは珍しくないが、1995
年当時でデスメタルにリコーダーを導入するという奇天烈なサウンドで、一部マニ
アを沸かせた知る人ぞ知る一枚。メタリックなバッキング + ギターではなく、リコー
ダー等の木管楽器にリードメロディを担わせる奇妙な味わいは、今聴いてもインパ
クト大。ドラムはプログラミングによる打ち込みなのだが、この安っぽい胡散臭さ
が返って怪しい魅力を加速。素朴な旅愁を漂わせる個性的暗黒メタルの珍盤的逸品。

Darkseed
○ドイツ

Spellcraft ○ Nuclear Blast Records ○ 1997

ドイツのミュンヘン発のゴシックメタルバンドによる 1997 年発表の 2nd アルバム。
最初期は伝統的なデスメタル・スタイルから出発したものの、トラディショナルな
手法に辟易したメンバー達は刷新的な作風を模索、ゴシック風味のメランコリック
なヴァイブを導入した実験的手法へと着手した。音楽的には Iron Maiden や Rage
等の正統派メタル的サウンドを下敷きにしつつ、80 年代のゴシック / ニューウェー
ブ的エッセンスを取り入れたスタイルが最大の特徴。メンバー達は直接的な影響を
否定しているが、その様相はやはり Paradise Lost を彷彿させる。翳りを伴いつつ
もメタルのアグレッシヴ性を損なわない音像が魅力。

Darkseed
○ドイツ

Diving into Darkness ○ Nuclear Blast Records ○ 2000

2000 年リリースの 5th。サウンドの重心をミドル〜スロー主体のヘヴィネス方面へ
とシフトさせ、エレクトロ風味のシンセアレンジを要所で導入することで、冷気を
伴った深いメランコリズムが大幅に増大。フロントマンの Stefan Hertrich による
強烈な咆哮と、哀感をまとったクリーン声を使い分けるヴォーカルワークも更なる
説得力を獲得。無機質な暗黒電子音に導かれ開幕する冒頭曲「Forever Darkness」
は、アルバム名の通り、深淵へとダイヴしていく様な感覚へと陥る本作の象徴的ナ
ンバー。その心を掻き毟るかの如き陰鬱な煽情性は過去作の比ではなく、聴き手の
精神に轟く。底無しの虚無を体現した不朽の傑作盤。

Darkseed

○ドイツ

Astral Adventures

△ Massacre Records ○ 2003

代表作となった『Diving into Darkness』から3年のブランクを挟んでリリースされた2003年発の6th。1st『Midnight Solemnly Dance』に参加していたSasemaという名の女性ヴォーカリストが本作でもゲスト参加。楽曲のアクセントとして優美な歌唱を披露している。スペーシーな浮遊感を演出するシンセワークが前面に出ており、前作で張り詰めていた緊迫感から解放された様に幾分緩やかになった歌メロも良質な出来。女性シンガーとStefanの美麗デュエットが映える「Rain of Revival」や「Waiting」等、心地好いメランコリズムに身を委ねたくなる内容だ。

Darkseed

○ドイツ

Ultimate Darkness

△ Massacre Records ○ 2005

前作リリース後にフロントマンのStefan Hertrichが一度脱退するが2004年に復帰、出戻りの形で発表された2005年の7th。バンドの中心人物であるStefanが在籍する最後の作品となっており、内容的にもこれまでの集大成とも言える充実っぷり。パワフルな憂いをまとったオープナー「Disbeliever」からして思わず拳を握りしめる出来で、続く「My Burden」も英語とドイツ語を交えたリリックが映えるダーク&ハードな秀逸ナンバー。ラストを飾る漢泣きバラード「Sleep Sleep Sweetheart」にも思わず涙。2枚組仕様の限定盤にはデモや未発表音源を集めたボーナスディスクが付属。

Décembre Noir

○ドイツ

The Renaissance of Hope

△ Lifeforce Records ○ 2020

ドイツはテューリンゲン州エアフルト出身のメロディック・ドゥーム/デスメタルバンド。2020年の4th。元AkrasatrumのギタリストSebastianと友人のドラマーDaniel（1stフル発表前に脱退）を中心に2008年結成。希望に満ち溢れたアルバムタイトルとは裏腹に、陰鬱かつ厳粛なドゥームメタルが終始展開。剛直なギターリフ主体のサウンドを重低音のデスヴォイスが咆哮牽引していく様相は、壮大な煽情味に富んでおり、思わず息を飲む。ストロングかつエモーショナルなギターメロディも、バンドの作る世界観の説得力を底上げする様に機能している。KatatoniaやOctober Tide辺りのファンに特に推薦。

Depressive Age

○ドイツ

Electric Scum

△ GUN Records ○ 1996

ドイツはベルリン出身のスラッシュメタル/プログレッシヴメタルバンドによる1996年の4thアルバム。初期はスラッシュメタル色の強いサウンドだったが、アルバム毎に音楽的変遷を重ねて、本作においてはゴシックメタルやインダストリアルの要素を取り入れた独自性溢れるダークメタル的アプローチへと到達。Jan Lubitzkiによる個性的な節回しの熱情ヴォーカル含め、暗鬱としたヘヴィネスの中で蠢くメランコリックな叙情美が魅力。Paradise Lostに先んじたBronski Beat「Smalltown Boy」のカヴァーも素晴らしい出来。一言では形容し難い特異性を放つ名作。

Die Apokalyptischen Reiter

○ドイツ

Have a Nice Trip

△ Nuclear Blast Records ○ 2003

ドイツのワイマール出身、デスメタルやフォークメタル、ゴシックメタル等の多様な要素を含んだ型破りなスタイルを標榜するアクトによる2003年リリースの4thアルバム。バンド名を直訳すると「黙示録の騎士たち」という意。初期はメロディック・デスメタル的な音楽性だったが、本作ではそこから離れ、独創的な作風を加速させたバンドのディスコグラフィーの中でもある種のターニングポイントとなった一枚。シアトリカルかつ幻想的な中世ロマンを滲ませつつ、時に勇壮に時にメランコリックに攻め立てるサウンドは、目まぐるしくも筋の通った説得力に溢れている。後年の作品では更にゲルマン色を強めた作風で独自の地位を築いていく。

Down Below
●ドイツ
Silent Wings: Eternity　　　　　🅐 Rabazco ⏺ 2004

ドイツはデッサウ＝ロスラウ出身のゴシックメタルバンド。2004年リリースの1st
フル。同郷のブラッケンド・メロディックデスメタルバンド Cryptic Carnage の元
メンバー等を中心として2003年に結成。ゴシックロックにオルタナティヴ・ロッ
クの要素をブレンドしたスタイルで、北欧の HIM や Entwine 等のメランコリック・
ゴシック勢とも呼応するサウンドが特徴。エジプシャン風味の妖しげなムードやメ
ロディを取り入れた楽曲は艶めいたフックに富んでおり、個性的なヴォーカルライ
ンも耳に残る。後年の作品ではよりコマーシャルな路線へとシフトしていく為、ゴ
シックメタルとして聴くなら本作がお勧め。

Dreadful Shadows
●ドイツ
Buried Again　　　　🅐 Deathwish Office/Nuclear Blast Records ⏺ 1996

ドイツのベルリンにて1993年結成、ダークウェーブからの影響を強く打ち出し
たゴシックメタル / ダークロックバンドによる1996年リリースの2nd アルバム。
ジャーマンゴシックシーンを牽引するアイコニックなフロントマン Sven Friedrich
のキャリアにおいて、最初に成功したバンドとして知られる。音楽的にはゴシック
メタルとしてのカテゴリに属しつつも、The Sisters of Mercy や The Mission 系譜
の本来的な「ゴシックロック」のニュアンスをベースに、メタリックなバッキング
やエレクトロ / クラシカルなシンセアレンジを加えたスタイルが持ち味。古き良き
暗黒欧州ゴス由来の退廃的な香りが心地好い。

Dreadful Shadows
●ドイツ
The Cycle　　　　　　　　　　🅐 Oblivion ⏺ 1999

Dreadful Shadows 名義としてはラストアルバムとなった1999年リリースの4th フ
ルレングス。既存作で培ってきた正統的ダークウェーブ / ゴシックロックと、ヘヴィ
メタルの融合という自身のアイデンティティを究極的に突き詰めて辿り着いた境
地。US ゴスのレジェンド Christian Death の元キーボーディスト兼バックシンガー
として知られる Gitane DeMone がゲスト参加しており、Sven が描くダークでエレ
ガントな情景描写に力添えしている。空間的な浮遊感が増したアプローチで敬虔か
つ悲壮的なムードを強めたドラマ性が際立つ。メタルとゴスの融和を試みた作品は
数あれど、その中でも突出した一枚。

Empyrium
●ドイツ
Songs of Moors and Misty Fields　　　　🅐 Prophecy Productions ⏺ 1997

ドイツのヘンドゥンゲン出身、マルチプレイヤー兼メインソングライターの
Markus Stock と、鍵盤奏者の Andreas Bach によって1994年に立ち上げられた
ドゥーム / フォークメタルバンド。1997年の2nd。フルートやチェロの響きを導
入した自然崇拝的なダークメタルが奏でられており、トラッド音楽的な優美な哀
愁と、陰鬱なメタルサウンドとの融和は初期の Ulver の作品群にも通じる。バンド
は後にダークフォーク色の強い方向性へと音楽性を変遷していくが、本作は In the
Woods... の 1st と並ぶフォーキーな要素を取り入れた初期ゴシックメタルの名作。
初期 Opeth ファンも是非。

End of Green
●ドイツ
The Sick's Sense　　　　　　🅐 Silverdust Records ⏺ 2008

ドイツのシュトゥットガルトにて1992年に結成されたゴシック / オルタナティヴ
メタルバンドによる2008年リリースの6th アルバム。バンド名の由来は希望を象
徴する色である緑色の終焉、要は「End of Hope」と同義の意味を指している。ド
イツでは非常に一般的な表現とのこと。音楽的には Charon や Sentenced 辺りの
北欧メランコリック・ゴシックメタル勢に通じる漢臭い哀愁メタルサウンドが一貫
して鳴らされているが、よりシンプルでラフなハードロック要素が強い。本作はバ
ンドのディスコグラフィー史上でも最も商業的に成功し、内容的にも熱情的に躍動
感に溢れるダークロックサウンドを楽しめる一枚。

Evereve ⚫ドイツ
Stormbirds ⓐ Nuclear Blast Records ⓞ 1998

ドイツのレラハ出身のゴシックメタルバンド、Evereve の 1998 年リリース 2nd ア
ルバム。バンド名の由来はトールキンの指輪物語から。シンセとツインギターによ
る憂いのあるメロディを全編に渡って堪能できる、正統派ゴシックメタルの名作。
王道でありつつ緩急の利いた楽曲展開が素晴らしい。攻撃性と哀愁美が共存する
「On Lucid Wings」、咽び泣く様なギターメロディが印象的な「The Downfall」はア
ルバム中屈指のハイライト。クリーンとデス・ヴォイスを使い分けるヴォーカリス
トの表現力も素晴らしいが、1999 年に脱退し数か月後に自殺している。非常に残
念である。

Evereve ⚫ドイツ
E-Mania ⓐ Massacre Records ⓞ 2001

2001 年リリースの 4th アルバム。ヴォーカルは鍵盤奏者の Michael Zeissl が兼任。
3rd アルバム『Regret』でエレクトロ方面へと変化した路線を引き継ぎ、更に推進
させたサイバーなゴシックメタル・サウンドが展開されている。初期の哀愁感溢れ
るゴシックメタルとは別物ながらも、インダストリアル・メタル由来の無機質なヘ
ヴィネスをまとったダークかつメランコリックな楽曲は相応に魅力的。ダンサブル
に駆動する「Pilgrimage」、テクノ色の強い「Someday」、80 年代のニューウェーブ・
バンド Visage のカヴァー「Fade to Grey」辺りは特にモダンな哀感が際立つ。

Ewigheim ⚫ドイツ
Heimwege ⓐ Prophecy Productions ⓞ 2004

ドイツはタンバッハ＝ディータルツ出身のゴシックメタルバンド。2004 年リ
リースの 2nd フル。ゴシックメタルバンド The Vision Bleak のシンガー Allen B.
Konstanz とダークメタルバンド Eisregen のドラマー Yantit を中心に 1999 年結成。
電子音楽、オルタナティヴメタル、ゴシックメタル等の要素を混成した多次元的な
メタルサウンドを持ち味としている。楽曲によってはストリングスを用いてシン
フォニックなアプローチも展開。Rammstein と Type O Negative を組み合わせて
Lacrimosa の格調高さを足した音像……といった表現にピンとくる方は是非。

Eyes of Eden ⚫ドイツ
Faith ⓐ Century Media Records ⓞ 2007

ドイツのドルトムント出身、女性リードシンガー Franziska Huth を擁するゴシッ
クメタルバンド。2007 年の 1st。元 Grip Inc. のマルチプレイヤー兼プロデューサー
の Waldemar Sorychta を中心に 2005 年結成。元 Atrocity や元 HIM のメンバー達
がリズム隊を務め、更に元 Dreams of Sanity のヴォーカリスト Sandra Schleret も
ゲスト参加している。適度にヘヴィかつクラシカルなニュアンスを取り入れた上質
なゴシックメタルが紡がれており、艶やかなメロディセンスは第一線の同系統バン
ドと比較しても遜色無し。終始シングルカット級の楽曲が目白押しな優良盤。

Flowing Tears ⚫ドイツ
Razorbliss ⓐ Century Media Records ⓞ 2004

ドイツのヴァトガッセン出身のフィーメール・ゴシックメタルバンドによる 2004
年リリースの 5th アルバム。本作よりバンドの看板となった赤毛美形シンガーの
Helen Vogt が加入。ゴシックメタルにおける女性ヴォーカルというと、高音域の
ソプラノ・ヴォイスが主体というイメージを抱きがちだと思われるが、このバンド
においては中音域～低音気を中心とした力強いヴォーカリゼーションが最大の武器
であり、個性である。ダークで憂いに満ちつつもヘヴィネスの利いたソリッドな楽
曲群と、内省的ながらも艶やかさを帯びた Helen の歌唱との相性は抜群。哀愁溢
れるモダン・ゴシックメタルを求めるならば是非。

Haggard
○ドイツ

Eppur si muove ⒶDrakkar Classic Ⓒ2004

ドイツはミュンヘン出身の大所帯クラシカル / シンフォニック・ゴシックメタルバンドによる 2004 年発表の 3rd。メンバーはチェロ、オーボエ、コントラバス、クラリネット、フルート奏者等を含める 18 人体制（ゲストを含めるとそれ以上）。音楽的には Therion の様なゴリゴリの交響メタルという訳ではなく、室内楽オーケストラや中世トラッド / フォーク的要素が色濃い。ソプラノ女性ヴォーカルとクワイアを主軸にした柔らかな優雅さと、素朴な叙情味を醸し出すサウンドが非常に魅力的だ。地動説を唱えたことで異端審問された天文学者ガリレオ・ガリレイがコンセプトになっており、アルバムタイトルは「それでも地球は動く」の意。

Knorkator
○ドイツ

Hasenchartbreaker ⒶMercury Records Ⓒ1999

ベルリンにて 1994 年結成。Neue Deutsche Härte の流れを汲むインダストリアルメタル / コメディロックバンドとして、欧州を中心に高い支持を誇るベテランアクト。1999 年の 2nd フル。おちゃらけたビジュアルからは想像もつかない、オペラティックな美声を披露するフロントマン Stumpen は、現地の国立歌劇場にもシンガーとして従事する実力派。ダンサブル & アッパーな圧殺電子メタルから、優雅なピアノやクワイアを駆使したシンフォニックゴシック調の大仰バラードナンバーまで、その音楽性は多様極まる。苛烈なユーモアと芸術性を結合する孤高のアートメタル伝道者とも言える存在だ。

Kreator
○ドイツ

Endorama ⒶDrakkar Records Ⓒ1999

ドイツはエッセン出身の大御所ヘヴィメタルバンドによる 1999 年リリースの 9th。エクストリームなジャーマンスラッシュの最右翼とも言うべき存在の彼等だが、6th『Renewal』以降からダークなアプローチを取り入れ始め、その到達点とも言える本作。Kreator らしいアグレッションを保持しつつ、独自のメロディセンスが花開いた暗黒メタルサウンドが展開。Paradise Lost 辺りにも肉薄するクオリティを示しながら典型的ゴシックメタルの枠にも留まらない、スリリングで緩急の利いたドラマ性が秀逸。タイトルトラックには Lacrimosa の Tilo Wolff がゲスト参加。

Krypteria
○ドイツ

Bloodangel's Cry ⒶSynergy Ⓒ2007

ドイツのアーヘン出身、韓国系ドイツ人の女性シンガー Ji-In Cho を含むシンフォニック / ゴシックメタルバンドによる 2007 年の 2nd フルレングス。正統派 / パワーメタル寄りのアグレッションを取り入れた楽曲に、ピアノやクワイア等のシンフォニックな装飾が施した力強くも壮麗なスタイルが特徴。フロントウーマンである Ji-In Cho のヴォーカルの響きからは、アジア系らしいオリエンタルな空気感がどことなく感じ取れるのもバンドの個性に繋がっている。2012 年の Ji-In の妊娠を切っ掛けにバンドは一時休止し、2016 年からは And Then She Came とバンド名を改めて活動を再開した。

Leaves' Eyes
○ドイツ

Lovelorn ⒶNapalm Records Ⓒ2004

元 Theatre of Tragedy の Liv Kristine と Atrocity のメンバーを擁する、ドイツのルートヴィヒスブルク出身シンフォニックメタルバンド。後年の作品ではヴァイキングや北欧神話を扱ったテーマが増えていくが、デビュー作であるこの 2004 年 1st 時点では Liv Kristine のソロ作品にも通じる往年のゴシックメタルサウンドが展開。Liv のメロウで柔らかな歌唱をメインに据えた楽曲群は、メタリックな攻撃性よりもキャッチーかつクリーンな叙情美へと焦点を当てたスタイルが採用されている。先行シングルとなった「Into Your Light」や「Secret」を始め、良曲が多い。

Leaves' Eyes
●ドイツ

Vinland Saga
🅐 Napalm Records 🕐 2005

2005 年リリースの 2nd アルバム。前作までのメランコリックなゴシックメタル的色合いを残しつつ、北欧土着のトラッドやヴァイキングメタル的エッセンスを取り入れた作風となっている。これまでの Theatre of Tragedy やソロ作とも趣が異なる様式上で、Liv Kristine の魅惑的なヴォーカルが楽しめるサウンドは各メディアにおいても大いに評価され、往年のゴシックメタルファンはもちろんのこと一般メタルファン層からなる新規のリスナーの獲得にも繋がった。アルバムの内容は北欧の探検家レイフ・エリクソンの航海物語がコンセプト。アートワークに映る和洋折衷な Liv の衣装も麗しい。

Leaves' Eyes
●ドイツ

Sign of the Dragonhead
🅐 AFM Records 🕐 2018

紆余曲折の結果、バンドの共同創設者であった Liv Kristine が脱退。新たにフィンランド人シンガーである Elina Siirala を迎えて制作された 2018 年の 7th。中心人物である Alexander Krull の元妻であり、看板シンガーでもあった Liv Kristin のバンド離別劇はセンセーショナルな衝撃と共に報じられたが、音楽的にはこれまでの路線を継承。フォークメタル要素を巧みに挿入したシンフォニックメタルは相変わらず高品質で、勇壮なコーラスとメロディに高揚すること必至だ。バンドの根幹的要素を維持しながら、フレッシュな刷新感の導入にも成功した一枚。2019 年には初来日公演も成功させた。

Lord of the Lost
●ドイツ

Die Tomorrow
🅐 Out of Line 🕐 2012

ドイツのハンブルク出身、2007 年結成のインダストリアル / ダークメタルバンドによる 2012 年の 3rd。欧州を中心に強固なファンベースを築いているアクトで、本作は初めてドイツのチャートにランクインし、躍進の切っ掛けとなった作品。Rammstein 以降のインダストリアルなヘヴィネスとグラム / ゴシックロック由来の暗黒ポップネスを組み合わせた硬派なコマーシャル性を曝す音楽性が魅力。何よりフロントマン Chris "Lord" Harms の艶深いバリトン・ヴォイスと、強烈な佇まいこそがこのバンドを非凡な存在へと押し上げているのは明らかだ。「Credo」はファンクラブの名称にもなっているシンボリックな一曲。

Lord of the Lost
●ドイツ

From the Flame into the Fire
🅐 Out of Line 🕐 2014

2014 年リリースの 4th アルバム。前作からドラマーが交代。攻撃性と洗練性がグッと跳ね上がった楽曲と高まったバンドのポテンシャルがガッチリと合致した充実度で、ファンからの支持も高い一枚。厳かな力強さとセクシュアルな妖艶さが同居する Chris のヴォーカリゼーションは一段高みに登っており、苛烈なシャウトと低音クリーンを巧みに織り交ぜたパフォーマンスは説得力抜群。ゴシックとサルサミュージックの変態的邂逅とも言える「La Bomba」(ユニークな MV も必見)、暗黒叙情ロマン溢れるインダストリアルナンバー「Six Feet Underground」辺りはライブで演れば熱狂必至のハイライト的ナンバーだ。

Love like Blood
●ドイツ

Enslaved+Condemned
🅐 Hall of Sermon 🕐 2000

ドイツのガイスリンゲン・アン・デア・シュタイゲ出身、1989 年から活動するダークウェーブ / ゴシックメタルバンド。2000 年の 6th。バンドの中心的メンバーはヴォーカルの Yorck とベーシストの Gunnar の Eysel 兄弟。バンド名はイギリスのゴシック / ポストパンク・レジェンド Killing Joke の同名曲が由来。初期は Fields of the Nephilim 等を彷彿とさせるゴシックロックバンドだったが、1995 年の 4th『Exposure』以降はハードロック色の影響が顕著に。伝統的な欧州ゴシックと『Draconian Times』以降のゴシックメタルの狭間を横断する叙情味深い一枚。

LucyFire
○ドイツ
This Dollar Saved My Life at Whitehorse
🔺 Steamhammer ⏺ 2001

Tiamat のヴォーカリスト Johan Edlund が率いるサイド・プロジェクト。2001 年の 1st。楽曲的には『Skeleton Skeletron』や『Judas Christ』期の Tiamat からポップでキャッチーな部分だけを抽出した様な、軽快で聴き易いゴシックロック的な路線。時折女性ヴォーカルやシンセサウンドを絡めたニューウェーブ風味のダンサブル＆グラマラスなサウンドは、いずれの曲も耳馴染みの良いフックが利いている。Tiamat の持つ暗黒深遠メタル要素は皆無だが、往年の 80's ゴシックロックへのオマージュとしては良質作。ZZ Top の「Sharp Dressed Man」カヴァーを収録。

Lyriel
○ドイツ
Leverage
🔺 AFM Records ⏺ 2012

ドイツはグンマースバッハ出身のゴシック／シンフォニック・フォークメタルバンドによる 2012 年リリースの 4th フルレングス。リードシンガー Jessica Thierjung と、チェロ奏者兼バックコーラスの Linda Laukamp という二人の女性プレイヤーを主軸に据えた編成で、2003 年から活動開始。当初は Blackmore's Night 辺りが引き合いに出される様なトラッド／フォークメタル色が強いサウンドだったが、本作ではシンフォニック・ゴシックメタル由来のダークで硬質なヴァイブを大々的に導入。クラシックや中世音楽からインスピレーションを得た、欧州ロマン溢れるメロディと展開は実にエキサイティングだ。

Mandrake
○ドイツ
Mary Celeste
🔺 Greyfall ⏺ 2007

ドイツのエムデン出身、1996 年に結成されたゴシックメタルバンドによる 2007 年の 4th。タイトルは 19 世紀に破棄された船メアリーセレスト号から。初期作ではソングライターである Lutz de Putter の歌唱を中心とした男声メインのゴシックメタルだったが、2nd 以降は当初バックシンガー扱いだった女性ヴォーカリスト Birgit Lau の歌声を中心に据えたスタイルへ移行。中期 The Gathering を思わせるヘヴィでメランコリックな正統的ゴシックメタルをプレイしており、Birgit の力量は流石に Anneke には及ばないものの、薄暗さと爽やかさが共存するメロディと楽曲は上質で粒揃いだ。

Midnattsol
○ドイツ
Where Twilight Dwells
🔺 Napalm ⏺ 2005

ドイツのバーデン＝ヴュルテンベルク州出身、女声ゴシックメタル／フォークメタルバンドによる 2005 年リリースの 1st アルバム。このバンド最大のトピックは何と言っても北欧ゴシックメタル界のアイコン Liv Kristine の実妹、Carmen Elise Espenæs を擁しているという点。親の七光りならぬ姉の七光りなんて言わせない、浮遊感のある優しい声色と、芯の通った表現力で楽曲を彩っている。ゴシックメタルを基調としながらも、どこか素朴でフォーキーな色合いが感じられるサウンドとも非常にマッチしており、好印象だ。北欧土着の牧歌的ゴシックメタルの佳作としてお勧めしたい一枚。

Mono Inc.
○ドイツ
Voices of Doom
🔺 NoCut ⏺ 2009

ドイツのハンブルク出身、2000 年から活動するゴシックメタル／ダークロックバンドによる 2009 年の 4th。前任シンガーに代わりドラマーの Martin Engler がフロントマンに転向し、新ドラマーとして Katha Mia が加入した転機的作品。本邦での知名度は低いが、ドイツにおいては今やチャート上位の常連者たる人気アクト。シンフォニック／インダストリアルな味付けがなされた歌心溢れるゴシックロックが特徴で、タイトルトラック「Voice of Doom」はシンボリックな代表曲の一つ。奇抜なビジュアルとは裏腹に、温かみと哀感を滲ませた安定の歌唱力で楽曲を牽引する Engler のヴォーカルも素晴らしい。

Mono Inc.
ドイツ

Together till the End
🅐 NoCut 🅞 2017

2017年発表の9th。彼等の音楽はカテゴリ的にゴシックロックに分類されてはいるものの、作を重ねる毎に際立っていくカラフルでキャッチーなコーラスやメロディは、普遍的なメタルファンにも訴えかけそうな要素が満載。本作においてはVNV Nationをフィーチャーする等ゲスト曲の布陣も熱く、何と言っても最大の目玉はTilo Wolff、Chris Harms、Joachim Wittを招いたドイツ圏新旧ゴシックアイコン揃い踏みのシンガロングチューン「Children of the Dark」である。歌って叩ける姉御ドラマーKatha Miaのバックコーラスを効果的に配したヒロイックな多幸感は、まさにアンセム。

My Insanity
ドイツ

Solar Child
🅐 Season of Mist 🅞 2001

ドイツのアイスレーベン出身のゴシック / ダークロックバンド、My Insanityによる2001年リリースの2ndアルバム。プロデューサーにSamaelのXyを迎えて制作され、サポートとしてGrip Inc.のギタリストWaldemar Sorychtaが参加。男性クリーン・ヴォーカルを主軸にしたインダストリアル風味のキャッチーなゴシックメタルをプレイしている。ダンサブルかつスペーシーに奏でられるシンセ・サウンドが楽曲を効果的に彩っており、それが個性的で面白い。コマーシャルな「Bound & Lost」や、Samaelを彷彿させる「Twin」辺りは特に印象的。

Mysterium
ドイツ

Soulwards
🅐 Prophecy Productions 🅞 2003

ドイツはフリードリヒシュタール出身、1993年～2006年にかけて活動していたゴシック / メロディック・ドゥームメタルバンド。2000年代にProphecy Productionsの下で2枚のアルバムを発表しており、本作は2003年作の2ndフルレングス。主要メンバーの大半は同郷のブラックメタルバンドGrowing Darkの元メンバーによって構成されている。物悲しげなキーボードと冷徹なギターリフをバックに、グロウルとクリーンを使いこなす男性ヴォーカルが哀哭する正統的なゴシックドゥームを奏でており、良質なメロディラインや楽曲のスタイルからは初期のEvereeve辺りとの近似性も伺える。

Oomph!
ドイツ

Wahrheit oder Pflicht
🅐 BMG Imports 🅞 2004

ドイツはヴォルフスブルク出身のゴシック / インダストリアルメタルバンドによる2004年の8th。結成は1989年。ダークウェーブとロックを掛け合わせたドイツのバンドとしては最古参に分類される。いわゆるNeue Deutsche Härte（ドイツで独自的に勃興したニューウェーブ＋グルーヴメタルのクロスオーバージャンルの総称）の発端に貢献した先駆者の一角。本作はカタログ中でも特に商業的成功を収めた一枚であり、インダストリアル、エレクトロ、オルタナティヴメタル等の要素を独創性溢れるセンスの下で集約・結実させたドメスティック多因子メタル。タフでトリッキーでありながら、艶やかなフックに富んだ音像は実にユニークだ。

Pyogenesis
ドイツ

Ignis Creatio / aka "Pyogenesis"
🅐 Osmose Productions 🅞 1992

ドイツのシュトゥットガルトを拠点とするゴシックメタル黎明期の重要アクトPyogenesisによる1992年のデビューEP。現在ではパンキッシュなオルタナティヴ・ロックバンドとして現役で活動している彼等だが、初期作品において1992年という時代にParadise Lostに次ぐ早さでゴシックメタルの手法を実践し、シーンの確立に貢献したレジェンド的存在である。男性グロウルとエンジェリックな女性ヴォーカルの対比から成る、現行ゴシックメタルで言う「美女と野獣」スタイルの原型を既にやってのけているのも驚異的だし、パンクロック風の疾走感を織り交ぜたユニークなアプローチは今聴いても異端性に富んでいる。

Pyogenesis
ドイツ
Sweet X-Rated Nothings
🅐 Nuclear Blast Records 🅓 1994

1994 年リリースの 1st フルレングス。デス / ドゥームメタル由来の暗黒フレーバーを残しつつ、メロディアスなギターフレーズを大々的に導入した独特のポップネスを感じさせるゴシックメタルが展開。ヴォーカルのスタイルもメロディラインを追うデス・ヴォイス風味の濁声に加えて、クリーン声の割合もかなり大きくなった。漢臭い哀愁を放つキャッチーな歌メロからは、Sentenced や Darkseed といったメランコリックな男声ゴシックメタルバンドの元祖的味わいもあったりと非常に面白い。個性的なメロディセンスからは、現在の彼等の音楽性に通じる要素が見え隠れしており、変わり種メタルとして本作も唯一無二。

Pyogenesis
ドイツ
Twinaleblood
🅐 Nuclear Blast Records 🅓 1995

1995 年リリースの 2nd フルレングス。初期における彼等のサウンドを構成していたデスメタル的要素は前作から更に減退。中期以降の作品で歩を進めていくオルタナティヴなパンクロック路線の片鱗を大いに感じさせる音像ではあるが、ルーツであるゴシック / ドゥームメタル由来の重量感を随所に残しつつ、ポップなメロディセンスと折衷させた非常にユニークな作風となっている。メロコアの様な爽快感すら感じさせるフレージングと、漢臭い哀愁美とが絡まり進行していく様相はゴシックメタル + ポップパンクとでも形容したくなる個性的な味わいを放つ。バンドの音楽変遷の狭間で生まれたエネルギッシュな独創性に富んだ一枚だ。

Paragon of Beauty
ドイツ
Comfort Me, Infinity
🅐 Prophecy Productions 🅓 2001

ドイツはシフヴァイラー出身のゴシックメタルバンドによる 2001 年リリースの 3rd フル。中期の Katatonia に通じる男性クリーン声を主体にした、メランコリック & オルタナティヴなゴシックメタルサウンドが特徴。シンガー兼メインソングライターの Monesol によって綴られる内省と抑圧が交差する世界観と、緩急の利いた情熱的なヴォーカルワークに魅了される。クリーントーンを交えたヘヴィなギターと歌メロを中心としたシンプルな構成ながら、ダークでムーディーなトーンを一貫して保持する灰暗いサウンドは実に味わい深い。Prophecy Productions というレーベルカラーを如実に表したアクトとも言える。

Regicide
ドイツ
Break the Silence
🅐 F.A.M.E. Recordings 🅓 2006

ドイツはオルデンブルク出身の男女ツインヴォーカル擁する 7 人組ゴシックメタル / ヴァイオリンロックバンド。2006 年リリースの 4th フルレングス。元 Crimson Sunset のギタリスト Jan Janssen と、ヴァイオリニストの Philipp Kehl（2003 年に脱退済、後任として Jonna Wilms が同年に加入）を中心として 2001 年結成。華やかなストリングスの旋律美と、電子音楽的アクセントを交えたオーケストレーション / シンセワークが施された、現代的シンフォニックメタルが全編に展開。ドイツ産らしいメタリックな硬質ギターと共に、表現力に長けた男女デュエットが優雅に揺蕩う様相は至極エレガント。

Samsas Traum
ドイツ
Oh Luna Mein
🅐 Armageddon Shadow 🅓 2000

ドイツのマールブルク出身、創設メンバー Alexander Kaschte を中心として 1996 年に結成されたゴシックロック / ダークメタルプロジェクト。2000 年リリースの 2nd。バンド名はフランツ・カフカの小説『変身』の主人公グレゴール・ザムザが由来となっている。ドイツ語で紡がれる楽曲群はシンフォニックメタルやブラックメタル、ダークキャバレーからの影響が大きい。Lacrimosa を彷彿させるシアトリカルなサウンドを基軸に、女声コーラスを交えた合唱パート、エレクトロな味付けが施されたシンセワークが入り乱れる様相はかなり独創的。「Ode an Epiphanie」での哀愁溢れるサックス・ソロも印象深い

Schwarzer Engel
● ドイツ

Träume einer Nacht ◎ Trisol Music Group ◎ 2011

ドイツはシュトゥットガルト出身のゴシック / ダークメタルプロジェクト。2011年の 2nd。フロントマン兼コンポーザーである Dave Jason を首謀者として 2007年結成。初期のインタビューにて Rammstein、Dimmu Borgir、Amon Amarth 等から大きな影響を受けたと述べる Dave の言葉通り、北欧のシンフォニックメタル的意匠とドイツ語を用いた土着的ゴス / インダストリアルメタルを掛け合わせた剛直耽美なサウンドを展開している。荒々しくも逞しいセミバリトンのヴォーカルワークと、流麗なオーケストレーションを核とするスタイルは、ノルウェーのGothminister 辺りとも親和性が高い。

Scream Silence
● ドイツ

Saviourine ◎ Art Music Group ◎ 2006

ドイツのベルリンにて 1998 年に結成されたゴシックロック / オルタナティヴ・ロックバンドによる 2006 年の 5th。同郷の Dreadful Shadows からの影響が伺える、ダークウェーブ要素の色濃いキャッチーなゴシックロックが特色。クラシカルなストリングスの音色と、柔らかなシンセアレンジを施した感傷的なパッセージは息を飲む程に情感深く突き刺さる。Hardy Fieting の官能的なヴォーカルも絶品で、悲痛と優美さが溶け込んだサウンドとのマリアージュは筆舌に尽くし難い。時折メタリックなエッジを立たせたギターワークも、感情的な昂ぶりを手伝うかの様に響く。「Creed」はそんな彼等の魅力を凝縮した代表曲の一つ。

Secret Discovery
● ドイツ

A Question of Time ◎ GUN Records ◎ 1996

ドイツはボーフム出身のゴシックメタルバンド。1996 年の 5th。結成は 1988 年。初期は The Mission や Fields of the Nephilim にインスパイアされたであろう古典的ゴシックロック路線を推進していたが、活動の過程で徐々にヘヴィメタル / オルタナティヴ・ロック的タッチを取り入れたゴシックメタルへと転換。本作は次作『Slave』と並んで、ゴシックメタルシーンでの彼等の認知度を押し上げる要因ともなった飛躍作だ。ゴシック＋オルタナティヴ・ロックという図式に Paradise Lost の『One Second』（1997 年）よりも先んじて到達した、ドイツ圏ダークロックの早期開拓者である。

Secrets of the Moon
● ドイツ

Black House ◎ Lupus Lounge ◎ 2020

ドイツのオスナブリュック出身、1995 年から活動するゴシックロック / ブラックメタルバンドによる 2020 年リリースの 7th フルレングス。初期はエクストリームなメロディック・ブラックメタルとして出発し、アルバム毎にスタイルを変奏。徐々にゴシック的な香りを強めてきた彼等だが、本作を以って完全にゴシックロック / ダークメタル路線へとシフト。近作の Les Discrets の様な暗鬱シューゲイズ / オルタナ的トーンも漂わせたモノクロームな音像を奏でているが、甘くなり過ぎずあくまでノワール映画を観ている様な、闇深いロマンを体現しているのが全くもって素晴らしい。この硬派さはブラックメタル出自故と言えるかも。

Solar Fake
● ドイツ

Frontiers ◎ Synthetic Symphony ◎ 2011

ドイツのベルリン発、Zeraphine や Dreadful Shadows での活動を経て Sven Friedrich を中心に 2007 年に結成されたシンセポップバンド。2011 年リリースの 2nd。これまで Sven が籍を置いてきたバンドとは趣を異にし、VNV Nation やCovenant 辺りを彷彿させるエレクトロ / フューチャーポップ方面へと大々的に寄せたスタイルが特徴。実質的に現在における Sven のメインバンド的存在で、本作は「More than This」「Such a Shame」等の人気曲を収録したファンからの支持の高い一枚。アートワークはベルリンのアーティスト Christian Ruhm との共作。

The Vision Bleak
○ドイツ
The Wolves Go Hunt Their Prey ○ Prophecy Productions ○ 2007

ドイツのメルリッヒシュタット出身、Empyrium での活動でも知られるマルチミュージシャン Konstanz と Schwadorf の二人で構成されるゴシックメタル・デュオによる 2007 年の 3rd。歌詞のテーマには H.P. ラヴクラフトやジョージ A. ロメロといった古典作家やカルト映画からの影響が大きく、そこにゴシック / ドゥームメタルをブレンドした独自の音楽性を「Horror Metal」と自ら標榜。本作においては前半の楽曲でインドの野生少女「アマラとカマラ」をコンセプトとして取り扱っている。シンフォニックな装飾を施したシアトリカルかつスプーキーなドラマ性を、剛直なメタルサウンドで支えるスタイルが実にドイツらしい。

Umbra et Imago
○ドイツ
Mea Culpa ○ Oblivion ○ 2000

ドイツはカールスルーエ発のゴシックメタルバンドによる 2000 年リリースの 5th フルレングス。フロントマンの Mozart を中心として 1991 年に結成。当初は Mozart の別バンドのサイドプロジェクトとして発足したが、後年こちらがメインバンドとなる。初期のスタイルは電子音楽的な比重が大きいが、作を重ねるにつれてギターサウンド主体へとシフト。現在は NDH の要素を混合したゴシックメタルをプレイしている。フロイト心理学に強い影響を受けており、自己皮肉や社会批判等のシニカルなエッジに富んだ歌詞が特徴だ。吸血鬼や BDSM のイメージを取り入れた、セクシャルかつシアトリカルなライブパフォーマンスは悪名高い。

Unheilig
○ドイツ
Grosse Freiheit ○ Vertigo Records/Universal ○ 2010

ドイツはアーヘン出身、フロントマンの Der Graf を中心に 1999 年に結成されたエレクトロ・ゴシックメタル / ロックバンド。2010 年の 6th。当初からドイツのゴスシーンで高い支持を集めていた存在だったが、本作でその人気はメインストリームへと波及。現地のアルバムチャート初週一位を獲得し、シングル「Geboren um zu leben」が主要ラジオ局でヘビロテされ、最終的に 200 万枚以上を売り上げる等飛躍的な成功をもたらした。Der Graf による漢泣き的哀愁ダンディズム・ヴォイスと稀有なポップセンスを介して、時に攻撃的に時にダンサブルに躍動するサウンドは情感深い魅力に満ち溢れている。

Von Branden
○ドイツ
Scherben ○ Greyfall ○ 2007

ドイツはニーダーザクセン出身のゴシック / ブラックメタルトリオ。2007 年の 1st フル。2004 年結成。サックス奏者や女性ヴォーカリスト等、多数のゲストミュージシャンを招いて制作されており、その中には同郷のゴシックメタルバンド Mandrake のシンガーや鍵盤奏者の名前もクレジットされている。弦楽器やピアノ、サックスによるエレガントな音色で彩られたアトモスフェリックなゴシックメタルを鳴らしており、楽曲によってはジャジーな響きを伴ったりアンビエント風だったりと、多様なアプローチで個別性を図るサウンドがユニークだ。ドゥームデス風にアレンジされた Tori Amos「Winter」カヴァーも面白い。

Xandria
○ドイツ
Ravenheart ○ Drakkar Records ○ 2004

ドイツはビーレフェルト出身、1994 年から活動を開始したシンフォニック・ゴシックメタルバンドによる 2004 年リリースの 2nd アルバム。赤毛がトレードマークの歌姫 Lisa Middelhauve の、涼やかで清廉としたヴォーカルワークが光る、伝統的ゴシックメタルに根ざしたサウンドが特徴。Within Temptation や Evanescence 程のスケール感には及ばないものの、高揚感をもたらす豊かなメロディセンスと、廉直かつ王道なソングライティングには大いに好感が持てる。シンフォニックでありつつ、普遍的なポップ性を含んだコンパクトな楽曲群が並ぶので、聴き疲れしにくいのもポイントだ。

Zeraphine ●ドイツ

Traumaworld Ⓐ Gun Records ◎ 2003

Dreadful Shadows の活動停止後、フロントマンの Sven Friedrich とギタリストの Norman Selbig を中心に 2000 年に結成されたベルリン出身のゴシック／オルタナティヴ・ロックバンド。2003 年の 2nd。バンド名は熾天使を意味する Seraphim という単語から。前バンドからのフォーマットを受け継ぎつつ、メタリックな要素の代わりにニューウェーヴ／オルタナ色を強めたサウンド。柔らかでメランコリックなトーンが印象的だが、歌詞のテーマはイラク戦争に対する感情が反映されたシリアスで厳しいものとなっている。Depeche Mode の「In Your Room」のカヴァーを収録。

Angizia ●オーストリア

Das Schachbrett des Trommelbuben Zacharias Ⓐ Jack Rose Productions ◎ 1998

オーストリアのウィーン出身、アヴァンギャルド・ゴシックメタルバンドによる 1998 年発表の 3rd。マニアの間で名高い超個性派変態ゴシックメタルアクトとして知られる彼等。クラシカルなピアノやヴァイオリンの旋律をバックに、オペラティックな女性ヴォーカルと歌劇的な男性ヴォーカルのデュエットによって紡がれるサウンドは、形容し難いユニークな魅力が満載。イントロからしてアコーディオンが鳴り響くワルツ風味な「Der Essayist」、ピアノが乱舞する「Schlittenfahrt mit einer Lodenpuppe」等、多層的で奇妙な味わいは何とも癖になる。個性的な暗黒芸術音楽を求めるならば是非。

Dargaard ●オーストリア

Rise and Fall Ⓐ Draenor Productions ◎ 2004

オーストリアのミステルバッハ出身、同郷のブラックメタルバンド Abigor の元メンバー Tharen と女性シンガー Elisabeth Toriser によって 1997 年に結成されたネオクラシカル／ダークウェーヴ・デュオ。2004 年の 4th フル。全ての楽器及びソングライティングは Thare が担当。古代ヨーロッパの暗黒面を呼び起こす幻想性に富んだシンセオーケストレーションと、哀切感に満ちた女性ヴォーカルの組み合わせは陰気で憂鬱ながらも美しい。Arcana や Elend 等のダークアンビエント系譜のサウンドだが、強烈な厳格性よりもムーディーで落ち着いた側面が強いので、暗黒リラクゼーション音楽としても楽しめる。

Darkwell ●オーストリア

Suspiria Ⓐ Napalm Records ◎ 2000

1999 年にオーストリアのインスブルックにて結成されたゴシックメタルバンド、Darkwell による 2000 年の 1st。ミドルテンポ主体のシンプルな構成ながら、初期ゴシックメタル由来の神秘的かつミステリアスなヴァイブをまとった密教風ムード漂うサウンドが魅力的。ヨーロピアンな叙情味を携えたオーケストレーション装飾も良い味を出しており、薄暗い教会の中で微睡む様なグルーヴ感も心地好い。柔らかで繊細なヴォーカルワークを披露する女性シンガー Alexandra Pittracher による歌メロも印象的だ。安っぽいアートワークのデザインで損をしているが、王道ゴシックメタルの優良物件的作品。

Dawn of Dreams ●オーストリア

Amber Ⓐ Candlelight Records ◎ 1997

オーストリアのホップフガルテン・イム・ブリクセンタール出身のドゥーム／ゴシックメタルバンド。1997 年の 1st。1994 年に結成された当初は Stable Stench という名前でゴア系デスメタル寄りの音楽をプレイしていたが、すぐにゴシック寄りのサウンドに移行。シンセのメロディをふんだんに取り入れたアトモスフェリックかつメランコリックなゴシックドゥームをプレイしており、グロウルとクリーン声を使い分ける男性ヴォーカル含めて Crematory や中期の Tiamat 辺りを彷彿とさせる部分もある。リードギターが奏でるサイケで神秘的なメロディもしみじみと沁み渡り味わい深い。90 年代ゴシックメタルの憂鬱な空気感を凝縮した一枚。

Dreams of Sanity
Komödia
○オーストリア
♠ Hall of Sermon ○ 1997

オーストリアはインスブルック出身のシンフォニック・ゴシックメタルバンドによる 1997 年の 1st。同郷のパワーメタルバンド Siegfried でも活躍する Sandra Schleret と、アメリカのゴシックメタルバンド Alas に在籍していた Martina Hornbacher の女性シンガー 2 名をフロントに据えた華やかな様相が特徴。ダンテの神曲をテーマにしたコンセプト作だが、難解な重々しさよりもハードロック的な軽さとスピーディーさが前面に出ており、そこに耽美でクラシカルなシンセが被さるキャッチーなスタイル。リリースは Lacrimosa の Tilo Wolff が代表を務める Hall of Sermon から。

Estatic Fear
A Sombre Dance
○オーストリア
♠ CCP Records ○ 1999

オーストリアのリンツ出身のゴシックメタル、Estatic Fear の 1999 年 2nd。ギターと鍵盤を兼任する Matthias Kogler を中心に結成、本作ではその他のメンバーはゲスト扱いとなっている。清廉な女性ソプラノ声と男性デス声のツインヴォーカルを基軸に、リュート、フルート、ピアノ、ヴァイオリン、チェロ等の楽器を取り入れたトラッド / フォーク的趣の強いサウンド。クラシカルで優雅な世界観と、欧州らしい叙情美に彩られた、物寂しくも繊細なメロディには思わずウットリと聴き惚れてしまう。ラテン語、英語、ドイツ語が入り混じるリリック面も、中世的な異国情緒を強調しており素晴らしい。

L'Âme Immortelle
Gezeiten
○オーストリア
♠ Gun Records/Super Sonic ○ 2004

オーストリアのウィーン出身、1996 年から活動する男女ゴシックメタル / ダークウェーブデュオによる 2004 年の 6th。当初からドイツのアンダーグラウンドシーンで高い人気を誇っていた彼等が、ソニー BMG を母体とするメジャーレーベル Supersonic/GUN Records 移籍後にリリースされた作品。彼等のディスコグラフィー上において、最もゴシックメタルへと接近していた時期のアルバムであり、「5 Jahre」「Stumme Schreie」等の人気曲を収めた代表作。洗練された耽美性と共にダンサブルに躍動するサウンドは、『Assembly』期の Theatre of Tragedy が好きな方にもお勧め。

Sanguis et Cinis
Amnesia
○オーストリア
♠ Sad Eyes / Trisol ○ 2000

オーストリアのウィーン出身、男女ツインヴォーカル擁するインダストリアル / オルタナティヴ・ゴシックロックバンド。2000 年リリースの 5th フルレングス。ギター及びプログラミングも担うフロントマン Eve Evangel を中心に 1994 年結成。ハードエッジなリフとループ性のあるビートを主体に、男女デュオの蠱惑的な歌声が躍動的に舞い響く。シンセに頼らないギター先導型のサウンドも特徴的だ。また、女性シンガー Celine Cecilia Angel の「フェアリーロリータ」と呼ばれるユニークな風貌は、ゴスシーンにおける新たなヴィジュアル概念として高い支持を獲得。視覚面含めて多くのフォロワーを生んだ。

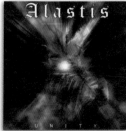

Alastis
Unity
○スイス
♠ Century Media Records ○ 2001

スイスはシオン出身のゴシック / ブラックメタルバンド。2001 年の 5th。ギタリストの War D（後にヴォーカルも兼任）を中心人物として 1987 年結成。1987 年から 1989 年の間は Fourth Reich という名義で活動。初期はミッドテンポなデス / ブラックメタルから出発し、後年ゴシックメタルへと音楽性を変遷。当時スイスのシーンでは Samael に次ぐ存在としてコアな支持を得ていた。本作は事実上の最終作に当たり、スペーシーでアトモスフェリックなシンセワークを大々的に取り入れた硬派で質の高いゴシックメタルを聴かせてくれる。インダストリアルな質感からはやはり Samael の遺伝子も感じる。2004 年解散。

Last Leaf Down
Bright Wide Colder
スイス

🔵 Lifeforce Records 🔵 2017

スイスはバインヴィール出身のシューゲイザー / ポストロックバンド。2017 年の 2nd フル。ベーシストの Daniel Dorn とギタリストの Sascha Jeger を中心に 2003 年に結成。活動初期は Katatonia や Anathema からの強い影響を受けたダークメタルをプレイしていた。2007 年以降よりシューゲイザー方面の路線へとシフトしたが、そこで鳴らされる音像からはニューウェーブ、アンビエント、ポストメタル等の様々な要素が内在している事が分かる。翳りと内省を携えた耽美的轟音はゴシッククメタルやブラックゲイズとの親和性が高い。ゴシックとシューゲイザーが地続きであることを痛感させられる突出作だ。

Lunatica
Fables & Dreams
スイス

🔵 Frontiers Records 🔵 2004

スイスはズーア出身のゴシック / シンフォニックメタルバンドによる 2004 年の 2nd。鍵盤奏者の Alex Seiberl とギタリストの Sandro D'Incau を中心に 1998 年結成。元 Mescarbonic の女性シンガー Andrea Dätwyler は 2001 年から加入。Nightwish や Edenbridge 辺りと共通項の多い大仰なサウンドを聴かせるが、前述のバンド程パワーメタル方面に寄せてはおらず、幾分ゴシック的な趣が強い。オペラティックなアプローチではなく、清涼感を漂わせるポップス寄りのヴォーカルも大きな相違点だ。暗黒色は希薄ながら爽やかな味わいを感じさせるメロディセンスは質が高い。

Sadness
Ames de marbre
スイス

🔵 Witchhunt Records 🔵 1993

スイスのシオン出身。1989 年から 1998 年にかけて活動していたゴシック / ドゥームメタルバンドによる 1993 年の 1st フル。イギリス出自のゴシックメタルとの共振性も伺えるが、それ以上に Celtic Frost の『Into the Pandemonium』から強いシンパシーを受けたというスタイルが特徴。尺八などの和製木管楽器も取り入れた儀式的・実験的なサウンドは、むしろ Dead Can Dance 辺りのニューウェーブ / 民族音楽方面からのダイレクトな影響も感じ取れ、強烈な独自性と退廃性を放つ。奇々怪々な異教系 / ペイガンメタル系的ムードも含有する、一筋縄ではいかないカルトクラシック的逸品だ。

Samael
Reign of Light
スイス

🔵 Regain Records 🔵 2004

スイスのシオン出身のゴシック / インダストリアルメタルバンドによる 2004 年リリースの 6th。創設メンバーである Vorph と Xy を中心に 1987 年結成。初期は古典的なブラックメタルからの影響を受けた、オカルティックかつエクストリームなサウンドを鳴らしていたが、4th『Passage』以降ドラムマシーンを導入し、徐々にインダストリアル方面へと接近。本作は現在のスタイルへと移行した作品の中でも特に人気が高く、スイスのチャートに初ランクインを果たした一枚。大仰なオーケストレーションと無機質かつアッパーなエレクトロサウンド、そこにオリエンタルなメロディを加えた個性的な作風は、まさしく Samael スタイルの真骨頂だ。

Triptykon
Melana Chasmata
スイス

🔵 Century Media Records 🔵 2014

スイスのチューリッヒ出身、Celtic Frost のスピリットを受け継ぐべく中心人物の Thomas Gabriel Fischer によって 2008 年に結成されたゴシックデス / ドゥームメタルバンド。2014 年の 2nd。Celtic Frost の最終作『Monotheist』の路線を継承しつつ、よりドゥーミーかつエクストリームに発展構築された珠玉の暗澹メタルが展開。執念的なまでにヘヴィでダークだが、ゴシックメタルにも通じるメランコリックなメロディを取り入れていたりと野心的な内容だ。アートワークはかの著名なシュルレアリスム画家 H. R. ギーガーが死の直前に提供したもの。全てに於いて破格級の一枚である。

Elis
Dark Clouds in a Perfect Sky

●リヒテンシュタイン

🅐 Napalm Records 🅞 2004

リヒテンシュタイン公国ファドゥーツ発ゴシックメタルバンド、Elis による 2004 年リリースの 2nd アルバム。前身バンドの Erben der Schöpfung ではエレクトロな装飾を加えたサウンドが特徴的だったが、改称後は由緒正しきクラシカルなシンフォニック・ゴシックメタルをプレイ。ドイツ語と英語を交えた歌詞の世界観と、優美で幻想的なサウンドメイキングの組み合わせは、まさしく王道。Theatre of Tragedy の Liv Kristine に迫らんばかりの表現力で魅せる Sabine Dünser は稀有な実力者だっただけに、2006 年に急逝してしまったのが本当に残念である。

Erben der Schöpfung
Twilight

●リヒテンシュタイン

🅐 M.O.S. Records 🅞 2001

リヒテンシュタイン公国の首都ファドゥーツ出身、ゴシックメタル /EBM バンドによる 2001 年リリースの 1st。同国出身のゴシックメタルバンド Elis の前身バンドとして知られる。音楽性はメタリックなギターサウンドに、浮遊感のあるダークウェーブ的な装飾を加えたクラシカルゴシックとエレクトロの理想的結合といった作風。王道でありながらも高クオリティな楽曲群に恵まれ、儚くも幻想的な世界観に没入出来るサウンドが堪らない。オープナーの「Elis」を始め、Sabine Dünser の魅力的な歌メロを主軸とした名曲が多い。プロデュースは Leaves' Eyes や Atrocity の Alexander Krull が担当。

WeltenBrand
Das Rabenland

●リヒテンシュタイン

🅐 Witchhunt Records 🅞 1995

リヒテンシュタインのファドゥーツ出身、キーボーディスト Oliver Falk を中心に結成されたダークウェーブ / ネオクラシカルバンドによる 1995 年の 1st フル。Oliver Falk が後年に結成した Erben der Schöpfung とは違いヘヴィなギターリフ等のメタル要素は無く、民族音楽的なシンセワークを中心としたサウンドが展開されているが、リリース当時はゴシックメタルファンも巻き込んでカルトな人気を得た。Arcana や Elend 辺りのダークアンビエント系譜のバンドも彷彿させるが宗教色は薄く、音像的には当時レーベルメイトだった Die verbannten Kinder Evas 辺りが近い。

ゴシックメタルとシューゲイザー
～双方のクロスオーバーの歴史と未来～

シューゲイザーとゴシックメタルの親和性

　1980 年代後半、主にアイルランド及びイギリスを中心地として勃興したムーヴメントにシューゲイザーと呼ばれる音楽スタイルがある。

　大雑把に説明するとフィードバック・ノイズ等のエフェクトを付与したヴォーカルやギターのレイヤーを混合的に組み合わせて、独特な浮遊感や酩酊感を伴う音響感覚が特徴的な音楽だ。

　ゴシックメタルとシューゲイザーは全くの別界隈のシーンではあるが、様々な点で実は親和性が高い。

　まず、ルーツの共通性。シューゲイザーの代表的な作品というと My Bloody Valentine の『Loveless』辺りを真っ先に思い浮かべる方が多いだろうが、ジャンルとしての前駆体まで遡っていくと、Cocteau Twins や The Cure 等のゴシック / ポストパンク系バンドに辿り着く。

　ゴシックメタルもその背景には 80 年代のゴシックロック系のバンドからの影響が多分

ゴシックメタルからシューゲイザー方面へと音楽性を変容させたイタリアの Klimt 1918

に含まれている為、双方ともに元を辿れば同じ穴の狢から生まれ出た音楽であると強引には言えるかもしれない。

シューゲイザーからの影響が伺えるゴシックメタルバンド達

また、いわゆるシューゲイザー御三家と呼ばれるバンドの一角である Slowdive は Cocteau Twins の系譜を受け継いだ耽美派シューゲイズ / ドリームポップの代表的なアイコンであり、彼等の初期のカタログは往年の 4AD レーベルの作品にも通じる壮麗性が蔓延していたりと、ゴシックメタル方面との親和性が特に読み取れる存在だ。

現にゴシックメタルのパイオニアの一柱である The Gathering は Slowdive からの影響を仄めかしており、Slowdive の人気ナンバーの一つ「When the Sun Hits」のカヴァーを 1997 年リリースのシングル「Kevin's Telescope」の B 面に収録しており、今でいうブラックゲイズの様なヘヴィメタル + シューゲイザー的アプローチを一早く実践している。加えて『How to Measure a Planet?』以降の音楽性転換後のカタログ群については実験性・音響面においてより顕著にシューゲイズ・ミュージックからの影響が感じ取れたりとゴシックメタルとシューゲイザーの親睦性の高さが伺えるはずだ。

Katatonia が『Brave Murder Day』で聴かせたデス / ブラックメタルにオルタナ / シューゲイズ的な浮遊感や音響感覚を潜ませたアプローチも、現在のジャンル越境メタルバンド達がこぞって実践しているヘヴィメタル + シューゲイザー的方法論に対する先駆性が感じ取れるし、同アルバム収録の「Day」で奏でられる耽美なアルペジオには Slowdive や The Cure 等の先人からの血脈的な味わいすらある。

ゴシックメタルからシューゲイザー方面へと転換したバンド達

こういった経緯からもゴシックメタルバンド達が少なからずシューゲイザーからの影響・もしくは無意識のうちに音像的に近い手法を取っていたことが汲み取れるのだが、中には意識的にシューゲイザー方面へと接近していたゴシックメタルバンドも存在していたりする。

イタリアのローマ出身の Klimt 1918 はその典型例的なバンドの一つで、初期の作品では Katatonia からの影響が伺えるゴシックメタル / ダークロックを鳴らしていたが、徐々にインディロック / シューゲイザー的要素の強い方向性へとシフト。彼等は元々ニューウェーブやポストロック由来の素養を強く携えたバンドではあったのだが、ゴシックメタ

ルとシューゲイザーを結び付けるジャンル横断を成した例として、とても優れたバンドであったと言えるだろう。

次にドイツのイリンゲン出身のAutumnblazeであるが、こちらもKatatoniaからの強い影響と同時にPortishead等のオルタナティヴ・ミュージック方面に連なる要素もまとったスタイルを初期の時点から体現していたバンドで、特に2000年リリースの2ndアルバム『Bleak』はそういったジャンル混合的な音像が強く表出されたゴシックメタル作品の一つだ。

このAutumnblazeの創設者であるヴォーカル兼ギタリストのMarkus „Eldron" Baltesは2006年に一旦バンドを解散させた後に、ポストロック/シューゲイザー的な音像を突き詰めたSidewaytownというサイドプロジェクトを発足している。Swervedriver辺りを彷彿させるロック的な武骨さを残したヘヴィ・シューゲイズが実践されており、こちらもまたゴシックメタルサイドからシューゲイザーへと移行した事例の一つと言えるだろう。因みにそのSidewaytownのデビュー作『Years in the Wall』はスタイルこそシューゲイザーではあるが、メランコリックに発露するメロディセンス等はやはりゴシックメタルに通じるものがある。上質な作品なので、もし興味がある方がいればここでお勧めしておきたい。更にはスイスのバインヴィル出身のLast Leaf Downの様に、Anathemaや Katatoniaからの影響を受けたドゥーム/ダークメタルバンドから出発して、シューゲイザーへと音楽性を変えたバンドもいる。

こうした数々のクロスオーバー案件を踏まえると、ゴシックメタルとシューゲイザーはある意味では地続きな音楽領域であるというのが個人的見解だ。

現行シーンにおいて交わるゴシックメタルとシューゲイザー

この両者のクロスオーバーは現行の音楽シーンでも推進されており、例えばアメリカのインディシーンで根強いファンを持つシンガーソングライターKristina Esfandiariは、サンフランシスコ出身のシューゲイズ・バンドWhirrのヴォーカリストとしてキャリアをスタートさせた後に、ドゥームメタル、ゴシックメタル、ヘヴィシューゲイズの要素を融和させたハイブリッド・プロジェクトKing Womanを創設。2021年にリリースした『Celestial Blues』は各音楽メディアや熱心なリスナーから高い評価を受けた。

また、Chelsea WolfeやEmma Ruth Rundle等インディ/オルタナ出自の新興アーティストがシューゲイザー的な音響性を伴いながらゴシック/ドゥームメタルの様式に寄せた作品を発表したりと、今までのゴシックメタルサイドからの移行ではなく、インディ/オルタナ側からのゴシックメタルへの接近といった逆の矢印におけるクロスオーバーも昨今のシーンでは頻出している。これは特筆すべき点だろう。

ゴシックメタルというワードは当初のデス/ドゥームメタル出自の音楽性に留まらず、様々なジャンル折衷を繰り返しながら内包するスタイルを拡大してきた。

しかしポストメタルやポストブラックメタル等を始め、現在ではジャンルを横断・越境するメタルのサブジャンルは多岐に渡り、別に珍しいものではなくなった。むしろ細分化が進んでいった弊害で、ゴシックメタルという言葉自体も形骸化しつつある。

だが、どういった形であれゴシックメタルというムーブメントが形成してきた音楽が現在も様々な後続シーンにも影響を与え続けているのは、新興のバンドやアーティストの作品を顧みれば明白とも言える。

今後もこういった刷新的なクロスオーバーの中で、ゴシックメタルの遺伝子が未来のシーンにおいても根強く息衝いてくれることを一ファンとしては期待したい。

Aion
❓ポーランド

Midian　　　　　　　　　🔵 Massacre Records ⏺ 1997

ポーランドはポズナン出身のゴシックメタルバンド。1997 年の 1st フル。結成は
1995 年。フルートとピアノを兼任する鍵盤奏者 Łukasz Migdalski は Artrosis や
Sacriversum 等のバンドを渡り歩いてきたポーリッシュ・ゴシックメタル界隈でも
指折りのプレイヤーとして知られる。初期 Paradise Lost や Tiamat 辺りの作品に
触発されたであろう由緒正しき欧州型ゴシックメタルを踏襲しており、女性シン
ガーをフロントに据えたバンドが多い当時のポーランドのシーンの中では、比較的
珍しい男性ヴォーカル主体のバンドでもある。The Sisters of Mercy のカヴァーを
一曲収録。

Artrosis
❓ポーランド

Ukryty wymiar　　　　　　🔵 Morbid Noizz Productions ⏺ 1997

ポーランドのジェロナグラ出身、Closterkeller や Moonlight に次ぐ東欧ゴシックメ
タルシーンにおける草分け的バンドによる 1997 年発表の 1st フルレングス。界隈
指折りのディーヴァ Magdalena Stupkiewicz のポーランド語による情動的な歌唱に
導かれながら、妖艶なシンセとソリッドなギターワークで耽美的音像を奏でる。ス
ラヴ音楽からの影響を感じさせる土着的響きも、欧州の同系統バンドとは一線を画
す部分だ。本作は Lacrimosa の Tilo Wolff の目にも止まり、1999 年には彼が主宰
するレーベル Hall of Sermon から英詞版がリリースされ、国外での反響も獲得した。

Artrosis
❓ポーランド

W imię nocy　　　　　　　🔵 Morbid Noizz Productions ⏺ 1998

ポーリッシュ・ゴシックメタルの先駆者による 1998 年リリースの 2nd フルレング
ス。妖しくエキゾチックなキーボードの旋律が装飾された、オリエンタルな異国風
情を含有するゴシックメタルを本作でも展開。時に聴き手を煽り立て、時に拐かす
様な艶美さを発露する Magdalena によるヴォーカルワークも実に表情豊かである。
ダークビューティーなアグレッションで牽引する冒頭曲「Ukryty Wymiar」は、バ
ンド初期を代表するアンセムの一つ。本作は 2001 年に『In Nomine Noctis』とい
うタイトルで英語版が別レーベルからリリースされているが、現地語版が彼等の真
髄である事はやはり言うまでもなし。

Artrosis
❓ポーランド

Fetish　　　　　　　　　🔵 Metal Mind Productions ⏺ 2001

ポーランド発女性ヴォーカル・ゴシックメタル、Artrosis の 2001 年リリースの 4th
アルバム。本作ではエレクトロ / インダストリアル由来のモダンなアレンジが大々
的に施されており、従来のシンフォゴシック要素は少なくなったものの、バンドが
本来持っていた妖しくダークな色合いはむしろ増大。Magdalena によるエキゾチッ
クなヴォーカルもますます感情表現に磨きがかかっており、インダストリアル・ゴ
シック的アプローチがクールな「Zatruta」や「Ostatni Raz」等の新路線との親和
性も高い。因みに英語ヴァージョンとポーランド語ヴァージョンがリリースされて
いるが、現地語の翳りのある響きが素晴らしい後者が断然お勧め。

Batalion d'Amour
❓ポーランド

Fenix　　　　　　　　　🔵 Echozone ⏺ 2016

ポーランドのスコチュフにて 1989年結成。女性シンガー擁する同国のゴシックロッ
クバンドとしては Closterkeller に次ぐキャリアを持つ老舗アクト。本作は 2016 年
リリースの 6th にして国際デビュー作。クラクフの音楽演劇学校出身で、歌唱コン
テストにて幾度もの優勝経験を誇る実力者 Karolina Andrzejewska が新ヴォーカリ
ストとして着任して 2 作目となる。Karolina は作曲面でも貢献しており、彼女の加
入以降バンドの音楽性はよりダイナミックかつ情感豊かに向上。ダークウェーブと
ゴシックロックをルーツに持ちつつ、プログレッシヴ・ロックやシンセポップ等の
要素も巧みに取り入れている。

Cemetery of Scream
○ポーランド

Melancholy
○ Croon Records ○ 1995

ポーランドはクラクフ出身、1993 年から活動する東欧系の老舗ゴシックメタルバンドの一角。1995 年の 1st。中心人物はギタリストの Marcin Piwowarczyk。90 年代の Paradise Lost や My Dying Bride からの影響を下敷きにした、陰鬱で苦悩めいたダークメタルサウンドが持ち味。退廃的な雰囲気を曝すシンセとギターワークの組み合わせも神秘性に富んでいて素晴らしい。部分的に女性ヴォーカルを導入し、MV にもなった「Anxiety」は初期を代表するナンバーの一つ。また、本作はドイツ語版の『Metal Hammer』誌において最高スコアを獲得しており、バンド成功への足掛かりとなった。

Closterkeller
○ポーランド

Blue
○ SPV Records ○ 1992

ポーランドの首都ワルシャワ出身のゴシックロック / メタルバンド、Closterkeller の 1992 年リリースの 2nd。結成は 88 年と古くポーランドのゴシックシーンにおける先駆者的存在で、Moonlight や Delight、Artrosis 等の後続バンドにも大きな影響を与えている。80 年代のニューウェーブ / ポストパンクからのインスピレーションを基にした幻想的で憂愁としたサウンドと、ポーランド語のエキゾチックなアクセントも相まって特徴的な世界観を構築。Anja Orthodox の低音から高音まで使い分ける怨念めいた歌唱もインパクト大。ポーリッシュ・ゴシックのクラシックとして押さえておきたい一枚。

Darzamat
○ポーランド

Oniriad
○ Metal Mind Productions ○ 2003

ポーランドのカトヴィツェ出身、男女ヴォーカルを擁するゴシック / シンフォニック・ブラックメタルバンドによる 2003 年の 3rd。Artrosis や Moonlight 等と並ぶポーリッシュ暗黒メタルアクトとして 1995 年に結成され、4th 以降はアグレッシヴなブラックメタル色を強めていくが、本作においては女性シンガー Katarzyna "Kate" Banaszak のヘヴンリィ・ヴォイスを生かした、耽美で神秘的なゴシックメタルが展開。アレンジも趣向が凝らされており、クラシカルだったりエレクトロ風だったりとワンパターンに陥っていない点も評価点。中世的ドラマ性を帯びる初期の良盤。

Darzamat
○ポーランド

SemiDevilish
○ Metal Mind Productions ○ 2004

前作から中心メンバー以外のラインナップを一新、現在まで続く看板女性ヴォーカリストとなる Agnieszka "Nera" Górecka を迎えて制作された 2004 年リリースの 4th アルバム。バンド創設者である男性フロントマン Flauros のブラックメタル的スクリームと、女性シンガー Nera のクールな妖艶ヴォイスが絡む暗黒ゴシックメタル＋シンフォニック・ブラックメタルの 2 本柱スタイルを本作にて確立。サウンドは前作と比べてエクストリーム色が強くなり、メタリックに刻まれるギターリフと厳粛なシンセワークがイーヴルかつ攻撃的に響き渡る。ポーリッシュ・ゴシック界隈の懐深さを示す一枚。

Delight
○ポーランド

Breaking Ground
○ Metal Mind Productions ○ 2007

ポーランドはスカビナ出身の女声ゴシックメタルバンドの一角。2007 年リリースの 6th にして最終作。初期の作品では Nightwish をマイルドにしてゴシック色を加味した様な正統派系譜のサウンドが特徴的だったが、本作ではインダストリアル / エレクトロ色を絡めたモダンなアレンジが光るモダンでキャッチーなゴシックメタルが展開。バンドの顔を担う女性リードシンガー Paulina "Paula" Maślanka による、憂いをまとう安定したヴォーカルスキルも魅力的な強みだ。明確な個性こそ薄いが、Evanescence や中期以降の Lacuna Coil のファンにもアピールし得る、手堅くまとまった好作。

Desdemona
_s.u.p.e.r.N.O.V.A.

🔴 ポーランド

🅐 Metal Mind Productions 💿 2003

ポーランドはボルコヴィツェ出身のゴシックメタルバンドによる 2003 年の 2nd フル。1996 年結成。インダストリアル / エレクトロミュージックから強い影響を受けたゴシックメタルをプレイしており、ダークな電子音とオルタナティヴなバンドサウンドを折衷するスタイルは『Fetish』や『Melange』辺りの頃の Artrosis にも通じる趣向だ。前作で脱退したシンガーに代わり、本作から Agata Pawlowicz が新たな歌姫として加入しており、クールでスタイリッシュな歌唱でマシーナリーな世界観に艶やかさを付加している。メタリックな無機質さと東欧風のエキゾチックなヴァイブが程好く溶け合う音像は中毒性あり。

Hefeystos
Hefeystos

🔴 ポーランド

🅐 Atratus Music 💿 1996

ポーランドのルミア出身、男女ツインヴォーカルを擁するアヴァンギャルド / ゴシックメタルバンド。1996 年リリースの 1st フルレングス。結成は 1994 年。フォーキーな牧歌的情緒と、ミステリアスな辺境音楽的ムードを帯びた奇怪で、ユーモラスな暗黒メタルをプレイしている。女性ヴォーカルの哀愁溢れる歌メロとアトモスフェリックなシンセワークの絡みは、瑞々しくも薄暗く不可思議な魅力を放つ。流石に録音状況に関しては、時代性を感じさせるチープなクオリティではあるが、逆にそこがまた神秘性を増幅させている。ジャンル形容に憚る創造性に富んだ様相で、コアなゴシックメタルファンを始めとして局所的にカルトな支持を受けた一枚だ。

Moonlight
Floe

🔴 ポーランド

🅐 Metal Mind Productions 💿 2000

ポーランド北西都市シュチェチン出身、Moonlight による 2000 年リリースの 4th アルバム。ポーランドを代表する女性ヴォーカル・ゴシックメタルバンドの一角。欧州やアメリカのバンド群とはどこか違う、異国的でオリエンタルな神秘性をまとったムードが魅力。繊細でしっとりとした空気感が主ながら、「Taniec Ze Smiercia」で見せるヘヴィでグルーヴィーなコントラストや、「Obsesja」ではエキゾチックな民族音楽テイストで攻めたりと、多様なアプローチで楽しめる。Maja Konarska の情感豊かなヴォーカルとポーランド語詞の組み合わせも柔和で、妖しい雰囲気たっぷりで素晴らしい。

Moonlight
Yaishi

🔴 ポーランド

🅐 Metal Mind Productions 💿 2001

ポーランドの女性ヴォーカル・ゴシックメタルバンド、Moonlight による 2001 年発表の 5th アルバム。前作よりも暗黒度は薄れているが、ポーランド出身らしいオリエンタル色を維持しつつ、楽曲面とサウンド面でより洗練された正統的ゴシックメタルが提示されている。ダンサブル & エキゾチックな「Col」、憂いと熱情感溢れる「Meren-Re（rapsod）」、ヘヴィかつプログレッシヴな「W Końcu Naszych Dni」等ピックアップしたい良曲多数。因みに本作も英語ヴァージョンとポーランド語ヴァージョンがリリースされているが、異国情緒味を増幅させている後者がマスト。昨今の暗鬱ポストプログレ好きにもお勧め。

Neolithic
My Beautiful Enemy

🔴 ポーランド

🅐 Mystic Production 💿 2003

ポーランドはムワバ出身のゴシックメタルバンド。2003 年の 2nd フル。結成は1991 年とシーンの中でもかなり古参の部類。ラインナップには Behemoth のベーシスト Orion や同郷のストーナーロックバンド Black River のメンバーが名を連ねている。最初期は My Dying Bride 系譜のデス / ドゥームメタルをプレイしていたが、音楽性を徐々に変遷。本作ではリリカルなシンセ音色と、流麗なリードギターを配したプログレッシヴなテイストのゴシックメタルを鳴らしている。艶のある男性クリーンヴォイスをメインに据えたサウンドは、涼やかな心地好さすら運ぶが、ギターリフにはドゥーム時代の残滓が漂っている。

NeraNature
ポーランド
Foresting Wounds 　　　　　　　　Metal Mind Productions 　2011

ポーリッシュ・ゴシック / シンフォニック・ブラックのベテランアクト、Darzamat
の暗黒歌姫 Agnieszka "Nera" Górecka によるソロ作。2011 年リリースの 1st アル
バム。2021 年時点で 3 枚のフルアルバムを発表。Darzamat の活動の合間を縫っ
てのソロ・プロジェクトだが、決して片手間の仕事ではなく 80's UK ゴシックロッ
クの空気感に影響を受けた本格的なサウンドが紡がれている。Nera が得意とする
中音域メインの魅力的なヴォーカルワークを余すことなく伝える楽曲群は、メラン
コリックかつ内省的なドラマ性と共に繊細に響く。東欧女声ダーク・ゴシックの境
界を拡張する優良作。

Sacriversum
ポーランド
Soteria 　　　　　　　　　　　　Morbid Noizz Productions 　1998

ポーランドはウッチ出身の男女ツインヴォーカル編成ゴシックメタルバンド。
1998 年リリースの 2nd フルレングス。結成は 1992 年。活動当初はデス / スラッシュ
メタルをプレイしていたが、1st 以降はメロディックデスメタル影響下のゴシッ
クメタル路線へと方針転換。前面に出過ぎずとも印象に残る妖しげなシンセサウン
ドを効果的に配しつつ、適度にエッジの立ったギターワークと軽妙なリズムアンサ
ンブルを主体にした独特な味わい。同郷の Artrosis や Moonlight に比べると強烈な
インパクト性こそ希薄だが、淡々としつつも情緒豊かなメロディと朗らかなムード
感は聴き込むと心地好さが増していく。

Sirrah
ポーランド
Acme 　　　　　　Metal Mind/Music for Nations/Pony Canyon 　1996

ポーランドの南西都市オポーレ出身のゴシックメタルバンド、Sirrah による 1996
年の 1st アルバム。ポーリッシュ・ゴシックメタルシーンにおける先駆的存在と
して、ゴシックメタルファンの間では重要な立ち位置のバンドと言える。初期の
Paradise Lost や Anathema 等の王道ゴシックメタルのフォーマットに則りつつ、
デスヴォイスとクリーン・ヴォイス、女性ヴォーカル等を導入した奔放でプログレッ
シヴな感性も感じ取れる。東欧出身らしいオリエンタルなメロディセンスと、憂い
響くヴィオラの音色をフィーチャーした優雅で内省的な世界観が魅力的。暗黒耽美
極まる「Passover 1944」は永遠の名曲。

Sirrah
ポーランド
Did Tomorrow Come... 　　　Metal Mind/Music for Nations/Pony Canyon 　1997

Sirrah による 1997 年リリースの 2nd アルバム。前作『Acme』はヴィオラと女性
ヴォーカルを取り入れたキャッチーな作風だったが、本作では男性ヴォーカル主体
のヘヴィで力強いゴシックデス路線へとシフト。クラシカルな要素は減退したもの
の陰影に富んだメランコリックなメロディセンスは健在で、スペーシーかつプログ
レッシヴな楽曲構成含め、音楽的な深みは増している。女声コーラスが効果的に配
された「Lash」や、ヴィオラとギターが織り成す泣きの旋律が素晴らしい「Floor's
Embrace」等は特に印象的。本作を最後にバンドは一度解散するが、2013 年に再
結成している。

UnSun
ポーランド
The End of Life 　　　　　　　　　　Mystic Production 　2008

ポーランドのシュチトノ出身、同郷のデスメタルバンド Vader の元ギタリスト
Mauser によって 2006 年に結成されたゴシックメタルバンド。2008 年発表の 1st
アルバム。Mauser の妻である Anna "Aya" Stefanowicz がリードシンガーとしてフ
ロントを務める。適度にハードかつヘヴィなギターと、メランコリック & ポップ
なセンスが溢れるキャッチーなメロディをミックスした、良い意味で商業的とも言
えるサウンドが特徴。楽器隊の経歴からは想像も出来ない程に耳障りの良いポップ
派ゴシックメタルが展開されており、Aya の甘く可憐なヴォーカルを主軸にしたアプ
ローチで取っつき易く仕上がっている。

Via Mistica
ポーランド

Testamentum (In Hora Mortis Nostre)　Metal Mind Productions　2003

ポーランドはビャウィストク出身の男女ツインヴォーカル編成ゴシックメタルバンド。2003 年の 1st。1998 年結成。痛烈なデスヴォイスとの対比を可憐に体現する女性リードシンガー Kaśka はバンド初期においてキーボードを担当し、本作ではチェロ奏者も兼務するマルチプレイヤー。Theatre of Tragedy や The Sins of Thy Beloved を思わせる、北欧トラディショナル・ゴシックメタル系譜のサウンドを実直に踏襲。歌詞は英語詩がメインな為、同郷の近似バンドと比べると東欧ならではの妖しさは薄いが、適度にオリエンタルな情緒を含めた正統的サウンドには思わず聴き入ってしまう魔力がある。

ポーリッシュ・ゴシックメタルの誘い
～東欧の神秘と共に独自発展した暗黒耽美の妖花～

ゴシックメタルという音楽はパイオニアである Paradise Lost、Anathema、My Dying Bride が生まれ落ちたイギリスを始めとする西欧圏を中心に発展してきたシーン及びムーヴメントであるという印象が、一般的には少なからずあるのではないだろうか。もちろん、ジャンル誕生の震源地という意味では間違っていないし、この手の音楽のファン層を数多く抱え、またルーツであるゴシックロックやポストパンクバンドのビッグネーム達を数多く有している部分もある為、親和性が高いのは間違いない。

しかしながら、ゴシック＋ヘヴィメタルの系譜は西欧圏以外の土地でも点在し、独自に発展してきた側面があるのも紛れもない事実だ。中でも大きな傍流の一つとして見逃せないのがポーランドのゴシックメタルシーンである。

ポーランドにおけるゴシック音楽の系譜は歴史として古く、東ヨーロッパにおける共産主義体制が崩壊した 80 年代後半には既に主要なバンドは存在していた。西欧などのゴシックカルチャー発祥国に存在する様々なゴシックカルチャーと同じぐらいには長く存在していると言えるだろう。

それを証明する様にポーランドでは歴史的に古い大規模なゴシック音楽フェス「Castle Party Festival」が 1994 年から開催されており、毎年多くのゴシック愛好家が開催地であるボルクフの古城に訪れている。その熱気はドイツ圏で開催される「Wave-Gotik-Treffen」や「M'era Luna Festival」等の有名ゴシックフェスと比較しても勝るとも劣らない勢いだ。

また、2004 年に は Metal Mind Productions からポーランドのゴシックメタルバンドを主体にしたオムニバス DVD 『In Goth We Trust』がリリースされている。ポーリッシュ・ゴシックメタルバンドの多くをカバーし、その深い沿革の一端を参照できるバイブルとしてファンからも支持が厚い作品である。

ポーランド語ならではの特異的響きをゴシック音楽の様式に当て嵌めながら発展したポーリッシュ・ゴシックメタル。その魅力的な歴史的潮流を顧みつつ、本項目ではその主要なバンド群にスポットを当てて記していきたい。

Closterkeller
首都ワルシャワにてベルリンの壁崩壊以前の 1988 年に結成。これまで数々のバンドメンバーのラインナップ変更が成されてきたが、創設メンバーでもある女性シンガー Anja Orthodox は現在まで一貫して在籍。そのカリスマティックな先駆性と共に、後続の

ゴシック系バンドに多大な影響与えたポーリッシュ・ゴシックのアイコンとして名を馳せる存在だ。1990 年の 1st『Purple』の時点では Siouxsie and the Banshees や Xmal Deutschland といったゴシック / ポストパンク系バンドに近いスタイルを実践していたが、後年の作品ではヘヴィメタルを始め様々な音楽的要素を折衷していった。

ポーリッシュ・ドレス風の衣装でステージに立つ Artrosis の Magdalena "Medeah" Stupkiewicz (Live in krakow 2000 より)

Artrosis

西部都市ジェロナグラを拠点として 1995 年より活動開始。アルバムリリース以前の結成当初は電子パーカッションやシンセサイザーの音色を重視する音楽性だったが、時を経てゴシックメタルへと変遷。1997 年のデビュー作『Ukryty Wymiar』の時点で強固なバンドサウンドと共に、スラヴ音楽の響きとゴシックメタルを組み合わせた自己の鮮烈的アイデンティティを確立した。女性ヴォーカルを用いたアトモスフェリックかつモノクロームなトーンで視覚と聴覚を刺激する音像は、Closterkeller からの流れを引き継ぐと同時に「ポーリッシュ・ゴシックメタル」の基本的特徴を明確に捉えたバンドとも言えるだろう。

Moonlight

ドイツ国境付近に位置するポーランド北西部の都市シュチェチンにて 1991 年結成。ポーリッシュ・ゴシックメタルを代表する古株アクトの一角。バンドの始まりは地元シュチェチンの高校の音楽クラブの活動に端を発しており、メンバーは別々の音楽サークル出身者から構成されていた。その為、当初からメンバーが持つ様々なバックグラウンドを反映したプログレッシヴ / アートロック的趣の強い音楽性が展開されており、いわゆる「美女と野獣」スタイルのゴシックメタルがトレンドとなっていた欧州のシーンと比較しても、非常に個性的な存在だった。バンドは 2006 年から続いた長らくの沈黙を破り、2015 年に活動再開している。

Batalion d'Amour

ポーランド南部の町スコチュフ出身。結成は 1989 年とバンドの歴史の長さでは Closterkeller に次ぐベテランアクトである。結成当初からダークウェーブ / ゴシックロックにインスパイアされたサウンドを実践しつつ、特定の音楽ジャンルに固執することなく徐々に音楽的要素を拡大。2000 年に脱退したオリジナルヴォーカリスト Ania Blomberg の後任シンガー兼ソングライターとして Karolina Andrzejewska が加入以降、バンドは更に精力的に活動を継続し、現地のロックマガジンやメディアにおいて高い評価を獲得していった。

2016 年に発表されたアルバム『Fenix』は The Mission 等のレジェンドが在籍するドイツのレーベル『Echozone』からワールドワイドに発表された。

Delight

ポーランド南部に位置する町スカビナにて 1998 年に結成。当初は Sator という名前で活動しており、2000 年にリリースされた最初のフルレングスアルバム『Last Temptation』が世に出る前にはバンド名を Delight へと改訂。音楽的には伝統的なポー

リッシュ・ゴシックメタルの意匠を踏襲しつつも、ややモダンでオルタナティヴな味付けがなされたスタイルが特徴。2005 年にはドイツのライプツィヒで開催された Wave Gotik Treffen Festival にて、Atrocity の Alex Krull と当時 Leaves' Eyes に在籍していた Liv Kristine が審査委員長を務めるギグコンテストに出演し、イベントの最優秀賞を受賞している。

Darzamat

ポーランド南部の工業都市カトヴィツェにて 1995 年に結成。アトモスフェリックなムードを携えたシンフォニック・ブラックメタルとゴシックメタルを折衷したスタイルで人気を博す。ポーリッシュゴシックとエクストリームメタルの架け橋的な役目を果たしたとも言える存在で、00 年代には Rock Hard Open、Wave Gothic Treffen 等数々の国内外のフェスやツアーに精力的に参加し、着実にバンドのファンベースを拡大していった。2011 年から長期の活動休止状態だったが、2020 年には約 9 年振りのアルバム『A Philosopher at the End of the Universe』を発表し復活を遂げている。

Cemetery of Scream

スロヴァキア国境付近に位置する南部都市クラクフ出身、バンド結成は 1993 年に遡る老舗アクト。当時イギリスや北欧のアンダーグラウンドシーンで席捲の兆候が見え始めていた、デス / ドゥームメタルに根差すゴシックメタル群からの影響が強い音楽性でバンドのキャリアをスタート。バンド名の由来は「人間の存在の儚さと死に近い完全な闇」というコンセプトの基で決定されたとギタリスト兼リーダーの Marcin Piwowarczyk は語っている。初期の作品は My Dying Bride や Paradise Lost 等と比較されることが多いが、後年の作品は HIM や The 69 Eyes 辺りにも通じるオルタナ / ゴシックロック方面へとシフトしていった。

Sirrah

ポーランド南西部の都市オポーレを拠点に 1992 年より活動開始。デス / ドゥーム由来の正統的ゴシックメタルを基調としながらストリングスやピアノ、女性ヴォーカル等の多彩な要素を取り入れたサウンドをシーン早期から実践していた功労者である。1st『Acme』と 2nd『Did Tomorrow Come...』は双方共に当時ポニーキャニオンから日本盤もリリースされていた為、マニア間の知名度は意外と高かったりもする。アンダーグラウンド出自のバンドでありながら 1996 年に行われた Deep Purple の公演ではオープニングアクトに抜擢されたりと、ポーランド現地でもそれなりの成功を収めていた様子だ。

　上記でピックアップしたバンド達は、ポーランドという地で深く根付いた独自的なゴシックメタルシーンの歴史のほんの一端に過ぎないが、その先駆性や多彩な様相を成すラインナップから西欧のシーンにも負けず劣らずなポテンシャルを有しているという事は、幾ばくかでも感じ取って頂けたのではないだろうか。

　ポーリッシュ・ゴシックシーンの特徴の一つとして、黎明期の 80 年代後半～90 年代初頭からして Closterkeller を源流とする女性をフロントに据えたバンドが数多く登場していたという側面があるのだが、これは欧米における Evanescence や Within Temptation 等のオルタナ / シンフォゴシック以降の Female Fronted Metal ムーヴメントの先駆けとも捉えられる現象だったのかもしれない。

　この個性豊かで革新的な文化的文脈を一早く築いたポーリッシュ・ゴシックシーンの在り方は、今の視点で顧みても世界中の暗黒メタル愛好家達にとって魅力的に映るはずだ。

Dying Passion
○チェコ

Sweet Disillusions ⦿ Metal Breath Production ○ 2004

チェコのシュンペルクにて 1995 年に結成されたアトモスフェリック・ゴシックメタルバンドによる 2004 年の 3rd。オルタナティヴな質感を伴うギターサウンドに、トランペットやサックス、クラリネットといった管楽器のアンサンブルを導入したプログレッシヴ / アヴァンギャルドな音楽性が持ち味。エキゾチックで艶やかな女性シンガーの歌唱も、類型的なゴシックメタルとはかなり異なった印象を抱かせる。モダンな前衛性は 5th 以降の The Gathering に通じる部分もある。因みにヴォーカルの Zuzana Jelínková は Silent Stream of Godless Elegy の作品にもゲスト参加している。

Forgotten Silence
○チェコ

Senyaan ⦿ Redblack Productions ○ 1998

チェコのロシツェ出身、1993 年から活動するプログレッシヴ・フォーク / ゴシックメタルバンド。本作は 1998 年にリリースされた 2 枚組構成の 2nd。男女ヴォーカルを配したテクニカルかつアヴァンギャルドな暗黒技巧フォークメタルを持ち味としており、一筋縄ではいかないミステリアスなムード感含めて同郷の Silent Stream of Godless Elegy を想起させる部分もあり（因みに女性シンガーの Hanka Nogolová は後に Silent Stream of Godless Elegy へと加入している）。デスヴォイス主体の難解な攻撃的ナンバーから、女性ヴォーカルを前面に押し出したジャジーな楽曲まで、バラエティ豊かな仕上がりとなっている。

Silent Stream of Godless Elegy
○チェコ

Behind the Shadows ⦿ Redblack Productions ○ 1998

チェコはフラニツェ出身のゴシックドゥーム / フォークメタルバンドによる 1998 年の 2nd。ドラマーの Michal とギタリストの Radek の Hajda 兄弟を中心に 1995 年結成。専任のチェリストを迎え入れた本作は前作と、比較して楽曲の質がグッと向上。暗鬱なドゥームメタルをベースにヴァイオリンとチェロ等を多用し、フォーク要素を導入した比類なきサウンドをこの時点で確立している。Petr Staněk の多芸なヴォーカルも見事。Dead Can Dance のカヴァーや This Mortal Coil も歌った広島原爆の反戦歌曲「I Come and Stand at Every Door」のカヴァーも収録。

Silent Stream of Godless Elegy
○チェコ

Themes ⦿ Redblack Productions ○ 2000

2000 年リリースの 3rd フルレングス。本作はチェコのポピュラー音楽アカデミー賞にて「Hard & Heavy」部門を受賞し、名実ともにバンドの出世作となった一枚。内容的にも名誉ある賞を授かったのが一聴して納得できる程に、洗練味を増した楽曲がズラリと並ぶ。エスニックなフォークメタル要素を大々的に取り入れたデス / ドゥームメタル路線はそのままに、舞踏音楽的なリズムアプローチを端々に導入した事で、楽曲全体にダンサブルかつキャッチーな躍動感が生まれている。その分、バンドが初期に内包していたゴシックドゥーム由来の暗黒色は希薄になっているが、独自性溢れるユニークな異形音楽的持ち味は増幅した。

Silent Stream of Godless Elegy
○チェコ

Relic Dances ⦿ Redblack Productions ○ 2004

2004 年発表の 4th アルバム。前作から創設メンバーの一人であるギタリストの Radek Hajda とチェリストの Michal Sýkora を除いたラインナップを一新し、約 5 年近い沈黙を経てバンド新体制の下で制作された。サウンド全体にメジャー感溢れる整合性が加わり、アンダーグラウンドメタル由来の野暮ったい雰囲気を払拭。現代的ヘヴィネスを有した暗黒グルーヴ感と、神秘的な民族音楽メタルとが奇跡的な調和で体現された様相は圧巻。女性ヴォーカルの割合が大幅に増加した事で欧州フィーメール・ゴシック的なムードが加味された点も新鮮に響く。Orphaned Land 辺りの作品群とも比肩するエキゾチック・メタルの傑出作。

April Weeps
Comma
●スロヴァキア
🅐 Independent ◯ 2018

2004 年結成、スロヴァキアのドゥナイスカー・ストレダ出身の男女ツインヴォーカル擁するゴシックメタルバンド。2018 年リリースの 2nd フルレングス。結成当初は April Weeds という名前で活動していたが、意味合い的にマリファナと混同されるという理由で 2010 年からバンド名を現在のものへと改称。ヘヴィなギターリフに、メランコリックなアトモスフィアを有するシンセワークが装飾された、昔ながらのスタイルだが、モダンメタル的なグルーヴ感が強調されていたりと幾分現代的な意匠を感じさせる。Metal Battle Slovakia in 2019 にて優勝を果たすなどライブ・パフォーマンスの評価も高い。

Galadriel
The Mirror of Ages
●スロヴァキア
🅐 Unknown Territory ◯ 1999

スロヴァキアの首都ブラチスラヴァ出身、男女混声ヴォーカル編成のゴシックメタルバンド。1999 年の 2nd。ベース / ヴォーカルの Dodo Datel、ギタリストの Voloda Zadrapa、ドラマーの Dr. Victor Gieci を中心に 1995 年結成。1996 年に女性シンガーの Sona Witch Kozakova 加入以降より本格的な活動を開始。トールキンの作品群に影響を受けた歌詞を始め、優美でファンタジックな趣の強い抒情的ゴシック / ドゥームメタルが鳴らされている。時折 90 年代ヨーテボリ系メロディック・デスメタル的疾走感や、ギターワークが織り交ぜられているのも時代性が漂っており味わい深い。

Gloom
Awaken
●スロヴァキア
🅐 Slovak Metal Army ◯ 2020

スロヴァキアはサビノウ出身の 4 人組ゴシックメタルバンド。2020 年の 3rd フル。同郷のカルトデスメタルバンド Insepultus の元ドラマー Radoslav Priputen を中心人物として 2001 年に結成。2006 年に一度解散するも、2014 年頃からラインナップを一部刷新して活動再開。Sentenced の名ナンバー『Bleed in My Arms』のカヴァーが収録されている事からも分かる通り、北欧のゴシック / メランコリックメタルからの影響が汲み取れるスタイルが特徴。女性ヴォーカルとキーボードを配した遅しくも感傷的なサウンドは『Black Emotions』期辺りの Beseech にも近い。

Morgain
Sad Memories of Fairies
●スロヴァキア
🅐 Metal Age Productions ◯ 2000

スロヴァキアのシャモリーン出身、男女ツインヴォーカル編成のゴシックフォーク / ドゥームメタルバンド。2000 年の 3rd。ベース、ヴォーカル、ギター、ドラムプログラミングも兼務する Richard Zajac を中心に 1995 年結成。自身の音楽性を「Hypnotic Doom」と形容している通り、妖しく催眠的なシンセワークを配しつつも、憂いに溢れたキャッチーなメロディも兼ね備えたゴシックメタルをプレイしている。最大の特徴は楽曲によってハーモニカの音色を効果的に取り入れている点で、後半に哀愁漂うハーモニカの響きが切り込んでくる「Reading Between Lies」は独特な個性味が際立っており、面白い。

Thalarion
Four Elements Mysterium
●スロヴァキア
🅐 Mighty Music ◯ 2000

スロヴァキアのトポリュチャニ出身、男女ツインヴォーカル擁するゴシック / メロディックデスメタルバンド。2000 年の 3rd。結成は 1996 年だが母体となった前身バンドから数えると活動開始は 1990 年まで遡る。音楽的にはデス / ドゥーム由来のゴシックメタルと、メロディック・デスメタルの要素をシームレスに接続したサウンド。女性ヴォーカルの優雅に響く歌メロとシンフォニックなキーボードを随所にフィーチャーしつつ、緩急の利いた攻撃性と楽曲構築力でスリリングに聴かせる手腕に唸らされる。初期の Tristania や Trail of Tears 辺りのノルウェー勢に通じる雰囲気にも思わず高揚してしまう。

Evensong
◯ハンガリー
Path of the Angels 　　　　　Displeased Records ◯ 1999

ハンガリーのベーケーシュチャバ出身の男女混成ゴシックメタルバンド、Evensong による 1999 年リリースの 1st アルバム。東欧出身のゴシックメタルという辺境感もさることながら、ツインギターによる麗しいメロディセンスと歌姫 Ágnes Tóth による優しく清淑なヴォーカルという二枚看板が素晴らしい。良い意味で、垢抜けないあどけなさが味わい深い魅力として機能しているのもポイントが高い。後にハンガリー屈指のペイガンフォークデュオとなる The Moon and the Nightspirit の主要メンバーが在籍していた、キャリア最初期作品としての資料的価値も高い一品。

Nevergreen
◯ハンガリー
Ezer világ őre 　　　　　Hammer Records ◯ 2002

セルビアのスボティツァにて 1994 年に結成した後にハンガリーを拠点に活動。これまでに 11 枚のフルアルバムをリリースしているハンガリアン・ゴシックメタル界隈を代表する重鎮アクト。本作は 2002 年発表の 5 枚目のフルレングスで、彼等のディスコグラフィーの中でも比較的人気の高い一枚。歌詞は基本的にハンガリー語で歌われており、マイルドな男性クリーンヴォイスとメランコリックなシンセワークを中心とした構成で、キャッチーなゴシックメタルを響かせている。憂いと清涼感を帯びたムードはフィンランド系のロマンティック・ゴシック勢を彷彿させる程に甘口で聴き易い。上質な歌メロとメロディを存分に堪能出来る作品。

Sunseth Sphere
◯ハンガリー
Storm Before Silence 　　　　　Hammerheart Records ◯ 2001

ハンガリーのヴァールパロタ出身、女性ヴォーカルをフロントに据えたゴシックメタルバンドによる 2001 年発表の 1st アルバム。メロディラインからしてハンガリー発ゴシックらしい、妖しくもエキゾチックなムードが漂っているのが魅力的。Nighttime Birds 期の The Gathering にも通じるシャーマニックな深遠性を覗かせる楽曲も素晴らしい。Kate Bush の様な浮遊感や The Gathering の Anneke を彷彿させる情感豊かな表現力を聴かせる、女性ヴォーカルの力量も見事。元 Dark Tranquillity の Niklas Sundin による異国情緒味を感じるアートワークも秀逸だ。

The Moon and the Nightspirit
◯ハンガリー
Of Dreams Forgotten and Fables Untold 　　　　　Auerbach ◯ 2005

元 Evensong のシンガー ÁgnesTóth とギタリスト兼ヴォーカルの Mihály Szabó によって結成された、暗黒フォークデュオによる 2005 年の 1st アルバム。ハンガリーのベーケーシュチャバ発。異教のお伽話やシャーマニズムを題材にした歌詞、中世音楽とハンガリーのフォークミュージックをブレンドした陰影深いサウンドは、一聴しただけで森深くの異世界へと誘ってくれる。マジャル語による異国情緒たっぷりな響きも極めて素晴らしい。非メタリック作品ながら弦楽器を携えたメランコリックなゴシック音楽のファンならば、一聴の価値あり。切なくも幻想的な「The Secret Path」は本作屈指の名曲。

Velvet Seal
◯ハンガリー
Lend Me Your Wings 　　　　　Dark Balance ◯ 2009

ハンガリーはブダペスト出身のフィーメール・ゴシックメタルバンド。2009 年リリースの 1st フルレングス。ヴォーカリストの Gabriella、ギタリスト兼鍵盤奏者の Csabee、ドラマーの Balazs、ベーシストの David の 4 人を創設メンバーとして 2006 年にバンド結成。After Forever や Epica 辺りの欧州女声シンフォニック・ゴシックメタルから強い影響を受けたであろう、サウンドスタイルを採用している。適度な力強さと格調高さを演出するオーケストラルアレンジは、西欧の一線級バンドに比べると流石に見劣りするが、そんな垢抜けない所も異国情緒メタル愛好家にとっては評価ポイントだったりする。

Without Face
Oハンガリー

| *Astronomicon* | **O** Elitist Records **O** 2002 |

ハンガリーのベスプレームにて 1997 年結成、男女ヴォーカルを擁するプログレッシヴ・ゴシックメタルバンドによる 2002 年リリースの 2nd アルバム。女性シンガーの Julie Kiss はイギリスのプログレッシヴメタルバンド To-Mera のヴォーカリストとしても活動している。ギターとピアノのスリリングなアンサンブルや、複雑で躍動的なリズムアプローチで聴かせる部分は、かなりプログレッシヴメタル的。だが逆にそれらの要素が凡庸なゴシックメタルに陥らない個性として、良い意味で機能しており面白い。情熱的な男性クリーンヴォイスと浮遊感を帯びた女性ヴォーカルで緩急を効かせたドラマ性も、高クオリティである。

Naio Ssaion
Oスロヴェニア

| *Out Loud* | **O** Napalm Records **O** 2005 |

スロヴェニアの首都リュブリャナ発、1999 年結成のゴシックメタルバンドによる 2005 年発表の 2nd。女性リードシンガー Barbara Jedovnicky のエモーショナルで透き通った歌唱と、エレクトロ・ヴァイオリンをリード楽器として大々的に配した二枚看板スタイルが最大の特徴。Evanescence や Lullacry 等の現代的フィーメール・ゴシックに、ニューメタル由来のエッジとグルーヴを組み込んだオルタナティヴな先鋭性は、スロヴェニア出自とは思えない程に堂に入りまくり。ゴシックメタル的悲壮感や深味は希薄ながら、ジャンル越境的な幅広いアプローチと分かり易いフックを伴った楽曲群は純粋にインパクト大。

Ashes You Leave
Oクロアチア

| *The Inheritance of Sin and Shame* | **O** Morbid Records **O** 2000 |

クロアチアのリエカ出身、男女ヴォーカル擁するゴシックメタルバンドによる 2000 年リリースの 3rd アルバム。My Dying Bride からの強い影響を伺わせる陰気臭い暗黒ドゥームメタルに、ヴァイオリンやフルート等による泣きの旋律が大々的に絡むユニークなサウンドが特徴。暗く鬱屈とした楽曲にアクセントとして配されるエスニックなムード感も怪しい魅力を放つ。そしてフルート奏者も兼任する女性リードシンガー、Dunja Radetic による中東の賛美歌の如く響き渡るエモーショナルなアルト・ヴォイスも特筆点の一つだ。弦楽器と横笛の調べをこよなく愛する辺境暗黒メタル愛好家に打ってつけの一枚。

Omega Lithium
Oクロアチア

| *Dreams in Formaline* | **O** e-Wave Records **O** 2009 |

クロアチアのウマグにて 2007 年結成、女性ヴォーカル擁するゴシック / インダストリアルメタルバンドによる 2009 年リリースの 1st フルレングス。マシーナリーなシンセサウンドと、ダンサブルなオルタナティヴメタルとをクロスオーバーさせたスタイリッシュ & メランコリックなゴシックメタルを聴かせる。楽曲、プロダクションと共に高品質な内容でドイツの音楽誌を中心に各メディアで本作は絶賛された。先行シングルの「Stigmata」においては MTV Adria のロックチャートにて 4 位をマークし、2 ヶ月以上のエアプレイを受けている。前途有望な存在だったが、2011 年に 2nd アルバムをリリース後、活動を終了した。

Tiarra
Oルーマニア

| *Post Scriptum* | **O** Omvina **O** 2008 |

ルーマニアはブカレスト出身、チェロやヴァイオリニストを含む 8 人組ゴシックメタルバンドによる 2008 年の 1st フル。女性シンガーの Anda Pomponiu はブカレストの美術大学出身で、8 歳〜 16 歳にかけて合唱経験を積んだ実力派。優美で繊細ながらも確かな力量を感じさせるヴォーカルワークで、バンドのシンボリックな側面を担う。ストリングスの音色を大々的に導入しつつ、民謡音楽的要素も取り入れたシンフォニック & フォーキーな味わいは豊潤な叙情ドラマ性に満ち溢れている。同時にプログレッシヴメタル的な強固な構築美も感じさせるソングライティングも見事だ。ルーマニア出自のゴシックメタル作品の中でも特に優れた一枚。

Whispering Woods
Fairy Woods

●ルーマニア

Ⓐ Independent Ⓞ 2011

ルーマニアのクルジュ＝ナポカ出身のシンフォニック / ゴシックメタルバンド。2011 年の 1st フル。フルート奏者と実力派ソプラノシンガーの Alexandra Burcă を擁した編成で 2008 年結成。深奥なる森の中で端正なオペラティック・ヴォイスが木霊する様な、トラッド / フォーク風味のゴシックメタルを奏でている。結婚式のテーマメロディが突如不穏に暗転する「Black Wedding」やフルートとヴォーカルが交差する幻想バラッド「Death of a Beautiful」は特に印象的。トラック 5 の「Realm of Darkness」はオーストリアのゴシックメタルバンド Darkwell のカヴァー。

Autumnia
In Loneliness of Two Souls

●ウクライナ

Ⓐ Griffin Music Ⓞ 2004

ウクライナはクルィヴィーイ・リーフ出身のゴシック / メロディック・ドゥームメタルバンド。2004 年の 1st フル。元 Mournful Gust のギタリスト兼コンポーザー Alexander Glavniy を中心として 2003 年結成。非常にオーセンティックなスタイルではあるが、それ故に奇を衒わない暗鬱ドゥームを終始堪能出来る。哀傷感を伴うギターメロディと、沈痛なドラマ性を反映した楽曲群は初期 Anathema や My Dying Bride の愛好者ならば、理屈抜きで迎合しえるクオリティだ。鬱屈とした陶酔感を誘発させるアプローチは、Shape of Despair 辺りのフューネラドゥーム系ファンにも推したい。

Edenian
Winter Shades

●ウクライナ

Ⓐ BadMoodMan Music Ⓞ 2012

ウクライナのハリキウにて 2012 年結成、男女ツインヴォーカル擁するゴシックドゥームメタルバンドによる 2012 年リリースの 1st フルレングス。本作でクレジットされている女性シンガー Samantha Sinclair は脱退しており、既に別の女性ヴォーカリストが加入済。Swallow the Sun や Draconian 辺りに通じる悲哀味溢れるゴシックドゥーム路線のサウンドで、アートワークの通り冬の冷気に寄り添うメランコリックなサウンドが展開されている。流石に一線級のバンドには及ばないものの、確かな気概とポテンシャルを感じさせる東欧ゴシックのホープ的アクトだ。

I Miss My Death
In Memories

●ウクライナ

Ⓐ Metal Scrap Records Ⓞ 2014

ウクライナはキーウ出身の男女混声シンフォニック / ゴシックメタルバンド。2014 年リリースの 1st フル。男性ヴォーカルの Sergiy Kryvoyaz を含んだ 4 人の創設メンバーを中心として 2007 年結成。女性シンガーの Olena Garbarchuk はキーボードとソングライティングも兼務している。伝統的なゴシックメタルとシンフォニックメタルの双方から影響を受けており、特に The Sins of Thy Beloved、Sirenia、Tristania 辺りとの類似性が顕著。強力なソプラノヴォイスと絢爛なシンセワークを用いて、先人のスタイルを高水準のクオリティでフォローアップする一枚。

Mournful Gust
The Frankness Eve

●ウクライナ

Ⓐ BadMoodMan Music Ⓞ 2008

ウクライナのクルィヴィーイ・リーフを拠点とするゴシック / ドゥームデスメタルバンド。2008 年リリースの 2nd フル。同国出身の Temple of Oblivion や Vae Solis の元メンバーを中心として 1999 年に結成。ヴォーカルの Vladislav Shahin は同郷のゴシックドゥームバンド Autumnia のフロントマンとしても知られる。ディープなグロウルと嘆き苛む様なクリーンヴォイスを使い分ける歌唱を主軸に、切々と哀感が滲む叙情ドゥームが響く。ゲストメンバー扱いではあるがフルート奏者が在籍しており、素朴なアコースティックギターの旋律を絡めながらも牧歌的な憂いを漂わせる手法も大いに耳を惹く。

Sad Alice Said
ウクライナ

Yesterday's Tomorrow
The Leaders Records ● 2013

ウクライナのジトーミル出身、女性ヴォーカリストと女性キーボーディストを擁するゴシック / メランコリック・メタルバンドによる 2013 年までの音源をまとめたコンピレーション盤。実質的には 1st アルバムの様な立ち位置の作品。モノクロームな内省感と、同時にどこか暖かみのあるメロディセンスが魅力的なゴシックメタルをプレイしている。寂寞感を高めるキーボードの旋律美と、フロントシンガー Alisa Shakor による、翳りを伴った瑞々しいヴォーカリゼーションが心地好い。フィーメール / シンフォニックゴシック系に有りがちな大仰さは控え目に、静謐なドラマ性に焦点を当てたアプローチが沁みる。

Amber Tears (Янтарные слёзы)
ロシア

Когда нет троп
BadMoodMan Music ● 2019

ロシアのペンザ出身、ゴシック / メロディック・ドゥームメタルバンドによる 2019 年リリースの 3rd フルレングス。バンド名はロシア語で "琥珀色の涙" の意味。霧深いロシアの自然風景に寄り添いながら、重々しく進行していく寂寞味全開のアトモスフェリック・ドゥームなサウンドが実に素晴らしい。人類と自然の在り方をコンセプトにしたペイガニズム感を帯びる作風も、その神秘性に拍車をかけている。フォーキーな哀感を携えたメロディセンスは Amorphis や Insomnium といった土着的で、メランコリックなメロディックデスメタル方面のファンにもアピールし得る部分あり。雨が滴る冬の夜のお供に最適な逸品だ。

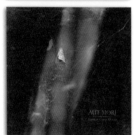

Aut Mori
ロシア

Первая слеза осени
BadMoodMan Music ● 2012

ロシアのヤロスラブリ出身のゴシック / ドゥームメタルバンド、Aut Mori による 2012 年リリースの 1st アルバム。清廉な女性ヴォーカルと力強いグロウルで美醜を対比させる伝統的なゴシックメタルのフォーマットに則りつつ、寒々しい深遠性に満ちたドラマティシズムが絶品な一枚。透明感溢れる切ないギターメロディは、振りしきる秋雨の様に優しく聴き手の頬を濡らす。因みに本作はスウェーデンのスタジオで録音され、Draconian のドラマー Jerry Torstensson がマスタリングを担当。Draconian や My Dying Bride の血脈を受け継いだ雄大かつ美麗なサウンドは、往年のゴシックメタルファンにこそお勧め。

Dark Princess
ロシア

Without You
MetalAgen ● 2005

ロシアはモスクワに拠点を構えるフィーメール・ゴシックメタルバンド、Dark Princess による 2005 年リリースの 1st アルバム。欧州由来の正統派ゴシックメタルをベースに、眉目秀麗の赤毛歌姫 Olga Trifonova のエモーショナルな歌唱を全面に押し出したスタイル。いわゆるシンフォニックメタル的な仰々しさよりも、哀感漂う歌メロとモダンエッジなギターを配合した叙情ハードロック的趣きが強い。因みにソングライティング面は、同郷のゴシックメタルバンド Forgive-Me-Not のメンバーが全面バックアップ。バンドは 2014 年に一度解散したが、Olga を中心に 20 年から活動を再開している。

Forest Stream
ロシア

The Crown of Winter
Candlelight Records ● 2009

ロシアはチェルノゴロフカ出身のシンフォニックブラック / ゴシックドゥームメタルバンド。2009 年リリースの 2nd フルレングス。結成は 1995 年。寒気が迸るシンセワークを全編に渡って効果的にフィーチュアした、ブラッケンドなゴシックメタルを展開している。冬の大海原が眼前に広がる様な、情景美描写力に長けた音像からはプログレッシヴなセンスも滲む。また、ギターメロディの端々には Katatonia からの影響も伺える。鬱屈としたゴシック / ドゥームメタルと 90 年代のノルウェージャン・ブラックメタル双方のムードを巧みに接続した稀有な事例といえるだろう。全体的に大作主義ながら飽きなく聴かせてくれる緩急の利いた構成力も頼もしい。

Forgive-Me-Not ●ロシア
Heavenside ○ MetalAgen ○ 2004

ロシアのトゥーラ出身、1996年結成のゴシックメタルバンドによる2004年の4th。男性クリーン声を中心に、時折女性ヴォーカルも交えながら展開するキャッチーでメランコリックな作風が特徴。煽情的なツインリードやアコギ、シンセワークを効果的に配しつつ、日本人の琴線にも響く強烈な哀愁を伴ったメロディセンスが最大の持ち味。『Down』期辺りのVille Laihialaを彷彿させる漢臭い男性ヴォーカルも相まって、ロシアのSentencedとでも言いたくなる様相だ。後に同郷のDark Princessのバックアップにメンバーが参加。シンガーのViktorは残念ながらモスクワの地下鉄事故で2008年に他界している。

Maleficium Arungquilta ●ロシア
Touch Through the Glass ○ Self-Released ○ 2011

ロシアのイジェフスク出身、男女ヴォーカルを擁するゴシックメタルバンド。2011年の2ndフル。Maxim GankovとAlexei Kirsanovの二人のマルチプレイヤーを中心に2009年に結成。リードシンガーのLiza Shadrinaと、バックシンガーのYana Lindarskayaの二人の女性ヴォーカリストがフロントを担当（現在は両者共に脱退し、新メンバーが加入済）。ダークウェーヴ風のエレクトロなプログラミングやシンフォニック要素も取り入れた艶やかで、ムーディーなゴシックメタルをプレイ。ロシア語の神秘的な響きとオリエンタルなメランコリズムを携えつつ、歌心に重点を置いた作風が心に染み渡る。

Mental Home ●ロシア
Black Art ○ The End Records ○ 1998

モスクワ出身のアトモスフェリック・ドゥームメタル。1998年の2ndフル。結成は1993年とロシア圏のバンドとしては早期から活動する老舗アクト。シンフォニック＆スペーシーなキーボードとメロディックに奔出されるリードギターを豊潤にフィーチャーしており、ヴォーカル面にはブラックメタルからの影響も感じ取れる。初期のTiamatやCemetary辺りに近い部分もあるが、欧州勢とは趣の異なる土着的な節回しや、ペイガンメタル的なムード感もあったりと個性的。因みに鍵盤奏者のMichaelはウクライナのブラックメタルバンドKhorsと繋がりがあり、過去には「Red Mirrors」のMVにもゲスト出演している。

My Indifference to Silence ●ロシア
Horizon of My Heaven ○ BadMoodMan Music ○ 2012

ロシアはポドリスク出身のドゥーム/デスメタルアクト。2012年1st。同郷のОткровения Дождя（Revelations of Rain）に在籍するマルチプレイヤーVladimir Andreyevによる個人プロジェクト。2010年に活動開始（前身バンドから数えると2005年）。Solitude Productions系のフューネラルドゥーム的ヴァイブを含有しつつ、Daylight Dies辺りに通じるメロディックなゴシックドゥームメタル寄りのタッチも感じさせるサウンドをプレイしている。嘆きを唸り吐き出す様なデスヴォイスと、陰影に富んだギターメロディで荒涼とした内面世界を描く堅実作。

Restless Oblivion ●ロシア
Sands of Time ○ Solitude Productions ○ 2014

ロシアのヴォロネジ出身、同郷のヴァイキング/ブラックメタルバンドRavencryのメンバーを擁するゴシックドゥームメタルバンドによる2014年発表の1stフルレングス。バンド名は初期Anathemaの至宝的名盤『The Silent Enigma』収録の同名曲が由来。その名の通り往年のAnathemaやMy Dying Brideからの強い影響を受けつつ、現行のフューネラルドゥーム勢ともリンクする黒々としたサウンドが展開。抑圧的でいながらも整然としたアンサンブルから奏でられるギターメロディは、まさに極北に流れる大河の如く広大な情景を想起させる。先駆者への深い敬意を感じさせる上等作。

Sea of Despair

●ロシア

Море отчаяния　　　　　　　Ⓐ Wolfshade Records　Ⓒ 2009

ロシアはヤロスラヴリ出身、2005 年結成の男女ヴォーカルを擁するゴシック／ドゥームメタルバンド。2009 年発表の 1st フル。哀切味溢れるピアノやヴァイオリンのクラシカルな旋律と、繊細なアコースティックギターを随所に導入した叙情ゴシックドゥームを鳴らしている。清廉な女性ヴォーカルと野獣的グロウルが絡まる古き良き男女ツインヴォーカルスタイルのゴシックメタルを踏襲しつつ、ロシア語詞を用いたオリエンタルなロマンティシズムを巧妙に結実させたサウンドが、実に悲しく美しい。しっとりとした翳りを携えたギターメロディも煽情的である。楽曲間にインストと物憂げな語りを挿入したドラマ性を高める構成もニクい。

Sea of Desperation

●ロシア

Spiritual Lonely Pattern　　　　Ⓐ Stygian Crypt Productions　Ⓒ 2006

ロシアのノヴォヴォロネジ出身、Lefthander と名乗るマルチプレイヤーによって 2002 年に開始された一人メロディック・ドゥーム／ゴシックメタルプロジェクト。同郷ロシアには Sea of Despair という似た名前のシンフォニック系ゴシック／ドゥームメタルバンドがいる為、紛らわしいが、こちらは初期〜中期 Katatonia 風の硬派で内省的なダークメタルをプレイしている。オルタナティヴなタッチを帯びながらも寂寥感に溢れるサウンドは、Agalloch 辺りのアトモスフェリック系ブラックメタルにも近い。メランコリックなメロディの求心力はかなり素晴らしく、隠れたロシアン・ゴシックメタルの秀作だ。

Septem Voices

●ロシア

Колдовство　　　　　　　　　　Ⓐ Irond　Ⓒ 2011

ロシア連邦中央部に位置するバシコルトスタンの首都ウファ出身のシンフォニック・フィーメール・ゴシックメタルバンド。2011 年リリースの 2nd フルレングス。2006 年に活動を開始して以来、30 箇所以上のロシアの各都市にてフェスや音楽コンテストにて精力的に出演し、賞を受賞してきた実力派アクト。ロシア語を熱情的に歌い上げる女性ヴォーカルを中軸に据え、ヴァイオリンやチェロ等の弦楽器とシンセメロディをふんだんに取り入れたオリエンタル & フォーキーなサウンドが持ち味だ。欧州のシンフォ系とは感触の異なるロシアン情緒たっぷりの旋律美も個性的だ。ネオクラシカル、フォーク、ゴシックの要素を好配合した優雅な一枚。

Slot(Слот)

●ロシア

2Wars(2 войны)　　Ⓐ M2BA／ЭМ И НЕМ　Ⓒ 2006（初版）、2007（再発版）

ロシアはモスクワ出身の男女ヴォーカル擁するオルタナティヴ／ニューメタルバンド。3 代目女性シンガー Daria "Nookie" Stavrovich 加入後、初のアルバムとなる 2nd。スラヴ圏由来のラップミュージック、インダストリアル、グルーヴメタル、サイバーゴス等の要素を独創的に折衷したロシアン・メタルシーン屈指の寵児である。全編ロシア語でハーシュ／クリーンを煽情的に使い分ける女傑的歌姫 Daria の力量もさることながら、時折挿入されるアコースティックギターによる有機的な温もりも異彩。因みに本作は初版（2006 年）と再発版（2007 年）が存在しており、Daria 加入版は後者となるので混同に注意。

The Lust

●ロシア

Tangled　　　　　　　　　　　Ⓐ Fono　Ⓒ 2004

ロシアのサンクトペテルブルク出身、女性シンガー擁するゴシックメタルバンド。2004 年の 1st フル。同郷のスラッシュメタルバンド Dissector のギタリスト兼ヴォーカリストであった Yan Fedyaev を中心メンバーとして 2002 年結成。正統派メタル由来のエッジの利いたリフワークと、流麗なギターメロディを基調としたアップテンポなゴシックメタルがプレイされている。まだあどけなさが残りつつも歌心に富んだヴォーカルワークも印象的で、Lullacry に欧州的叙情味を付与してパワーメタル寄りにした様な雰囲気もある。ゴシック門外漢なメロディック・メタルファン層にも幅広く受け入れられそうなサウンドだ。

The Morningside
ロシア

The Wind, the Trees and the Shadows of the Past 🅐 BadMoodMan Music 🕐 2007

ロシアのモスクワ出身のゴシック / ドゥームメタルバンド、The Morningside による 2007 年リリースの 1st。ヘヴィネスで押すのではなく、ネイチャー系ポストブラックにも通じるメランコリックな浮遊感と叙情美を体感出来る作品。その様相は『Brave Murder Day』の頃の Katatonia と、Agalloch のフォークロア的要素からの影響を感じさせつつ、独自のドラマ性を紡ぐ。過ぎ去りゆく秋と冬の始まりをコンセプトとした本作は、寒々しく揺れる木々や風を彷彿させる内省的な喪失感に満ちている。物憂げに響くギターメロディと共に移りゆく季節の情緒を偶像化した一枚。

Tears of Mankind
ロシア

Silent Veil of My Doom 🅐 Solitude Productions 🕐 2008

ロシアのスルグト出身、マルチプレイヤーである Philipp Skobelin が 2002 年に立ち上げたワンマン・ゴシック / メロディック・ドゥームメタルアクト。2008 年の 3rd フル。陰惨かつ哀情的な雰囲気が充満したメランコリックなドゥームデスメタルで、リードギターの響きからは初期～中期辺りの Katatonia を想起させる部分もある。特に My Dying Bride 直系の暗黒耽美な湿り気をたっぷり吸い込んだ厭世ドゥーム曲「For One」や、日本人の山岡晃が手掛けたゲーム『サイレントヒル 3』の楽曲である「You're Not Here」のゴシックロック風カヴァーは聴き逃し厳禁のハイライトだ。

Wine from Tears
ロシア

Glad to Be Dead 🅐 BadMoodMan Music 🕐 2013

ロシアはサマラ出身、2002 年から活動する 5 人組メロディック・ドゥーム / ゴシックデスメタルバンドによる 2013 年リリースの 2nd フルレングス。バンド名の由来は Thy Serpent の楽曲名から。印象的なピアノの旋律美と叙情的なギターメロディをフィーチャーしたロシア発らしい寒々しくも、耽美なゴシックドゥームが奏でられている。ヴォーカルはグロウルとクリーンヴォイスを使い分け、楽曲に緩急と深い感情描写を汲み与えている。悲しみ、喪失感、陰鬱をテーマに据えたリリックとサウンドはゴシック / ダークメタル愛好家はもちろん、Solitude Productions 系列の葬式ドゥームメタルファンなら悶絶必至の内容だ。

Celestial Crown
エストニア

Suicidal Angels 🅐 Divenia Music 🕐 2006

エストニアはタルトゥ出身、男女ツインヴォーカル編成のゴシック / ドゥームメタルバンド。2006 年の 3rd フル。ヴォーカリストの Denis Volynkin とギタリスト兼キーボード奏者の Aleksander Shelepenkin が、地元のパンクロックバンドにて一緒に演奏した事を切っ掛けに 1999 年結成。アトモスフェリックなムードが色濃いシンセをバックに、スロー & ドゥーミーなゴシックメタルをプレイしている。アグレッシヴなグロウルをメインに据えながら、随所で男性クリーンヴォイスやソプラノヴォイスが絡んでくる 90 年代準拠のスタイルだ。「Two For Tragedy」は Nightwish のカヴァー。

Diathra
ベラルーシ

Fascinating Impulses 🅐 Stygian Crypt Productions 🕐 2014

ベラルーシのマヒリョウ出身、男女ヴォーカルを擁するゴシックメタルバンド。2014 年リリースの 3rd フルレングス。1995 ～ 1999 年にかけて Destiny という名義で活動していたドゥーム / デスメタルを前身として活動開始。1999 年以降から現在のバンド名となる。当初はメロディックデスメタルからの影響が強く、最初期のレコードは現在よりも大分アグレッシヴな様相だったが、徐々に耽美路線へと傾倒。本作では瑞々しい声色のソプラノヴォイスを主軸にした、古き良き堅実なゴシックメタルを聴かせてくれる。初期の Within Temptation を思わせるメランコリックな歌メロも良い出来だ。

世界の主要ゴシック系フェスティヴァル

Wave-Gotik-Treffen

ゴシック音楽は今や欧州に限らず巨大なサブカルチャー / ムーヴメントとして、各国の耽美派の紳士淑女から激烈な支持を集めている。

本項では世界各国で開催されているゴシック音楽系のフェスティヴァルを幾つか紹介していきたい。

Wave-Gotik-Treffen

ドイツのライプツィヒにて 1992 年から毎年開催される、ゴシックカルチャーのメッカ的フェス。出演バンドは 200 以上、ジャンルはゴシックロック、ポストパンク、インダストリアル、EBM、ダークフォーク、ゴシックメタル、シンフォニックメタルに至るまで多岐に渡る。毎回 18,000 人〜 20,000 人の動員数を誇る名実共に世界有数のゴシックフェスである。

Annual Gothic Cruise

フロリダにて 1989 年から毎年開催。オールジャンルのゴシックフェスを謳う船上系サブカルチャーイベントである。過去には The Birthday Massacre や Ego Likeness、VNV Nation 等のダークウェーヴ / ゴシックロック系バンドが多数出演。船内 DJ イベントもあり、フロリダ近辺の海をクルーズしながら楽しむリア充系暗黒イベントだ。

Whitby Goth Weekend

イギリスの港町ウィットビーにて年 2 回のペースで行われているオルタナティヴ系ゴシックミュージック・フェスティヴァル。初回開催は 1994 年。イギリス全土から数千人規模のゴス者が集まる世界でも指折りの人気フェス。音楽のみならずサッカーイベントやバザールもあり。町全体のビジネスとなっており、地元経済に年間 110 万ポンドを貢献をしている。

Castle Party

ポーランドのボルクフにある古城にて、毎年 7 月〜 8 月に開催される東ヨーロッパ最大級のゴシックフェスティヴァル。ゴシックメタルやダークウェーヴ系のファンが数千人規模で毎年訪れる。フェス期間中はお城の上部にある広いスペースが商業区域となり、様々なフードやアクセサリーも販売。ロケーションのムードも最高なダークカルチャーイベント。

M'era Luna Festival

旧イギリス陸軍空軍基地が存在するドイツのヒルデスハイムにて毎夏開催。伝統的なゴシックロックからゴシックメタル、フューチャーポップ、ダークエレクトロまであらゆるスタイルのゴシックミュージックを網羅。初回開催は 2000 年と比較的新興イベントだが、動員は 20,000 〜 25,000 人と Wave-Gotik-Treffen を凌駕するドイツ最大級のダークミュージックの祭典である。

Southern Europe

　ギリシャはゴシックメタルシーンにおいて、数多くの優良バンドを抱えた地域の一つとして知られる。特に Septicflesh、Nightfall、Rotting Christ の三者はゴシックメタル黎明期から活躍するギリシャ圏屈指の暗黒エクストリームメタル御三家として、今尚現役で高い人気を誇っている。他にも 1990 年代初頭から活動する On Thorns I Lay も初期ゴシックメタルシーンを支えた名アクトして外せない。

　一方でイタリアには、オリエンタルなゴシック情緒と現代的なオルタナティヴメタルを折衷した先駆者として名高い Lacuna Coil が存在する。2000 年代にはアメリカにも進出し、メインストリームへと食い込む程の支持を獲得。3rd アルバム『Comalies』は Century Media Records における最高売上を更新するなど商業面においても前代未聞の成功を樹立した。現代のフィーメール・ゴシックメタルバンドにおいては、ほとんどのバンドが Lacuna Coil からの影響を受けていると言っても過言ではないだろう。

　そしてポルトガルでは 1990 年代前半にゴシックメタルにおける重要アクトの一角である Moonspell が登場。初期のキャリアではゴシック＋ブラックメタルを先駆的に実践し、他に類を見ないアプローチで現在までファンを魅了し続けている。Desire や Heavenwood などカルト的な人気を持つバンドも数多い。

ゴシックとオルタナティヴメタルの折衷スタイルを切り拓く

Lacuna Coil

- The Gathering、Within Temptation、Delain、Theatre of Tragedy、Epica、After Forever
- 1994 〜 1995（Sleep of Right 名義）、1995 〜 1997（Ethereal 名義）、1997 〜　● イタリア、ミラノ
- Andrea Ferro（ヴォーカル）、Cristina Scabbia（ヴォーカル）、Marco Coti Zelati（ベース、キーボード）、Diego Cavallotti（ギター）、Richard Meiz（ドラム）

イタリアのミラノ出身。ヴォーカリストの Andrea Ferro とベーシストの Marco Coti Zelati を中心メンバーとして、前身バンド Sleep of Right を 1994 年に結成。1995 年、当時 Marco のガールフレンドであった Cristina Scabbia がバックシンガーとして起用された事を切っ掛けに、バンドに正式加入。バンド名を Ethereal と変更し活動を続けるが、ギリシャに同名バンドが既に存在していた為、1997 年に Lacuna Coil へと名称を改める。1998 年にセルフタイトルの EP『Lacuna Coil』を Century Media Records よりリリースし、翌年の 1999 年には 1st アルバム『In a Reverie』を発表。各メディアで軒並み高評価を獲得する。2001 年に発表された 2nd アルバム『Unleashed Memories』も上質な内容で、着実にキャリアアップを重ねていく。2002 年の 3rd アルバム『Comalies』は北米のラジオやメディアで注目を集め、収録曲の「Heaven's a Lie」はインディペンデント・ミュージック・アワードにてベストハードロック / メタルソングを受賞する等、バンドにとって大きなターニングポイントとなった。結果的に『Comalies』は Century Media Records 史上で最も売れたアルバム作品となり、バンドはこの時期 Ozzfest への出演も果たす。4 年振りに発表された 2006 年の 4th アルバム『Karmacode』も Billboard Top Top 200 にて 28 位にランクインするなど、メインストリームへと食い込む画期的な記録を残した。現代的なオルタナティヴメタルとオリエンタルなゴシック的感性を掛け合わせたパイオニアであり、現在までに多くのフォロワーを生み出したシーン屈指の麗しきトッププレイヤーと言えるだろう。

Lacuna Coil ○イタリア

| *Lacuna Coil* | ⒶCentury Media Records ◍1998 |

1st アルバムに先駆けて 1998 年に発表されたセルフタイトルを冠するデビューEP。この段階で既に憂い溢れる欧州的な詩情性と、ドゥームメタル由来のフィーリングを兼ねた上質な正統的ゴシックメタルが鳴らされている。Cristina Scabbiaと Andrea Ferro による流麗な看板デュオは、後年の作品と比べても遜色無い形で顕現されており、最初期の作品ながらバンドの潜在的ポテンシャルの高さが十二分に伝わる内容だ。中でも Cristina がアトモスフェリックなムードを強めながら優雅かつ熱情的に歌い上げる「Falling」は、彼女のシンガーとしての才覚が輝く良ナンバー。キャリアの導入としては申し分ない一枚。

Lacuna Coil ○イタリア

| *In a Reverie* | ⒶCentury Media Records ◍1999 |

イタリアを代表するフィーメール・ゴシックメタル界の重鎮、Lacuna Coil による1999 年 1st。男女混成のヴォーカルスタイルで、The Gathering の直系とも言えるクオリティの高いゴシックメタルを奏でている。メランコリックでありつつも熱情的なメロディラインと、Cristina Scabbia と Andrea Ferro による巧みなデュエットが非常に魅力的。ドゥームメタル的ヴァイブを帯びた哀愁が麗しい「Circle」、華やかで内省的な「Honeymoon Suite」、ラテン・ロマンス迸るダンサブル＆ヘヴィな「My Wing」等、デビュー作とは思えない充実っぷりで魅せる一枚。

Lacuna Coil ○イタリア

| *Unleashed Memories* | ⒶCentury Media Records ◍2001 |

2001 年リリースの 2nd。リード・ギタリストとして Marco Biazzi が加入した最初の作品。バンドアンサンブルはより強固になり、ツインヴォーカルによるハーモニーも更に洗練した形で結実。Christina Scabbia の艶やかさと力強さを併せ持つ歌唱はバンドの要として説得力抜群の魅力を放つ。ヘヴィで神秘的な「To Live Isto Hide」、全編イタリア語で綴られる「Senzafine」、鬱屈としつつも情感深い「When a Dead Man Walks」、ニューウェーブな浮遊感が心地よい「Cold Heritage」と良曲満載。王道叙情ゴシックメタルの良心作として輝く逸品。

Lacuna Coil ○イタリア

| *Comalies* | ⒶCentury Media Records ◍2002 |

欧州ゴシックメタルの存在をアメリカのメタルシーンに知らしめ、出世作となった2002 年 3rd。Cristina Scabbia が「このアルバムの制作中に爆発的なクリエイティビティが私たちに生まれた」と語るように、前作までの路線を継承しつつ大きくスケール感の広がった楽曲群が並ぶ。ダークビューティーなシングル曲「Heaven'sLie」、流麗なハーモニーで煽情する「Daylight Dancer」、切ない哀愁美が際立つ「Unspoken」、極上のメランコリック・バラード「Comalies」と隙が見当たらない。本作は各メタルメディアで軒並み高評価を受け、アメリカだけでも 30 万枚以上を売り上げた。

Lacuna Coil ○イタリア

| *Karmacode* | ⒶCentury Media Records ◍2006 |

4 年のインターバルを空けて発表された 2006 年 4th。『Comalies』のアメリカでのヒットを受けてか、自身が培ってきたスタイルを保持しつつ、オルタナ / モダンヘヴィ方面へと接近したメタリックな音作りが顕著に。また、メロディラインに中近東的なヴァイブが加味されており、以前よりもオリエンタルな妖しさが感じられるようになった。「Fragile」や「Our Truth」等で見られるクラシックなゴシックメタルとヘヴィロックのブレンドとも言えるアプローチは、バンドに新たな息吹を与えている。エレクトロ・ポップ的感触が新鮮な「Closer」も良い。本作は全世界で50 万枚を売り上げ、前作に続くヒット作となった。

Lacuna Coil
イタリア

Shallow Life 　　　　　　　　　　　Century Media Records　2009

Linkin Park や Avril Lavigne 等のプロデューサーとして知られる Don Gilmore を迎えて制作された 2009 年の 5th。前作『Karmacode』で取り入れられたオルタナティヴ・メタル寄りのスタイルが引き継がれている。欧州ゴシック由来の憂いとメインストリームなロックサウンドとの融和はより推進されつつ、Lacuna Coil らしいセンスとメロディは損なわないバランス感覚が絶妙。Cristina Scabbia が情感たっぷりに歌い上げる「Not Enough」や「I like It」、キャッチーなコーラスが素晴らしい「Spellboud」等聴き所が多い。

Lacuna Coil
イタリア

Dark Adrenaline 　　　　　　　　　Century Media Records　2012

2012 年発表の 6th。メインストリーム寄りのロック色が強かった『Shallow Life』に比べて、ルーツであるゴシックメタル寄りのダークな空気感が幾分戻ってきている。初期は貧弱さを指摘されがちだった男性ヴォーカルの Andrea Ferro も、タフで力強い歌唱を披露しており、Cristina Scabbia とのデュオは目を見張る程に強力な武器として飛躍した印象。分厚いメタルエッジを有する冒頭曲「Trip the Darkness」、力強いツインヴォーカルが映える「Give Me Something More」、ゴスなムード漂うスローバラード「My Spirit」を始め、タイトな楽曲が並ぶ良盤。

Lacuna Coil
イタリア

Broken Crown Halo 　　　　　　　Century Media Records　2014

2014 年リリースの 7th。この作品の後にドラマーとギタリスト 2 人が脱退しており、2nd『Unleashed Memories』以来続くクラシックなラインナップで送る最後のアルバムとなった。内容としてはここ数作の路線を踏襲した作風ながら、前作『Dark Adrenaline』に比べてややテンポを落としたムーディーな楽曲が際立っている印象。元々テクニック的な面よりも、楽曲の良さで勝負をしてきたバンドだが本作は歌メロの良さが特に充実している。中でもバンド初期に在籍し、2013 年に亡くなった元ギタリスト Claudio Leo へと捧げられたバラード「One Cold Day」の美しさは白眉の出来。

Lacuna Coil
イタリア

Delirium 　　　　　　　　　　　　Century Media Records　2016

ドラマーとギタリストの脱退に伴い、多数のゲストを外部から招いて制作された 2016 年リリースの 8th。バンド史上最大とも言えるヘヴィネスとダイナミズムで構成されるアグレッシヴな作風で、刺激的な新しさに満ちた内容となっている。Andrea Ferro はシャウト主体の攻撃的なヴォーカルへとスタイルを変え、Cristina Scabbia も力強い抑揚で捲し立てるなど、エクストリームなパフォーマンスを披露。エネルギッシュなオープナー「The House of Shame」を始め、Djent 的リフレインが導入された「Ghost in the Mist」等、新軸を挑戦的に打ち出した意欲作。

Lacuna Coil
イタリア

Black Anima 　　　　　　　　　　Century Media Records　2019

2019 年リリースの 9th。本作から Genus Ordinis Dei のドラマー、Richard Meiz が正式メンバーとして加入。攻撃的なヘヴィネスを駆使しつつ、ゴシックメタル的な暗黒ドラマティシズムも強く押し出した気概溢れる一枚。強靭なグルーヴと一体化する様に豊かなダイナミズムを発露させていく Cristina Scabbia と、Andrea Ferro のデュオも一段と凄まじい。ヘッドバンギングを誘発させる「Sword of Anger」や「Now or Never」、メロウでムーディーな「Apocalypse」「Save Me」を始め、バンドの衰え知らずなポテンシャルを体現した強力盤。

Lacuna Coil
Comalies XX

◉イタリア
☾ **Century Media Records** ◯ 2022

フロントマンの Andrea Ferro からして、バンド史上最大のターニングポイント的作品と評される名盤『Comalies』のリレコーディング・アルバム。2022 年リリース作。オリジナルはゴシック＋オルタナティヴを先駆的に体現したゴシックメタル史に残るクラシック的逸品だが、本作はバンドの現在のモードと向上したメンバーのスキルとを照らし合わせながら楽曲を解体・再構築する様なアプローチが取られており、単なる再録作品とは一線を画す刷新的内容となっている。現代的なアグレッションとパワフルなデュアルヴォーカルが大幅に付与され、アレンジやキーも変更されている為、原典とはかなり異なった印象を受けるだろう。

Lacuna Coil Interview

Q：まず、Lacuna Coil の直近のリリース作である『Live from the Apocalypse』について伺いたいと思います。無観客でのライブ配信はバンドにとっても未曽有の経験だったと思いますが、反応はいかがでしたか？

Andrea Ferro：観客無しでライブをするのは確かに奇妙な経験で、気持ちを適切な形に持っていくのが難しかったよ。実際、ショウの最中は通常の様に観客とのコミュニケーションではなく、自身のパフォーマンスに思考の焦点を当てていた。これは初めての経験だったね。全体的な反応はとてもポジティヴで、何か月も不安が続いていた状況を経て、家から見ていたファン達と再会を果たした気分になった。ライブから帰った後、ファンからのメッセージを全て読み返した。あの夜、俺達は一つになれたと感じたよ。

Q：『Live from the Apocalypse』の撮影は Lacuna Coil のホームでもあるミラノの Alcatraz Club にて行われました。Alcatraz Club はバンドにとっても思い入れ深い場所だと思われますが、今回撮影にこの場所を選んだ理由やエピソードはありますか？

Andrea Ferro：「Alcatraz Club」は大きなロックコンサートが開催される、ミラノの中でも特に古い歴史を持つ会場なんだ。俺達はそこで何度かプレイし、世界中の有名なバンド達のコンサートを何百と観ながら育った。市の中心部にあるし、大規模なプロダクションを立ち上げるのにも最適な構造だったしね。コロナ禍の第一波で大きな打撃を受けた俺達の故郷から配信を行うことで、今の状況を示したかったのもあるよ。俺達は今ようやく黙示録から立ち上がることが出来たのだ、とね。あとは何より当時はどこに行くにも困難だったし、ミラノ出身のクルーと協力するのがベストだった。**

Q：『Live from the Apocalypse』は 2019 年のフルレングスレコード『Black Anima』から全曲を演奏するというメモリアルな編成であると同時に、その場にいたかの様な臨場感を味わえるパワフルかつエモーショナルな内容でした。撮影や演奏をする上で通常のライブアルバムと区別化した要素はありますか？

Andrea Ferro：ステージ上に設定された照明やスクリーン、カメラ等は観客とのコミュニケーションではなく、全てストリーミング配信を行う事を考慮して作られている。このショウの最大の課題はパンデミックの状況下で全てのルールを守って作業することだった。場合によっては誰かが感染する危険性もあった訳だからね。幸いなことに全てが上手くいき、全員が安全に過ごすことが出来た。もう一つの課題は技術的なレベルについてで、ストリーミングの接続や信号が高水準を保てるか、世界中から接続されても問題が生じないかどうかを確認することだった。同時にショウが単調にならないように気を付けて

もいたよ、ライブで初めて演奏した曲も多い。自分達のステージ上の動きは必ずしも流動的ではなかったかもしれないが、パフォーマンスの激しさで上手くカヴァーできたと思っている。

Q：アコースティックなピアノ編成で紡がれた「Save Me（Apocalypse Version）」は特に感動的でした。今の時勢を顧みながら聴くと特別な味わいがあるように思えます。この楽曲のインスピレーションについて改めて伺いたいです。

Andrea Ferro：俺達の音楽では「感情」がとても重要な要素なんだ。なぜなら主に実生活に基づく経験を話し、それを燃料として使用しているからね。パフォーマンスを行う上ではパーフェクトであるかどうかより、エモーショナルであることの方が重要だ。「Save Me」は基本的には救済を求める叫びについての曲だが、多くの人が自分の問題について言及するのを恐れ、自身の間違いを恥じているという現実を反映した曲でもある。でも、そんなに俺達は愚かではない。俺達には日々を変え、形作る力も持っている。今が

その時さ。

Q：近年のアルバム作品を振り返ってみると、Lacuna Coil らしい情動的なメロディや空気感を保持しつつ、メタリックなアグレッションへの回帰が顕著に感じられるように思えます。この方向性に至った経緯や理由などありますか？　また、この方向性は次作以降にも引き継がれていくと思いますか？

Andrea Ferro：『Delirium』　や『Black Anima』で実践した重厚なダイナミクスは、自分達の内なる混乱に基づいて今までと異なるアティチュードを取った結果だよ。これには幾つか理由がある。Andrea、Cristina、Marco という３人の創設メンバーに加えて、新しいドラマーとギタリストが加わった最初の２枚のレコードという事が一つ。新しいメンバーは様々なミュージシャンとしての特徴をもたらしてくれて、よりヘヴィで速いリフ、アグレッシヴなドラミングでこれまでより多様な領域を探ることが出来たからね。ヘヴィさを自然に導入し、少し自由に新しい方向性へ進むことが出来たように感じた。アルバムを何枚も出した後でも、新鮮さを保持す

る事はファンにとっても俺達にとっても重要だよ。俺達の今のキャリアなら、様々な音楽スタイルをブレンドしても Lacuna Coil らしいサウンドを作り出すことが出来る。何があっても俺達のトレードマークはそこに宿るのさ。

Q：Lacuna Coil は 90 〜 00 年代のゴシックメタルシーンにおいて、女性ヴォーカルをフロントに据えたスタイルの先駆者的存在の一つでした。特に 2002 年の『Comalies』はシーンの様相を一変させたバンドの傑出作の一つで、Lacuna Coil のスタイルを踏襲したバンドが以降多く出現しました。このバンドがシーンを牽引してきた理由は何だと思いますか？

Andrea Ferro：シーンの内側に身を置きながらそれに言及するのは難しいけど、一つ言えるのは、俺達は常に自分達の好みに従い、ソングライティングやテーマ、パフォーマンス、ヴィジュアル面に至るまで、バンドのあらゆる側面を改善しようと努めてきた。俺達は野心的ではあるけど、同時に誠実な姿勢も持っており、音楽が大好きで、このライフスタイルが大好きで、バンドを始めた頃の子供時分の様な新鮮さを今でも保っているよ。俺達は誇張的な宣伝やトレンドの追随を心配したことは一度たりとも無い。たとえ時にはファンを失う可能性があるとしても、常に自分達の好きな方向へバンドを発展させることに必死なんだ。

Q：現在、メタルシーン全体において女性シンガーをフロントに据えたスタイルは珍しくもなく、市民権を得ています。Lacuna Coil のデビュー時に比べて多様化していく現在のメタルシーンについて何か思うことはありますか？

Andrea Ferro：現在のシーンでは女性がシンガーやミュージシャンとして所属するバンドは沢山存在し、状況が良い方向へ変わっていったことを目の当たりにする事は本当に素晴らしい事だと思う。一方で自分達は今、ロッ

ク / メタルシーンの停滞期に置かれている。才能のあるバンドは本当に沢山いるけど、革新者はほとんどいない。しかし音楽は常に変化しており、こういったスタイルの音楽は現時点でメディアにおいて誇大的なプロモーションはされていないけれど、ロックとメタルは今後本当に強力になって戻ってくると確信しているよ。それは時間の問題さ。メタルシーンは常に強力なサポートに恵まれているし、結局のところ音楽というのは循環的だからね。

Q：少し昔の事柄について伺います。『Comalies』は欧州だけでなく、アメリカでも多大なヒットを記録したゴシックメタル史上に残る重要なレコードの一つですが、この作品が成功したことで得られたインスピレーションやエピソードなどはありますか？逆にこの作品が成功したことで悩んだエピソードなどもあれば併せて伺わせて下さい。

Andrea Ferro：『Comalies』は俺達の全てを一変させたレコードであり、自分達の名前

を別のレベルに引き上げ、イタリアの小さなゴシックメタルバンドから国際的なプロフェッショ
ナルなツアーバンドへと成長させてくれた作品なんだ。俺達の変化を促した最初のステップは
2004 年の Ozzfest に招待された事だね。自分達は Jack と Kelly Osbourne の新進気鋭バンド
として選ばれ、夏の間ずっと北米中をバンドと一緒に旅する巨大なイベントに参加した。Black
Sabbath、Judas Priest、Slipknot、Slayer なんかと一緒にね。また、「Heaven's a Lie」や
「Swamped」等の楽曲は MTV の TV ショウ「Headbangers Ball」でオンエアデビューし、全
米のラジオで大々的に流れ始め、クラシックソングとなった。何か月ものツアーを経て戻ってき
た俺達は自分達の立ち位置が変わったことを実感し、ヨーロッパや他の地域でも良い方向に反応
は変化したね。

Q：バンドの歴史を掘り下げる質問をもう少し続けます。現在までに Lacuna Coil は 9 枚のフル
レングスレコードをリリースしていますが、制作を行う上で最もエキサイティングだった作品を
挙げるならどの作品になりますか？ また、自身の作品の中で特にお気に入りの作品などあれば
教えて下さい。

Andrea Ferro：『Comalies』で大きな成功を収めた後だったので、『Karmacode』は俺達が非
常に大きなプレッシャーを感じたレコードだったけれど、同時に予算も上がり、制作する時間
が増え、これまで使用できなかった楽器で録音する等、様々なことを試すことが出来た一枚だ
ね。小規模なオーケストラを結成し、ヨーロッパ各地の三つの異なるスタジオで活動したよ。
もう一つのエキサイティングな経験は、プロデューサーの Don Gilmore（Linkin Park や Duran
Duran 等に携わった事で有名）と一緒に、ミラノとロサンゼルスの間で録音された『Dark
Adrenaline』に取り組んだ事かな。本当に楽しい時間を過ごしたし、学ぶことも出来た素晴
らしい経験だった。曲作りや歌詞についても沢山影響を受けた。俺達が作った全てのレコード
は、俺達にとって赤ちゃんのようなものであり、全てユニークな経験だったとも言える。けれ
ど全体として、これまでで最も重要なレコードを選ぶなら『Comalies』『Karmacode』『Dark
Adrenaline』『Black Anima』辺りだと思う。

Q：Lacuna Coil というバンドを結成し、音楽を形作っていく過程の中で、最も影響を受けた音楽や映画などの文化作品があれば教えて下さい。

Andrea Ferro：アーティストとしての俺達を形成する上で重要な芸術作品は本当に沢山あるよ、それら全てに言及するのは不可能な位にね。Lacuna Coil にとってより直接的な影響源を挙げるなら、Type O Negative や Paradise Lost の様なバンドは、俺達がよりダークなメタルサウンドの方向に進むことを決意する上で大きなインスピレーションを与えてくれた。視覚面でいうと、『ダークシティ』や『マトリックス』などの映画は『Comalies』時代のバンドのルックスの一部を形作ったと言えるね。イタリアの作家 Piergiorgio Odifreddi の著書『Il Vangelo Secondo la Scienza』は、『Karmacode』の背後にあるコンセプトの開発に非常に役立ったよ。さっきも言ったけど、アメリカやイタリアのホラー映画や映画全般、漫画、ビデオゲーム、そして日本のアニメなど、俺達のバンドを形作ってきたソースは沢山ある。それからスケートボードやオルタナティヴカルチャー、サブカルチャーも俺達には非常に重要だね。

Q：Lacuna Coil の地元イタリアには数多くのメタルバンドが存在していますが、特にリスペクトしているバンドやアーティストはいますか？

Andrea Ferro：イタリアから国際的なメタルバンドが輩出されることはそれ程多くはないけど、常に強い個性を持っているメタルバンドは沢山いる。現在のところ、エクストリームメタルのシーンでは Fleshgod Apocalypse がかなり強い影響力を持っていると思う。

Q：あなたのオールタイム・ベストレコードを 5 枚選ぶとしたら、どの様な編成になりますか？

Andrea Ferro：5 枚以上は確実にあるけど、君の質問に答える為に何とか絞ろう。

Type O Negative 『Bloody Kisses』

Alice in Chains 『Dirt』

The Doors 『Waiting for the Sun』

Bad Religion 『Against the Grain』

Metallica 『Master of Puppets』

の 5 枚だね。

Q：Lacuna Coil は 2007 年と 2016 年、LOUD PARK にて過去 2 回の来日を経験しています。来日について何か印象に残っているエピソードなどはありますか？　何でも結構です。

Andrea Ferro：俺達は子供の頃から日本の漫画やアニメ、格闘技を見て育ってきたし、ずっと日本に行きたいと思っていたんだ。日本の食べ物、街、カルチャーが大好きで、もっとそこで過ごしたいという気持ちしかなかったね。フェスティバルは素晴らしく、非常によく組織されていたし、是非将来またプレイしたい。

Q：パンデミックの影響で 2020 年に予定していた来日公演が頓挫してしまったことをファンとして非常に残念に思います。いつか再来日が叶うことを祈っています。最後に日本のファンにメッセージがあれば、お願い致します。

Andrea Ferro：俺達が日本でヘッドライナーショウを行うのは初めてだったので、それらがキャンセルになったのは本当に残念だったよ。10 枚目のアルバムでのツアーで再スケジュールできるようあらゆる努力をするつもりだ。世界が再び開けたらすぐに日本に戻ってくると確信している。エネルギーに満ちた素晴らしいツアーになることを約束するよ。日本のファンを抱きしめて歌うのが待ちきれないね。また会おう！

（※このインタビューを行ったのは 2022 年 2 月頃。この後、2022 年 12 月に再来日公演が実現した）

ゴシックメタルとブラックメタルの融和を先駆けたレジェンド

Moonspell

- Tiamat、Crematory、Rotting Christ、Type O Negative、Septicflesh
- 1989~1992（Morbid God 名義）、1992 ～　　　　● ポルトガル、ブランドア、リスボン
- Fernando Ribeiro（ヴォーカル）、Pedro Paixão（キーボード、プログラミング）、Ricardo Amorim（ギター）、Aires Pereira（ベース）、Hugo Ribeiro（ドラム）

ポルトガルのブランドア出身、ヴォーカリストの Fernando Ribeiro とベーシストの João Pedro "Ares" Escoval を創設メンバーとして、前身バンドである Morbid God を結成した事から彼等のキャリアはスタートする。1992 年にプロモーション用のトラック「Serpent Angel」を制作後バンド名を Moonspell に改称し、翌年に初デモ音源『Anno Satanæ』を発表。1994 年に EP 作品『Under the Moonspell』のリリースを挟んだ後、1995 年には 1st アルバムとなる 『Wolfheart』を Century Media Records より発表した。いずれも地下シーンで賞賛的なレビューを集め、同年に行われた Morbid Angel とのツアーも成功させる。1996 年にリリースされた 2nd アルバム『Irreligious』では、前作までのブラックメタル的アプローチを踏襲しつつ、ゴシック音楽の要素を大々的に取り入れた作風で話題を呼ぶ。ギタリストの Ricardo Amorim が参入したのもこの作品からとなる。オリジナルメンバーであったベーシスト Ares が 1997 年に脱退、新体制で制作された 1998 年の 3rd アルバム『Sin/Pecado』におけるポルトガルでの商業的成功に伴い、国際的な知名度も飛躍的に向上。その後、エレクトロミュージックやインダストリアルへと接近した実験的な 4th アルバム『The Butterfly Effect』を始めとし、音楽的な変遷を繰り返しながらキャリアを着実に積み重ねていく。2006 年にリリースされた 7th アルバム『Memorial』では国内チャートで首位を獲得し、ポルトガルのメタルバンドとしては初のゴールドディスク認定を受賞した。南欧メタルシーンにおいて、特に著名かつ重要なゴシックメタルアクトと言える。

Moonspell

○ポルトガル

Wolfheart | Century Media Records | 1995

ポルトガルを代表するダーク / ゴシックメタル最重要バンドの一角、Moonspell による 1995 年リリースの 1st アルバム。後年の作品に比べると若干粗削りな部分も見受けられるが、妖しくエキゾチックなリフやメロディセンス、シンフォニック・ブラックメタルに通じるアグレッション等、この時点でも十二分の個性とポテンシャルを提示。Fernando Ribeiro の歌唱はまだ拙さが残るものの、朗々としたクリーンヴォイスは艶やかで魅力的だ。ミステリアスな Key の旋律が印象的な「An Erotic Alchemy」や荒涼とした哀愁漂う「Alma Mater」は特にハイライト。

Moonspell

○ポルトガル

Irreligious | Century Media Records | 1996

1996 年リリースの 2nd フルレングス。ギタリストの Duarte Picoto が脱退し、現在までリードギターとしてバンドを支えている Ricardo Amorim が加入。ブラックメタル由来のアンダーグラウンド臭が払拭され、密教的な妖しさが立ち込める壮麗なゴシックメタルが紡がれる。長尺曲が多かった前作に比べて楽曲もコンパクトな構成となっており、濃密なアレンジ面含めて目に見えて全体的なクオリティが上昇。「Opium」や「Ruin and Misery」「Awake」等の初期の人気曲を多数収録。中でも「Full Moon Madness」はライブの締めくくりに演奏される定番として、ファンの間では有名。

Moonspell

○ポルトガル

Sin/Pecado | Century Media Records | 1998

1998 年発表の 3rd アルバム。前作までの正統欧州ゴシックメタルから劇的に路線を変え、エレクトロ / インダストリアル的要素を取り入れた内省的な作風へと変化。歌詞やアートワークはアルバム名の通り、宗教上の罪をコンセプトにしている。ヘヴィメタル然とした攻撃性は減退したものの、中近東風のメロディを随所に配したスケール感の大きいサウンドを提示。Fernando Ribeiro のヴォーカリストとしての成長も著しく、哀感をまとったマイルドで妖艶なクリーン・ヴォイスを全編に渡って披露している。「2econd Skin」や「Dekadance」での煽情的なギターワークも堪らない。初期を代表する傑作。

Moonspell

○ポルトガル

The Butterfly Effect | Century Media Records | 1999

バタフライ・エフェクトという名を冠する通り、カオス理論を題材にして制作された 1999 年リリースの 4th アルバム。前作以上にエレクトロ / インダストリアル路線が推進された作風で、モダンで硬質なアグレッションと冷たく無機質なムードが先行的。Fear Factory を彷彿させる冒頭曲「Soulsick」やトライバル・リズムが取り入れられた「Lustmord」等、インダストリアル・メタル的テクスチャを押し出したナンバーと、「Can't Bee」を始めとしたムーディーな楽曲の二側面で構成された内容は非常に実験性が色濃い。欧州ゴシック由来の叙情味は薄れているが、バンド独自のディープな官能美は健在。

Moonspell

○ポルトガル

Darkness and Hope | Century Media Records | 2001

2001 年リリースの 5th アルバム。前二作での実験的な路線に見切りを付けて、オーセンティックなダークメタル路線へと回帰。全編に渡って妖艶漆黒なゴシックロック・ナンバーが堪能出来る作風となっている。メランコリックかつ躍動的な「Firewalking」や「Heartshaped Abyss」、香り高いゴシック・ロマンを紡ぐリードシングル「Nocturna」等、良曲が多い。Type O Negative の Peter Steele を思わせる Fernando の歌唱も、キャリア史上最も美しく艶やかに響いており恍惚。結果的に本作はドイツの音楽チャートに入るなど、バンドをより大きな商業的成功へと導く形となった。

Moonspell
The Antidote
ポルトガル
Century Media Records ● 2003

2003 年発表の 6 枚目のフルアルバム。前作『Darkness and Hope』でのダークメタル路線を継承しつつ、デスメタル由来の攻撃性を加味した荘重かつシリアスな作風となっている。Fernando は妖艶なクリーン・ヴォイスと同時に苛烈で激情的なデス・ヴォイスを随所で披露しており、成熟したゴシックメタル・サウンドとデスメタル要素が上手く溶け込んでいる。攻撃的な部分はより攻撃的に、陰鬱な部分はより陰鬱に、深みと説得力が増したアンサンブルとソングライティングが巧みに噛み合った一枚。そしてこのデスメタル + ゴシックメタルを起点とした路線は、次作以降の布石へと繋がっていく。

Moonspell
Memorial
ポルトガル
Steamhammer Records ● 2006

全編に渡ってエクストリームな邪悪性が渦巻く 2006 年リリースの 7th アルバム。前作ではゴシックメタルとデスメタルの融合といった作風だったが、本作ではデスメタル的アグレッションの比重が大幅に増加。Key による大仰な装飾も手伝い、北欧のシンフォニックブラック勢にも通じる、禍々しくも壮大なドラマティシズムと攻撃性が発露されている。Fernando のヴォーカルも大半がデス・ヴォイスとなっており、ゴシック由来の耽美性は希薄。しかしながら妖艶なムードが完全に排除された訳ではなく、女性ヴォーカルをゲストに招いた「Luna」は本来の持ち味を生かしたメランコリックな名曲。

Moonspell
Night Eternal
ポルトガル
Steamhammer Records ● 2008

2008 年発表の 8th フルレングス。エクストリームな攻撃性の比重が大きかった前作に比べ、デス / ブラックメタル的苛烈さを維持しつつ、ゴシックメタル由来の暗黒耽美性も大幅に加味されている。楽曲面も多様性が広がっており、Opeth 等に通じる緩急の利いたプログレッシヴな展開美もエキサイティング。特に元 The Gathering の Anneke van Giersbergen を招いた「Scorpion Flower」は Fernando とのデュエットが映える珠玉のナンバー。また、同郷のゴシックドゥームバンド Ava Inferi の Carmen Susana Simões もコーラスとしてゲスト参加している。

Moonspell
Alpha Noir/Omega White
ポルトガル
Napalm Records ● 2012

2012 年リリースの 9th フル。ヘヴィかつ邪悪な『Alpha Noir』と、メロディアスでメランコリックな『White Omega』の両側面を収めたダブルアルバム作品。『Alpha Noir』はデス / ブラック由来の攻撃性を主軸にしており、Fernando のヴォーカルもデスヴォイス主体となっているが、前二作の様なエクストリーム調ではなく躍動感溢れるグルーヴィな暗黒メタルが展開。『White Omega』は 5th の頃を彷彿させる耽美 & メロウなゴシックロック調作品で、Fernando の妖艶なクリーン・ヴォイスを堪能出来る。因みに『Alpha Noir』単体の通常盤も流通しているので、購入の際は注意。

Moonspell
Extinct
ポルトガル
Napalm Records ● 2015

2015 年リリースの 10th アルバム。デス / ブラックに寄せたエクストリームな作品が続いていたが、本作では再びルーツである耽美ゴシックロック路線に回帰。そこに Orphaned Land 辺りを彷彿させるエスニックなシンフォアレンジが装飾された充実作となっている。異国情緒溢れる冒頭曲「Breathe（Until We Are No More）」に始まり、Sisters of Mercy 風のビートとヴォーカリゼーションが映える「Medusalem」、メランコリックかつキャッチーな「The Last of Us」等ハイライト曲が多い。元 Orphaned Land の Yossi Sassi がゲスト参加。

Moonspell

🔴ポルトガル

1755

🔵Napalm Records 🔘2017

1755 年に起きたリスボン大地震の物語をテーマに据えた 2017 年発表の 11th フル。Moonspell らしいダーク & エスニックなゴシック / デスメタルに、壮大なオーケストレーション / クワイアを導入した豪華絢爛なコンセプトアルバム。全編でポルトガル語の歌詞が採用されているのも特徴。緊迫感溢れるシンフォ / ストリングスアレンジが配されたメタルサウンドと、そこにリンクしていく民俗的なストーリーテリングが非常に素晴らしい。悲哀と怒りが投影された Fernando の激情的なグロウルも見事。Tristania の Mariangela や Ava Inferi の Carmen 等、多数のゲスト参加あり。

Moonspell

🔴ポルトガル

Hermitage

🔵Napalm Records 🔘2021

2021 年発表の通算 12 枚目のアルバム。オリジナル・ドラマーの Miguel "Mike" Gaspa が脱退し、Hugo Ribeiro が新たに加入。前作はシンフォニックな要素が前面に出たコンセプト作品だったが、本作は官能的なロマンティシズムを主にした内省的な作風。Depeche Mode に通じる Key の響きが映えるダンサブルな「Common Player」、Fields of the Nephilim を彷彿させるウェスタン・ゴシック的色香が際立つ「All or Nothing」等先行シングルを含めた楽曲群は珠玉の出来。ムーディーな繊細さと硬派な渋味を携えた、老舗バンドらしい強力作。

Moonspell Interview

Q：今回はインタビューに応じて頂き、厚く御礼申し上げます。まずは、直近作である 2021 年リリースのフルレングスアルバム『Hermitage』について伺いたいと思います。叙情詩的な壮大さと内省的なロマンティシズムが交差する素晴らしいダークメタルアルバムでした。リリース当時の反応はいかがでしたか？

Fernando：どういたしまして！ 反響は非常に大きく、レコードの売れ行きも好調だったね。
ツアーでのサポートが適切に出来なかったのは残念だけど、誰にとっても大変な年だった。唯一の解決策は前に進むこと。現在のバンドには満足しているけど、これから更に新しい音楽的冒険に歩み出す事にも期待しているんだ。

Q：創設当初からバンドを支えてきたオリジナル・ドラマーの Miguel "Mike" Gaspa が脱退し、新メンバーとして Hugo Ribeiro が 2020 年より着任しました。この交代劇につ

いて経緯を説明頂けますか？ また、新しいラインナップでの制作は『Hermitage』の内容に影響を与えましたか？

Fernando：音楽的に言えば、それはスムーズな取引であったと言え、むしろ賢明な決断とさえ言える事だったね。Hugo は古い素材と、『Hermitage』の為に事前に書かれた全ての部分の両方にぴったりとフィットしてくれた。俺達の元ドラマーは曲作りのプロセスにまったく関与していない為、過去においても、特に『Hermitage』にとっても彼からの影響は全く無いと言っていい。

Q：『Hermitage』のレコーディングではミキシング及びマスタリングとして Jaime Gomez Arellano が採用されました。Jaime は Paradise Lost や Ghost との共同作業者としても知られる経歴の持ち主ですが、彼との仕事はいかがでしたか？

Fernando：控えめに言っても素晴らしい経験だったよ。Jaime も俺達もバンドの活動というものには一定の信頼性を求めていて、

その点に到達するには、リスクを冒してでも懸命に努力しなければいけないという事を知っていた。そういう意味では彼とバンドの思考の方向性は同じだったからね。イギリスではとても充実した時間を過ごす事が出来て、仕事に関係する全ての事柄が楽しかった。今回のレコーディングでは素晴らしい時間を過ごせたけど、その合間に充分な余暇も取得することが出来たよ。

Q：『Hermitage』の歌詞やコンセプトを制作する上で、インスピレーションを受けたものがあれば是非教えてください。

Fernando：オーケー。メインコンセプトはソーシャルディスタンスについてだった。それは、現在俺達が知っているような、法律や衛生上の緊急事態によって定められたものではなく「ソーシャルネットワーキング」について。つまり個人の人生の目標や、俺達全員を完全に他人に変えるメディアや広告によって促進された、個人の意見と分離の台頭について語っている。他の人と繋がっているように見えても孤独だということ。俺は社会志向のアルバムを書きたくなかったけど、社会に隠れた人々のイメージに立ち戻り、何が彼らを孤独へと駆り立てたのか、そしてなぜ心の平安が必要なのかについて幾つかの情報源を集めた。俺は中世時代に遡る驚くべき背景、砂漠の聖アントニオの様な聖人だけでなく、日本のひきこもりやシベリアのロシア人狩猟者の様な現代の物語も発見して、そういった要素にインスパイアされたよ。

Q：Moonspell はポルトガルのヘヴィメタルシーンにおいて、ゴシックメタルの開拓者として知られるアイコン的存在ですね。90年代初頭からゴシックとブラックメタルのクロスオーバーを実践してきた偉大なるパイオニアです。デビューフルレングス『Wolfheart』でもその先駆的な方法論が展開されていますが、そういったアプローチに至った背景について振り返って教えて頂けますか？

Fernando：謙虚に踏まえてもそれは間違っ

たことではないし、全くそういう側面がないことはないけど、同時に Moonspell というバンドは誰もが話題にするような象徴的な存在ではないと感じていることも共有しなければいけない。俺達のキャリアは浮き沈みに満ちており、苦労の中にいるバンドに過ぎない。時には、俺達自身のファンの中でさえも。どのショウもゼロからスタートするようなものだし、それはアルバムについても同じだ。俺達は観客の注目を集めるために戦わなければならないし、リリース毎に聴衆が新しい作品を吸収するまで待たなければならない。

『Wolfheart』の時も全く同じだった。確かに何年も経って、自分達が望む様に過去を祝うことも出来るけどそれは簡単なことではないんだ。俺達には方法論や方針、明確な計画性があるとは言えない。俺達はただ耳で感じるまま演奏をするだけ。毎回、俺達は音楽を通じてできる限り最高の「自分自身を表現する」というキメラを追いかけている。俺の意見では、『Wolfheart』はヒドラのようなものだね。俺達は6つの頭で作品を生成していった。一人はメタルが好き、もう一人はゴスが好き、誰かがフォークの要素を導入したい。かなり混乱した状況だったけど、最終的にはシーンの人々が受け入れるに値する何か新しい物を生み出す結果になった。もしかしたら純粋に幸運だっただけかもしれないし、一種の魔法かもしれない。それは誰にも分からないね。

Q：Moonspell はアルバムによって様々なスタイルを取り入れてきたことでも有名ですね。『Sin/Pecado』や『The Butterfly Effect』等の90年代後期の作品においては、伝統的なメタルからの脱却が推進され、ニューウェーブ / インダストリアル的な要素を取り入れていました。また、『Memorial』ではよりエクストリームなメタルミュージックへと帰化するスタイルが取り入れられていましたね。こういった多様な音楽的変遷はMoonspell にとって重要な要素ですか？

Fernando：俺達はアルバムの出来にはいつもかなり不満を感じていたんだ。もちろん、それぞれの楽曲の評価には猶予が設けられる。好きな曲もあれば、当然そうでない曲もあるのだけど、俺達は自分自身に大きな問題を抱えていて、常に円を二乗しようと努めている。こういった背景の開示は、突然の路線転換や紆余曲折を説明する上で最良な方法だ。俺達に対して得られるはずの名声や富を手放すのは全く愚かだと言ってきた人もいるけど、実際には状況は非常に厳しかった。音楽性の不安定さと全体的なタイミングの悪さのせいで、俺達は有名なバンドには程遠い存在と言える。

Q：ポルトガルには Moonspell を筆頭に、Ava Inferi や Heavenwood など良質なゴシック / ドゥームメタルバンドが多数存在していますね。ポルトガルではゴシックやドゥームメタルは人気コンテンツとして高い支持を受けていますか？　当事者から見てポルトガルのメタルシーンの特徴などがあれば是非教えて下さい。

Fernando：確かにそうだね。しかしそういったスタイルのバンドは決してシーンに普及しなかったと俺は確信している。Heavenwood は 90 年代に素晴らしい雰囲気を持っていたけど、勢いを失い、ラインナップにも多くの問題を抱えていた。Desire や Aenima の様な素晴らしいバンドも存在し、彼らは例えば Ava Inferi のようなものに発展して、他のゴシックやメタルのプロジェクトも生まれた。一方で、ポルトガルのシーンでは Sepultura や Machine Head、そして今では Lamb of God といった海外のメタルバンドの人気が大半を占めている。ポルトガル独自のメタルサウンドの形成に貢献した Moonspell と俺は、ポルトガルでは愛されていると同時に憎まれてもいるんだ。ギリシャでいう Rotting Christ の様に尊敬を集めるバンドのレベルには決して到達しなかった。俺達の存在は小さすぎて問題を抱えている。ドゥームに関し

て言えば、ポルトガルのシーンには素晴らしい歴史があり、90 年代には The Coven やよりグルーヴィーな Dawnride、よりサイケデリックな Process of Guilt の様な素晴らしいバンドを輩出した。海外でそれらを聴いている人が沢山いるかどうかは分からないけど、彼等はもっと注目されるべきだと思うし、他のポルトガルのバンドもそうだし、俺達全員がもっと頑張らなければいけないと思う。

Q：バンドの歴史を掘り下げる質問をもう少し続けます。30 年に及ぶ Moonspell の偉大なキャリアを振り返った時、ターニングポイントとなった作品や出来事は何ですか？　また、制作する上で最もエキサイティングだったアルバムを挙げるとするならばどの作品になりますか？

Fernando：良い質問だね。今俺がそう言ったのはミュージシャンやバンドになる為には、思い出に囚われないように過去を手放し、克服する方法を学ぶ必要があるからだ。ある意味では、成功も失敗も両方が罠と言えるので、常に冷静さを保つ必要がある。しかし、今回のインタビューでは過去に思いを馳せてみよう。バンドのラインナップが変更される時は特に厳しいターニングポイントだと俺は考えている。皆ポルトガル出身なので気性が荒く、メンバーの変更には常に苦労してきたよ。アルバム『Sin/Pecado』もターニングポイントだったね。俺達は『Wolfheart』と『Irreligious』の成功に恵まれていたが、『Sin/Pecado』は評価の水を「二分」したんだ。俺達は 1997 年に Depeche Mode をカヴァーして大火傷を負ったけど、今ではそのような事を行っても全く問題は無いよね。メタルファンの人々は学んでいくけど、俺達は裏切りの為にあまりにも多くの必要のないトラウマを抱え続けていった。それと Type O Negative を聴き、彼等と一緒にツアーをした時は、俺達の音楽と自分自身に対する方向性と態度が変わったのを感じたよ。親

になったことで、バンドへの関わり方も変わっていった。俺が最も楽しんで制作したアルバムは、『Memorial』『The Antidote』『Night Eternal』『Extinct』『1755』、そして『Hermitage』だね。良いムード、良いサウンド、良いアティチュード……俺にとってアルバムを作るのはいつだって挑戦的なことだ。俺は非常に限定的なシーンで活動するシンガーだが、長い時間を音楽に費やしてきた。完璧ではないのは承知だが、それでもMoonspellをありふれた製品にはしたくない。多少荒削りな部分はあってもね。

Q：2017年にリリースされた『1755』では、リスボン大地震の物語を主要なコンセプトとして用いていました。ポルトガルの歴史や文化はMoonspellの音楽にも大きな影響を与えていますか？

Fernando：新しい時代やインテリのせいで、歴史の中に歌詞の主な情報源を見出しているバンドにとっては、非常に困難な状況になるのではないかと心配しているよ。今の歴史は修正主義的で厳格な道徳性の下にあり、そういうものからは俺達は決して学ぶことは出来ない。歴史とは社会科学であり、自分がどこから来てどこへ行くのかを理解するための鏡として、また開かれた本として機能する可能性がある。たとえば、リスボンの大災害は単なる瓦礫や破壊の歴史ではなかった。宗教と科学の変化を伴い、ポルトガルとヨーロッパにとって新たな時代を迎える象徴的な出来事でもあったんだ。俺は現在、ポルトガル語で別のフルアルバムを作る為に別の歴史的、民族学的なテーマを探しているよ。

Q：あなたのバックグラウンドについて教えてください。幼少期はどのような音楽を聴いて育ちましたか？ また、初めて買ったメタルレコードについて何か思い出があれば教えて下さい。

Fernando：ポルトガルは1974年までの50年間、ファシスト独裁政権下にあった経緯がある。俺達は非常に閉鎖的な状況の中で孤立していたが、70年代後半〜特に80年代にはポルトガルで音楽がブームとなり、あちこちに小さなレコード店が出来て、ショーも数多く行われた。俺は何でも多少は好きだけど、心は常にロックとメタルに傾いていたね。俺はまずハードロックに夢中になった。幾つか挙げると最初のレコードは1987年のWhitesnakeだったが、そこからMetallica、King Diamond、Kreatorへと急速に進化し、BathoryやCeltic Frostの様により過激でオカルトなアンダーグラウンドに真っ先に飛び込んでいったよ。そして高校ではSisters of Mercy、Fields of the Nephilim等のインディゴスに触れていたので、Paradise LostやType O Negativeがメタル、パンク、ゴスを融合させた時は衝撃を受けて生涯のファンとなった。それ以外に好きなメタル以外のバンドだと、Dire StraitsやPink Floyd、Emerson Lake and Palmer等が挙げられるね。

Q：Moonspellの音楽を形作る上で、特にインスピレーションの源となったバンドや重要なレコードを挙げるとしたらどの作品になりますか？ また、音楽以外で影響を受けた映画や文化作品があれば教えて下さい。

Fernando：バンドに関して言えば、俺達のサウンドを形成する上で最も重要なバンドはBathory、Celtic Frost、Type O Negativeだったと言える。その後の段階では、TiamatやSamaelといったCentury Mediaのレーベルメイトからも大きなインスピレーションを受けたよ。音楽以外の情報源に関して言えば、文学が俺達に最も大きな影響を与えていると思う。建物、絵画、本、実験など、様々な形の文化が交わる事は自身を素晴らしい気分にさせてくれるし、畏敬の念を抱かせる全ての物へと通じる可能性がある。Fernando PessoaやPatrick Suskind、Melanie Challengerの作品に基づいた楽曲がMoonspellにはあり、個人的には劇場に行ってファド（ポルトガルの伝統音楽）等を

歌ったりもしたよ。実際、アーティストという職業の数少ないエキサイティングな事の一つは、様々な人々の作品やビジョンを活用し、それを自分の作品に適応させる事だね。

Q：Moonspell はゴシックメタルシーン屈指の多様なスキルを持ち合わせた素晴らしいヴォーカリストを擁しています。Fernando Ribeiro がシンガーを目指した切っ掛けや、ヴォーカルスタイルを形成する上で影響を受けた人物がいれば教えて下さい。

Fernando：ありがとう。そう、俺は実はシンガーなんだ。もちろんあなたの言葉には感謝するけど、俺の見解はそれとは程遠い所にある。そうだな……俺は自分自身の最悪の批評家だと思っている。俺には特別な音楽やヴォーカルの才能はなく、俺のスタイルは実際には寄せ集めなので、それを上手く機能させてバンドの音楽と歌詞に貢献しているというだけだ。他の何人かは、そして彼らは正しいかもしれないが、別のヴォーカリストによる Moonspell を聴きたいと思っているだろうし、俺自身もそれに興味がある。俺のいわゆるカリスマか何かが好きな人もいるが、それが何であれ、そう見えるように作られているというのが真実だ。欠点を隠して物語を語ろうとする人間なんだ。俺はシンガーになりたいとか、音楽のキャリアを持ちたいと思ったことは一度も無かった。正直に言うと、他の何よりも哲学の教師になれると思っていたんだけど、たまたま色々な事が起こって、そして今ここにいるんだ。

Q：あなたのオールタイム・ベストレコードを 5 枚選ぶとしたら？

Fernando：

Bathory 『Twilight of the Gods』

Type O Negative 『October Rust』

Celtic Frost 『Into the Pandemonium』

Root 『The Temple in the Underworld』

Tiamat 『Wildhoney』

Q：日本の音楽や文化で何か知っていることはありますか？

Fernando：俺の息子は 10 歳で、息子も姪も日本のマンガが大好きだ。ここでは『ナルト』とそのキャラクターのデイダラ、そして『デスノート』が一般的な名前として知られている。ヨーロッパでは日本文化は非常に人気があり、あらゆるレベルで高く評価されているよ。村上、三島、『源氏物語』などのスーパースター作家や作品が沢山ある。黒澤……そしてもちろん『リング』などホラー映画も人気がある。どこに立ち寄ればいいかと目移りする位にね。先程も言ったけど、俺は日本の奇妙な都会の引きこもりについても少し調べた経験がある。あとは Church of Misery、Sigh、そして素晴らしいピアニストの坂田直子のようなバンドやアーティスト大好きだ。俺は好奇心旺盛なんだ。

Q：いつか Moonspell の来日公演が実現することを祈っています。最後に日本のファンに対して何かメッセージなどがあればお願い致します。

Fernando：日本でプレイしていない事は俺達のキャリアにとって大きな欠落であることは言うまでもないけど、Moonspell をあなたの国に持ち込むことに興味を持つ人は誰もいなかったんだ。俺達はヨーロッパやアメリカで沢山の日本のファン、素晴らしい人々に出会った。そしてもちろん俺達は生きている内にそこに行きたいと思っているけど、これからは更に難しくなるだろうとも思う。でもそうだね……少なくとも数年以内には息子と姪と一緒に日本へ訪れるつもりだよ。今回はインタビューありがとう。日本のファンの皆様のご無事と、ポルトガルからの沢山の愛と敬意を捧げるよ。

深遠美極まるギリシャ圏屈指のゴシックデスメタル・マイスター

Septicflesh

- Rotting Christ、Moonspell、Samael、Nightfall、Therion、Chaostar
- 1990 ～ 2003（Septic Flesh 名義）、2007 ～（Septicflesh 名義） ● ギリシャ、アテネ
- Spiros Antoniou（ベース、ヴォーカル（ハーシュ））、Christos Antoniou（ギター、オーケストレーション、サンプル）、Sotiris Vayenas（ギター、ヴォーカル（クリーン））、Kerim "Krimh" Lechner（ドラム）、Psychon（ギター）

ギリシャのアテネ出身。ベーシストを兼任するフロントマン Spiros Antoniou、ギタリストの Sotiris Vayenas と Christos Antoniou を中心として 1990 年結成。バンド名の表記は 1990 ～ 2003 年期が Septic Flesh、2007 年以降は Septicflesh とワンフレーズに短縮される形に変更されている。1991 年に Black Power Records よりリリースされた EP『Temple of the Lost Race』にてデビュー。その後、Holy Records と契約を結んだバンドは元 Rotting Christ の George Zacharopoulos をプロデューサーに迎え入れて 1st アルバム『Mystic Places of Dawn』を 1994 年にリリース。当初から劇的かつスリリングなゴシックデスメタルを体現したサウンドで定評を獲得し、続く 1995 年の 2nd アルバム『Εσοπτρον』、1997 年の 3rd アルバム『Ophidian Wheel』と、充実作の発表を重ねながらシーンでの地位を確立していく。神秘的なアトモスフィアと共に女性ヴォーカルを導入した作風で、前作までの路線を深化させた 1998 年の 4th アルバム『A Fallen Temple』は特に初期の名作として人気が高い。以降もバンドは順調にキャリアを歩んでいくが、個々のメンバーが抱えていたプロジェクトや目標達成の為に、2003 年に一度解散。2007 年から再び活動を再開する。再集結後の作品では以前よりも更にブルータリティに磨きをかけたデスメタルサウンドと、プラハのフィルムハーモニー管弦楽団から協力を得た、本格的なオーケストレーションとの融和を実践している。Nightfall や Rotting Christ と並び、ギリシャ圏の暗黒メタルシーンを古くから牽引してきたアイコンである。

Septic Flesh
Mystic Places of Dawn

○ギリシャ
🅰 Holy Records ⊙ 1994

1990 年にアテネにて結成。ギリシャ圏及び欧州界隈を代表するエクストリーム・ゴシック / ダークメタルバンドによる 1994 年リリースの 1st フルレングス。デビュー作でありながら、アグレッシヴかつスリリングなドラマ性と流麗耽美なギターメロディにて形作られる Septic Flesh らしい世界観が、既に高い次元で完成されている。現在と遜色ない力強さで咆哮する Spiros Antoniou のヴォーカルも圧巻。因みにレコーディングメンバーとして Jim という謎のドラマーの名前がクレジットされているが、実際にはセッションドラマーを招いて録音された 8 曲目以外は全てプログラミングによる打ち込みとの事だ。

Septic Flesh
Έσοπτρον

○ギリシャ
🅰 Holy Records ⊙ 1995

1995 年リリースの 2nd フルレングス。この作品のレコーディング期間中にリードギタリストの Christos Antoniou がバンド活動を離脱していた関係で、リズムギター / クリーンヴォイス兼任の Sotiris Vayenas が全てのギターを担当。その為 Christos をフィーチャーしていないバンド唯一の作品でもある。しかしながらギターオリエンテッドな作風は依然変わらず、むしろメロディの豊かさにおいては前作より増加しているとも言える充実度だ。随所で挿入されるオリエンタルで、神秘的な音色と空気感に基づいたエクストリームなダークメタルサウンドは、若干の実験色と共に着実な成長の跡を見せている。

Septic Flesh
Ophidian Wheel

○ギリシャ
🅰 Holy Records ⊙ 1997

後にメンバーのサイドプロジェクト Chaostar にも参加することになる女性シンガー Natalie Rassoulis をゲストに招いて制作された 1997 年リリースの 3rd アルバム。ヒロイックとすら形容したくなる泣きのギターメロディの煽情力もさることながら、Natalie のオペラティックなソプラノ・ヴォイスが加わったことにより、表現の幅が拡大。より正統的な男女混声ゴシックメタルのスタイルへと接近しながらも、陰気でアンダーグラウンドな個性と味わいは微塵も衰えていないのが素敵。打ち込みのドラムサウンドに対して、Kostas と架空の名前を付けてクレジットしてしまうセンスもお茶目だ。

Septic Flesh
A Fallen Temple

○ギリシャ
🅰 Holy Records ⊙ 1998

前作の路線を深化させた 1998 年発表の 4th アルバム。過去最高とも言えるギター・メロディの豊潤さと共に、呪術的でミステリアスな暗黒オペラティック・エクストリームメタルを築き上げた逸品で、Septic Flesh のディスコグラフィーの中でも特にゴシックメタル度の高い一枚。めくるめく泣きの旋律美の洪水は圧巻で、特にオープナーの「Brotherhood of the Fallen Knights」や「Marble Smiling Face」辺りは血涙を誘発せんばかりの哀愁が迸る名ナンバー。紛うことなき初期の傑出作。また、1st アルバム以来、初めて人間のセッションドラマーをレコーディングに起用した作品となった。

Septic Flesh
Revolution DNA

○ギリシャ
🅰 Holy Records ⊙ 1999

新ドラマー Akis "Lethe" Kapranos 加入後に制作された 1999 年発表の 5th。ここ二作で大きな存在感を放っていた女性ヴォーカルをオミットし、ゴシックロックのヴァイブとインダストリアルメタル的なモダン・アプローチを強く押し出した作風へと大胆にシフト。史上最もクリーン・ヴォイスの比重が大きく、Spiros Antoniou のグロウルも咆哮型ではなく、喋る様に吐き捨てるスポークン・ハーシュヴォイス的なスタイルへと移行。プロデューサーに Fredrik Nordström が付いた事でプロダクションの質も格段に向上している。核となる個性的なメロディセンスはそのままに新境地を提示した異色作。

Septic Flesh ◐ギリシャ
Sumerian Daemons Ⓐ Hammerheart Records Ⓓ 2003

初期に通じる激烈なエクストリーム性を、高品質なサウンド・プロダクションと共に体現した 2003 年の 6th。古巣であった Holy Records を離れて、オランダのインディレーベル Hammerheart からリリースされた唯一作。前々作までゲスト参加していた女性シンガー Natalie Rassoulis がコーラスとして復帰。ファストでブルータリティ溢れるゴシックデスを基調に、ゴージャスなシンセとクワイアを大々的に取り入れた暗黒エスニック・シンフォニックメタル的作風は、再結成後の作品にも受け継がれていく。アートワークは Spiros 主導の下で、ギリシャの映画や広告に携わっている FX チームを起用して制作された。

Septicflesh ◐ギリシャ
Communion Ⓐ Season of Mist Ⓓ 2008

前作リリース後に一度解散していたバンドがファンの熱烈な要望によって再結成。約 5 年のインターバルを経て Season of Mist からリリースされた 2008 年発表の 7th。リユニオンに伴ってバンド名の綴りも Septic Flesh から Septicflesh と一語表記になり、ドラマーとして Fotis Gianakopoulos が新たに加入している。プラハ・フィルハーモニー管弦楽団の総勢 112 名に及ぶフルオーケストラを起用し編曲された楽曲群は、凡百のシンフォニック・メタルとは一線を画す濃密感と畏怖性を放つ。デス / ブラックメタルの残忍性と、ゴシックメタルのアトモスフィアを高次元で結実させた復活作。

Septicflesh ◐ギリシャ
The Great Mass Ⓐ Season of Mist Ⓓ 2011

2011 年の 8th。プラハ・フィルハーモニー管弦楽団のフルオーケストラが続投し、ロンドン・カレッジ・オブ・ミュージックで音楽の修士号を獲得している Christos Antoniou によってソングライティングされたオーケストレーションは、更なる洗練味をもって顕現。強靭なエクストリームメタルサウンドに追随していく聖歌隊や弦楽器の響きは、楽曲のスケール感を拡大し、緊迫感と壮大感を伴いながら響き渡る。映画音楽の如く深いドラマ性と卓越したミュージシャンシップによって築かれる、ダークメタル界隈きっての驚異的野心作。Hypocrisy の Peter Tägtgren がプロデュース及びミキシングを担当。

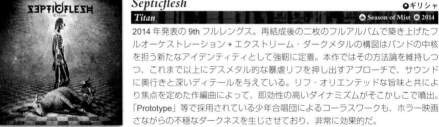

Septicflesh ◐ギリシャ
Titan Ⓐ Season of Mist Ⓓ 2014

2014 年発表の 9th フルレングス。再結成後の二枚のフルアルバムで築き上げたフルオーケストレーション + エクストリーム・ダークメタルの構図はバンドの中核を担う新たなアイデンティティとして強靭に定着。本作ではその方法論を維持しつつ、これまで以上にデスメタル的な暴虐リフを押し出すアプローチで、サウンドに奥行きと深いディテールを与えている。リフ・オリエンテッドな旨味と共により焦点を定めた作編曲によって、即効性の高いダイナミズムがそこかしこで噴出。「Prototype」等で採用されている少年合唱団によるコーラスワークも、ホラー映画さながらの不穏なダークネスを生じさせており、非常に効果的だ。

Septicflesh ◐ギリシャ
Codex Omega Ⓐ Season of Mist Ⓓ 2017

2017 年発表の 10th。新ドラマーとして元 Decapitated の Kerim "Krimh" Lechner が加入。ミックス & マスタリングには北欧の名手 Jens Bogren が起用されており、音の輪郭の明瞭さと立体的な緊迫感が段違いに向上している。新約聖書の最後に綴られる「ヨハネの黙示録」の行く先をテーマに、終末世界を地獄のファンファーレと共に描き出す内容だ。焦燥を掻き立てるストリングスの配し方が極まっており、常時襲い掛かる高揚感から抜け出すこと容易ではない。崇高なシンフォニアとブルータルサウンドから織り成される、交響アートメタルが加速を緩めることなく地響く一枚。

Septicflesh

Modern Primitive

⚫ギリシャ

🅰 Nuclear Blast Records 🅾 2022

前作から 5 年のインターバルを経て発表された 2022 年の 11th フル。元 Eternity 等で知られるギタリスト Psychon が、2018 年にバンドのラインナップに加わってから初となるアルバム。ミキシング及びマスタリングを担うプロデューサーには前作から引き続き Jens Bogren が続投。『Communion』以降でのエクストリームなシンフォニック・デスメタル路線を踏襲しつつ、よりサウンドトラック的な趣に焦点を絞った作風となっている。神聖さを帯びた仰々しいオーケストレーションとメタリックなアグレッションがシームレスに融け合う、交響音楽的ドラマティシズムは最高峰の域。剛胆な成熟味を感じさせる内容だ。

ヴィジュアルアーティストとしての側面を持つ Spiros Antoniou

幼少期における芸術への目覚め

　Septicflesh のフロントマン兼ベーシストである Spiros Antoniou は、90 年代から活躍するギリシャ圏のダークメタルを代表するシンガーの一人である。そんな彼にはミュージシャンとして以外にも、ヴィジュアルアーティストとしての顔があるのは有名だ。

　1973 年 10 月 24 日にギリシャのアテネにて生まれた彼は、幼少の時分からアートをこよなく愛しており、8 歳の時点で木製の小さいキャンバスに風景画や人物像の絵を黙々と描いていたという。

音楽だけにとどまらない才覚の発現

　90 年代初頭に Septic Flesh というバンドを同郷の仲間と結成してからも、その絵画に対する愛と熱意は沸々と煮え滾っていた。自分が内包する心象風景を視覚的な作品としてこの世に出力したい。そんな欲求を内に秘め続けていた彼は 1990 年にデジタルデザイナー、グラフィックデザイナーを養成する私立学校の門を叩く。

　その 1 年後にはアートワークショップの生徒として個人レッスンに励み、短期間で才覚を発現。更にその数年後にはトップクラスの成績でアテネ最高峰の芸術大学へと入学するに至った。大学在籍中に行った研究は教授たちからも高い評価を得て、数々の優秀賞を獲得。

　華々しい経歴を経た後、アート監修者としてギリシャ版『Metal Hammmer』誌に 1997 年〜 2009 年まで従事している。

多岐に渡る功績

　ヴィジュアルアーティストとして活動する際は Seth Siro Anton というペンネームを用いており、ゴシックメタル関連だけでも Paradise Lost、Moonspell、Draconian、Flowing Tears、Omega Lithium、Rotting Christ など数々のメタルバンドのジャケットを作成。

　因みに 2014 年 2 月に来日した際には、銀座にあるギャラリー「ヴァニラ画廊」にて行われたダークアート系イベントの一環として、Seth Siro Anton の作品が展示された経緯もある。

　音楽とアート、聴覚と視覚双方のフォーマットで孤高の世界観を形成する彼の作品は、今後も世界中で愛され続けるだろう。

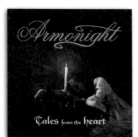

Armonight
Tales from the Heart
📍イタリア　👤Ravenheart Music　💿2012

イタリアはヴィチェンツァ出身のゴシックメタル／ハードロックバンド。2012 年の 2nd フルレングス。ギタリストの Fjord と Lara を中心として 2007 年より活動開始。バンドの歌姫 Sy によるクリアでエモーショナルなリードヴォーカルと、淡い哀切を帯びたシンセワークを配したサウンドは普遍的なメロディックロック寄りの趣が強い。いわゆるシンフォニック・ゴシックメタル系譜の豪華絢爛な音像とは、幾ばくか距離を置いたスタイルが特徴だ。同郷の Domina Noctis 辺りからメタル色を差し引いてポップス／ロック的様相を強めた雰囲気もある。シンプルな構成でありながらも、薄暗い抒情味を携えた上質な歌メロを楽しめる一枚だ。

Ars Onirica
I: Cold
📍イタリア　👤BadMoodMan Music　💿2019

ローマ出身のゴシック／メロディック・ドゥームメタルバンド。2019 年の 1st。発足は 2003 年だがほどなくして活動停止。2018 年から Invernoir や Lykaion でも活動する Alessandro Sforza のソロプロジェクトとして息を吹き返す。初期の Anathema や Paradise Lost 等の威光を汲みつつ、北欧の Swallow the Sun や Draconian といったメロディックなヴァイブを含有する、先人の意匠を厳かに追随するスタイルが特徴。繊細なクリーントーン・アルペジオや往年の Katatonia を思わせるギターワークを用いて、沈痛なドラマ性を仄めかしていく上質作。

Cadaveria
In Your Blood
📍イタリア　👤Season of Mist　💿2007

イタリアはビエッラ出身のブラック／ゴシックメタルバンドによる 2007 年の 3rd。地下シーンにおいて女性ヴォーカルをフロントに据えたブラックメタルの先駆者として名高い Opera IX の元シンガー兼キーボーディスト Raffaella Rivarolo（クレジットネームは Cadaveria）と、元バンドメイトのドラマーを中心に 2001 年結成。グルーヴィーなオルタナティヴメタルにゴスとブラックの要素を掛け合わせた血生臭いサウンドを標榜しており、方法論は違えどゴシックとブラックメタルの融和という点で同郷の Theatres des Vampires と共通する部分あり。攻撃的かつオカルティックな奇抜作。

Canaan
Brand New Babylon
📍イタリア　👤Eibon Records/Prophecy Productions　💿2000

イタリアはミラノ出身のゴシックメタル／ダークウェーブバンドによる 2000 年の 3rd フル。結成は 1996 年、ヴォーカリストの Mauro Berchi がバンドの中心的人物となっている。ゴシックメタル、ゴシックドゥーム、アンビエント、80's ダークウェーブといった要素が混在する、明確にジャンルを分類するのが困難な音楽性ながら、一貫して陰気でメランコリックなアート性の高いサウンドは非常に魅力的。英語とイタリア語が混在する歌メロも異国情緒を増幅させており、バンドの個性にも繋がっている。部分的には中期の Katatonia 辺りにも通じる内省的オルタナ要素や、薄暗いプログレッシヴロックっぽい雰囲気もある。

Dark Lunacy
Devoid
📍イタリア　👤Fuel Records　💿2000

イタリアのパルマ出身の弦楽器入りメロディックデスメタルバンド。2000年リリースの 1st フルレングス。90 年代のヨーテボリサウンドに端を発する北欧メロディックデスメタル勢に多大な影響を受けつつ、そこに悲哀味溢れる弦楽器の旋律を大々的に導入したメランコリック & エクストリームなサウンドが特徴。メンバーは自身の音楽性を「Dramatic Death Metal」と表現しており、一部女性ヴォーカルも採用したその悲劇的なアンサンブルは、ゴシックメタルファンの琴線にも大いに触れるはず。クラシカルなヴァイオリンが響く冒頭曲「Dolls」は、慟哭メロディックデスの傑作であり、バンドのアイデンティティを決定づけた代表曲。

Dakrua
○イタリア

Shifting Realities ⊙ Scarlet Records ⊙ 2002

イタリアはミラノ出身、女性ヴォーカル擁するゴシックメタルバンドによる 2002 年リリースの 2nd フル。ギタリストの Alessandro Buono とドラマーの Davide Sangiovanni の従兄弟を中心として 1995 年に結成。1995 年から 1996 年にかけては Opera Omnia というバンド名で活動していた。同郷のパワーメタルバンド Betoken でも活動する女性シンガー Eva Rondinelli の歌唱は野太く、力強い響きが特徴で熱情性を孕んだバンドのサウンドとのマッチングも良好。オルタナティヴ・ロック的なグルーヴ感も内包した快活な趣が強い、ゴシックメタル・アルバムだ。

Dismal
○イタリア

Rubino liquido - Three Scarlet Drops... ⊙ DreamCell 11 Entertainment ⊙ 2003

イタリアのトリノ出身。ドラマー及びプログラミング担当の Bradac、ギタリスト兼ヴォーカリストの Cadarb Afelio、同郷のシンフォニック・ブラックメタルバンド Amethista にも在籍する女性シンガー Ae にて構成されるゴシックメタルトリオ。2003 年の 2nd フル。本作のレコーディングには 10 名以上に及ぶ室内オーケストラが帯同しており、小規模ながらバンドサウンドとオーケストレーションの融合を介したクラシカルなゴシックメタルを聴かせてくれる。大仰過ぎないアレンジでストリングスやピアノを用いたアプローチは非常にエレガントかつ情感深く、時を忘れて楽曲世界に浸ってしまう様な没入感に溢れている。

Domina Noctis
○イタリア

Second Rose ⊙ Black Fading Records ⊙ 2008

イタリアはパルマ発、女性ヴォーカリスト Edera を擁するゴシックメタルバンドによる 2008 年リリースの 2nd アルバム。バンドのメインソングライターである韓国系ギタリストの Asher は、同郷のベテラン・ダークウェーブバンド Kirlian Camera でも一時期活動しており、音楽性においてもエレクトロ/シンセポップの要素を取り入れた、涼やかでスタイリッシュなサウンドを響かせている。往年の 80's ポップスを思わせる歌メロの出来は上質で、特に Patti Smith の名曲を哀感溢れるゴシックメタルへとカヴァーアレンジした「Because the Night」は、本作屈指の名ナンバー。

Dope Stars Inc.
○イタリア

://Neuromance ⊙ Trisol Music Group ⊙ 2005

イタリアはローマ出身のゴシック/インダストリアルメタルバンド。2005 年の 1st。My Sixth Shadow のマルチプレイヤー Victor Love によって 2003 年結成。Victor が敬愛する Hanoi Rocks や HIM といったフィンランドのバンドからの影響を下敷きに、Bon Jovi 等の 80 年代のポップメタル、White Zombie 等のインダストリアル系音楽の要素を大々的に導入した、サイバーパンクなサウンドが特徴。結果的に My Sixth Shadow 以上の商業的成功を収め、広大なファンベースを獲得した。映画『ソウ 2』のサウンドトラックに「Make a Star」を楽曲提供している。

Evenfall
○イタリア

Cumbersome ⊙ Century Media Records ⊙ 2002

イタリアの南ティロル出身のメンバーで構成される 7 人編成のゴシックメタルバンド、Evenfall による 2002 年リリースの 5th アルバム。男女混成のツインヴォーカルスタイルで、優美なソプラノ・ヴォイスとブラックメタル風のスクリームの対比で楽曲が展開していく王道スタイル。楽曲の出来がいずれも素晴らしく、女性ヴォーカルの歌メロやギターメロディなど、魅力的なフックに富んでいて印象的。所々でエレクトロ・ゴシック風のアレンジが顔を出すのも面白い。ダンサブルでノリの良い「Dogma」や「Entre Dos Tierras」等を始めとしたダークな高揚感も実に素敵。

False Memories
The Last Night of Fall
●イタリア
🅐 Frontiers Music Srl ○ 2021

イタリアはミラノ出身のゴシックメタルバンド。2021年の2nd.。ギタリストの Francesco Savino を中心に2015年に結成。現シンガーの Rossella Moscatello は 2018年から加入している。2021年にリリースした EP『Echoes of a Reflection』 では Paradise Lost や Lacuna Coil、The Gathering 等のゴシックメタルの先人に加えて、All About Eve 等のレジェンドのカヴァーを披露。本作においても正しくゴシッククロック/メタルの遺伝子を受け継ぎつつ、オルタナティヴな色合いを導入。シーンでの存在感を高めている優良株だ。

Evenoire
Vitriol
●イタリア
🅐 Scarlet Records ○ 2012

イタリアのクレモナにて2006年に結成されたシンフォニック/フォークメタルバンド。2012年の1st.。シンフォニック・ゴシックメタル調の楽曲に中世トラッド/フォークやプログレッシヴメタルの因子をブレンドしたスタイルが特徴。イタリアの民間伝承からインスピレーションを受けた歌詞も神話的なムードを際立たせており、バンドの個性に直結している格好だ。ヴォーカリストの Lisy Stefanoni はフルート奏者も兼任しており、涼やかな横笛の音色を聴かせてくれる。オペラティックなトーンではなく、The Gathering 時代の Anneke van Giersbergen を思わせる力強い歌い上げも非常に爽快だ。

Even Vast
Hear Me Out
●イタリア
🅐 Black Lotus Records ○ 1999

イタリアはアオスタ出身のゴシックメタルバンドによる1999年の1st.。結成は 1998年。女性リードシンガー兼キーボーディストの Antonietta Scilipoti と、ギタリストの Luca Martello は共に同郷のプログレッシヴメタルバンド Chaos and Technocracy の元メンバー。ドゥーム要素の強い陰気なギターリフを前面に押し出しており、美しさよりも暗鬱としたムードを基調とした作風。暗黒へヴィネスの渦中で揺蕩うように歌う Antonietta のヴォーカルワークが凛々しく映えており、そういった部分が Anneke 在籍時代の初期 The Gathering を想起させられて、ポイントが高い。

Godyva
Alien Heart
●イタリア
🅐 Southern Brigade Records ○ 2013

イタリアはバーリ出身の女性ヴォーカリスト擁する5人組ゴシックメタルバンド。2013年の3rd.。リードシンガーの Lady Godyva、ギタリストの Frahn、ドラマーの Enyo、ベーシストの Nick Barah から成る4人の創設メンバーの下で2000年より活動開始。後にキーボーディストが加わり、現在ギタリストとベーシストは脱退し別のメンバーが加入済。シンフォニック～エレクトロニックなシンセアレンジを効果的に用いたゴシックメタルをプレイしており、オルタナティヴ・ロックやニューエイジ・ミュージック的な質感も持ち合わせた音楽性。初期の Lacuna Coil を思わせる情感深い歌メロも心地好く響く。

Gothica
The Cliff of Suicide
●イタリア
🅐 Cruel Moon International ○ 2003

イタリアのバスト出身、Roberto Del Vecchio と Alessandra Santovito の二人組ダークウェーブアクトによる2003年の2nd.。全ての楽曲はプログラミング及びキーボードを担う Roberto によって作成されており、歌詞は女性シンガーの Alessandra が担当。詩の一部はダンテやグスタボ・アドルフォ・ベッケルといった19世紀の詩人の作品からも引用されている。音楽的には民族色をまとったクラシカル・アンビエントで Elend や Arcana 辺りと同系統と言えるが、それらに比べると Alessandra の蠱惑的な歌メロを際立たせた妖艶耽美な作風が持ち味。感傷的で物憂げな暗黒の情景美に終始浸れる秀作。

Graveworm
◯イタリア

Scourge of Malice
Ⓐ Serenades Records ◯ 2001

イタリアのブルニコ出身、1992年から活動するゴシック／メロディック・ブラックメタルバンドによる2001年リリースの3rdフル。ヴァイオリンを大々的に取り入れたゴシック風味のエクストリームメタルとしては、同郷のDark Lunacyに並ぶ存在（キャリア的にはこちらの方が古参）。適度な疾走感と冷たく哀愁に満ちたシンセ、悲しみの調べを紡ぐ弦楽器を取り入れた、シンフォニックなブラックメタルをプレイしており、その劇的な作風はゴシックメタルファンの心も鷲掴みにする。ヴァイオリンをリードに配したIron Maidenの「Fear of the Dark」カヴァーは、原曲を凌駕せんばかりの涙腺決壊級の出来。

How like a Winter
◯イタリア

...Beyond My Grey Wake
Ⓐ Martyr Music Group ◯ 2003

イタリアのカンポバッソ出身、男性シンガーとダブル女性ヴォーカリストから成るトリプルフロント体制のゴシックドゥームメタルバンド。2003年の1st。繊細なヴァイオリンの旋律と重苦しいギターリフ、アコースティック・ギターやクラシック音楽の要素を組み合わせた陰鬱耽美なゴシックメタルが構築されている。メンバー全員がMiseryやTragedyなど、人間の負の感情に因んだステージネームを使用している点も芝居がかっており、面白い。因みにDustという名前でクレジットされている男性ヴォーカリストは後にThe Foreshadowingのフロントマンとして名を馳せるMarco Beneventoその人である。

Inner Shrine
◯イタリア

Fallen Beauty
Ⓐ Dragonheart Records ◯ 2000

イタリアはフィレンツェ出身の男女ヴォーカル擁するゴシックメタルバンド。2000年発表の2nd。ヴォーカルとギター、鍵盤奏者を兼ねるLuca LiottiとベーシストのLeonardo Morettiを中心として1995年に結成。南欧らしい情動性に富むアコースティックギターやシンセの響きを用いて、静と動のコントラストを明確に施したミスティック＆オペラティックな幻想派ゴシックメタルを聴かせる。毛色の違う二人の女性シンガーを配置したシアトリカルな手法は、まるでルネッサンス期の悲劇的戯曲を目の当たりにしているかの如く、神秘的なドラマ性を運ぶ。随所に挿入された高貴な哀感を滲ませるインストも麗しい演出だ。

Invernoir
◯イタリア

The Void and the Unbearable Loss
Ⓐ BadMoodMan Music ◯ 2020

イタリアのローマ出身、2016年から活動する4人組ゴシックドゥームメタルバンドによる2020年の1st。同郷のメロディック・デスメタルバンドBlack Therapy等でも活動しているギター兼クリーンヴォーカル担当のLorenzo Carliniがサウンドエンジニアとしての役目も担う。ラインナップ上ではドラマーも在籍しているがリズム面はプログラミングによる打ち込み。初期のKatatoniaやMy Dying Bride等からインスパイアされたスタイルで、90年代の伝統的なゴシックメタルサウンドの再興に成功している。虚無や苦悶、耐え難い痛みをテーマに紡がれる哀哭的なギターメロディは号泣ものだ。

Klimt 1918
◯イタリア

Dopoguerra
Ⓐ Prophecy Productions ◯ 2005

イタリアのローマ出身、Prophecy Productions屈指の寂寞ロックアクトKlimt 1918による2005年リリースの3rd。バンドは1999年にMarcoとPaoloのSoellner兄弟を中心に結成、ダークウェーブやポストロックからの影響を多分に受けたメランコリックな音楽性が特徴。中期Katatoniaに通じる内省オルタナティヴ・ロック的感触と、The CureやSlowdive由来の爽やかな翳りが溶け込んだドラマ性が眩い。冬の切なさを体現した「Snow of '85」は特に涙腺を揺さぶるナンバー。後年は更にインディ／シューゲイザー方面へと歩み寄った作品を発表している。

Lenore S. Fingers

●イタリア

Inner Tales
◎ My Kingdom Music ◎ 2014

イタリアのレッジョ・ディ・カラブリア出身、2010 年に結成されたゴシックメタルバンドによる 2014 年の 1st。バンド名の由来はアメリカのコミック『Lenore, the Cute Little Dead Girl』に登場する架空のアンデッド少女 Lenore とイギリスのウェブアニメ「Salad Fingers」から。『Nighttime Birds』期の The Gathering 辺りに通じる伝統的なゴシックメタルが奏でられており、鬱々としつつも情熱的なサウンドアプローチが魅力。フロントウーマンの Federica による繊細で儚げなヴォーカルも素晴らしい。有望な存在だったが惜しくも 2018 年に解散を発表した。

Luca Turilli's Dreamquest

●イタリア

Lost Horizons
◎ Magic Circle Music ◎ 2006

イタリアのトリエステ出身、元 Rhapsody of Fire のギタリスト Luca Turilli が発足させたシンフォニック / エレクトロ・ゴシックメタル・プロジェクト。2006 年の 1st。Myst という名前でクレジットされた実力派女性ヴォーカリストはその技量の高さから正体は元 After Forever の Floor Jansen では？と噂される程であった。実際にはそれは誤りで、Luca の別プロジェクトの歌手 Bridget Fogle である事が後に判明している。音楽的にはエレクトロなアクセントが利いた Therion 風味のオペラティック・ゴシック。歌メロの出来がとにかく秀逸で、手堅く楽しめる作品。

Macbeth

●イタリア

Superangelic Hate Bringers
◎ Dragonheart Records ◎ 2007

イタリアのミラノ出身の男女混成ゴシックメタルバンドによる、2007 年リリースの 4th アルバム。男女ツインヴォーカル編成を採用しているが、典型的な美醜対比の方法論ではなく、お互いにクリーン・ヴォイス主体で楽曲を牽引していくデュエット方式スタイル。女性ヴォーカルの声色もオペラティックなソプラノ・ヴォイスではなく、どちらかと言うとポップスに近い普遍的な歌唱法が取られている。この普通な感じが、大仰なゴシックメタルへのカウンター的で逆に新鮮。適度なヘヴィネスとダイレクトかつキャッチーな楽曲が並び、キャリア初の MV となる「Without You」は YouTube 上で 60 万回以上再生された。

Mandragora Scream

●イタリア

Fairy Tales from Hell's Caves
◎ Lunatic Asylum ◎ 2001

イタリアのルッカ出身のダークゴシックメタルバンド、Mandragora Scream の 2001 年リリースのデビュー作。フロントウーマンである Morgan Lacroix を中心に 1997 年に結成。ハスキーで魔女的な妖艶性を覗かせる Morgan の歌唱を主軸に、不穏で禍々しい冷気をまとった独特なゴシックメタルをプレイしている。暗黒欧州ロマン溢れる楽曲群は、同郷の Theatres Des Vampires に通じる部分があり、楽曲中で挿入される SE 等も相まって、ホラー映画的でシアトリカルな側面も感じられる。歪つながらも繊細で、美しい音使いが魅惑的なイタリアン・ゴシックメタルの良作。

Monumentum

●イタリア

In Absentia Christi
◎ Misanthropy Records ◎ 1995

イタリアはミラノ出身のゴシックドゥームメタルバンドによる 1995 年の 1st。ギター兼ヴォーカリストの Roberto Mammarella を中心に 1987 年に結成。当初は Mayhem の故 Euronymous が主催した Deathlike Silence Productions より本作がリリースされる予定だったが、氏の殺害事件が起きてしまった為に、お蔵入りになるという逸話あり。中東音楽的なフレーバーとダークウェーブ要素を多分に含んだ不吉なドラマ性含めて、初期ゴシックメタル史における驚異的マスターピースの一つ。因みに Ataraxia の女性シンガー Francesca Nicoli がメンバーとして参加している。

My Sixth Shadow

Love-fading Innocence Ⓐ Watch Me Fall ◉ 2005

イタリアはローマ出身の 6 人組ゴシックメタルバンド。2005 年の 3rd フル。ギタリストの Victor とベーシストの Joseph がクラブで歌っていたヴォーカリストの Dave と出会ったことを契機として 1999 年にバンド結成。ダークで憂鬱なゴシッククロックとエレクトロポップ的な爽やかなヴァイブを組み合わせたニューウェーブ風味の強いゴシックメタルをプレイしており、その方法論は HIM や To/Die/For といったフィンランドのロマンティック・ゴシックメタル勢に近い。バンドは欧州のゴス系メディアを中心に支持され、相応の人気を博した模様だ。U2 の「With or Without You」のカヴァーを収録。

Novembre
●イタリア

Classica Ⓐ Century Media Records ◉ 2000

イタリアはローマ出身のゴシックメタルバンドによる 2000 年発表の 3rd。前身は 90 年結成の Catacomb というデスメタルバンドで、1993 年頃にイタリア語で 11 月を指す現在のバンド名へと変更。同時に音楽性もゴシック色をまとうメランコリックな様相を強めていく。本作はバンドにとってシーンでの存在感を大きくした出世作となる一枚で、哀愁漂うデス/クリーン声と、泣きのツインリードを大きくフィーチャーした高品質なゴシックメタルを響かせている。プログレッシヴな深みを帯びたドラマ性は Opeth や Katatonia 辺りと共通する部分あり。欧州由来の湿り気と熱情的な憂いを伴う煽情性は、他の同系統アクトと比較しても突出的だ。

Novembre
●イタリア

Novembrine Waltz Ⓐ Century Media Records ◉ 2001

2001 年リリースの 4th。本作よりベーシストが交代し、ツインギターの片割れが脱退した為にバンドは 3 人組編成へ移行。前作『Classica』と比較するとデスメタル的タッチが減退し、クリーン声の比重が増加。アコースティックギターやアコーディオン、女性ヴォーカルを部分的に導入する等、楽曲表現のレンジが広がった印象。同時にゴシック/プログレッシヴメタル的ヴァイブも更に強くなっており、豊潤なメロディを響かせるギターワークを主導とした、イタリアン情緒たっぷりのメランコリック・サウンドが終始紡がれる。Travis Smith による美麗アートワークのイメージを反映したアーティスティックな感性に富んだ一枚。

Novembre
●イタリア

The Blue Ⓐ Peaceville Records ◉ 2007

アルバムタイトルが示す通り、Travis Smith が描く美しきディープ・ブルーのアートワークが際立つ 2007 年リリースの 7th。Carmelo と Giuseppe の Orlando 兄弟による強固なアンサンブルを生かしたゴシック/プログレッシヴ・ドゥーム・サウンドは、本作でキャリア最高峰の構築美と深遠美を体現。攻撃性と静謐性を絶妙なバランス感覚で内包する楽曲群は、途切れなく押し寄せる悲しみの奔流へと聴き手を誘う。一時期よりデスメタル的なブルータリティを取り戻した事で、激情的なドラマ性を高めているのも特筆点だ。ミックスは数々の北欧メタルの名作を手掛ける Mikko Karmila が担当。

Novembre
●イタリア

Ursa Ⓐ Peaceville Records ◉ 2016

約 9 年の沈黙を挟んでリリースされた 2016 年発の 8th。Calmero の兄弟でもあるドラマー Giuseppe Orlando がバンドから離脱しており、パーマネントなラインナップとしてはギターの Massimiliano Pagliuso 含めて二名編成に。中枢メンバーを欠いた形での新作ながら、音楽性に大きな影響は見られず Novembre らしい濃密で詩情的なサウンドが繰り広げられている。幾分シューゲイズ的な浮遊美が加味された事で、アトモスフェリックなムード感が強化されている印象だ。シングル・カットされた「Annoluce」に Katatonia のギタリスト Anders Nyström がゲスト参加。

Nude
Cities and Faces

◯イタリア
🅢 Scarlet ◯ 2001

イタリアはサレルノ出身のゴシックメタルバンドによる 2001 年の 1st。ゴシックメタルのエッジ、New Order や Joy Division 由来のインディ / エレクトロ要素、The Sisters of Mercy 系譜のゴシックロックサウンドを組み合わせたニューウェーブ / エレクトロポップ風味のサウンドが特徴。『Host』期の Paradise Lost からの血脈を感じさせつつ、更に上品かつ甘口に仕上げた様なアプローチとも言える。どの楽曲にも印象的な歌メロが仕込まれており、都会的な憂いをたっぷりと含ませた楽曲群はいずれも魅力的。スウィートでマイルドな男性ヴォーカルと音楽性とのマッチングも実に良好だ。

Oceana
The Pattern

◯イタリア
🍥 Time to Kill Records ◯ 2021

イタリアはローマ出身のゴシックドゥーム / デスメタルトリオ。デビュー EP から 20 年以上を経て発表された 2021 年の 1st フル。ミキシングは Dan Swanö が担当。Novembre のギタリスト Massimiliano Pagliuso と友人のドラマーの Alessandro Marconcin を中心に 1994 年結成。ヨーロッパ的なデス / ドゥームメタルとプログレッシヴメタルのミックスを意図としており、豊潤な叙情味を携えた楽曲はバンドの目的を見事に結実させている。Novembre を想起させるギターハーモニーと、艶やかなヴォーカルレイヤーとが絡む様相からは、まるで涼やかに通り抜ける秋風の様なドラマ性が滲む。

Ravenscry
One Way Out

◯イタリア
◯ DreamCell 11 Entertainment ◯ 2011

イタリアのミラノ出身、女性ヴォーカリスト Giulia Stefani をフロントに据えたゴシック / プログレッシヴメタルバンドによる 2011 年の 1st。ギタリストの Paolo Raimondi、ベーシストの Andrea Fagiuoli、ドラマーの Simone Carminati を創設メンバーとして 2008 年結成。エレクトロなアレンジを施したシンセサイザーをアクセントに、起伏に富んだテクニカルなリズムとバッキングを取り入れた、モダンかつオルタナティヴなゴシックメタルを鳴らしている。Evanescence 以降の現代的フィーメール・ゴシックを基調としつつ、プログレッシヴな重量感に寄せた構築美が聴き所だ。

Theatres des Vampires
Pleasure and Pain

◯イタリア
◯ DreamCell 11 Entertainment ◯ 2005

ローマ出身のオカルティック・ゴシックメタルバンドの重鎮、Theatres des Vampires の 2005 年リリースの 7th。バンド初期はメロディックブラックとしての様相が強かったが、00 年代に入ってから従来の路線から脱却。女性ヴォーカリスト Sonya Scarlet をフロントに据えた、妖しくシアトリカルなゴシックメタルへとシフトした。上品かつ耽美なシンセアレンジを主体にした陰鬱なサウンドが魅力的で、クラシカル色をまとったゴシックサウンドは Lacrimosa 辺りにも通じる。自身を剃刀で刻み、観客に血を飲ませる Sonya の過激なライブパフォーマンスもファンの間では語り草になっているようだ。

Theatres des Vampires
Moonlight Waltz

◯イタリア
◯ Aural Music ◯ 2011

2011 年リリースの 9th アルバム。従来のオカルティックかつシアトリカルなゴシックロック路線はそのままに、管弦楽団によるシンフォニックなアプローチを導入した事で映画音楽的なスケール感が向上。サウンドに重量感と説得力が加わった。吸血鬼をテーマに扱ったサウンドは、更なる洗練味をまとって体現されている。エレクトロとオーケストレーションを組み合わせたサウンドをバックに、魔女的な異彩性を交えた Sonya のヴォーカルが妖しく響く。アルバムのリードトラックである「Carmilla」の MV では、イタリアンホラー映画界の巨匠ダリオ・アルジェントの作品にも多数参加した David Bracci が監督を担当した。

The Foreshadowing ◑イタリア
Days of Nothing ◑ Candlelight Records ◑ 2007

イタリアのローマ出身のゴシックメタルバンドによる 2007 年リリースの 1st フル。
奇をてらわず Paradise Lost や Katatonia 等からの色濃い血脈を受け継ぐ、正統派
サウンドを鳴らし続けるイタリアン・ゴシックメタル界隈きっての硬派アクト。メ
ンバーには元 Klimt 1918 や How like a Winter、Dope Stars Inc. 等に在籍していた
イタリアン・ゴシックメタルシーンの名手達が名を連ねる。リードシンガー Marco
Benevento による艶深い男性クリーン声を主体に、ドゥーミーなギターワークと内
省ロマン溢れるメロディを淡々と紡ぐ音楽性は、まさしく古き良きゴシックメタル
そのものだ。

The Foreshadowing ◑イタリア
Oionos ◑ Cyclone Empire ◑ 2010

ギリシャ語で「前兆」を意味するタイトルを冠した 2010 年リリースの 2nd。トラ
ディショナルなゴシックメタルサウンドに倣った姿勢はそのままに、宗教音楽色を
帯びたドラマ性を更に追求。Marco Benevento が発する妖艶なヴォーカルワーク
は、Moonspell の Fernando Ribeiro にも迫る煽情力だ。嘆きや悲痛を代弁するか
の様に静かに滾るメロディセンスも一級品で、先人達が送り出してきた名作群と比
較しても遜色ない程に素晴らしい。ゴシックドゥーム風にアレンジされた Sting の
「Russians」カヴァーも秀逸。アートワークは前作に引き続き Septicflesh の Seth
が担当。

The Lovecrave ◑イタリア
The Angel and the Rain ◑ Repo Records ◑ 2006

イタリアのミラノ出身のゴシック / オルタナティヴ・ロックバンドによる 2006 年
の 1st。アートワークのグラフィックスはリードシンガーの Francesca Chiara が担
当しており、ジャケットに描かれている 3D のキャラクターは「Rain」と名付けら
れた彼女の分身とのこと。また、アルバム内の小冊子には Francesca が描く楽曲
に因んだ架空の小説を収録。音楽的には Iron Maiden や Depeche Mode 等から影
響を受けたダークウェーブと、ヘヴィメタルのミックスとも言えるスタイル。『ブ
レードランナー』等の SF 映画からも触発された神秘的なビジュアル性含め、多様
性に富んだアプローチが面白い。

Tystnaden ◑イタリア
Sham of Perfection ◑ Limb Music ◑ 2006

イタリアはウディネ出身、男女ツインヴォーカル擁するゴシックメタルバンド。
2006 年の 1st。結成は 1998 年だが、1999 年に女性シンガーの Laura De Luca が
加入するまではデスメタル色の強い音楽を演奏していた。Laura は同郷のフォーク
メタルバンド Elvenking にゲストシンガーとして参加していた経歴あり。モダンな
グルーヴ感とエレクトロなアレンジを施したシンセワーク、チェロ等の弦楽器も用
いたコマーシャルなゴシックメタルをプレイしている。明るく朗らかなメロディセ
ンスは Lullacry 辺りを彷彿させるが、美女と野獣スタイルのヴォーカル・アプロー
チは古典的ゴシックメタル寄りでもある。

Valkiria ◑イタリア
Here the Day Comes ◑ Bakerteam Records ◑ 2012

イタリアのポテンツァ出身、1996 年から活動するゴシックドゥームメタルバンド。
2012 年の 5th フル。メインコンポーザーである Domenico Senatore のソロとして
結成され、最初期はノイジーなブラックメタルをプレイしていたが、2006 年以降
からフルバンド体制となり、現在の路線へ。胸が締め付けられる程に切ないアトモ
スフィアが支配的なグレードの高い、悲愴ドゥームを掻き鳴らす。曲目には Dawn
や Sunrise、Morning 等、一日の流れに関する単語が冠され、統一的なコンセプト
と共に叙情的なドラマティシズムを形成している。プロデューサーにスウェーデン
の名手 Jens Bogren を起用しているのも納得の出来。

Diabulus in Musica
●スペイン

Argia
Ⓐ Napalm Records ◯ 2014

スペインはパンプローナ出身のシンフォニック・ゴシックメタルバンドによる
2014 年発表の 3rd。Within Temptation や Epica からインスピレーションを得た弦
楽メタルを基軸に、タイトでエネルギッシュなアグレッションを大々的に取り込ん
だメリハリ抜群のサウンドが最大の武器。女性シンガー Zuberoa Aznárez の情熱
的な美声ヴォーカルと、攻撃的な男性グロウル・ヴォイスの対比を織り交ぜながら
展開していく楽曲はゴージャスかつ劇的。随所で飛び込んでくるクワイアの煽情力
も頭一つ抜きん出ている。単なる二番煎じに留まらない古き良きシンフォニックメ
タル様式を貪欲に突き詰めた力作。

Embellish
●スペイン

Black Tears and Deep Songs for Lost Lovers
Ⓐ Goimusic ◯ 2005

スペインのテラサ出身の 5 人組ゴシックメタルバンド。2005 年の 1st フル。前身
バンドから一緒に活動しているギタリストの Miguel Castilla とヴォーカリストの
David Gohe を主軸として 2002 年に結成。00 年代に巻き起こった北欧ロマンティッ
ク・ゴシックメタルムーヴメントへのスペインからの回答と言わんばかりに HIM、
To/Die/For、The 69 Eyes といったフィンランドの同系統アクト群を彷彿させる音
楽性で、特にヴォーカルの声質も相まって Entwine に近い雰囲気を曝す。しっと
りとメランコリックに聴かせる楽曲力はすこぶる高く、前述のバンドのファンなら
ば一聴の価値あり。

Evadne
●スペイン

The Pale Light of Fireflies
Ⓐ Solitude Productions ◯ 2021

スペインはバレンシア出身のゴシックドゥームメタルバンドによる 2021 年の
4th。結成は 2003 年だが前身バンドの Hexenprozesse での活動開始は 2000 年。
Novembers Doom 辺りを彷彿させる死臭を伴った強靭なギターリフ、Daylight
Dies 等に通じる豊かなギターメロディ、瞑想的なクリーン & グロウルを駆使した
ヴォーカリゼーションが、三位一体となって構築される高品質な暗黒ドゥームに思
わず身震いしてしまう。絶望感を煽るヘヴィネスと旋律美の対比という、ゴシック
ドゥームにおける理想的な様式を、高いセンスと完成度で体現したスパニッシュ・
ダークメタル界の新たなる傑作品。

Forever Slave
●スペイン

Alice's Inferno
Ⓐ Armageddon Music ◯ 2005

スペインのバレンシア出身、女性シンガーの Lady Angellyca とギタリストの
Servalath を中心に 2000 年に結成されたシンフォニック・ゴシックメタルバンド。
本作は 3 枚のデモを経て 2005 年にリリースされた、1st フルレングス。メランコ
リックなシンセワークと、弦楽器の旋律美で装飾された、端正で正統的な男女ツイ
ンヴォーカル型のゴシックメタルをプレイしている。Lady Angellyca による繊細で
浮遊感のある艶声を主軸にしつつ、時折インサートしてくる豪気溢れるデス・ヴォ
イスも引き立て役以上の存在感を放っており、頼もしい。程良いテンポ感で進行す
る楽曲も非常に聴き易く、この手のジャンル初心者にもお勧め。

Helevorn
●スペイン

Aamamata
Ⓐ BadMoodMan Music ◯ 2019

スペインのパルマ・デ・マヨルカ出身、1999 年から活動するゴシックドゥームメ
タルバンドによる 2019 年の 4th フル。ギタリストの Sandro Vizcaíno とヴォーカ
リストの Josep Brunet がバンドの中心的メンバー。バンド名はトールキンの小説
作品『シルマリルの物語』に登場する湖の名称が由来。Katatonia や初期 Paradise
Lost 等のファンへの訴求力が高い、ヘヴィで叙情詩的なメランコリック・ドゥー
ムメタルが展開されている。闇夜の地中海の情景美が浮かび上がる様なサウンドス
ケープが異国情緒を晒す。8 曲目で Draconian のシンガー Heike Langhans がゲス
ト参加。

Trobar de Morte ●スペイン
Fairydust Ⓐ Drama Company Ⓞ 2004

スペインのバルセロナ出身、欧州を中心にカリスマティックな人気を誇るゴシック / ペイガンフォーク系バンドの 2004 年発表の 1st フルレングス。同郷のネオクラシカル / ダークウェーブ系バンド Narsillion で活動していた女性シンガー Lady Morte を中心に 1999 年結成（当初は彼女のソロプロジェクトとして発足）。パーカッション、フルート、ハーディ・ガーディ等を操りソングライティングも担う Lady Morte が描く世界観は魔女や妖精、古代の神々、欧州の民間伝承等に基づいたもの。スペイン語と英語、時にラテン語を交えて綴られる幻想的な楽曲は、極上の異国情緒ファンタジーだ。土着的ゴシックを求めるなら一聴の価値あり。

In Loving Memory ●スペイン
Negation of Life Ⓑ BadMoodMan Music Ⓞ 2011

スペインはビルバオ出身、2005 年結成のゴシック / ドゥームメタルバンド。2011 年の 2nd。ロシアの Solitude Productions を母体とするサブレーベル BadMoodMan Music よりリリース。活動当初は女性シンガーも在籍していたが、2007 年以降から男性ヴォーカル一本の編成へとシフト。荒々しくもメロディアスなギターワークが耳を引くゴシックドゥームを奏でている。押し引きのコントラストの中でドラマ性を形成する構成も聴き所。My Dying Bride の某名曲を彷彿させるイントロからして素敵な「Novembers Cries」は、思わずジャケットの様に血涙を流してしまうハイライト。

7th Moon ●スペイン
Alter Alma Ⓐ Armageddon Shadow Ⓞ 2002

スペインのバルセロナ出身、女性シンガー Sonia Carles を擁するゴシックドゥームメタルバンドによる 2002 年リリースの 1st フルレングス。結成は 1996 年。チェロ奏者を含んだ 6 人組体制で耽美な正調ゴシックメタルがプレイされており、その確かなアンサンブルから重厚なドラマティシズムを発露させる実力派アクト。スパニッシュらしい情熱性と、内省的なメランコリアを含んだヴォーカルラインもさることながら、獣的な重低音デスヴォイスも女性ヴォーカリストの Sonia 自身が担っているのが驚きである。緩急に富んだドレッシーな展開美で、スリリングさを演出する手腕もエクセレント。

A Dream of Poe ●ポルトガル
The Mirror of Deliverance Ⓐ Arx Productions Ⓞ 2011

ポルトガルのサンミゲル島出身、2005 年から活動するゴシックドゥームメタルバンドによる 2011 年リリースの 1st フルレングス。優しく穏やかな男性クリーン・ヴォイスを中心に進行していくスタイルで、時折グロウルも交えはするが、同系統の作品群の中でも一際物柔らかで優美な印象を抱かせるアプローチが個性的。Tiamat の『Wildhoney』辺りにも通じるドリーミングでプログレッシヴなドラマ性と、My Dying Bride 由来のダークメタル的深遠性を独自に消化した音像が面白い。繊細なメロディとヴォーカルワークによって紡がれる冒頭曲「Neophyte」は、牧歌的ゴシックドゥームの名曲。

Ava Inferi ●ポルトガル
Onxy Ⓐ Season of Mist Ⓞ 2011

ポルトガルのアルマダ出身、元 Mayhem のギタリスト Blasphemer こと Rune Eriksen を中心に結成された、女声ゴシック / ドゥームメタルバンドによる 2011 年発表の 4th。シンガーの Carmen Susana Simões はポルトガルのダークウェーブ界隈でキャリアを積み、Moonspell との共演の経験もある逸材。荒涼とした呪術ドゥームに Carmen の暗黒妖艶なソプラノ・ヴォイスが絡むサウンドは、深い退廃美と共に孤独と不安を掻き立てる。シャーマニックな深遠性が蠢く独特なスタイルは、かつての The 3rd and the Mortal や Madder Mortem 辺りに共通する部分もある。

Before the Rain

Frail　　　　　　　　　　　　　　　　　　　　🔵ポルトガル

🅰 Avantgarde Music 🔵 2011

ポルトガルのセトゥーバル発ゴシックドゥーム、Before the Rain による 2011 年発表の 2nd。初期 Anathema や Katatonia からの影響を感じさせるダークで内省的なヘヴィネスを、陰鬱なトーンと共に長尺な楽曲を通して構築。喪に服したかのように厳粛かつ空虚なサウンドは、どこまでも深い哀感の海原へと誘う。静かな情感を帯びるクリーン・ヴォイスと悲嘆に暮れたグロウルを交え、17 分に及ぶ憂鬱な叙情譚を紡ぎ出す「Breaking the Waves」は本作を象徴するハイライト。終末世界的な雰囲気含めて、Saturnus や Shape of Despair 辺りのファンにもお勧め。

Desire

Infinity...a Timeless Journey Through an Emotional Dream　🔵ポルトガル

🅰 Skyfall Records 🔵 1996

ポルトガルのリスボン発デス / アトモスフェリック・ドゥームメタルバンドによる 1996 年の 1st。初期の Paradise Lost や Katatonia に連なる鬱蒼と地響くドゥームをプレイしており、神秘的なムードを曝すシンセと、要所で挿入される泣きのギターメロディの煽情力は、この手のスタイルの音楽を愛する者ならば咽び泣いて歓喜する程に極まっている。リリース当時はあまり大きな注目を浴びる事は無かったが、約 20 年を経た 2017 年には Alma Mater Records よりデジパック CD 化及びリマスター再発もされ、再評価が著しい。歴史に埋まらせるには惜しすぎる 90 年代ゴシックメタル屈指のカルト的名作。

Heavenwood

Diva　　　　　　　　　　　　　　　　　　　　🔵ポルトガル

🅰 Massacre Records 🔵 1996

ポルトガルはポルト出身のゴシックメタルバンドによる 1996 年発表の 1st。元々は Disgorged という名前でデスメタルをプレイしていたが、1995 年にベーシストが自殺するという悲劇の後にバンド名を変更、音楽性もゴシックメタルへとシフトした。女性ヴォーカルや弦楽器等の華美な装飾に頼らず、ギターとシンセを主導とした Paradise Lost 直系の正統的サウンドが特徴。フロントマンの Ernesto Guerra によるグロウルとクリーン・ヴォイスを交えた哀愁を含みながらも力強いヴォーカル、そこに被さる泣きのギター・メロディが切なさと共に心を揺さぶっていく。90 年代男声ゴシックメタルの正しき優良盤の一つ。

Icon & The Black Roses

Icon & The Black Roses　　　　　　　　　　　　🔵ポルトガル

🅰 Dark-Wings 🔵 2004

ポルトガルのリスボンを拠点に活動する 5 人組ゴシックメタルバンドによる 2004 年の 1st。1999 年の結成当初は Blue Obsession という名前で活動をスタート。HIM を始めとするフィンランド・ゴシックメタル勢から多大なインスピレーションを受けた音楽性ながら、哀愁美を帯びたコマーシャル性の高いソングライティング力からは、単なるフォロワーに留まらない類稀なポテンシャリティが漂う。Kate Bush の名曲「Running up That Hill」をバンドの個性を示しつつロマンティック・ゴシック色に染め上げる手腕も見事だ。Gamma Ray の Dirk Schlächter がプロデュースを担当。

Sinistro

Sangue Cassia　　　　　　　　　　　　　　　　🔵ポルトガル

🅰 Season of Mist 🔵 2018

ポルトガルはリスボン出身のドゥーム / ポストメタルバンドによる 2018 年の 3rd。スラッジ / ポストメタル系のバンドとして銘打たれているが、女性シンガー Patricia Andrade の幽玄なヴォーカルを中心に据えたサウンドは往年のゴシックドゥームにかなり近く、Trees of Eternity や同郷の Ava Inferi 辺りが晒す寂寥とした空気感を連想させる。そこに Amenra や Cult of Luna にも通じる、ポストメタル出自らしい空間的残響美を帯びた轟音ギターリフレインが振り落とされるアプローチは、インパクト大。ダークで破滅的な音像は Chelsea Wolfe 辺りのファンにも響きそうだ。

Weeping Silence
Theatre of Life

● マルタ
🅐 Ravenheart Music 🅞 2011

マルタのシッジウィー出身のゴシックメタルバンド。2011 年リリースの 2nd フル。
結成は 1995 年だが、ラインナップを固めて本格的に活動を開始したのは 1st デモ
をリリースした 2000 年頃より。当初はゴシックドゥーム寄りの音楽性であったが、
女性シンガーの Rachel Grech が加入した 2001 年からシンフォニック・ゴシック
メタル寄りの路線へとシフト。Rachel の可憐なソプラノ・ヴォイスを前面に押し
出しつつ、瑞々しくも絢爛なシンセメロディとツインギターをフィーチャーした交
響的な響きのゴシックメタルを奏でている。悲壮感と同時に温かみも携えた豊潤な
ドラマ性を内包したスタイルは感嘆に値する完成度だ。

Chaostar
Threnody

● ギリシャ
🅐 Holy Records 🅞 2001

ギリシャはアテネ発、Septicflesh の Christos Antoniou を中心とするダークアンビ
エント・プロジェクトによる 2001 年発表の 2nd。Septicflesh の初期作にゲスト参
加していた女性シンガー Natalie Rassoulis をフィーチャーした実験的プロジェク
トとして結成され、当初は他の Septicflesh のメンバーも携わっていた（現在はメ
ンバーを一新）。Natalie の妖艶なソプラノ・ヴォイスと厳格なオーケストラ、エレ
クトロなサンプリングを組み合わせた暗黒深遠サウンドは一聴の価値あり。ニュー
ウェーブ / ゴシックロック調の「Mantis」は本作随一のキャッチーさを誇る秀逸曲。

Dimlight
The Lost Chapters

● ギリシャ
🅐 Five Starr Records 🅞 2015

アテネ出身のシンフォニックゴシック / デスメタルバンドによる 2015 年の 3rd。
2021 年に On Thorns I Lay に加入したギタリスト兼シンガーの Peter Miliadis とベー
シストの Efthimis Papanikos を中心に 2006 年結成。美女と野獣スタイルのゴシッ
クメタルを基調としつつ、モダンテイストなデス / ブラックメタルと Septicflesh
を彷彿させる、ダークなトーンのオーケストレーションを接続混合した暗黒交響メ
タル的作風が特徴。タイトなリフワークと猛々しいドラミングが施されたエクスト
リームメタルと、ゴシック調のドラマティシズムが強力に渦巻いていく様相は実に
壮観。

Elysion
Silent Scream

● ギリシャ
🅐 Massacre Records 🅞 2009

ギリシャのアテネ発ゴシックメタルバンドによる 2009 年の 1st アルバム。
Evanescence 以降のモダン・フィーメール・ゴシックメタルへの欧州からの回
答と言わんばかりの高品質なサウンドが展開されており、各楽曲はいずれも豊
かなポップセンスとフックに富んでいる。Lacuna Coil の Cristina Scabbia を彷
彿させる情感深いヴォーカリゼーションを披露するリードシンガー、Christiana
Hatzimihali もかなりの実力派。メランコリックな情緒を携えたヘヴィネスと、
エレクトロなアレンジを加えたコマーシャル性のバランス感覚も素晴らしい。ゴ
シックメタルの入門用としても重宝しそうな一枚。

Meden Agan
Erevos Aenaon

● ギリシャ
🅐 Independent 🅞 2011

ギリシャはアテネを拠点とするシンフォニック / ゴシックメタルバンド。2011 年
発表の 2nd フル。当初は 2005 年にパリで結成されたが、紆余曲折を経てメンバー
の出身地であるギリシャへ活動場所を移している。厳めしいキーボード装飾に、
テクニカルなギターワークを組み合わせたシンフォニック・ゴシックメタルが展開
されており、その音像はかなりヘヴィかつアグレッシヴ。苛烈な楽曲を牽引する女
性シンガー Iliana Tsakiraki は超高音域のオペラティック・ヴォイスを使いこなす実
力派で、同郷の Septicflesh の作品にも客演経験あり。アートワークは Septicflesh
の Seth Siro Anton が担当。

Nightfall
●ギリシャ

Parade into Centuries | Holy Records | 1992

アテネにて 1991 年結成、Septic Flesh や Rotting Christ と並ぶギリシャ発カルトゴ
シックメタル御三家の一角である Nightfall の 1992 年デビュー作。同時にフランス
の暗黒メタルレーベル Holy Records の記念すべき第一号のリリース作品でもある
(そもそも Holy Records は Nightfall の為に設立されたという説もあり)。オールド
スクールなデスメタルやスラッシュメタル由来のアグレッションを色濃く残した暗
黒ゴシックドゥームが展開されており、不吉でおどろおどろしいシンセの音色がバ
ンドの個性に繋がっている。ギリシャにおけるエクストリームメタルの先駆的一枚。

Nightfall
●ギリシャ

Macabre Sunsets | Holy Records | 1993

1993 年リリースの 2nd アルバム。バンドのブレインを担うベース / ヴォーカルの
Efthimis Karadimas によって形作られる暗黒美学は更に強固に発展。ドゥーミーな
暗黒デスメタルのスタイルを引き継ぎつつ、オカルティックな響きを伴うシンセ /
オーケストレーションの導入がより顕著になり、エスニックな雰囲気を曝すギター
メロディが高揚感を煽っていく。ブラストビートを入り交えたエクストリームな感
触も健在で、突発的にリズムチェンジを繰り返す混沌とした楽曲展開が独特の緊張
感を付加させている。Holy Records のブランドカラーをそのまま反映させたかの
様な奇妙な個性極まる逸品。

Nightfall
●ギリシャ

Athenian Echoes | Holy Records | 1995

バンド初期の最高傑作として君臨する 1995 年発表の 3rd アルバム。ブラックメタ
ル風のトレモロリフでメロディアスなフレーズを矢継ぎ早に紡ぎ出し、スリリング
かつ神妙なオーケストレーションで装飾していくオープナー「Aye Azure」からし
てインパクト大。続く「Armada」ではオカルティックなゴシックロック的キャッチー
さを取り入れた本作屈指の変態エクストリームメタル。中近東風のフレーズを大々
的に導入した 8 分に及ぶ叙情大曲「Ishtar (Celebrate Your Beauty)」も素晴らしい。
後のゴシックメタル路線と初期作のデスメタル・フレーバーを程良くブレンドした
ギリシャ暗黒メタルの名盤だ。

Nightfall
●ギリシャ

Lesbian Show | Holy Records | 1997

1997 年リリースの 4th フル。エクストリームなデス / ドゥームメタル色が大幅に
払拭され、ミドルテンポ主体の正統派メタル寄りの作風へと劇的にシフト。初期作
にあったドロドロとした雰囲気は皆無で、非常にノリの良いゴシックロック的な
キャッチーさが際立っている。デスメタル的な色合いを残しつつもメロディをなぞ
る歌唱法が取られているヴォーカルや、美麗なギターメロディを随所に配したドラ
マ性溢れるアプローチは『Amok』の頃の Sentenced や Crematory 辺りを彷彿とさ
せる味わいだ。過去作の様な奇抜なインパクトこそ希薄なものの、オリジナリティ
を維持しつつ順当進化したゴシックメタル期の良作。

Nightfall
●ギリシャ

Diva Futura | Holy Records | 1999

1999 年発表の 5th。前作の路線を推し進めつつ、『One Second』期の Paradise
Lost や中期 Katatonia にも通じるスタイリッシュな力強さが加わった作品。
Efthimis Karadimas のヴォーカルは更にメロディを追うようになり、楽曲の分かり
易さにも拍車がかかっている。灰暗いドラマティシズムを携えたギターメロディのセ
ンスは相変わらず冴え渡っており、このフレージングの妙味こそが Nightfall のア
イデンティティと言わんばかり。メランコリックなアルペジオと共に進行していく
「Diva」は、フィンランド系ゴシックメタル勢にも迫るキャッチーさで、内省耽美
ロマンを紡ぐ名ナンバーだ。

Nightfall 　　　　　　　　　　　　　　　　　　　　○ギリシャ
At Night We Prey 　　　　　　　　　　　Ⓐ Season of Mist ○ 2021

前作から 8 年のインターバルを挟んでリリースされた 2021 年発表の 10th。中心人
物 Efthimis Karadimas 以外のラインナップも一新、2003 年以来の復帰となる Mike
Galiatsos と新加入の Kostas Kyriakopoulos のギタリスト二名、Septic Flesh での
活動で知られる Fotis Benardo がドラマーとして新たに参加。音楽性も再び変遷を
重ね、初期に通じるスラッシーな暗黒デスメタル路線へと回帰。鬱病との闘病をテー
マを基に、中近東風味の独特なギター・メロディを生かした神秘的かつ攻撃的な作
風に仕上がっている。バンドの現役っぷりを高らかに明示した復活作だ。

Ocean of Grief 　　　　　　　　　　　　　　　　　○ギリシャ
Nightfall's Lament 　　　　　Ⓐ Rain Without End Records ○ 2018

ギリシャはアテネ出身のメロディック・ドゥーム / デスメタルバンド。2018
年の 1st。元 Typhων のベーシスト Giannis Koskinas とギタリストの Filippos
Koliopanos を中心に 2014 年結成。両者は 2020 年から On Thorns I Lay にも加入
している。強烈な哀切性を醸し出すリードギターを配したメランコリックなドゥー
ムメタルが奏でられており、その煽情力は Slumber や Enshine といった同系統の
先人に迫る勢い。同時に初期 Amorphis や Insomnium 辺りの北欧メロディックデ
スメタル勢にも通じる劇的性も内包。前述したバンド群のファンなら一聴の価値あ
り。

On Thorns I Lay 　　　　　　　　　　　　　　　　○ギリシャ
Orama 　　　　　　　　　　　　　　　　Ⓐ Holy Records ○ 1997

ギリシャのアテネ出身のゴシック / ドゥームメタルバンドによる 1997 年リリース
の 2nd アルバム。バンド名の由来はシェイクスピアの作品の一節から。1st アルバ
ム時点ではヴォーカルは男性のみの編成だったが、本作ではキーボードを兼任す
る女性シンガー Roula が加入。男女混声ヴォーカルを据えた美女と野獣スタイル
を起用しつつ、ミドル〜アップテンポ主体のアグレッシヴな暗黒メタルサウンドが
展開。録音はチープながら怪しいメロディセンスには独特の魅力があり、アトラン
ティスをコンセプトに掲げた作風もオリエンタルな幻想味を加速させる。ギターメ
ロディが印象的な「Oceans」は初期を代表する一曲。

On Thorns I Lay 　　　　　　　　　　　　　　　　○ギリシャ
Crystal Tears 　　　　　　　　　　　　Ⓐ Holy Records ○ 1999

日本での国内盤デビューも果たした 1999 年リリースの 3rd。この時期、創設メン
バー達は医学の勉強の為にルーマニアのブカレストへと移住。バンドは現地のマネ
ジメントを通してヴィオラ奏者 Elena と鍵盤奏者 Ionna という二人の姉妹、新ドラ
マーの Andrew Olaru、ルーマニアのセッションミュージシャン Marcela Buruiana
を女性ヴォーカリストとして獲得。Theatre of Tragedy の名作『Aégis』にも肉薄
する内省的かつ耽美なゴシックメタルを完成させた。幽玄なヴィオラの旋律と可憐
なエンジェリック・ヴォイスが揺蕩うサウンドはまさしく美の極致。欧州ゴシック
の名作として君臨する逸品。

On Thorns I Lay 　　　　　　　　　　　　　　　　○ギリシャ
Future Narcotic 　　　　　　　　　　　Ⓐ Holy Records ○ 2000

2000 年リリースの 4th アルバム。前作『Crystal Tears』の耽美ゴシックメタル的ムー
ドを保持しつつ、サウンドが幾分軽くなりポップになり普遍的なロックへと接近。デジ
タル風味のシンセアレンジも大いに導入された。前作で参加した姉妹ミュージシャ
ンはヴィオラ奏者の Elena のみ残留し、引き続き優雅な旋律美を聴かせてくれる。
また、ゲストシンガーの Marcela Buruiana とは別に新たな女性ヴォーカリストと
して Claudia J. がクレジット。声色の違う二人のフィーメール・ヴォイスが楽曲に
メランコリックな清涼感を彩っていく様が華々しい。憂いと透明感をまとったアコ
ギやピアノ・フレーズの数々も印象深い。

On Thorns I Lay
●ギリシャ

Threnos 　🔵 Lifeforce Records ◎ 2020

2014 年の活動休止を経てリリースされたオリジナルアルバム『Aegean Sorrow』に続く 2020 年発表の 9th フルレングス。ミックスは Dan Swanö が担当。デス/ドゥーム路線へ先祖帰りした前作の路線を推し進めた内容となっており、2nd『Orama』時代を彷彿させると同時に近年の My Dying Bride 等へのリスペクトも感じさせる。グロウルー辺倒へとシフトした Stefanos の業深いヴォーカルワークを軸に、ピアノと弦楽器によるオーケストレーションと、泣きのギターメロディが曇天を突き刺す光明の如く降り注ぐゴシックドゥームが展開。シーンの中枢へと再び返り咲くに値する充実作だ。

Rotting Christ
●ギリシャ

Triarchy of the Lost Lovers 　🔵 Century Media Records ◎ 1996

アテネにて 1987 年結成。ギリシャ最初期のブラックメタルバンドの一角であり、欧州地下シーンにおける最高アクトの一つとして知られる存在。アルバム毎に音楽変遷を重ねており、本作はゴシック/ドゥームメタルの要素を色濃く反映し始めた時期にリリースされた 1996 年の 3rd フル。基本的にはミドルテンポ主体でシンセやギターメロディによってメランコリックな神秘性を発露させていくゴシックメタルらしいスタイルながら、オールドスクール・デス/ブラック由来のイーヴルな疾走感も部分的に残っている。Century Media Records 移籍後初の作品ということもあり、サウンドの質もグッと向上。バンド転換期の重要作。

Rotting Christ
●ギリシャ

A Dead Poem 　🔵 Century Media Records ◎ 1997

彼等のディスコグラフィーの中でも恐らく最もゴシックメタル色の強い作品と言えるであろう 1997 年の 4th。ブラックメタルの要素はより希薄になり、初期の Paradise Lost や Anathema を思わせる耽美で憂愁としたメロディやフレージングで彩るキャッチーかつ整然としたダークメタルが展開。Moonspell の Fernando Ribeiro が艶深いコーラスと共にゲスト参加する「Among Two Storms」を始め、正統派ヘヴィメタル的なトーンを浮かべると同時に Rotting Christ らしい不気味な神秘性も保持するバランス感覚が素晴らしい。プロデューサーは Samael の Xy が担当。

Rotting Christ
●ギリシャ

Sleep of the Angels 　🔵 Century Media Records ◎ 1999

1999 年リリースの 5th アルバム。前作のゴシックメタル路線を維持・推進しつつデス/ブラックメタル的なアグレッションも幾分復活した作風へ。アトモスフェリックなメランコリズムをまとったギターメロディを主軸に、儀式的な暗黒ドラマティシズムを演出していく妙味はますます磨きがかっている。ディープなクリーン・ヴォイスとグロウルを交えた Sakis Tolis のヴォーカルワークの表現力の向上も著しい。プロデュースは前作と同じくキーボードとしてゲスト参加もしている Samael の Xy を起用。次作『Khronos』以降はゴシックメタル色は減退していき、モダンでエクストリームなブラック/ダークメタル路線へと邁進していく。

Sakis Tolis
●ギリシャ

Among the Fires of Hell 　🔵 Independent ◎ 2022

アテネ出身のダークメタル・レジェンド Rotting Christ のフロントマン Sakis Tolis による初ソロアルバム。2022 年作。元 Septicflesh 及び現 Nightfall のドラマー Fotis Benardo や、Rotting Christ の過去作にも客演したバグパイプ奏者 Georgis Nikas 等が客演。艶やかなギターフレーズをフィーチャーした正統ゴシックメタル的作風となっており、表出する雰囲気は『A Dead Poem』や『Sleep of the Angels』辺りの Rotting Christ にも通じる。上質なメロディをたっぷり含有したギリシャ・ゴシックの新たな雄編だ。

Americas
Oceania
Asia
International

　アメリカには元来、ヨーロッパ圏とは色合いの異なる巨大な
ゴシックシーンが形成されている。ゴシックメタルのムーヴメン
ト発祥以前まで遡ると、70 年代後半にゴシック / デスロッ
クの祖として登場した Rozz Williams 率いる Christian Death
や、パンキッシュな前者に比べてよりヘヴィメタルから影響を
受けたスタイルの 45 Grave がアメリカン・ゴシックシーンの
開拓者として名高い。ゴシックメタルの範疇で語られる代表的
なバンドとしては、Type O Negative が筆頭として挙げられる
が、前身バンドがブルックリンのハードコア / クロスオーバー
スラッシュメタルシーン出自であったり、ゴシックメタルに留
まらないオルタナティヴなアプローチを内包していたりと、
背景 / 音楽性双方でヨーロッパ圏のゴシックメタルとは似て非
なる存在感を放っていた。1990 年代には Marilyn Manson や
KoЯn 等、ゴシック要素を持つ非ゴシックメタルなバンドがメ
インストリームで高い人気を誇っていたりと、ゴシックカル
チャーの大衆への浸透度はヨーロッパ圏に比肩する。それを
物語るように、2000 年代には Evanescence が爆発的にヒット
し、その副次的効果でヨーロッパ圏のゴシックメタルバンドに
も注目が集まるなどシーンに様々な影響をもたらした。現在で
も Chelsea Wolfe や Unto Others など先進的なゴシック感性を
持つアクトを次々に輩出している地域である。
　一方アジアにおいてもゴシックメタルから影響を受けたバン
ドは数多い。中国や韓国でもゴシックカルチャー影響下の優良
バンドは数多く、ここ日本でも様々なスタイルのバンドが活躍
している。ゴシックメタルとも親和性のあるヴィジュアル系カ
ルチャーの流れの中でゴシック + ヘヴィメタルを実践したバ
ンドや、日本文化固有のアニソンやゲームミュージックからの
影響を組み込んだバンドも存在する等、ヨーロッパ圏とは異な
る文脈で独自的かつ豊かなシーンを構築しているのも特徴だ。

アメリカン・ゴシック史に名を刻むブルックリンのグリーンマン

Type O Negative

- ◎ A Pale Horse Named Death、Carnivore、Paradise Lost、Moonspell、Danzig
- ◐ 1989 〜 1990（New Minority、Repulsion、Sub Zero 名義）、1990 〜 2010 ⊕ アメリカ、ブルックリン
- ◉ Peter Steele（ヴォーカル、ベース）、Kenny Hickey（ギター）、Josh Silver（キーボード）、Johnny Kelly（ドラム）

ニューヨークのブルックリン出身。元 Carnivore のフロントマン Peter Steele と幼馴染のドラマー Sal Abruscato、キーボーディストの Josh Silver、ギタリストの Kenny Hickey を創設メンバーとして 1989 年に結成。バンド名の変更を幾度か経た後、1990 年より Type O Negative としての活動を開始。1991 年に Roadracer Records とのレーベル契約を交わしたバンドは、1st アルバム『Slow, Deep and Hard』を発表、ドゥーミーなハードコアと、ゴシックのムードを組み合わせた独自性の高いサウンドで注目を集める。疑似ライブアルバムという変則的なコンセプトで制作された 2nd アルバム『The Origin of the Feces（Not Live at Brighton Beach）』を 1992 年を発表した後、1993 年にリリースされた 3rd アルバム『Bloody Kisses』は Roadrunner Records 史上初のゴールド認定を受けたレコード（最終的にはプラチナ認定に達している）として有名である。オリジナルドラマーであった Sal Abruscato の脱退を受けて、新体制で制作された 1996 年の 4th アルバム『October Rust』も Billboard Top 200 にて 42 位をマークし、前作に準じた商業的成功を収める。その後もワールドツアーやアルバム制作と同時に、複数の映画作品へのサウンドトラック用の楽曲提供など幅広い活動をこなしていく。しかし 2007 年に 7th アルバム『Dead Again』をリリースした後、2010 年 4 月にバンドのフロントマン Peter Steele が心不全の為に急逝。この悲報を受けてバンドは 2010 年 11 月に解散。いまなお後続のシーンに多大な影響を与え続けるアメリカン・ゴシックの代表格だ。

Type O Negative
アメリカ
Slow, Deep and Hard
Roadrunner Records　1991

アメリカン・ゴシックメタルシーンにおける最重要バンドであり、ゴシックの範疇に留まらないオルタナティヴなアプローチで界隈を席捲した Type O Negative による 1991 年 1st。Carnivore 譲りなニューヨーク・ハードコア的粗暴さと、Black Sabbath からの影響が色濃い燻ぶったドゥーム・リフ、そこにゴシック風の仄暗い空気感が組み込まれた作風となっている。Peter Steele のヴォーカルはシャウト主体で、後年の作品に比べるとパンキッシュな攻撃性が先行的ではあるが、骨格となるダークでユーモラスな世界観はこの時点で完成している。偉大なるキャリアへと歩を進めた鮮烈なデビュー作。

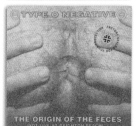

Type O Negative
アメリカ
The Origin of the Feces
Roadrunner Records　1992

1992 年の 2nd にして、Type O Negative 史上最もクレイジーかつユーモラスな一枚。オリジナルのアルバムジャケットには Peter Steele の肛門の写真が使われており（後の再発時には当然の如く差し替え）、内容の大半は 1st の楽曲の再録音ヴァージョンで構成。スタジオで録音されていながら、架空の聴衆の声や偽装された騒音が挿入されており、まるでライブアルバムの様な作りで奇妙な臨場感を演出している。自虐や鬱病などダークなテーマを取り扱いつつ、ブラックなユーモアに富んだ歌詞も彼等の真骨頂。耽美サイケゴシック調にアレンジされた Black Sabbath の「Paranoid」カヴァーも最高。

Type O Negative
アメリカ
Bloody Kisses
Roadrunner Records　1993

「Black No.1」や「Christian Woman」等バンド屈指のアンセムを数多く有し、カルト的な人気を博すきっかけとなった 1993 年の 3rd。デスメタルを背景に持つ Paradise Lost や My Dying Bride 等の欧州ゴシックメタル勢とは違う方法論で、ハードコア由来の荒々しさと耽美的ポップセンスを落とし込み、独自のゴス/ドゥームスタイルを提示した革新的な一枚。ホラーゴシック調に仕上がった Seals & Crofts の「Summer Breeze」カヴァーも印象深い。Roadrunner Records においてゴールド認定を獲得した最初のアルバムでもあり、名実共に代表作と言える。

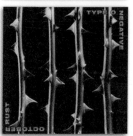

Type O Negative
アメリカ
October Rust
Roadrunner Records　1996

『Bloody Kisses』と双璧を成す傑作品として名高い 1996 年の 4th。オリジナル・ドラマーの Sal Abruscato が脱退し、本作から新ドラマーとして Johnny Kelly が加入。前作に比べてややドゥームメタル的なヴァイブが後退し、哀切へヴィネスをまといつつもバラード主体のよりキャッチーな方向へと舵を切っている。耽美なピアノの旋律と共に愛と喪失を紡ぐ「Love You to Death」、Peter Steele が亡くなった自身の父親について歌う陰鬱聖夜ソング「Red Water」、サイケで厭世的な「In Praise of Bacchus」を始め、捨て曲無しの官能的な名作。

Type O Negative
アメリカ
World Coming Down
Roadrunner Records　1999

陰影深いダークグリーンに染められたブルックリン橋のアートワークが印象的な、1999 年リリースの 5th アルバム。Type O Negative のリリース作品の中で最も暗くシリアスなテーマを扱った作品であり、歌詞の内容も愛する人の死、精神病、コカイン中毒等に言及したものが中心となっている。前作で減衰していたドゥームメタル的要素が大幅に復活し、重苦しく悲観的でありながらも力強いグルーヴ感。家族の死を経験した Peter Steele の耐え難い痛みが反映された「Everything Dies」は、本作を象徴する名曲。オルタナ/サイケ、ポストグランジ方面のサウンドが好きな方にもお勧め。

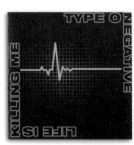

Type O Negative
●アメリカ

Life Is Killing Me
Ⓐ Roadrunner Records ◎ 2003

古巣である Roadrunner Records からの最後のリリース作となった 2003 年 6th。アルバムタイトルの背景に関して Peter Steele は「両親やガールフレンド等、消え去ってしまった私の愛する人々について、そして失われた私の人生と健康について」と言及。そのテーマに呼応するかの様に Kenny Hickey のギターはこれまで以上に陰鬱かつメロディックなアプローチが取られ、楽曲的にもリードシングルの「I Don't Wanna Be Me」やタイトルトラック「Life Is Killing Me」等を始め、ストレートな高揚感をまとうゴシックロック調ナンバーが楽しめる内容となっている。

Type O Negative
●アメリカ

Dead Again
Ⓐ SPV Records ◎ 2007

ロシアの怪僧グリゴリー・ラスプーチンの肖像がアルバムジャケットを飾る 2007 年リリースのラストアルバム。ゴシックロックからの影響をベースに、ドゥームメタル、ハードコア、プログレッシヴ・ロック等を飲み込むジャンルレスな多様性が今まで以上に示された一枚。「Halloween in Heaven」は 2004 年に亡くなった Dimebag Darrell へのリスペクト・ソングとして収録された。因みに本作は 3rd『Bloody Kisses』以来久々にスタジオ・ドラムを採用した作品で、これまでクレジットされているだけだった Johnny Kelly によるドラム音源が実際に使用された、唯一の作品となっている。

グリーンマンよ永遠に〜 Peter Steele に想いを馳せて

　Type O Negative という存在は分類的にはゴシックメタルとして括られるのが一般的とされているが、ヨーロッパ圏で発祥した Paradise Lost や My Dying Bride 準拠のゴシックメタルとは明らかに異質なサウンドを放っていた。バンドのバックグラウンドにハードコアがあるという点を除いても、ゴシックメタルのそれとは音響的にもリリック的にも趣を異にしていた。寧ろ旋律面で言えばオルタナティヴロックやサイケデリックロック方面と親和性が高く、ポストグランジ的でもあり、モダンヘヴィ系のファンにも支持されていた印象が強い。だが、ゴシックメタルシーンにおいても強力な影響力を持っていたというのも揺るぎない事実である。

　また、Type O Negative というバンドを聴いていて強く想起されるのは Danzig、Black Sabbath、Sisters of Mercy、それから The Beatles という存在達だ。同時に楽曲によってはオルガン主導の趣もあり、ある種プログレッシヴロック的ですらあった。そういうルーツ的要素や背景を、彼等は作品を重ねていく中で絶妙な匙加減でブレンドし、音楽性に取り入れた。結果、普遍的なポップネスと異端的なヘヴィネス、暗黒耽美な詩情性と荒々しい攻撃性を両立させるという、実に得難いアイデンティティを獲得していったのである。

　無論、バンドを唯一無二の存在へと押し上げ続けたのはフロントマンの Peter Steele による比類なき力量と才能があったからなのは言うまでもない事実だ。

　一方で強力なカリスマ性を持ちながらも、ステージ恐怖症に苦しみ、愛する人の喪失に苛まされ、薬物乱用や精神疾患に悩まされ続けた側面もあった人物でもある。

　2010 年に彼が没してから早くも長い時間が流れた。Peter Steele が去ったと同時に Type O Negative というバンドも終焉を迎えた。しかしながら、彼が後続シーンと人々の記憶に残した爪痕は強靭過ぎるが故に決して消えない。稀代のゴスシンガー Peter Steele、グリーンマンよ永遠に。

北欧のメランコリア精神を引き継ぐアメリカ発ゴシックドゥーム

Deathwhite

- ◉ Katatonia、Ghost Brigade、Dawn of Solace、The Foreshadowing、Rapture
- ◔ 2012 〜
- 🌐 アメリカ、ペンシルバニア州ピッツバーグ
- ◉ DW（ベース、ヴォーカル（バッキング））、AM（ドラム）、LM（ヴォーカル、ギター）

2012 年から活動するペンシルバニア州ピッツバーグ出身の暗黒メタルトリオ。Katatonia や October Tide 等の北欧発ゴシックメタルバンドからの多大な影響を謳っている。バンドメンバーは身元や名前が伏せられているが、これはキャリアによって余計なパブリックイメージを植え付けさせない為の配慮であり、何よりも音楽で語りたいというバンドの信条によるものだ。2014 年に自主制作 EP 『Ethereal』にてデビュー、2017 年に 1st アルバム『For a Black Tomorrow』を発表。その後は Season of Mist へと所属し、2023 年までに 2 枚のフルアルバムをリリースしている。

Deathwhite
◉アメリカ

Grave Image ◔ Season of Mist ◔ 2020

アメリカのピッツバーグ出身、2012 年から活動しているゴシック / メロディック・ドゥームメタルバンド。2020 年リリースの 2nd フルレングス。Katatonia や My Dying Bride、Paradise Lost といった先人達が辿った道筋を敬虔に追随していく、次世代ダークメタルのホープ的存在として、期待の大きい有望アクトである。欧州の同系統バンドと比べても全く遜色無いどころか凌駕さえする重厚かつ哀傷的なサウンドメイキングに、アメリカ出自らしいグランジ / オルタナティヴな質感を伴うストロングな音像が極めて恍惚的だ。暗鬱メタル愛好家のハートを物理的にも心情的にも打ち震わす強力盤。

Deathwhite
Grey Everlasting

●アメリカ

▲Season of Mist ◎2022

メンバーの素性や名前を隠した覆面バンド的ミステリアスさを内包する、ペンシルバニア州ピッツバーグ出身のゴシック / メロディック・ドゥームメタルバンドによる 3rd フル。2022 年リリース作。Katatonia の遺伝子を色濃く受け継ぐ既存作の路線をフォローアップしつつ、端々でエクストリームメタル的エッジを新たに息吹かせている。同時に October Tide や Rapture 辺りを彷彿させる北欧由来のメランコリアをオルタナティヴメタル的意匠に落とし込んだモノクロームな味わいは、より深遠味を帯びながら顕現。かつての Ghost Brigade や近年の Swallow the Sun との共振性も高い順当進化作だ。

Deathwhite Interview

Q：『Grey Everlasting』のリリース目前のタイミングでインタビューを引き受けて頂き、感謝申し上げます。2020 年の『Grave Image』について伺います。メランコリックなゴシック / ドゥームメタルと空間的なポストメタルのヴァイブを同時に感じさせる素晴らしい内容でしたね。バンドの代表作となり得る名作だと思います。反応はいかがでしたか？

DW：インタビューをありがとう！ 『Grave Image』に対する反応は主に肯定的なものが多かったね。俺達はインターネットでレビューやフィードバックを探し回るタイプのバンドではないけれど、見た限りでは幾つかの親切な言葉が使われていた印象だ。肯定的であれ否定的であれ、どのような反応も良いことだけど、多くの人が『Grave Image』が前作のアルバム『For a Black Tomorrow』よりもステップアップしていると感じてくれたようだった。そして俺達自身もそう感じたよ。俺達の核となるサウンドに忠実でありながら、アルバム毎に改善すること。それが俺達の目標だった。ファンからの肯定的なフィードバックを直接受け取ることは、バンドのキャリアに飾りが付けられるようなものだ。それが Deathwhite での活動が楽しい理由の一つだね。

Q：Katatonia や My Dying Bride といったバンドへのリスペクトを感じさせつつ、それらの要素を独自の魅力として吸収・昇華する手腕がグレートですね。Deathwhite はアメリカ出身のバンドですが、北欧やイギリスのバンドからの影響は大きいですか？

DW：全くその通りだよ。Anathema、My Dying Bride、Paradise Lost の Peaceville 御三家や、Amorphis、Katatonia、October Tide、Opeth、Rapture といったスカンジナヴィアのバンドから俺達は始まった。彼等は俺達の「核となる」影響力と言っていい。俺達の中には、ジャズ、プログレッシヴ音楽、ブルースに至るまで、幅広い趣味を持っている人間もいる。それらは全て、何らかの形で俺達の行動に影響を与えているんだ。Katatonia は恐らく俺達がバンドを結成した主な理由と言える存在だ。そういったバンド達は俺達の何人かに言葉で言い表すのは難しい位に大きな影響を与えたよ。俺達も彼等の曲を手本にする傾向が当初あったけど、サウンドというよりも、アレンジやムードを主に参考にしていたね。Katatonia の音楽の本当の美しさは、彼等が全てにおいて非常に思慮深いことだ。彼等はヴォーカルラインやギターパートを過剰に演奏することはない。ほとんどの場合、リスナーは聴けば聴く程に Katatonia の音楽をもっと聴きたくなるので、彼らのサウンドに飽きるなんて事はとても困難だね。同時に、彼等が何年にも渡ってどれだけ進化したかを伺い知ることも出来る。彼らのサウンドは、最初の頃とはまったく異なっているからね。

Q：2022 年にリリース予定の新作『Grey Everlasting』は『Grave Image』の路線を更に発展・

進化させた内容と期待して良いでしょうか？　また、新作の制作は順調に行えましたか？

DW：『Grave Image』と同じように、『Grey Everlasting』でも新しいことに挑戦したかった。十年も一緒にバンドをやっているので「芯」となるサウンドが出来上がっているし、それをどんどん積み上げていきたいと思っているんだ。『Grey Everlasting』には、もう少しエクストリームなメタル要素と幾つかの新しいヴォーカルスタイルが含まれているよ。俺達は変化し過ぎるリスクを冒して、新しい要素を行うことについて議論したけど、俺達は自分達自身を放棄することなく、そういった要素を組み込むことが出来たように思う。リスナーの中にはこれらの手法に驚く人もいるかもしれない。また、他の人はそれらを完全に自然だと感じるかもしれない。とにかく、新しい要素が俺達のサウンドへとシームレスに融合したアルバムだと言えるよ。繰り返しになるけど、どう感じるかどうかはリスナーが決めることだ。録音を終えてから十分な時間が経過したけど、結果には非常に満足しているよ。Cannibal Corpse や Hate Eternal の Erik Rutan が所有する Mana Recording で、俺達のヴォーカルをトラッキングしてくれた Shane Mayer と Art Paiz のおかげで、制作は相変わらずスムーズだったしね。俺達はスタジオに入るときに十分な準備をする傾向があり、彼等との仕事が楽になるよう配慮している。Shane とは 3 度目、Art とは 2 度目の仕事だった。なるべく快適に事を運べるようにすることは重要だからね。ストレスになることもあるし、そういう配慮はレコーディングのプレッシャーを本当に軽減するんだ。

Q：『Grey Everlasting』には前作に引き続きプロデューサー兼エンジニアとして Shane Mayer、マスタリングとして Dan Swanö が参加していますね。いずれも素晴らしい経歴の人物達ですが、彼等との仕事はいかがですか？

DW：Shane とはこれまでに三枚のアルバムに渡って一緒に仕事しているよ。彼はとても優秀なエンジニアだし、バンドともよく打ち解けている。俺達もそうだが、彼はとても気さくな人物なんだ。Shane は素晴らしいドラムサウンドを作り出すことに長けているしね。ほとんどのエンジニアはサウンドの置き換えやショートカットに頼っている傾向があるけど、Shane はマイクの配置のやり方が非常に上手いんだ。決して簡単ではないことをやってのけている。彼は素晴らしいサウンドスタジオを個人的に所有していて、それはガレージの上に設置された少し型破りなスタジオなんだ。仕切りは無いし、ラウンジやバスルームも無いけど、とても十分なスペースが確保された大きな部屋になっていて、彼はそこで常に一流のレコーディングを行っている。彼は他の多くのバンドや俺達の為に尽力してくれているし、彼との恵まれたパートナーシップにはとても感謝しているよ。それから Dan Swanö との仕事は、バンド内に Edge of Sanity や Bloodbath の大ファンがいることも相まって、まさに夢が実現した様な気持ちだったね。俺達が彼にアルバムのマスタリングに興味があるか依頼を持ち掛けると快く「Yes」と言ってくれた。とても親しみ易い人物だったよ。それにオーディオの知識に関しても誰にも負けていない。幾つかのミックスに関して俺達は彼に質問をしたけど、非常に貴重なアドバイスをくれたよ。彼が伝説と見なされる理由がよく分かったね。

Q：バンドメンバーの名前はいずれもイニシャルにてクレジットされており、匿名性が保持されています。こういった表記には何か意図があるのですか？

DW：俺達にとって最も重要なのは音楽であり、それ以外の要素は何も無い、そんなバンドになりたかったというのが理由だね。俺達四人は Deathwhite が結成に至るまでの間に様々なバンドで演奏してきたけど、例えば一人が「XYZ」というバンドの元メンバーだったとして、そういう過去のキャリアがリスナーに影響を与えることを望んでなかった。それは人々が Dave Mustaine について議論する時の様なもので、Megadeth がどれだけ成功したかに関係なく、常

に「元 Metallica のギタリストである Dave Mustaine をフィーチャーしている」という事実が彼のバンドには付いて回る。成功の度合いに関して俺と彼は何光年も離れているのは言うまでもないけど、そういった余計な影響を考慮した結果、Deathwhite はバンドメンバーの名前を伏せることにしたのさ。俺達はリスナーがメンバーの音楽的背景に囚われることなく、ただ音楽に集中して判断を下して欲しいと考えているんだ。

Q：Deathwhite の音楽や歌詞等を書く際に主なインスピレーションとなるものは何でしょうか？

DW：まず前提として、俺達は音楽をプレイするのが大好きだ。俺達はアリーナを満員にしたり、プラチナレコードを獲得するなんていう野望は持ち合わせてないけど、音楽が好きだ。それが依然として Deathwhite を支える主な原動力だね。世間に打ち出しているイメージにはやや反するかもしれないが、Deathwhite は俺達四人にとってとても楽しいバンドなんだ。俺達はお互いの付き合いを楽しんでおり、新しい音楽を書くときのコラボレーションを楽しんでいる。非常に基本的なデモとドラムプログラミングから始めて、一から曲を構築する作業は爽快さ。バンドの全員がアイディアを持って楽曲に着手すると。その曲は本当に変わる。アイディアの断片から始まったものが、本格的な作品になっていく過程はとても嬉しいことなんだ。俺達が芸術的な創作欲求を埋めて満足感を得る為に、そして俺達の感情を人々に伝え世界中に共有する為、というのがこういった活動をする理由だ。

Q：Deathwhite のアートワークはフランスのアーティストである Jérôme Comentale が起用されることが多いですが、彼とは親交があるのですか？　また、新作の『Grey Everlasting』のアートワークも彼の仕事でしょうか？

DW：Jérôme は『Grey Everlasting』のカヴァーを手がけたし、Deathwhite のアルバムは 4 枚連続（2015 年の『Solitary Martyr』EP を含む）で彼との仕事の下に形成されているね。Jérôme はフランスに拠点を置いているけど、アルバムのカヴァーアートやデザインを組み立てる際には定期的に連絡を取り合うよ。大体は彼の好きなようにやらせることが多いけどね。アルバム、曲のタイトル、歌詞について大体の概要を説明すると、彼はそこからアイディアをまとめてくれる。彼は俺達の曲の精神性を視覚的な形で正確に捉えてくれるんだ。

Q：基本的な質問になりますが、Deathwhite というバンド名に込められた由来やコンセプト等について教えてください。

DW：Deathwhite という名前は Omnium Gatherum というバンドの同名曲から取られているよ。沢山ある中から良い名前を見つけるのはいつも大変だけど、俺達は幸運にもこの名前と出会い、決めることが出来た。Omnium Gatherum の『Spirits and August Light』は絶対的な名盤で、リリース以来 20 年近くに渡ってファンに支持されている。俺達はフィンランド人ではないけど、リスペクトするフィンランドのバンドと親和性の高い名前を得て、関わることが出来て幸せだね。そして Deathwhite は俺達を特定のスタイルに限定しない名前でもある。カテゴライズに直接的に結び付く名前でもないし、綴りも簡単で覚えやすいしね。

Q：メンバーのバックグラウンドについて伺います。幼少期はどんな音楽を聴いて育ちましたか？また、初めてヘヴィメタルに目覚めた切っ掛けを教えてください。

DW：俺達四人はロックやメタルミュージックと共に育った。俺達の両親の中にはミュージシャンもいるし、大の音楽愛好家もいる。メンバーの何人かはクラシック・ロックで育った人間もいるけど、メタルミュージックに育てられた部分がやはり大きい。メンバーのほとんどは 10 歳になった頃か、恐らくもう少し後にメタルに興味を持ち始めたと思う。当時は丁度 Metallica が急激に台頭し、Megadeth、Pantera、Slayer も波を起こしていた頃だった。インターネットが登

場する前だったし、自分で発見しなければいけない時代だったね。レコード店に行って隠れた名盤を見つけたり、期待に胸を膨らませて家に帰って CD やレコードを開梱する喜びはあの時代ならではだよ。俺達はそういった全てを経験出来て幸運だったと言える。俺達は皆、Metallica、Megadeth、Slayer、Pantera、Iron Maiden、Judas Priest の最初のアルバムをカセットや CD で手に入れたという懐かしい記憶を大事にしている。それが俺達のヘヴィメタルとの恋の始まりだったからね。

Q：あなたのオールタイム・ベストなアルバムレコードを 5 枚挙げて下さい。

DW：

October Tide 『Rain Without End』

Anathema 『The Silent Enigma』

In Solitude 『Sister』

The Devil's Blood 『The Thousandfold Epicenter』

Katatonia 『Discouraged Ones』

Q：Deathwhite の作品にはいずれも闇や悲哀に基づいたドラマ性が展開されていますが、今現在の世界で起こっている様々な危機や分断は、あなた達の音楽に影響を与えることはありましたか？

DW：俺達はウクライナ危機の前には『Grey Everlasting』を完成させた。状況を監視することしか出来ないけど、その凄惨さには愕然としているよ。2022 年にこのような事が起こるとは今でも信じられない。被害にあった偉大な人々に心から哀悼の意を表したい。それから『Grey Everlasting』のソングライティングは、パンデミックが始まった 2020 年 3 月頃に始まったんだ。この状況は、人類が常識から外れた物事から抜け出せない様子や、起こったことを忘れ、孤立に立ち向かっていく事をテーマにしたアルバム内の幾つかの曲を形作るのに役立ったよ。パンデミックは世界が非常に脆弱で困難な時期に発生したし、共通の目的や解決策を模索していく過程の中で人々の分断は更に加速してしまったね。この瀬戸際からはもう戻れないのかもしれない。

Q：近年は様々なヘヴィメタルのスタイルをブレンドしたり、ジャンルを越境したアプローチを展開する新しいバンドが出現しています。多様性が深まる現在のメタルシーンにおいて Deathwhite も進歩的なサウンドを提示するアクトの一つだと思いますが、最近のバンドで特に注目しているバンドや親近感を覚えるバンドはいますか？

DW：俺達が楽しんでいる新しいバンドはかなり沢山あるよ。数例を挙げると、Gatecreeper、Hangman's Chair、Blood Incantation、Beast in Black 等だね。シーンにとっては非常に豊潤豊作な時代だね。

Q：日本のバンドやアーティストで知っているものはありますか？

DW：もちろんだよ！　特に注目すべきバンドの一つは Sigh だね、彼らは常に関心と尊敬を集めていると思う。それに Sabbat、Shadow、Lovebites、DIR EN GREY、もっと遡ると Loudness とかもね。「Crazy Nights」は今でも古典的な定番メタルナンバーだよ。日本には常に非常に独創的でクリエイティブなシーンがあり、トレンドを追わず、独自の道を進む傾向があるのが素晴らしいね。日本のメタルに多大なる敬意を表すよ！

Q：最後に日本のファンについてメッセージなどあればお願い致します。

DW：バンドのサポートありがとう。君たちの存在は俺達の全てだ！

Aesma Daeva

●アメリカ

Here Lies One Whose Name Was Written in Water ▲ Accession Records ● 1999

ミソネタ州出身の女声ゴシックメタル、Aesma Daeva による 1999 年の 1st。
Visions of Atlantis の Melissa Ferlaak や Therion の Lori Lewis といったヴォーカリ
スト達がかつて在籍していたことでも知られる、US ゴシック界の影の功労者的ア
クト。本作でヴォーカルを取っているのは初代シンガーの Rebecca Cords で、暗
黒歌劇風味の特徴的な歌唱を披露している。ダークウェーブ／アンビエント要素が
色濃いサウンドは一般的なシンフォニック・ゴシックとは異質ながら不思議な魅力
をまとう。終始暗く宗教的な雰囲気が漂うクラシカル・エレクトロゴシックの秀作。

Alas

●アメリカ

Absolute Purity ▲ Hammerheart Records ● 2001

アメリカはフロリダ州タンパ出身、Morbid Angel の Erik Rutan によるサイドプ
ロジェクトとして 1995 年に発足したゴシック／プログレッシヴメタルバンド。
2001 年の 1st。メインヴォーカルを取る女性シンガーは元 Dreams of Sanity 及び
Therion でも活躍した Martina Hornbacher Astner。デスメタル界隈で最も著名な
ギタリストの一人である Erik Rutan によるノイジーでテクニカルなバッキングに、
オペラティックな女性ヴォーカルが乗るという構図が面白い。典型的なゴシックメ
タルとは明らかに趣を異にする、自由奔放なアンサンブルが刺激的だ。

A Pale Horse Named Death

●アメリカ

Lay My Soul to Waste ▲ Steamhammer ● 2013

US ブルックリン出身のゴシックドゥーム／オルタナティヴメタルバンドによ
る 2013 年の 2nd。元 Type O Negative 及び Life of Agony の元ドラマー、Sal
Abruscato によって 2010 年に結成。ゴシックメタルとポストグランジを掛け合わ
せたダウナーかつメランコリックなサウンドは、往年の Type O Negative を強烈に
想起させる。Layne Staley 風の癖の強いヴォーカルと、死と麻薬中毒を扱うテーマ
性も相まって Alice in Chains を彷彿とする部分もかなり有り。90's ヘヴィネスの
フィーリングをたっぷり飲み込んだ陰鬱サイケデリックメタルの佳作。

Autumn Tears

●アメリカ

Eclipse ▲ Dark Symphonies ● 2004

アメリカはマサチューセッツ州ビリリカ出身ネオクラシカル・ダークウェーブバン
ドによる 2004 年の 4th。本作から元 Rain Fell Within の Laurie Ann Haus が加入（ク
レジットではゲスト扱い）、かつてよりも際立った存在感で美麗なソプラノ・ヴォ
イスを魅力的に響かせている。重々しい弦楽器の調べや柔らかなフルートの音色に
彩られたゴシックアンビエント風のサウンドは、欧州の Arcana や Elend 辺りと同
系統とも言えるが、こちらの方がよりヴォーカルメロディ主体の作風で神々しさと
同時に牧歌的な優しさも感じられる。アメリカ発と思えない程にヨーロピアン・ゴ
シック調へと傾倒した世界観が素敵。

Brave

●アメリカ

Searching for the Sun ▲ Dark Symphonies ● 2002

アメリカのバージニア州デールシティ出身、女性ヴォーカリスト Michelle Loose-
Schrotz をフロントに据えたゴシック／プログレッシヴメタルバンドによる 2002
年リリースの 1st フルレングス。結成は 2000 年だが、前身バンドである Arise
from Thorns 名義時代にもアルバムを 2 枚発表している。アコースティックギター
の憂い溢れる旋律美を大きくフィーチャーした、涼やかでエモーショナルなサウン
ドが特徴。翳りを含みつつも熱情的なヴォーカルラインや、メロディの運びに思わ
ず聴き惚れる。Karnataka 辺りのフィーメール系叙情プログレッシヴロックのファ
ンにもアピールし得そうだ。

Chelsea Wolfe

🔵 アメリカ

Hiss Spun
🔺 Sargent House ⏺ 2017

アメリカはカリフォルニア州ローズビル出身のシンガーソングライター兼ミュージシャンによる 2017 年リリースの 5th。ゴシックロックやドゥームメタル、ネオフォークの要素を、エクスペリメンタルな精神性の下で体現する作風で世界的に支持される次世代ゴシッククイーンである。本作は彼女の作品の中でも最もバンドサウンドに傾倒したアルバムで、ドローン／スラッジメタル的な暗黒轟音とスピリチュアルな幽玄性が交差した甘美かつ陰鬱極まる一枚。インディ／オルタナ方面からゴシックメタルへと接近した当世的ゴスの傑作。Queens of the Stone Age や Isis のメンバーをゲストとして招聘した編成も功を奏している。

Daylight Dies

🔵 アメリカ

Dismantling Devotion
🔺 Candlelight Records ⏺ 2006

ノースカロライナ州出身、アメリカ屈指のゴシック／ドゥームメタルバンドとして知られる Daylight Dies による 2006 年リリースの 2nd。闇夜に浮かぶ妖花をモチーフにしたアートワークが仄めかす様に、初期の Katatonia や Opeth を彷彿させる極上の耽美メタルサウンドが展開。エレガントとすら表現したくなる悲哀に彩られたギターメロディの数々は、これが本当にアメリカのバンドなのかと見紛う充実っぷりで、聴き手を泣かせにかかる。ミキシングには北欧の腕利きエンジニアである Jens Bogren が携わっており、本作以降の全てのアルバムにも彼が関わっている。メロウなゴシックドゥームの決定版的一枚。

Dawn Desireé

🔵 アメリカ

Dancing, Dreaming, Longing...
🔺 The Fossil Dungeon ⏺ 2004

アメリカのゴシックメタルバンド Rain Fell Within のシンガー Dawn Desireé によるソロアルバム。2004 年の 1st フル。アメリカにおける正統派シンフォニック・ゴシックメタルの先駆者としても知られる彼女だが、ソロとなる本作ではピアノ／キーボードを主体としたクラシカル・アンビエントとエレクトロポップの二本柱的なサウンドを展開。Dawn のエンジェリックなソプラノヴォイスを主体に、エスニックミュージックやダークウェーヴからの影響が溶け込むダンサブルなトラック群は、ゴス／EBM 系のファンの琴線にも響きそうな仕上がり。Erben der Schöpfung 辺りが好きな方にもお勧め。

Dommin

🔵 アメリカ

Love Is Gone
🔺 Roadrunner Records ⏺ 2010

ロサンゼルス出身のゴシック／オルタナティヴ・ロックバンド。2010 年の 2nd フル。シンガー兼ギタリストでメインソングライターでもある Kristofer Dommin を中心に 1999 年結成。本作は Roadrunner Records から発表されたメジャーデビュー作。往年のゴシックロックのムードに加えて、ブルージーな哀愁味とジャジーな躍動感を取り入れた軽快かつ端正なサウンド。60 年代〜 70 年代レトロ歌謡的情緒を帯びた歌メロを上品かつ滑らかに歌い上げる Kristofer のヴォーカルワークも魅惑的に響く。ゴシックなテーマ性を深刻に扱い過ぎず、ファッショナブルにまとめ上げたコンセプト力も実に巧い。

Echoes of Eternity

🔵 アメリカ

The Forgotten Goddess
🔺 Nuclear Blast Records ⏺ 2007

アメリカはロサンゼルス出身、女性ヴォーカル擁するゴシック／プログレッシヴメタルバンドによる 2007 年の 1st。ドラマーの Kirk Carrison とギタリスト Brandon Patton を中心に 2005 年結成。スラッシーなギターワークと複雑なリズムアンサンブルを取り入れたテクニカルメタル的アプローチに、欧州フィーメール・ゴシック由来の叙情味をブレンドした暗鬱かつ技巧的なサウンドを響かせる。リードシンガー Francine Boucher の浮遊感を演出する低体温気味な歌唱もアンニュイで良い。そしてプログレッシヴ方面にもゴシック方面にも振り切れない、このバンド独特の煮え切らなさがまた魅力なのである。

Em Sinfonia
●アメリカ

Intimate Portrait
🔵 Martyr Music Group 🟢 2001

アメリカはシカゴ出身、男女ツインヴォーカル編成のゴシック / アトモスフェリック・ドゥームメタルバンドによる 2001 年の 1st。同郷のデスメタルバンド Broken Hope のギタリストである Brian Griffin のサイドプロジェクトとして 1998 年に発足。シンフォニックなキーボードが加味され、ギターリフの歪み方からは初期 My Dying Bride 等の Peaceville 系譜の血脈を感じさせる。女性ヴォーカルのメロディラインには 80 年代のポップス的な響きも感じられて、そのミスマッチさ加減が良い意味でユニークな味わいを演出。デスメタル出自だけあり、ギターワークも流暢でテクニカルな印象だ。

Evanescence
●アメリカ

Fallen
🔵 Wind-up 🟢 2003

アーカンソー州リトルロックのゴシック / オルタナティヴ・ロックバンド、Evanescence の 2003 年 1st。ゴシックメタルは欧州のメタルシーンが主流であるというイメージに風穴を開け、空前絶後の商業的成功を収めた怪物アルバム。Lacuna Coil や Within Temptation といった欧州勢とリンクしつつ、当時シーンを席捲していたニューメタル的要素とゴスを巧みにブレンドした斬新な作風は、驚きと新鮮さをもってシーンに受け入れられた。その影響の大きさはオリジナルである欧州のゴシックメタル勢ですら感化されて、フォロワー化するという逆転現象を招く程。アルバムは最終的に全世界で 1700 万枚以上を売り上げた。

Evanescence
●アメリカ

The Open Door
🔵 Wind-up 🟢 2006

創設メンバーである Ben Moody の離脱、元マネージャーとの確執といった、度重なるアクシデントと延期の末に 18 か月以上の歳月をかけてリリースされた 2006 年発表の 2nd アルバム。前作で打ち立てた前代未聞のメガヒットを受けて、ヴォーカルの Amy Lee 以外メンバー総入れ替えの元で発表された本作。結果的には安易な『Fallen Pt.2』に走らず、かつバンドのアイデンティティであるゴシック的叙情美を崩さずに、堅実な仕上がりの作品となっている。前作の大ヒットシングル「Bring Me to Life」の様なアンセムこそ不在なものの、より伸びやかに情感豊かになった Amy の歌唱含めて一聴の価値あり。

Evanescence
●アメリカ

Evanescence
🔵 Wind-up 🟢 2011

約 5 年のブランクを経てリリースされた 2011 年発表の 3rd。前作ではギターに追随するだけで、やや地味な印象が強かったリズム・セクションが大幅に改善。Skrape や Static-X といったバンドを渡り歩いてきたドラマー Will Hunt を得た事でアルバム全体に力強い躍動感が加味されている。Björk や Depeche Mode、Massive Attack からインスピレーションを得たという楽曲群は、美しいピアノの旋律が可憐に舞うアッパーでキャッチーな作風。よりモダンでメインストリームなロック路線に接近したとも言えるアプローチは肯定的に捉えられ、Billboard Top 200 にて初登場 1 位をマークした。

Evanescence
●アメリカ

The Bitter Truth
🔵 BMG 🟢 2021

新曲のみで構成されるフルアルバムとしては 3rd『Evanescence』以来約 10 年振りとなる 2021 年リリースの 5th アルバム。名作『Fallen』由来のメランコリックな静脈を感じさせつつ、より成熟したタフで情動的なゴシック / オルタナティヴ・ロックが展開。いずれの楽曲もハイレベルなフックに富んでおり、確かな聴き応えが感じられる。内省的なだけでなく社会問題にも言及したリリック面含め、彼等が現在進行形である事を明白にするエネルギッシュな一枚。「Use My Voice」では Within Temptation の Sharon や Halestorm の Lzzy がバックコーラスとしてゲスト参加。

Frayle
Skin & Sorrow

🔵 アメリカ　🔘 Aqualamb Records　⏺ 2022

オハイオ州クリーブランド出身のアトモスフェリック・ドゥームバンド。2022 年発表の 2nd フル。メインコンポーザー兼ギタリストの Sean Bilovecky とヴォーカリストの Gwyn Strang を中心に 2017 年結成。70's ウィッチ・ドゥームと現行のポストメタルを接続したハイブリッドな鈍重感を軸に据えつつ、Björk や Portishead 由来のアヴァンギャルドな暗黒アート性 / ポップ性も取り入れた気鋭溢れる新世代アクト。空気の様に漂う Gwyn の妖艶なウィスパーヴォイスは、シューゲイズ的な浮遊感も含有している。ゴシックロックとドゥーム / ポストメタルの因子をシームレスに混在させる味わいが鮮烈な一枚。

Jack off Jill
Clear Hearts Grey Flowers

🔵 アメリカ　🔘 Risk Records　⏺ 2000

アメリカのフロリダ州フォートローダーデール出身、1992 年に結成された女性 4 人組のゴシック / オルタナティヴ・ロックバンド。2000 年の 2nd。攻撃的な初期衝動が封入された毒々しくもパンキッシュなゴシックロックサウンドが特徴的で、カリスマティックな存在感を放つフロントウーマンの Jessicka Addams の緩急の利いたヴォーカルワークも鮮烈。ダウナーでメランコリックな歌唱から情動的なシャウトまで操り、ライブでは血を被りながら歌う Jessicka のゴアなパフォーマンスは 90 年代ライオット・ゴス愛好家の間ではもはや伝説。The Cure の名曲「Love Song」のカヴァーも痺れる程にカッコ良い。

King Woman
Celestial Blues

🔵 アメリカ　🔘 Relapse Records　⏺ 2021

アメリカはサンフランシスコ出身、現行ドゥーム / シューゲイズ界の暗黒女帝 Kristina Esfandiari 率いるプロジェクト。2021 年発表の 2nd フル。厳粛で破滅的なスラッジ / ポストメタル的ヘヴィネスと寂寥味溢れるインディ / フォーク要素を融和させつつ、あくまでも中心には Kris の情念深いヴォーカルワークを据えた音像で聴き手を痛切甘美な混沌へと誘う。敬虔なキリスト教環境で育ったが故に培われた、巨大な芸術衝動を吐露するかの様に蠢く、轟音は圧巻。Chelsea Wolfe と同様にインディ / オルタナ側からゴシック / ドゥームメタル方面への接続がなされた新時代の聖典的一枚だ。

Mena Brinno
Princess of the Night

🔵 アメリカ　🔘 Independent　⏺ 2012

フロリダ州タンパ出身のゴシック / シンフォニックメタルバンドによる 2012 年リリースの 3rd フル。同郷のシンフォニック・エクストリームメタルバンド Royal Anguish の元メンバーである Marius Kozlowski と、ヴォーカリストの Katy Decker によるコラボレーション・プロジェクトとして 2006 年に始動。風通しの良いフルートのメロディをフィーチャーした、麗しくも涼やかな由緒正しきシンフォニック・ゴシックメタルを奏でている。Katy の情緒豊かなオペラティック・ヴォイスを十二分に生かしつつ、メタリックなアグレッションと流麗なギターソロを適度に設けたソングライティングは目を見張る出来だ。

Novembers Doom
The Pale Haunt Departure

🔵 アメリカ　🔘 The End　⏺ 2005

シカゴ発ゴシック / ドゥームメタルバンドによる 2005 年リリースの 5th。結成は 1989 年に遡りデス / ドゥーム系アクトとしては Evoken や Rigor Sardonicous 等に並ぶアメリカ最古参的存在。当初は Laceration という名前でスラッシュ色の強い音楽性だったが、徐々にダークかつ重厚なサウンドを重視するスタイルへと移行。デスメタル由来の残忍性を保持しつつ、Opeth 辺りにも通じる暗黒ゴシック / プログレッシヴなヴァイブで灰暗い高揚感を運ぶ。根幹にあるのはデスメタルでありつつ、クリーン・ヴォイスやアコースティックギターを随所に配し、豊かな叙情味を演出している点にもグッとくる。

Oceans of Slumber
⚫アメリカ

Starlight and Ash
⚫Century Media Records ⚫2022

テキサス州ヒューストン出身のプログレッシヴ/ドゥームメタルバンド。2022 年の 5th。結成は 2011 年。当初から幅広く多面的な音楽性を身上とするバンドだったが、2014 年にフロントウーマンの Cammie Gilbert が加入して以降は更に目覚ましい躍進を見せる注目株。サザン・ゴシック的な乾いた哀切美を含有しながら、エレクトロ、ポストロック、ダークフォークを横断する新次元的な暗黒オルタナティヴサウンドを聴かせる。ソウルフルかつ情熱的な歌唱で楽曲を牽引する Cammie の存在感も艶やかに際立つ。ムーディーに躍動する R&B 的テイストとゴシックドゥームの融和を促すスタイルに今後の期待が膨らむばかりだ。

October Noir
⚫アメリカ

Fate, Wine, & Wisteria
⚫Independent ⚫2021

フロリダ州ペンサコーラ出身のゴシックドゥームメタルバンド。2021 年の 3rd。ベーシスト兼シンガーの Tom Noir を中心として 2016 年に結成。Peter Steele への憧憬に満ちた古典的なドゥームメタルをプレイしており、ギターの音作りやエフェクト処理、ヴォーカルの声色に至るまで徹底的に『October Rust』期の Type O Negative の足跡を辿る様なサウンドアプローチを実践している。ソングライティングのセンスも良好で、60 年代的なポップネスを凄惨なムードと圧殺的なリフワークと共に紡ぐ退廃メタルは実に香り高い。影響源をオープンにしながら新しい音楽を作る姿勢は愛に満ちている。

Rain Fell Within
⚫アメリカ

Refuge
⚫Dark Symphonies ⚫2002

アメリカはバージニア州出身、鍵盤奏者を兼任する Dawn Desireé とバックコーラスを担う Laurie Ann Haus という二人の女性シンガーを擁するシンフォニック・ゴシックメタルバンド。2002 年発表の 2nd。優美なソプラノ・ヴォイスと悲愴感溢れるピアノ・フレーズが共演する冒頭曲「Torn Apart」からして感動的。アメリカ産というのが信じられない。正統派な欧州型フィーメール・ゴシックメタルサウンドが展開。プロダクションは若干荒いものの、随所で切り込んでは涙腺を刺激しにくるギターメロディと、やや線の細い Dawn の声色がかえって儚げなメランコリズムを促している点も素晴らしい。

Saviour Machine
⚫アメリカ

Saviour Machine I
⚫Malineum Productions ⚫1993

ロサンゼルス出身のクリスチャン・ゴシックメタルバンド。1993 年の 1st。サンタアナのクリスチャン音楽系レーベル Frontline Records からリリース。Clayton 兄弟を中心に 1989 年結成。伝統的なゴシックロックをヘヴィメタル/オルタナティヴ・ロック的アプローチを介して演奏するという、現在で言うダークロックの定番スタイルを 90 年代初頭の段階で実現していた先駆者である。黙示録を題材にした「Legion」の歌詞の影響で本作はアメリカで発禁扱いとなっているが、欧州では多くの支持を獲得。2010 年には『HM Magazine』のベストクリスチャンメタル Top 100 において 72 位にランクインした。

Tapping the Vein
⚫アメリカ

The Damage
⚫Nuclear Blast Records ⚫2002

Paradise Lost の作品にゲスト参加した経験もある女性シンガー Heather Thompson をメインに据えた、ゴシック/インダストリアルロックバンドによる 2002 年の 1st アルバム。フィラデルフィア出身。エレクトロなシンセや打ち込みを多用したインダストリアル・ゴシックな様相ながら、退廃的でメランコリックなメロディが映える作品。甘い倦怠感を帯びた Heather の緩急の利いたたヴォーカルワークも素晴らしい。切ない歌メロが秀逸な「Beautiful」等を始め、悪夢的な酩酊感を含んだ楽曲群は中毒性が高い。The Birthday Massacre 辺りのファンにもお勧め。

The Howling Void
🌐アメリカ

Megaliths of the Abyss | 🎵 Independent | 💿 2009

アメリカのテキサス州サンアントニオ出身、同郷の悪名高きゴアグラインドバンド Intestinal Disgorge の中心人物 Ryan Wilson によるワンマン・シンフォニック / フューネラル・ドゥームメタルバンド。2009 年リリースの 1st フルレングス。神秘性を漂わせるシンセワークを全面に張り巡らせた、孤独と寂寥の極致的深淵ドゥームサウンド。Ryan 自身は本プロジェクトの音楽性や志向を「概念的な瞑想」「自己表現を通じた自己表現」と評している。人の気配が途絶えた暗闇の渦中を唯一人彷徨い歩く様な憂鬱としたミニマリズムが絶品である。同系統の作品群の中でも一線を画す名作。

Todesbonden
🌐アメリカ

Sleep Now, Quiet Forest | 🎵 Prophecy Productions | 💿 2008

アメリカのメリーランド州ボルチモア出身、Autumn Tears や Rain Fell Within 等数々のゴシック系バンドにゲスト参加したキャリアを持つ女性ヴォーカリスト / キーボーディスト Laurie Ann Haus によるゴシック / ドゥームメタルバンド。2008 年リリースの 1st フルレングス。彼女のバックグラウンドであるケルティックフォーク、ワールドミュージック、中東音楽、ニューエイジ等の影響を落とし込んだクラシカルな叙情派ゴシックメタルが展開されている。Renaissance や Dead Can Dance 辺りにも通じる声楽 + 中世音楽的ムードを含みつつ、優雅かつ上品にまとめ上げられた一枚だ。

Unto Others
🌐アメリカ

Strength | 🎵 Roadrunner Records | 💿 2021

オレゴン州ポートランド出身のヘヴィメタル / ゴシックロックバンド。2021 年の 2nd フル。元 Spellcaster のメンバーを中心に 2017 年に結成された Idle Hands を前身としている。NWOBH ヴィメタル由来のオーセンティックなメタルに、ゴシック / ポストパンク直系の音響感覚や耽美的ドラマ性を混合させたスタイルが特徴。レトロなメタルサウンド + ゴシックというとスウェーデンの Tribulation 等を彷彿させるが、ブラックメタル色も備える彼等とは異なり、あくまで正統的なヘヴィメタルを基調としている。まるで Thin Lizzy × Sisters of Mercy とでも表現したくなる手法が艶めかしくもクールだ。

Valentine Wolfe
🌐アメリカ

Lullabies, Love Songs, and Laments | 🎵 Independent | 💿 2022

サウスカロライナ州グリーンビル出身のゴシックメタル・デュオ。2022 年発表の 12th フル。ヴォーカル兼鍵盤奏者の Sarah Black、5 弦コントラバス及びドラムプログラミングを担当する Braxton Ballew の 2 名で構成。結成は 2006 年。19 世紀のゴシック文学、幽霊や異世界等のホラーカルチャーに触発されたスプーキー & エレガントなゴシックメタルを奏でている。哀愁に溢れたヴァイオリンやピアノ、情動豊かなソプラノヴォイスをフィーチャーしたクラシカルな耽美性には、思わず陶酔してしまう。初期 Tristania や The Sins of Thy Beloved をダークウェーブ寄りにした様な趣もある。

We Are the Fallen
🌐アメリカ

Tear the World Down | 🎵 Universal Republic | 💿 2010

アメリカはロサンゼルス出身のゴシック / オルタナティヴメタルバンド。2010 年の 1st。元 Evanescence の共同創設者でありシンガーソングライターの Ben Moody、リズムギタリストの John LeCompt、ドラマーの Rocky Gray を中心に 2009 年結成。歌姫としてアメリカの歌唱コンクールテレビ番組の元出場者である Carly Smithson が起用されている。Carly によるタフで情熱的な歌声は Amy Lee を彷彿させるが、そういった外部的要因を抜きにしてもかなりの実力派。良いメロディ、良い楽曲が揃った作品で Evanescence との比較で終始してしまうのは勿体ない秀逸作である。

Worm
Foreverglade 　　　　　　　　　　　　　　　　　　　　🔵アメリカ

🔺 20 Buck Spin 🔵 2021

アメリカはマイアミ出身のデス/ドゥームメタルバンド。2021年の3rd。マルチプレイヤーの Fantomslaughter を中心に 2012 年結成。Goatlord や Mortuary Drape 等の90年代カルトデス/ドゥームからの影響を取り入れた瘴気漂うオールドスクールデスメタル的意匠に加えて、最初期の Peaceville 御三家に通じるヴァイブを折衷させた重々しいドゥームメタルをプレイしている。まだデスメタル由来の攻撃性を残していた時代の My Dying Bride や Anathema を彷彿させる音像は、往年のファンにも響くものがあるはず。随所でインサートしてくる技巧的なリードギターも聴き所だ。

The Birthday Massacre
Walking with Strangers 　　　　　　　　　　　　　　🔵カナダ

🔺 Metropolis Records 🔵 2007

カナダのトロントを拠点に活動する 1999 年結成のゴシック/インダストリアルロックバンドによる 2007 年発表の 3rd フル。インパクト大なバンド名の由来はリードシンガーの Chibi 曰く「誕生日と虐殺、光と闇みたいな対照的な組み合わせで可愛くて邪悪でしょ」との事。キモカワイイならぬ邪悪カワイイというストレンジなコンセプトは、ダークメルヘンなシンセポップとメタリックなヘヴィネスを融合した彼等の奇抜でキャッチーな音楽性と的確に直結。特にキュートなネガティヴィティと剛直なメタルサウンドが共存する「Red Stars」は稀代の名曲だ。ジャパニメーション文化も嗜む親日家として知られる彼等、一刻も早い来日が待たれる。

Tribunal
The Weight of Remembrance 　　　　　　　　　　🔵カナダ

🔺 20 Buck Spin 🔵 2023

カナダはバンクーバー出身の男女混声ゴシックドゥーム・デュオによる 2023 年の 1st フル。クラシック出身のベーシスト兼チェロ奏者でシンガーも担う Soren Morne と、ギタリスト兼ヴォーカリストの Etienne Flinn によって 2019 年結成。厳めしく響くチェロやピアノを含有したアトモスフェリックな空間構築と、90年代 Peaceville 御三家への深い畏敬を伴う漆黒のロマンが際立つ。初期 Tristania を My Dying Bride 風味へと寄せた様な古典的ゴシックメタルを、豊かな創出センスを基に見事に蘇生復活させている。それでいて単なるオマージュに留まらない説得力と荘重味も備えた新鋭作だ。

Duel of Fate
Don't Leave This World 　　　　　　　　　　　　🔵プエルトリコ

🔺 Alterock Music 🔵 2006

プエルトリコのファハルド出身、女性ヴォーカリスト Vanessa Urrutia を擁するゴシックメタルバンドによる 2006 年の 1st フル。プエルトリコ発というマイノリティな出自だけでも辺境メタル好きならば大いにそそられる訳だが、音楽的にはプログレッシヴ/パワーメタル要素を含んだオペラティックで力強いゴシックメタルサウンドを聴かせる。とは言え Therion や Nightwish 辺りに比べるとよりメランコリックでダークな雰囲気もまとっており、場所柄故かラテンアメリカ的なムードも感じられるのが面白い。Vanessa による巻き舌気味に勇ましく捲し立てる歌声も、エキゾチックな魅力に溢れており、実にクール。

Aglarond
The Journey's End 　　　　　　　　　　　　　　🔵メキシコ

🔺 American Line Productions 🔵 2001

メキシコはモンテレー出身のゴシック/ドゥームメタルバンド。2001年の 1st フル。結成は 1996 年。2 名のゲスト女性シンガーが配された編成となっており、猛り唸る男性グロウルと対比する様に、素朴であどけない歌唱を聴かせてくれる。神秘的なシンセラインとギターメロディによる装飾は派手さは無いものの、穏やかで柔和な感触の王道ゴシックメタルを演出する要として機能。録音レベル含めて時代を感じさせる内容ではあるが、垢抜けていないからこそ滲み出る薄暗い哀愁が心を鎮めてくれる。ハンガリーの Evensong やブラジルの Silent Cry 辺りと同様に、程好いチープ感が滋味深さに繋がる好例だ。

Anabantha
⊙メキシコ

Letanías Capítulo Prohibido 🅐 Discos Misha 🅒 2005

メキシコの首都メキシコシティ出身、男女ツインヴォーカル擁するシンフォニックゴシック / フォークメタルバンド。2005 年リリースの 2nd フルレングス。女性リードシンガーの Duan Marieoan を主要人物として 1997 年から活動開始。非英語圏の音楽文化、特にスペイン民謡やラテンミュージックからの影響が大きい個性豊かなゴシックメタルを奏でている。楽曲は基本的にスペイン語で歌われ、哀愁漂う熱情的な歌メロと、スパニッシュ音楽由来の浮き立つ様なリズムを主体にしたスタイルは「ラテンムード歌謡ゴシックメタル」とでも形容したくなる程に妖しくユーモラス。変わり種な不可思議系サウンドを求める方に激推し。

El Cuervo de Poe
⊙メキシコ

Vox Corvus – La voz del cuervo 🅐 Renaissance Records 🅒 2007

メキシコのグアダラハラ出身、女性ヴォーカルを擁するゴシックメタルバンドによる 2007 年リリースの 1st フルレングス。ドラマーの Oscar Muro とギタリストの Vince Marquez を中心として 2004 年結成。30 バンドが競うメキシコ国内のバンドコンテストで優勝した経緯もある。スパニッシュな熱情性を携えた中世音楽風味のゴシックメタルをプレイしており、流麗なヴァイオリンを前面に押し出したスタイル。オルタナティヴ・ロック的な躍動感とジプシーミュージックにも通じるダンサブルなリズムで構成された楽曲は、結構なインパクトである。南欧的な叙情味が滲む個性的な一枚。

Gaias Pendulum
⊙コロンビア

Vité 🅐 Debelis Records 🅒 2000

コロンビアはメデジン出身のゴシックメタルバンド。2000 年リリースの 1st フルレングス。1995 年に結成され、1997 年までは Afliccion という名義で活動していた。バンド名は「母なる地球の均衡」を意味し、脆弱な人間と自然との関係性をテーマに悲哀や孤独、怒り、失望といった折々の感情を乗せた独特な神秘性を伴うゴシックメタルをプレイしている。アトモスフェリック & アグレッシヴなギターワークとシンセメロディを配しつつ、クリーンヴォイスとスクリームを使い分ける男性ヴォーカルが牽引していく音像からは『The Astral Sleep』や『Clouds』期辺りの Tiamat を彷彿させる部分もある。

Adagio
⊙ブラジル

Romantic Serenades 🅐 Megahard Records 🅒 1999

ブラジルのアララカラ出身のゴシック / アトモスフェリック・ドゥームメタルバンドによる 1999 年発表の 1st。結成は 1995 年。フランスに同名のパワーメタルバンドが存在しているが、全く無関係なので混同に注意。カヴァーアートのデザインはヴォーカリストの Jefferson Weber が担当、アルバムのマスタリングについてはドラマーの Rogério が担う編成で制作。悲壮感たっぷりに紡がれるギターメロディ、ヴァイオリン、キーボードが三位一体となって響く上質な哀哭的ゴシックデスが掻き鳴らされている。知る人ぞ知るブラジリアン・ゴシックメタルの至宝的作品だ。バンドは翌々年に 2nd をリリース後、2013 年に解散。

Silent Cry
⊙ブラジル

Goddess of Tears 🅐 Demise Records 🅒 2000

ブラジルのゴベルナドル・バラダレス出身、男女ツインヴォーカル編成のシンフォニック・ゴシックメタルバンドによる 2000 年リリースの 2nd アルバム。ダークで重々しいシンフォニックサウンドを基調としつつ、美しくも清らかなギターメロディを堪能出来る逸品。ブラジルという正統派ゴシックメタルが希薄な土地出身ながらも、欧州のゴシックメタル勢に届かんばかりの力量を感じさせるクオリティとポテンシャルが見事。「Desire of Dreams」や「Good-bye in the Silence」で聴かれる北欧ゴシック風味な、情感深くも透明感を帯びた女性ヴォーカルの歌メロも感動的。

Mar de Grises
⊙チリ

Draining the Waterheart
🅐 Firebox Records 🅓 2008

チリの首都サンティアゴ出身のゴシック / アトモスフェリック・ドゥームメタルバンドによる 2008 年リリースの 2nd アルバム。Shape of Despair 辺りに通じるゴシッククメタル要素の強いフューネラル・ドゥームを奏でつつ、Draconian や Swallow the Sun といった北欧ダークメタルアクト勢ともリンクする繊細なメロディ運びと、内省美溢れるドラマ性が最大の魅力。同時に Opeth 等のエクストリームなプログレッシヴメタルからの影響も多分に感じさせ、厳かなドゥームサウンドの流れの中にもしっかりと起伏を設けた楽曲展開が素晴らしい。ポストメタル系に通じる空虚な空間美を重んじたプロダクションも秀逸だ。

Poema Arcanus
⊙チリ

Iconoclast
🅐 Aftermath Music 🅓 2002

チリのサンティアゴ出身、90 年代初頭から活動するゴシックドゥームメタルバンドによる 2002 年の 2nd。My Dying Bride や Candlemass といった先人のスタイルを踏襲しつつ、Fields of the Nephilim 等のゴシックロックからの影響も覗かせる。デプレッシヴなムードが充満する音像に、美しくも冷厳なシンセワークが被さるアプローチには陰鬱メタル好きならば思わずウットリしてしまう事必至。低音クリーン声と悲痛なデス・ヴォイスを使い分けるシンガーのスタイルからは Moonspell 辺りも彷彿。総じて南米発とは思えない程に、欧州ダークメタル準拠の世界観に浸れる高品質な優良盤。

Rise to the Sky
⊙チリ

Every Day, a Funeral
🅐 Meuse Music Records 🅓 2022

チリはサンティアゴ出身のワンマン・アトモスフェリック・ドゥームメタルバンド。2022 年発表の 5th フル。同郷のブラックドゥーム Winds of Tragedy としても活動するマルチプレイヤー Sergio G. によって 2019 年結成。美麗なアルバムカバーは Draconian『Under a Godless Veil』のアートワークも担当したロシアのフォトグラファー Natalia Drepina の作。徹頭徹尾に耽美な意匠を追求しつつ、スロー一辺倒でなく部分的に疾走パートを導入したりと緩急の利いた作風になっている。Officium Triste 辺りにも通じる厳粛なドラマ性が投影された高品質盤だ。

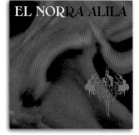

Orphaned Land
⊙イスラエル

Sahara
🅐 Holy Records 🅓 1994

イスラエルはテルアビブ出身、中東メタルシーンにおけるパイオニアとして名高い Orphaned Land の 1994 年発表の 1st フル。2 回の来日公演も成功させ、ここ日本においても着実に支持層を広げている彼等だが、ゴシック / ドゥームメタル界の異端児としてコアなファンを中心に初期の段階から絶大な支持を受けていた。暗黒ドゥームメタル + 民族音楽な越境的スタイルを基盤に、オリエンタルなフレーズやギターメロディを取り入れた超個性的なサウンドは、非常にインパクトが強い。随所に挿入される女性ヴォーカルや、アラブの伝統楽器の旋律も辺境ロマンに拍車をかける。ユダヤ教、イスラム教、キリスト教の共通性を訴えたコンセプトも深い。

Orphaned Land
⊙イスラエル

El Norra Alila
🅐 Holy Records 🅓 1996

1996 年発表の 2nd フルレングス。前作『Sahara』で築き上げたミステリアスな中東音楽フレーバーと、ゴシック / ドゥームメタル由来の鈍重美との融和を更に推し進めた格好となる一枚。ダルブッカやタール、ジル、タンバリン等の民族楽器による響きや女性ヴォーカルのバックコーラス等を巧みに取り入れつつ、独創味に富んだドラマティシズムと共に、バンドの音楽的拡張を成し遂げている。エキゾチズムに富んだ土着的ハーモニーと、ヘヴィメタルならではのアグレッションを減衰させずに良い所取りしながら結実させていくセンスが実に巧みだ。バンド初期のカタログ中でも屈指の充実盤である。

Orphaned Land
🔵イスラエル

Mabool – The Story of the Three Sons of Seven 　🅰 Century Media Records 🔵 2004

現在のバンドの人気と地位を築く契機となった、2004 年発表の 3rd。本作は 7 年
の歳月をかけて制作されたコンセプトアルバムで、聖書におけるノアの物語にイン
スピレーションを受けている。初期作に比べてデスメタル要素が減退し、密教的な
暗黒要素を幾ばくか残しつつも大衆的なキャッチーさが劇的に向上。クリーンとグ
ロウルを使い分ける Kobi Farhi のカリスマティックなヴォーカリゼーションも冴
え渡り、クワイアやオーケストレーションを導入した事で楽曲のスケール感もより
広大に。感動的なまでに溶け合うダークメタルと、中近東音楽のハイブリッドを高
次元で体現した異国情緒プログレッシヴ・メタル叙情詩の最高峰的傑出作だ。

Salem
🔵イスラエル

A Moment of Silence 　🅰 BNE 🔵 1998

イスラエルはテルアビブ出身のゴシック / ドゥームデスメタルバンド。1998 年の
2nd。結成は 1985 年まで遡り、イスラエル出自としては Orphaned Land より古株
の中東メタルシーンにおける生ける伝説的存在。最初期はブラックメタルをプレイ
しており、当時彼等を忌み嫌った Burzum の VargVikernes から爆発物が郵送され
てきたという逸話あり。本作は本格的にゴシックメタル方面へ路線転換した時期
の作品で、妖しくエスニックなメロディを配しつつモダンな質感も取り入れ、整
然としたサウンドが魅力。プロデューサーには Machine Head 等を手掛けた Colin
Richardson が採用されている。

Tomorrow's Rain
🔵イスラエル

Hollow 　🅰 AOP Records 🔵 2020

イスラエルのテルアビブ出身、2002 年にヴォーカリストの Yishai Sweartz を中心
に Moonskin を前身として発足したゴシック / ドゥームデスメタルバンド。2020
年の 1st。Salem のドラマー Nir Nakav を始めイスラエルのシーンの熟達者達に
よって構成されたスーパーグループ的側面もあり、内容的にも Swallow the Sun や
Draconian 等を彷彿させる高品質な悲愴ドゥームが貫かれている。艶深いリードギ
ターのセンスには Novembre 辺りに通じる部分もある。My Dying Bride の Aaron
や Moonspell の Fernando 等が一堂に会する豪華ゲスト陣も卒倒級。

Catafalque
🔵トルコ

Unique 　🅰 Poem Productions 🔵 2005

トルコのイスタンブル出身、男女ヴォーカル擁するゴシックメタルバンドによる
2005 年リリースの 1st フルレングス。いわゆる「美女と野獣」タイプのオーセン
ティックなゴシックメタルを標榜しているのだが、楽曲のクオリティは西欧の一線
級アクトに比肩し得る出来。トルコ出身だということを全く意識させない美麗サウ
ンドは、Tristania や Sirenia といった北欧〜欧州発のパイオニア達の牙城へと迫る
勢いで、そのメロディやアンサンブルの煽情度の高さは折り紙付き。紅一点の女性
シンガー Özge Özkan によるエンジェリックかつ華やかなヴォーカルは中東ゴシッ
クメタル界隈の至宝である。

Dimness Through Infinity
🔵トルコ

Nymph 　🅰 Atlantis Müzik 🔵 2004

トルコのアイドゥン出身、男女ヴォーカルを擁するゴシックドゥームメタルバンド。
2004 年の 1st。1998 年の結成当初は男性ヴォーカリストの Aytaç Özcan、ギタリ
ストの Emrah Korkmaz、女性シンガーの Aliye と Alyin Abbak、鍵盤奏者の Bülent
Sarilar で構成されていたがヴォーカルとギタリスト以外は脱退し、メンバーを一
新。本作制作に当たっては Ebru Naml という女性ヴォーカリストを起用。鈍重な
ドゥームと静謐なアンビエントの間を行き来する、メリハリの利いた暗黒サウンド
に思わず蕩けてしまう。初期の Lacrimas Profundere ファンにもお勧めしたい。

Chalice of Doom
❍ヨルダン

Into Hypnagogia 　Ⓐ Memento Mori ◉ 2013

中東ヨルダンはザルカ出身のゴシックドゥームメタルバンドによる 2013 年の 2nd。My Dying Bride 直系の絶望悲嘆サウンドに Shape of Despair 系譜のシンフォニックな葬式ドゥーム要素を導入した正統的破滅ドゥームサウンド。剛直に振り落とされるギターリフと獰猛なグロウルを含みつつ、冷厳なシンセワークに内包された胸を打たれるメランコリックなメロディの数々は聴き所が多い。柔らかなフルートの音色や神秘的なクワイアを導入し、雰囲気を盛り上げていくセンスも憎い。Die Verbannten Kinder Evas の女性シンガー Christina Kroustali が 2 曲でゲスト参加。

The Awakening
❍南アフリカ

Tales of Absolution + Obsoletion 　Ⓐ Intervention Arts ◉ 2009

ヨハネスブルグ出身、シンガーソングライターであり、マルチプレイヤーでもある Ashton Nyte によって 1995 年に発足された南アフリカを代表するゴシックメタル / ダークウェーブアクト。2009 年リリースの 8th アルバム。インダストリアルやニューウェーヴ、古典的なゴシックロックからインスパイアを受けたハイブリッドな音楽性が特徴で、Ashton は自身のサウンドを「ダークフューチャーロック」と形容している。メランコリックで艶深いヴォーカルからは HIM の Ville Valo を彷彿させる部分もある。ディープな暗黒ドラマ性を含有した楽曲群は、さながら年代物の名酒の様に芳しく味わい深い。

Avrigus
❍オーストラリア

The Secret Kingdom 　Ⓐ Well of Urd ◉ 2001

オーストラリアのシドニー出身、男女二人組ゴシックメタルバンドによる 2001 年の 1st。メンバーは同郷のゴシックメタルバンド Lycanthia にもシンガーとして在籍している Megan Tassaker と、ギター、ベース、鍵盤、ドラムと全楽器を兼任する Simon Gruer の 2 人のみという少数構成。しかしそこから紡ぎ出される音世界は Arcana や Elend 等のクラシカル / ダークウェーブにも通じる極上の暗黒ゴシック / ドゥームで、上品な雰囲気が漂う楽曲群は崇高な魅力が充満している。気高さを帯びたシンセをバックに、Megan による淡々と神々しさを放つ歌唱が響き渡る「Flesh」は類稀な名曲。

Chalice
❍オーストラリア

Chronicles of Dysphoria 　Ⓐ Modern Invasion Music ◉ 2000

オーストラリアはアデレード出身のゴシック / ドゥームメタルバンドによる 2000 年の 1st。シンガー兼キーボーディストの Shiralee Morgan と、同郷のフューネラル・ドゥームメタルバンド Mournful Congregation にも在籍していたドラマー Adrian Bickle を中心に 1996 年結成。2nd 以降はフルート奏者が加入しプログレッシヴロック的なテイストも取り入れていくが、デビューフルである本作品ではセッションヴァイオリニストによるストリングスの響きを大きくフィーチャーした、優雅でメランコリックなサウンドを展開。後年の作品とはまた毛色の異なる仄暗くもムーディーな味わいを楽しめる。

Chalice
❍オーストラリア

Augmented 　Ⓐ Modern Invasion Music ◉ 2003

アデレード出身のゴシックメタルバンド、Chalice による 2003 年リリースの 3rd。オーストラリア発ゴシックメタル代表格の一角として 1997 年〜 2007 年まで活動、解散するまでに 3 枚のアルバムをリリースした。女性ヴォーカリスト Shiralee Morgan と、女性フルート奏者 Alana Probert によって紡ぎ出される純朴で繊細な叙情美をまとったサウンドがこのバンド最大の魅力。メランコリックなギターやピアノのメロディと、プログレッシヴ・ロック的な深みを感じさせるフルート・ソロとの掛け合いは、思わず忘我してしまう位に麗しい。フォーキーな哀愁味も感じさせる音色は民族音楽系メタル好きにもお勧め。

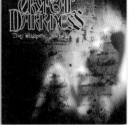

Cryptal Darkness
●オーストラリア

They Whispered You Had Risen ◯Icon Records ◯1999

オーストラリアはメルボルン出身のゴシックドゥームメタルバンドによる 1999 年の 2nd。本作ではなんと元 My Dying Bride のヴァイオリン兼鍵盤奏者 Martin Powell が全面参加。サウンドの方も Martin の泣きのヴァイオリンが映える My Dying Bride 直系の正統派ゴシックドゥームが貫かれており、初期ゴシックメタルファンならば、一聴して咽び泣くこと必至な絶望暗黒メタルに終始浸り溺れることが出来る。現世を呪うようにぼそぼそと歌い紡ぐヴォーカルも Aaron Stainthorpe へのリスペクトという感じで好感がもてるし、煽情度の高いギターソロを奏でる楽器隊の手腕もポイントが高い。

Elegeion
●オーストラリア

Through the Eyes of Regret ◯Modern Invasion Music ◯2001

メルボルン発アトモスフェリック・ドゥーム / ゴシックメタルバンドによる 2001 年の 1st フルレングス。Transcendence という前身バンドでの活動を経て 1997 年から現在の名義へと移行。男女ヴォーカルを軸に据えた寂寞感漂うサウンドが展開されており、随所に配されたアコースティックギターのフォーキーな響きが優美な哀感を一層際立たせている。セッションプレイヤーによるチェロ、ヴァイオリン、ホーンの装飾も優雅なドラマ性を効果的に演出。純朴な可憐さを帯びる女性ヴォーカル（トラック 3 のみ別の女性シンガーを起用している模様）との相乗感も良い具合だ。バンドは 2022 年に 10 年振りの新作もリリースしている。

Long Voyage Back
●オーストラリア

Close to Animal ◯Modern Invasion Music ◯2002

オーストラリアはメルボルン出身のゴシックメタルバンドによる 2002 年の 3rd。同郷のスラッシュメタルバンド Mass Confusion や Deströyer666 の元メンバーである Phil Gresik がヴォーカル兼全ての楽曲の作詞作曲を手掛けており、ほぼ彼のワンマン体制バンドと言って差し支えない。マイルドな男性クリーンヴォーカルを中心に据え、鬱々としたシンセワークとキャッチーなギターメロディを施したミドル〜スローテンポ中心のゴシックメタルが展開。前作までの暗黒ドゥーム的なアプローチは控え目になっており、時折挿入される妖艶な女声コーラスも相まって、オカルティックなダークウェーブ的味わいもある。

Lycanthia
●オーストラリア

Oligarchy ◯Independent ◯2012

オーストラリアはシドニー出身、男女ツインヴォーカル編成のゴシックドゥームメタルバンド。2012 年の 2nd フル。My Dying Bride や初期 Theatre of Tragedy から影響を受けたベース兼ヴォーカリストの Lee Tassaker を中心に 1996 年結成。優雅なヴァイオリンの響きとシンフォニックなシンセワークをフィーチャーした堅実で、正統的なゴシックメタルを実践。正しくビューティー・アンド・ザ・ビーストなヴォーカルワーク含めて、革新性よりも伝統性に重きを置いたスタイルから、深いジャンル愛と先人への敬意が伝わってくる。2014 年には Eluveitie に帯同し、来日公演も果たした。

The Eternal
●オーストラリア

Sleep of Reason ◯Firebox Records ◯2005

オーストラリアのメルボルン発、2003 年に解散した Cryptal Darkness の元メンバー達によって結成されたゴシックメタルバンド。2005 年リリースの 2nd アルバム。Cryptal Darkness 時代の暗黒ドゥームメタルのヴァイブを継承しつつ、中期以降の Katatonia を彷彿させるクリーン声主体のメランコリックで内省的なゴシックメタルサウンドが展開。メロディ及びプロダクションの質ともにクオリティが高く、悲愴的ながらも熱く滾るフックに富んだ楽曲群は聴き所が多い。Charon 辺りのフィンランド系ゴシックメタルを好むファンにもお勧め。因みに 2009 年には来日公演も果たしている。

Virgin Black
●オーストラリア

Sombre Romantic
▲Independent ●2001

オーストラリアはアデレード出身のゴシックドゥーム / シンフォニックメタルバンドによる 2001 年の 1st。ギタリストの Sesca Scaarba とヴォーカル兼鍵盤奏者の Rowan London によって 1995 年結成。多様性を内包するゴシックメタルシーンにおいても一際独創的な存在として知られる彼等。唸り昂ぶるグロウルからオペラティックなベルカント唱法まで使いこなすヴォーカルワークと、広大な映画音楽の如きダーク & シンフォニックな音像がマーベラス。実験的ながらも一聴して強烈な衝撃を与える即効性と攻撃性も十二分。Lacrimosa や Haggard とは異なるアプローチで体現する暗黒クラシカルゴシックの至宝的作品。

秋天的虫子
●中国

黒乐章
▲北京樹音楽公司 ●2011

北京出身のゴシック / オルタナティヴメタルバンド。2011 年の 3rd。ヴォーカルの櫻子とギタリストの牛奔を中心として 1998 年に結成。バンド名は「秋の虫」という意味合い。英語表記では「Fall in Sex」と記載されるが、当時の雰囲気では使えない表現だった為に「Fall Insects」と名乗っていた経緯もある。90 年代〜 00 年代に隆盛したグルーヴメタル / インダストリアルメタル影響下のサウンドを主軸としており、そこにゴシック的な怨念味とダウナーな倦怠感を折衷させたスタイル。中国におけるゴス / インダストリアル系バンドの先駆者的存在であり、香港映画にも出演するなど、多面的な活躍を見せている。

Silent Resentment
●中国

Death Is Utopia
◆Divine Massacre Records ●2009

北京出身のゴシック / ドゥームデスメタルバンドによる 2009 年の 1st フル。2009 年結成。6 人編成となっており、メンバーの内リードギタリストは Necrobiosis、キーボーディストは White Rose、ヴォーカリストは Libido と英語のステージネームを用いている。音楽的にはソプラノヴォイスとグロウルが絡む欧州のスタンダードな男女ツインヴォーカルの意匠が踏襲されており、歌詞も英語表記で綴られている等、とことん正統的ゴシックメタルな佇まいだ。プロダクションやソングライティング面はやや不安定ではあるが、ヨーロピアンな叙情美とオリエンタルなムードが織り成すコントラストはなかなかに捨てがたい。

Crescent Lament
●台湾

噤夢 Land of Lost Voices
▲Independent ●2020

台湾は台北出身、二胡奏者擁する 6 人組ゴシック / フォークメタルバンド。プロデューサーに Chthonic の Jesse Liu を迎えて制作された 2020 年の 3rd。結成は 2007 年。台湾の歴史的史実や文化をメタルサウンドに融和させつつ、伝統的な楽器や節回しを用いて悲痛なドラマティシズムを創出。中華圏由来のフレージングを前面に押し出した土着性に溢れながらも、Lacrimosa や Leaves' Eyes 等の欧州のシンフォ / フォーク系ゴシックメタル勢ともリンクするコンセプチュアルな音像は、鮮烈な哀愁美と共に極大的インパクトを放つ。台湾のイラストレーター KCN によるレトロモダンなアートワークも郷愁を誘う。

A Doom
●韓国

A Doom
●Self-Released ●2007

韓国のソウル出身の 4 人組ゴシックメタルバンド。2007 年の 1st。ヴォーカル兼ギタリストの Pain を中心として 2006 年に結成。00 年代のゴシックメタルシーンにおけるトレンドの一つだったゴシック + オルタナティヴ・ロックの方法論に則ったサウンドを鳴らしており、日本の Beyond Darkness と同じく Sentenced や To/Die/For、For My Pain... といったフィンランド系メランコリック・ゴシックメタルバンド群と親和性の高い楽曲は良好な仕上がり。歌メロやシンセ / ギターメロディの出来も良い。アジア圏でも比較的珍しい、男性クリーンヴォーカルを主体にした優良ゴシックメタルバンドだ。

Ancient Myth
Aberration: "Pt"
〇日本　　🅐 Fastball Music 🅞 2016

東京出身のシンフォニックメタルバンドによる 2016 年発表の 3rd フル。2002 年結成。中心人物である元 codename:Wingless 及び元 Mandylion のシンガー Michal が創出するダークかつエレガントな独自的コンセプトに基づき国際的な活動を展開。本作はヨーロッパ圏デビューとなる既存曲の再録音ベスト的な内容となっており、歌詞も日英混成版として収録。欧州準拠のネオクラシカル / スピードメタルが根底に流れつつ、ヴィジュアルや世界観にはジャパネスク・ゴシック的な退廃性や詩情美が色濃く付与されているのが特徴。日本固有の節回しや文化概念を取り入れた越境カルチャーメタル的な無二性が光る存在だ。

Asriel
Abyss
〇日本　　🅐 Asriel Self-released 🅞 2013

東京を拠点に活動していたシンフォニック / ゴシックメタルユニット。2013 年の 16th。コンポーザーの黒瀬圭亮と、女性シンガーの Kokomi を中心に 2006 年結成。コミックマーケットや音楽即売会 M3 を主要市場とした同人音楽サークルとして活動開始。界隈において「ゴシック系同人メタル」の確立と隆盛を担ったパイオニア的存在。ストリングスやオーケストレーションを配したエレガント & クラシカルな哀切メタルに、ゴシック耽美文学的な世界観を付与したスタイルが特徴。シンフォニックメタル、ヴィジュアル系、アニソン / ゲームミュージック等の要素を消化・再構築し、日本的解釈を施した幻想派ジャパネスク・ゴシックの最右翼だ。

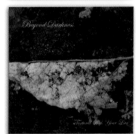

Beyond Darkness
Tortured with Your Love
〇日本　　🅐 Tourbillon 🅞 2007

神奈川出身の 4 人組ゴシックメタルバンド。2007 年リリースの 1st フルレングス。ヴォーカル兼ギタリストの Shoji Hoshiyama とドラマーの Takuo "Dino" Itoh は 90 年代に川崎で活動していたデスメタルバンド Dark Ritual の元メンバー。哀感を帯びたシンセワークや骨太のヘヴィリフを配した Sentenced、To/Die/For 辺りを彷彿とさせるメランコリック・ゴシックメタルをプレイしている。日本では女性ヴォーカル系が多数を占める中、男性クリーン・ヴォーカルを主体とした本格的なゴシックメタルを演奏する希少な存在だった。残念ながら 2009 年に活動終了している。

Darkness Rose
Darkness Rose
〇日本　　🅐 Independent 🅞 2011

東京出身の 5 人組ゴシックメタルバンド。2011 年の 1st EP。壮麗なオーケストレーションを基軸に、楽曲によってはエレクトロ・ゴス風味のアレンジも覗かせるシンセワークを配した、モダン / オルタナティヴ色の強いゴシックメタルをプレイしている。力強くも情感深いヴォーカルで楽曲を牽引する Aira の歌唱を筆頭に、ソリッドに刻まれるリフワークの構築力や巧みに練られた楽曲展開含めて、総じてレベルが高い。Elysion や Delain 辺りの欧州の同系統バンドと比べても引けを取らない水準でまとまっており、国内のシンフォニック・ゴシックメタルバンドとしては、トップクラスの出来。EP1 枚のみで活動が停滞してしまったのが惜しい。

DEAD END
shámbara
〇日本　　🅐 Victor Invitation 🅞 1988

Morrie、You、"CRAZY" COOL-JOE、Minato といった国内屈指のプレイヤーを多数輩出した関西出身のヘヴィメタルバンド。1988 年の 3rd。1984 年から活動。邦シーンにおいてニューウェーブとヘヴィメタルのクロスオーバーを先駆的に成し遂げたレジェンドアクト。The Mission や The Cult 等に通じる耽美ハードなサウンドと、異界性を帯びた超常的詩世界が絡まる孤高的音像は、LUNA SEA や黒夢、L'Arc 〜 en 〜 Ciel といった後続達やヴィジュアル系の成立にも多大な影響与えた。「ゴシック + メタル」を欧州のゴシックメタル勢とは異なる文脈で実践した、異端的パイオニアである。

D'espairsRay

Coll:set 　　　　　　　　　　　　　　　　　🔵日本
🅤Universal Music Japan 🔵 2005

東京出身の 4 人組ゴシック / インダストリアルメタルバンド。2005 年の 1st。活動期間は 1999 年〜 2011 年。DIR EN GREY が開拓したヘヴィネス / グルーヴメタル由来の剛直性を多分に含んだヴィジュアル系メタルバンドの一派だが、その中でも一際海外志向のサウンドを標榜。ダークウェーブの陰影美とオルタナティヴメタル的攻撃性をブレンドした作風は、ドイツの Lord of the Lost やイタリアの Dope Stars Inc. といった欧州のダークロック / ゴシックメタル勢の方法論と大いにリンクする。極東発のバンドながら欧州ゴシック勢との共振性を独自に打ち出したという点で、再評価に値する異才だ。

Die like a Mayfly
🔵日本

Kyrie Eleison 　　　　　　　　　Dark Crusader Records 🔵 2015

東京出身、女性ヴォーカルを擁する 4 人組編成のゴシック / ドゥームメタルバンド。2015 年の 1st フル。メンバーの内 3 名はかつて都内を拠点に活動していたゴシックメタルバンド Swallow Tail に在籍（ほぼ全身バンドと言える）。古き良き正統的なフィーメール・ゴシックメタルを追求しており、不穏な呪術性と透明感が交差するノワール調のサウンドが終始展開。ダウナーなバッキングに陰影に富んだシンセやギターワークを乗せて進行する様相は、My Dying Bride や The 3rd and the Mortal といったオリジネイター達を彷彿させる。日本では数少ない本来的なゴシックメタルを実践する存在だ。

Early Cross
🔵日本

Pathfinder 　　　　　　　　　　　　　Lion Music 🔵 2013

東京を拠点に活動するプログレッシヴメタルバンド。フィンランドの名門レーベル Lion Music からリリースされた 2013 年の 1st フル。メインコンポーザー及びギタリストの Hiroaki Kato を中心に 2010 年末頃から活動開始。「Landscape Rock」と称されるその独創性が偏在した抒情的音像は圧巻で、ネオプログレ的造形美を伴うヘヴィネスと欧州ゴシック / トラッド系譜の翳りが交差するサウンドを情緒豊かにまとめ上げている。ウクライナと日本をルーツに持つ女性ヴォーカリスト Natasha Vaichuk による繊細な歌唱も極めて感傷的に音楽性と合致。世界基準の内省メタルを紡ぐ寵児的アクトだ。

eleanor
🔵日本

Breathe Life into the Essence 　　　Black-listed Productions 🔵 2013

大阪出身、2005 年から活動するメランコリック・ゴシックメタルバンドによる 2013 年の 2nd フル。国内での精力的なライブ活動を経て、2013 年にはベルギーで開催された欧州最大規模のフィーメールメタル系フェス「Metal Female Voices Fest XI」への参戦を果たす等、名実ともに日本のゴシックメタルシーンを代表するアクトである。The Gathering や Sentenced から強い影響を受けた哀愁美と、邦歌謡的な情感深いヴォーカルラインを併せ持つ。日本でしか生まれ得ないサウンドは世界目線で見ても希少だ。上質な哀切メタルを求めるならば是非。

Funeral Moth
🔵日本

Transience 　　　　　　　　　　　　Throne Records 🔵 2016

東京にて 2005 年結成。世界規模で葬式ドゥーム系バンドを扱い、かの Worship も在籍する Weird Truth Productions のオーナー Makoto Fujishima が率いるエクストリーム・ドゥームメタルバンド。2016 年の 2nd。全 2 曲 40 分という構成で、日本語詞を用いながら虚無的で儚い陰鬱ドゥームが終始奏でられている。喉を圧し、潰された様な念仏的グロウル中心のヴォーカルワークと、不生不滅の解脱した死生観を宿した涅槃的サウンドは、海外の同系統バンドでは味わえない和製ならではのアプローチだ。アンビエント的な静謐感も伴う音像は、初期ゴシックドゥーム系のファンにもお勧め。

Liv Moon
🔵日本

Double Moon 🔵 Victor ⏺ 2009

東京を拠点に活動するシンフォニックメタルバンド。2009 年リリースの 1st。バ
ンドのブレインを務めるメインコンポーザー西脇辰弥と、スウェーデン出身の元宝
塚歌劇団女優という異色のキャリアを持つシンガー Akane Liv を中心に 2009 年結
成。4 オクターブの高音域を誇る Akane Liv の天上ヴォイスを主軸に据えたオルタ
ナティヴ＆ヘヴィなテイストの轟音美麗シンフォニックメタルは、一聴してイン
パクト大。独特の発声法と邦楽歌謡的な歌い回しを取り入れた楽曲は、それだけで
欧州の同系統バンドとは異なる魅力を放つ。クラシカルな荘厳味とメタリックな攻
撃性のバランスも良好だ。確かなセンスと実力に裏打ちされた一枚。

Moi dix Mois
🔵日本

Dix infernal 🔵 Midi:Nette ⏺ 2003

元 Malice Mizer のリーダー Mana が主催する東京発シンフォニック / ゴシックメ
タルプロジェクト。2003 年の 1st。Mana が創出するイメージの音楽的具現化と彼
のルーツの一つであるヘヴィメタル要素の融合を介したソロワーク。後期 Malice
Mizer における「Beast of Blood」辺りのメタリックな路線を、よりエクストリー
ムに推進したとも言える楽曲が並んでおり、ネオクラシカル / スピードメタル方面
との親和性も高い。本流の欧州系ゴシックメタルとは大きく趣を異にしつつも、日
本のヴィジュアル系文化を経由したが故に辿り着いた、ジャパネスク・ゴシックの
理想郷的境地とも言える様相は意義深い。

Presence of Soul
🔵日本

All Creation Mourns 🔵 Les Ténèbres Records ⏺ 2015

東京を拠点として活動するポストロック / メタルバンド。2015 年の 3rd。バンド
創設者であるギター兼ヴォーカルの Yuki を中核として 2001 年結成。過去には
Anekdoten の来日サポートやフランスのドゥームメタル Monolithe を招致する等、
多方面で活躍。本作ではポストロックやシューゲイザー由来の轟音美を維持しつつ、
ドゥームメタル的な重量感をこれまで以上に付与。ゴシックドゥーム方面との親和
性も高く、慈悲深い光と怨念めいた闇の二側面を含有しながらスピリチュアルに終
末的音像を描く。特定のジャンル枠組みには決して当て込めない規格外の暗黒音楽
マイスターである。

Sincerity Green
🔵日本

The Ocean of Dreams 🔵 Black-listed Productions ⏺ 2009

東京を拠点に 2005 年から 2016 年にかけて活動していた 5 人組フィーメール・ゴ
シックメタルバンド。2009 年の 1st フル。ギタリストの Mark とヴォーカリストの
Michi を中心に結成。清廉な響きのソプラノ・ヴォイスを主軸としたアップテンポ
かつシンフォニックな色合いのゴシックメタルをプレイしている。ストリングスや
シンセメロディを配した王道かつ堅実なアプローチながら、端々で 70's ハードロッ
ク～ 80's 様式美メタル的な響きも覗かせるのがポイント。時折グロウルも挿入さ
れるが、これは鍵盤奏者の女性が兼任しているとのこと。若干録音面に弱さはある
ものの、壮麗かつ幻想的なムードはなかなかに堂に入っている。

SoundWitch
🔵日本

Wiccaholic 🔵 Space Shower Music ⏺ 2009

大阪出身の女性ヴォーカル擁するゴシック / インダストリアルメタルバンド。2009
年の 1st フル。ヴォーカリストの Twin、ギタリストの Dragon、ドラム / プログラ
ミングの Sack を中心として 2005 年に結成。2008 年開催のフィーメール系音楽フェ
ス「ADDICT XX」での活躍をきっかけに全国的な活動を開始。Twin の煽情的なヴォー
カルワークと、ソリッドなギターサウンドを押し出したエキセントリック＆エモー
ショナルな暗黒鼓動デジタルメタルが展開されている。タイトなアンサンブルに基
づく攻撃性と、フレージングのキャッチーさを両立させながらも、整然と聴き易く
まとめ上げたセンスと楽曲構築力はまさに一線級。

殻

●日本

五月蝿 ● Wheel Records ● 2008

東京を拠点に活動するポストロック / オルタナティヴメタルバンド。「0th アルバム」と銘打たれた 2008 年リリース作。acid android や東京咀嚼座のメンバーとしても知られるギタリスト渡辺清美を中心に 2004 年結成。憂い深く哀切を紡ぐ女性ヴォーカルを主軸に、情念渦巻く鬱蒼とした世界観を鈍important重な暗黒轟音を介して構築。いずれの楽曲もジャパネスク・ゴシック的な翳りを滲ませながら、濃密極まる闇を体現している。ダウナーなムードを押し出しつつも、緩急の利いた展開で随所にカタルシスを配していくソングライティングの妙もあり、意外と聴き易いのも魅力だ。因みに CD は 1 トラックに複数の曲が収録された変則仕様になっている。

大鴉

●日本

Seeds of Rain ● 413tracks ● 2007

沖縄出身の 6 人組ゴシック / メロディックメタルバンド。2007 年の 2nd。自身の音楽性を真叙情派ヘヴィロックと形容しており、オリエンタルなメロディや異国情緒的ムードを漂わせたゴシック風味のオルタナティヴ・ロックを鳴らしている。翳りのあるトーンで統一された楽曲群は、ダークでメランコリックな魅力を放つと同時に、いずれの楽曲も明瞭なフックとコマーシャル性を持ち合わせており、聴き易い。歌メロには日本歌謡的な情緒も含有されており、邦楽的詩情性を兼ねたゴシックメタルという点においては 2nd 以降の eleanor に通じる部分もある。2014 年にバンドは一時休止状態に入ったが、2017 年以降活動を再開した模様だ。

妖精帝國

●日本

Pax Vesania ● Lantis ● 2013

名古屋出身のゴシックメタルバンド。2013 年発表の 4th。「妖精帝國終身独裁官」を名乗るヴォーカリストゆいと、コンポーザーの橘尭葉を中心に 1997 年結成。最初期はテクノ系の同人音楽ユニットだったが、メジャー進出以降からゴシックメタル方面へ本格的に移行。インダストリアル、ネオクラシカル、シンフォニックメタル等の要素に加えて、Ali Project や X JAPAN 等のアニソン / ジャパニメーション文化、ヴィジュアル系をも飲み込んだ、日本でしか生まれ得ない異形のミクスチャーゴシックと評せる存在だ。既存様式を比類なきオリジナリティで組み合わせ、先例のない意匠へと結びつける精神性はゴシックメタルの持つ脱文脈性や越境感とも結びつく。

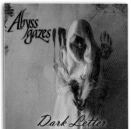

Abyss Gazes

●ポーランド / アイルランド

Dark Letter ● Independent ● 2018

ポーランドのカトヴィツェ及びアイルランドのクロンメル出身のメンバーによって立ち上げられたインターナショナル編成のシンフォニック / ゴシックメタルプロジェクト。2018 年の 1st。フロントウーマンを担う暗黒歌姫 Agata Pawlowicz はポーランドのインダストリアル / ゴシックメタルバンド Desdemona の元シンガーとしても知られる。ホラー映画のサウンドトラックからインスパイアされたであろう不穏で世界観が構築されており、シアトリカルかつオペラティックなピアノやヴォーカルラインの構成からは、往年の Cradle of Filth も想起。恐怖演劇調ゴシックメタルを求めるならば打ってつけの一枚。

Aeonian Sorrow

●フィンランド / ギリシャ

Into the Eternity a Moment We Are ● Independent ● 2018

フィンランド / ギリシャ出身のメンバーが混在したインターナショナルな編成で構築される男女ゴシック / ドゥームメタルバンド。2015 年にギリシャの女性シンガー兼ソングライター Gogo Melone を中心に、Red Moon Architect や Exgenesis 等のメンバーを交えて結成。フューネラルドゥームに通じる強烈な寂寥感を下敷きに、Gogo の力強い艶声を生かした幽玄なゴシックドゥームが紡がれている。スピリチュアルな深遠美を携えた破滅的サウンドは、負の感情表現の宝庫だ。ポスト Trees of Eternity の有望株として、今後も目が離せない存在である。

Dream Unending
Tide Turns Eternal
🔵アメリカ / カナダ
🔴 20 Buck Spin 🔵 2021

アメリカ / カナダ出自の二人組によるゴシック / アトモスフェリック・ドゥームメタルバンド。2021年の1st。数多くのプロジェクトに携わるドラマー兼ヴォーカリストの Justin DeTore と、ベーシスト兼ギタリストの Derrick Vella によって 2021年結成。古典的なドゥーム / デスメタル様式に The Cure や Cocteau Twins 由来の官能的耽美フレーバーを付与したスタイルで「dream-doom」を標榜する新世代アクト。その方法論はかつての Paradise Lost や Anathema を思わせるもので、初期ゴシックメタル復権の立役者として期待される。革新的な音響美に満ちたリバイバル作だ。

Enshine
Origin
🔵スウェーデン / フランス
🔴 Rain Without End Records 🔵 2013

元 Slumber のギタリスト Jari Lindholm を中心に結成されたアトモスフェリック / メロディック・ドゥームメタルプロジェクト、Enshine による 2013年リリースの1st。スウェーデン及びフランス出身のメンバーにて構成。Slumber 譲りの壮麗なギターメロディと、幻想美に溢れたシンセの旋律で綴られた極上の哀切エピック・ドゥームが終始降り注ぐ。宇宙的神秘性を感じさせるスケールの大きいドラマティシズムは圧巻で、Atoma 辺りにも通じるポストメタル的な空間美も素晴らしい。ディープなグロウル・ヴォイスと対比する様に乱舞する叙情メロディは、まさに星々の輝きそのもの。涙腺決壊級の一枚。

Imperia
Queen of Light
🔵オランダ
🔴 Massacre Records 🔵 2007

元 Trail of Tears のノルウェー人女性シンガー、Helena Iren Michaelsen を中心に2004年に結成されたシンフォニック・ゴシックメタルバンド。2007年の 2nd。バンドはノルウェー、フィンランド、ドイツ、ベルギーと異なる出身国のメンバーによって構成。エモーショナルに響く Helena のオペラティック・ヴォイスは言わずもがな、高揚感溢れるオーケストレーションに彩られた力強いサウンドは非常に質が高い。パワーメタル的な疾走感も織り交ぜた緩急の利いた楽曲は、Epica や After Forever 辺りに通じる。中近東風のドラマ性を帯びた「Fata Morgana」を始め、聴き所が多い。

Light Field Reverie
Another World
🔵スウェーデン / ニュージーランド / スコットランド
🔴 Avantgarde Music 🔵 2020

スウェーデン、ニュージーランド、スコットランド出身のメンバー達によって構成されるアトモスフェリックゴシック / ドゥームメタルバンド。2020年リリースの1st。シンガーとして Draconian や Hallatar、ISON 等の複数のバンドで活躍している歌姫 Heike Langhans が在籍。Trees of Eternity 等に通じる幽玄なゴシックドゥームメタルの意匠を基軸にしつつ、スペーシーなシンセサイザーの音色を大々的にフィーチャーしたエレクトロ / ポストロック的要素も導入した、野心的な作風となっている。広大なサウンドスケープの渦中を揺蕩う様に歌い紡ぐ Heike の歌唱は、も神々しく響く。

Monumentum Damnati
In the Tomb of a Forgotten King
🔵インターナショナル
🔴 GrimmDistribution 🔵 2020

メンバーの素性がグロテスクなマスクで隠された東ヨーロッパ / アメリカ出身のメンバー達による国際的メロディック・ドゥーム / ダークメタルプロジェクト。2020年発表の 1st フル。結成は 2018年。ゴシック調のシンセワーク / オーケストレーションが施されたエクスペリメンタル & ホラーなテイストが色濃いサウンドが劇的に展開されている。鬱屈としたドラマ性を携えながら進行する楽曲はなかなかのインパクト。エピカルな叙情味に富んだリードギターを随所でフィーチャーする等、意外とキャッチーで間口の広いアプローチが取られている。ダークなストーリーテリングを模した雰囲気も秀逸で、次作以降にも期待がかかる有望株だ。

ヴィジュアル系と 80's 音楽カルチャー

日本においてヴィジュアル系と呼ばれる存在達の中にはその成り立ちにおいてゴシックメタルと似通っている要素を含有しているバンドが多数いる。

まず前提としてヴィジュアル系のシーンというものは非常に多岐に渡っている為に一概に体系化することは難しいが、80年代後半～90年代前半に登場したバンド群においては国内外で隆盛したパンク / ハードコア、ヘヴィメタル、ニューウェーブといった様々な80's 音楽カルチャーを下地にして自身の音楽性を確立していったパターンが多い。

ハードコア＋ヘヴィメタルのハイブリッドな攻撃性にクラシカルな様式美性も兼ねたX、ニューウェーブとヘヴィメタルを独自の世界観の下で掛け合わせた DEAD END、80's ポストパンク的志向に特化しつつ早期からインダストリアル的アプローチも取り入れた BUCK-TICK、メタリックなハードコアにゴシックロック的な暗黒性も持ち合わせた Gastunk 等々いわゆるヴィジュアル系の先駆的なレジェンド群はその最たる例と言える。

この先駆者達からの影響をダイレクトに受けつつも、それぞれの持ち味の中で咀嚼し音楽性を昇華していった存在達が LUNA SEA、黒夢、L'Arc ～ en ～ Ciel（一部のメンバーはヴィジュアル系に括られる事を否定しているが、文脈的にはやはりシーンの立役者と言える）、それに続く MALICE MIZER、Laputa、ROUAGE、La'cryma Christi、cali ≠ gari、PENICILLIN 等の黄金世代と呼ばれるバンド達だ。

この時期のバンド群、特に初期のカタログにおいては先人のアプローチに倣ったゴシックロック / ポストパンクの素養も多分に感じられるサウンドを鳴らしつつ、より間口を広（もしくはより深く推進した）音楽性で

シーンの拡大・隆盛を担っていった。

これ等の事柄から当時のヴィジュアル系の主要因としてゴシックロック / ポストパンク的ファクターはメタルやハードコアと共に重要な部分であったことが伺い取れるのだが、もう少し時代を経て 90 年代後期～ 00 年代に突入していくとより時代性に合わせた変化が訪れる。

90 年代以降の現代的なメタルとヴィジュアル系の接続

発端となるのが、当初は黒夢を始めとする90 年代ヴィジュアル系のフォロワーとして出発した DIR EN GREY によって 2002 年にリリースされた『Six Ugly』だ。この作品で彼等はヴィジュアル系の様式に 90 年代以降の US オルタナ / グルーヴメタル由来な現代的攻撃性を大々的に持ち込んだ。

これはヴィジュアル系の音楽変遷史において大きなトピックであり、以降雨後の筍の様に DIR EN GREY の方法論に倣ったサウンドを鳴らすヴィジュアル系バンドが続出。同時に 80 年代型メタルの文脈から脱却した90 年代以降のニューメタルやオルタナティヴメタル等の現代的なメタルシーンとの近似性がヴィジュアル系に生まれたのである。

90 年代以降はヘヴィメタルシーンも細分化し、様々なサブジャンルが生まれた。ゴシックメタルも定型化された既存のヘヴィメタルからの脱却、デスメタルやドゥームメタルの副産物として生まれたムーヴメントであるが、時代の流れと共に様々な音楽スタイルを内包しながら拡大していった。

Deftones や KoЯn、Alice in Chains 等のオルタナティヴメタルとも親和性が高いLacuna Coil や Evanescence 等のオルタナティヴ型ゴシックメタルが 90 年代後半～00 年代初頭にかけて欧州やアメリカで登場